Mit K.I. Geld verdienen –
Der ultimative Leitfaden

Alexander Müller

Copyright © 2024 Alexander Müller

Alle Rechte vorbehalten.

ISBN:9798301440632

INHALT

	Kapitelüberschrift	Seite
1	Bücher schreiben mit K.I.	1
2	Blogs und content creation	42
3	Design und visuelle Inhalte erstellen	76
4	Fotos erstellen und verkaufen	113
5	Youtube content mit K.I. erstellen	178
6	Musik erstellen mit K.I	223
7	Programmieren mit K.I	260
8	Mit K.I. eine social media Person erschaffen	301
9	Mit K.I. einen erfolgreichen Podcast erstellen und betreiben	338
10	Kryptowährung/einen Meme-Coin mit K.I. erstellen	371
11	Prompts	409
12	Erfolgsstrategien und Aussichten	450

VORWORT

Die Revolution der Künstlichen Intelligenz

Willkommen in einer Zeit, in der sich die Welt schneller verändert als je zuvor. Technologien, die einst nur in Science-Fiction-Romanen existierten, sind heute Teil unseres Alltags. Eine dieser bahnbrechenden Entwicklungen ist die Künstliche Intelligenz (KI). Sie hat nicht nur unsere Art zu arbeiten, zu kommunizieren und zu leben revolutioniert, sondern auch völlig neue Möglichkeiten geschaffen, Einkommen zu generieren – unabhängig davon, wo man sich auf der Welt befindet.

Dieses Buch zeigt dir, wie du diese Chancen nutzen kannst. Ganz gleich, ob du ein Technikexperte oder ein Anfänger bist, der gerade erst in die Welt der KI eintaucht – die vorgestellten Strategien und Methoden sind so gestaltet, dass sie für jeden zugänglich und umsetzbar sind.

Warum dieses Buch?

Die Idee für dieses Buch entstand aus einer einfachen Beobachtung: KI ist eine mächtige Technologie, die jedoch oft als komplex und schwer verständlich wahrgenommen wird. Dabei bietet sie unzählige Möglichkeiten, kreativ und finanziell erfolgreich zu sein – wenn man weiß, wie. Dieses Buch ist ein Leitfaden, der dir zeigt, wie du mit KI Geld verdienen kannst, indem du deine Fähigkeiten in Bereichen wie Schreiben, Design, Musik und sogar Programmierung einsetzt.

Was dich erwartet

In den kommenden Kapiteln findest du eine Vielzahl von praktischen Anleitungen und realistischen Strategien, die dir den Einstieg erleichtern. Die Kapitel sind nach Themen gegliedert, um dir einen klaren Überblick über die Möglichkeiten zu geben:

Du lernst, wie du mit KI Bücher schreiben, Blogs erstellen oder Designs verkaufen kannst.

Wir zeigen dir, wie KI dir dabei hilft, YouTube-Inhalte zu erstellen, Musik zu komponieren oder sogar zu programmieren.

Außerdem erhältst du Tipps zu rechtlichen und ethischen Überlegungen, damit du auf der sicheren Seite bleibst.

Ein Versprechen an unsere Leser

Die hier vorgestellten Methoden und Werkzeuge basieren auf realen Erfahrungen und erfolgreichen Beispielen. Gleichzeitig wurden sie so aufbereitet, dass du keinen technischen Hintergrund benötigst, um die Strategien umzusetzen. Egal, ob du dich für eine bestimmte Methode entscheidest oder alle ausprobieren möchtest – die Möglichkeiten, mit KI Geld zu verdienen, sind so vielseitig wie deine Interessen.

Eine Einladung in die Zukunft

Wir leben in einer Ära, in der sich die Arbeitswelt rasant verändert. KI eröffnet nicht nur neue Einnahmequellen, sondern gibt uns auch die Freiheit, unsere Talente und Leidenschaften auf eine Weise zu nutzen, die früher unvorstellbar war. Dieses Buch ist Ihre Einladung, Teil dieser Revolution zu werden.

Tauche ein, lass dich inspirieren – und beginnen noch heute, mit KI deine Zukunft zu gestalten!

Herzlichst, Alexander Müller und sein Team

BÜCHER SCHREIBEN MIT K.I.

In den letzten Jahren hat die Künstliche Intelligenz (KI) das Schreiben und Veröffentlichen von Büchern revolutioniert. Was früher ausschließlich begabten Autoren mit einem tiefen Verständnis für Sprache und Struktur vorbehalten war, ist heute dank KI-gestützter Technologien für eine breite Masse zugänglich geworden. KI ist kein Ersatz für menschliche Kreativität, aber sie ist ein Werkzeug, das den Prozess erheblich erleichtert, beschleunigt und in vielerlei Hinsicht erweitert.

Was dich in diesem Kapitel erwartet:

Abschnitt 1: Die Macht der Künstlichen Intelligenz beim Schreiben von Büchern.

Abschnitt 2: Buchideen finden – Mit KI die perfekte Nische entdecken.

Abschnitt 3: Den Schreibprozess optimieren.

Abschnitt 4: KI als Co-Autor bei Romanen und kreativen Projekten.

Abschnitt 5: Durchschnittliche Buchlängen und Kapitelstrukturen in verschiedenen Genres

Abschnitt 6: Bücher formatieren und designen – KI als Allrounder.

Abschnitt 7: Buchveröffentlichung – Plattformen und Strategien.

Abschnitt 8: Einnahmen maximieren und langfristig profitieren.

Abschnitt 9: Ethische Überlegungen und rechtliche Aspekte.

Abschnitt 10: Persönliche Erfolgsgeschichten und Motivation.

(1)Die Macht der Künstlichen Intelligenz beim Schreiben von Büchern.

1.Die Revolution des Schreibens durch KI

Stell dir vor, du hast eine großartige Idee für ein Buch, weißt aber nicht, wie du anfangen sollst. Vielleicht fehlt dir die Zeit, oder du fühlst dich von der schieren Menge an Arbeit überwältigt, die mit dem Schreiben eines Buches einhergeht. Genau hier setzt KI an. Tools wie ChatGPT, Jasper oder Sudowrite können als persönliche Assistenten fungieren, die Ideen generieren, Inhalte schreiben oder sogar Feedback auf Entwürfe geben.

Künstliche Intelligenz ist in der Lage, Texte in verschiedenen Stilen, Genres und Tonarten zu erstellen. Sie kann eine einfache Gliederung in ein fertiges Kapitel verwandeln, Dialoge für Charaktere schreiben oder wissenschaftliche Fakten recherchieren und zusammenfassen. Viele Autoren nutzen KI bereits, um grobe Entwürfe schneller zu erstellen, und verfeinern diese später mit ihrer eigenen kreativen Note.

1.2.Was macht KI für Autoren so attraktiv?

Es gibt viele Gründe, warum KI beim Schreiben von Büchern zunehmend an Beliebtheit gewinnt:

Zeitersparnis:

Anstatt Wochen oder Monate mit der Erstellung eines Rohentwurfs zu verbringen, kann eine KI in wenigen Stunden oder sogar Minuten helfen, Kapitel zu entwerfen. Das spart Zeit und ermöglicht es dir, dich auf die Feinheiten wie den Stil oder die Struktur zu konzentrieren.

Überwindung von Schreibblockaden:

Jeder, der schon einmal versucht hat zu schreiben, kennt das Gefühl, an einem leeren Blatt Papier zu sitzen und nicht weiterzukommen. KI-Tools können Ideen, Vorschläge oder sogar ganze Textabschnitte liefern, die den kreativen Prozess wieder in Gang bringen.

Flexibilität und Anpassungsfähigkeit:

Egal, ob du einen humorvollen Roman, einen ernsten Ratgeber oder ein Kinderbuch schreiben möchtest – KI kann deinen Stil und Ton anpassen, um deine spezifischen Anforderungen zu erfüllen.

Kostenersparnis:

Früher war es oft notwendig, teure Ghostwriter oder Redakteure zu engagieren, um Inhalte zu erstellen oder zu überarbeiten. Mit KI hast du eine kostengünstige Alternative, die dennoch beeindruckende Ergebnisse liefert.

2. Was kann KI schreiben?

Die Möglichkeiten sind nahezu unbegrenzt:

Sachbücher:

Diese Art von Buch ist besonders beliebt bei Menschen, die ein spezifisches Fachwissen oder eine Leidenschaft teilen möchten. Mit KI kannst du komplexe Themen in leicht verständliche Kapitel aufteilen und eine logische Struktur schaffen.

Romane:

Ob Liebesgeschichten, Thriller oder Science-Fiction – KI kann dir dabei helfen, komplexe Handlungsstränge zu entwickeln, Charaktere zu erschaffen und sogar ganze Dialoge zu schreiben.

Kinderbücher:

Mit KI-gestützten Illustrations-Tools wie DALL-E oder MidJourney kannst du nicht nur den Text, sondern auch die Bilder für ein Kinderbuch erstellen lassen.

3. Warum ist die Rolle des Autors weiterhin wichtig?

Obwohl KI erstaunliche Ergebnisse liefern kann, gibt es einen entscheidenden Punkt: Die Technologie ist nur so gut wie die Person, die sie nutzt. Während KI Inhalte erstellt, bleibt der Autor derjenige, der den Text zum Leben erweckt.

Ein KI-generierter Text kann zwar logisch und gut strukturiert sein, aber er besitzt nicht die gleiche emotionale Tiefe und Authentizität wie ein von einem Menschen geschriebenes Werk. Daher ist es entscheidend, die von der KI generierten Inhalte zu überarbeiten, zu personalisieren und ihnen deine eigene Stimme zu verleihen.

4. Beispiele für den Einsatz von KI beim Schreiben

Ein Autor hatte die Idee, ein Kochbuch zu schreiben, fühlte sich jedoch von der Masse an Arbeit abgeschreckt. Mithilfe von KI-Tools konnte er innerhalb weniger Tage ein vollständiges Manuskript erstellen. Die KI lieferte nicht nur Rezeptvorschläge, sondern auch stilvolle Einführungen und Tipps. Der Autor fügte später seine persönlichen Erfahrungen und Anekdoten hinzu, um dem Buch eine individuelle Note zu verleihen.

Eine andere Autorin nutzte KI, um einen romantischen Roman zu verfassen. Sie ließ die KI die Grundstruktur erstellen und arbeitete anschließend die Dialoge aus, um den Figuren mehr Leben einzuhauchen. Das Ergebnis: Ein erfolgreicher E-Book-Start auf Amazon.

In diesem Kapitel werden wir nun tief in die Details eintauchen: Wie du mit KI Bücher schreiben kannst, wo du diese veröffentlichen und wie du deine Arbeit vermarkten kannst, um ein breites Publikum zu erreichen. Von der Ideensuche bis zur Veröffentlichung – KI macht das Schreiben für jeden zugänglich.

(2) Buchideen finden – Mit KI die perfekte Nische entdecken

Die Wahl der richtigen Nische ist entscheidend, um mit einem Buch Erfolg zu haben. In diesem Abschnitt zeigen wir dir, wie du KI-Tools gezielt einsetzen kannst, um Ideen zu finden, die auf die Bedürfnisse der Leser abgestimmt sind und sich gut verkaufen lassen. Wir betrachten die Themenfindung, die Nischenanalyse und die Zielgruppenanalyse, um dir zu helfen, die perfekte Grundlage für dein Buchprojekt zu schaffen.

1. Nischenanalyse mit KI

Eines der größten Hindernisse beim Schreiben eines erfolgreichen Buches ist die Frage: „Welches Thema ist wirklich gefragt?" Viele Autoren haben großartige Ideen, aber ohne ein klares Verständnis dafür, was die Zielgruppe sucht, kann das Buch in der Masse untergehen. Hier kommt KI ins Spiel. Mithilfe von Tools wie ChatGPT, Google Trends und anderen KI-gestützten Plattformen kannst du populäre und nachgefragte Themen herausfinden.

2. Tools wie ChatGPT oder Google Trends nutzen

Ein einfacher und schneller Weg, um herauszufinden, welche Themen aktuell im Trend liegen, ist die Nutzung von Google Trends. Google Trends zeigt dir die häufigsten Suchanfragen zu verschiedenen Themen und hilft dabei, aufkommende Trends zu erkennen. Die besten Suchbegriffe und Themen sind oft diejenigen, die von vielen Nutzern gesucht werden, aber noch nicht zu stark gesättigt sind – diese Nischen bieten die besten Verkaufschancen.

ChatGPT bietet eine weitere Möglichkeit, schnell Ideen zu generieren. Du kannst der KI präzise Fragen stellen, um sie nach den besten Themen zu fragen, die auf dem Markt gefragt sind.

Ein Beispiel könnte sein:

„Welche Sachbuchthemen sind derzeit am beliebtesten?"

„Welche Themen werden in der Kategorie Selbsthilfe häufig gesucht?"

„Was sind die größten Trends in der digitalen Technologie, über die ein Buch geschrieben werden könnte?"

Die KI gibt dir auf Grundlage von Millionen von Datenpunkten, die sie verarbeitet hat, eine Liste von relevanten und aktuellen Themen zurück. Wenn du möchtest, kannst du auch nach spezifischen Zielgruppen suchen, wie etwa "Welche Themen interessieren Eltern von Kleinkindern?" oder "Welche Themen sind bei Studenten besonders gefragt?".

Ein weiteres Tool, welches du in Betracht ziehen kannst, ist Answer the Public. Diese Plattform zeigt dir die häufigsten Fragen, die Menschen zu bestimmten Themen stellen. Diese kannst du nutzen, um detaillierte Einblicke in die Bedürfnisse deiner Zielgruppe zu bekommen. Die Fragen, die hier auftauchen, sind direkte Hinweise darauf, was Leser wirklich interessiert.

3.Beispiel: Eine KI fragen

Ein einfaches Beispiel, wie du mit KI in Sekundenschnelle relevante Themen finden kannst:

Du kannst ChatGPT fragen: „Welche Sachbücher verkaufen sich derzeit am besten?"

Antwort von ChatGPT: „Aktuell verkaufen sich besonders gut Bücher zu den Themen Persönlichkeitsentwicklung, Selbsthilfe, Business-Strategien, digitale Nomaden und psychische Gesundheit. Eine spezielle Nische sind auch Sachbücher über nachhaltiges Leben und grüne Technologien."

Diese Antwort zeigt dir sofort, welche Themen derzeit gefragt sind, und gibt dir eine klare Richtung für deine nächsten Schritte.

4.Zielgruppenanalyse – Die Bedürfnisse der Leser verstehen

Nun, da du potenzielle Nischen und Themen gefunden hast, geht es darum, zu verstehen, was deine Zielgruppe wirklich will. Hier hilft dir KI, die Bedürfnisse und Interessen der Leser noch genauer zu analysieren. Anstatt nur zu erraten, was potenzielle Käufer ansprechen könnte, kannst du mithilfe von KI-Tools tief in die Wünsche und Bedürfnisse deiner Zielgruppe eintauchen.

4.1.So helfen KI-Tools, die Bedürfnisse der Leser zu verstehen

Die Frage „Was erwarten Leser von einem Buch über [Thema]?" lässt sich durch eine KI sehr gut beantworten.

Du kannst ChatGPT gezielt nach den Erwartungen fragen, die Leser an Bücher zu einem bestimmten Thema haben.

Angenommen, du möchtest ein Buch über Selbsthilfe schreiben, dann könnte ein sinnvoller Dialog mit der KI so aussehen:

Du: „Was erwarten Leser von einem Buch über Selbsthilfe?"

KI: „Leser von Selbsthilfebüchern suchen in der Regel praktische Ratschläge, die ihnen helfen, konkrete Probleme zu lösen. Sie erwarten verständliche, einfach umsetzbare Tipps, die ihr Leben verbessern. Ein weiteres wichtiges Kriterium ist, dass die Autoren authentisch wirken und persönliche Erfahrungen oder Expertenwissen teilen. Viele Leser möchten außerdem konkrete Handlungsanweisungen oder Übungen, die sie direkt in ihrem Alltag anwenden können."

Dieses Wissen gibt dir eine fundierte Vorstellung davon, was Leser von einem Buch über Selbsthilfe erwarten und wie du dein eigenes Buch so gestalten kannst, dass es diese Bedürfnisse erfüllt.

4.2. Testfragen für die Zielgruppenanalyse

Ein wichtiger Bestandteil der Zielgruppenanalyse ist es, direkt nach den Wünschen und Bedürfnissen der Leser zu fragen. Du kannst die KI auffordern, gezielt auf bestimmte Aspekte einzugehen.

Einige Testfragen, die du der KI stellen kannst, um besser zu verstehen, was deine Zielgruppe erwartet:

„Welche Themen interessieren Frauen im Alter von 25-40 Jahren besonders in einem Sachbuch über Karriere?"

„Was suchen Leser in einem Thriller? Was macht ein Thriller wirklich spannend?"

„Welche Wünsche haben Unternehmer von einem Business-Ratgeber?"

Die Antworten auf solche Fragen geben dir wertvolle Hinweise, was du in deinem Buch behandeln solltest, um das Interesse der Leser zu wecken.

5.Übung: Lass die KI 10 Buchideen generieren

Jetzt, da du mit den richtigen Tools und Fragen ausgestattet bist, ist es an der Zeit, die KI selbst für dich arbeiten zu lassen. Lass sie eine Liste mit 8 Buchideen generieren, die du dann nach ihrem Marktpotenzial und ihrer Relevanz sortieren kannst.

Hier ist ein einfaches Beispiel, wie das funktionieren kann:

Du: „Lass uns 8 Ideen für ein Sachbuch über Selbsthilfe generieren."

KI:

„1. 10 Schritte zu einem besseren Selbstbewusstsein

2. Stressbewältigung im Alltag: Techniken, die wirklich helfen

3. So baust du eine positive Morgenroutine auf

4. Wie du deine Ängste überwindest

5. Effektive Zeitmanagement-Techniken

6. Achtsamkeit im Alltag: Mehr Frieden durch Meditation

7. Das Geheimnis der erfolgreichen Kommunikation

8. Wie du deine Ziele erreichst: Ein praktischer Leitfaden

Du hast nun zehn mögliche Buchideen, die du analysieren und nach ihrem Marktpotenzial sortieren kannst.

Es wäre sinnvoll, die Ideen auf der Basis von zwei Kriterien zu bewerten:

Nachfrage: Wie gefragt ist das Thema aktuell? Sind die Leser an diesem Thema interessiert?

Wettbewerb: Wie viele andere Bücher gibt es bereits zu diesem Thema? Ist der Markt überfüllt oder gibt es noch Raum für neue Ideen?

Indem du diese Kriterien berücksichtigst, kannst du sicherstellen, dass deine Buchidee sowohl gut nachgefragt wird als auch eine realistische Chance hat, sich in einem nicht überladenen Markt durchzusetzen.

Schlussgedanken – Buchideen mithilfe einer KI finden

Das Finden der richtigen Buchidee ist der erste, aber entscheidende Schritt auf dem Weg zum Erfolg. Mithilfe von KI kannst du schnell und effizient Themen entdecken, die aktuell gefragt sind, und bekommst ein besseres Verständnis davon, was die Leser wirklich wollen. Indem du die Tools richtig einsetzt, hast du die Möglichkeit, deine Ideen mit gezieltem Wissen und den richtigen Informationen zu untermauern.

Im nächsten Abschnitt gehen wir darauf ein, wie du die Struktur deines Buches aufbaust und sicherstellst, dass es nicht nur inhaltlich, sondern auch formell ein Erfolg wird.

(3) Den Schreibprozess optimieren

Der Schreibprozess ist oft der herausforderndste Teil bei der Erstellung eines Buches, besonders wenn man mit dem Ziel arbeitet, ein qualitativ hochwertiges Werk zu verfassen, das den Leser von Anfang bis Ende fesselt. Glücklicherweise bietet die fortschreitende Entwicklung von Künstlicher Intelligenz (KI) einige praktische Tools, die dir helfen können, diesen Prozess erheblich zu optimieren. In diesem Abschnitt erfährst du, wie du mit KI eine klare Struktur für dein Buch entwickelst, wie du den Schreibprozess selbst beschleunigen kannst und welche Tipps dir helfen, trotz der Hilfe von KI deine eigene Kreativität und Stimme zu bewahren.

1. Struktur schaffen – Mit KI den Plan für dein Buch entwickeln

Bevor du überhaupt mit dem Schreiben beginnst, ist es ratsam, eine klare Struktur für dein Buch zu erstellen. Eine gute Gliederung ist das Fundament eines erfolgreichen Buches und sorgt dafür, dass der Leser einem klaren, logischen Ablauf folgen kann. Doch wie gelingt es, diese Struktur zu entwickeln? Hier kommt KI ins Spiel. Anstatt Stunden damit zu verbringen, die Struktur von Hand zu skizzieren, kannst du die KI verwenden, um dir eine detaillierte Gliederung für dein Buch zu erstellen.

1.2. Gliederung mit KI erstellen lassen

Die KI kann dir dabei helfen, eine umfassende und gut durchdachte Gliederung zu entwerfen, die du anschließend weiter verfeinern kannst. Nehmen wir an, du möchtest ein Buch über Finanzmanagement schreiben.

Du könntest der KI eine konkrete Anfrage stellen, wie zum Beispiel:

> „Mach einen detaillierten Plan für ein Buch über Finanzmanagement."

Die KI würde dir dann eine detaillierte Kapitelstruktur vorschlagen, die du als Grundlage für dein Buch verwenden kannst.

Hier ein **Beispiel**, wie eine solche Gliederung aussehen könnte:

> **Einleitung:** Die Bedeutung von Finanzmanagement und wie es dein Leben verändert
>
> **Kapitel 1:** Grundlagen des Finanzmanagements – Was du wissen musst
>
> **Kapitel 2:** Budgetierung und Sparen – Der erste Schritt zur finanziellen Freiheit
>
> **Kapitel 3:** Schulden abbauen und finanzielle Belastungen minimieren
>
> **Kapitel 4:** Investieren – Wie du dein Geld für dich arbeiten lässt
>
> **Kapitel 5:** Vermögensaufbau und langfristige Finanzplanung
>
> **Kapitel 6:** Der Umgang mit finanziellen Krisen und unvorhergesehenen Ereignissen
>
> **Kapitel 7:** Finanzielle Freiheit erreichen – Ein Leitfaden für die Zukunft
>
> **Schlussfolgerung:** Dein Weg zu finanzieller Unabhängigkeit

Du siehst, wie die KI dir eine klare, logisch aufgebaute Struktur liefern kann, die die wichtigsten Aspekte des Finanzmanagements abdeckt. Dies gibt dir nicht nur eine solide Grundlage, sondern spart auch Zeit, die du sonst mit der Planung des Inhalts verbringen würdest.

1.3. Vorteile einer KI-gestützten Gliederung

Eine Gliederung, die von der KI erstellt wurde, hat mehrere Vorteile:

1. **Kapitelstruktur:** Die KI kann sicherstellen, dass du keine wichtigen Themen vergisst. Sie hilft dir, den Überblick zu behalten und sorgt dafür, dass die Struktur gut ausgeglichen ist.

2. **Logische Übergänge:** Mit einer klaren Gliederung kannst du sicherstellen, dass es zwischen den Kapiteln und den einzelnen Abschnitten fließende Übergänge gibt. Du vermeidest abruptes Springen zwischen Themen, was die Lesbarkeit und Kohärenz erhöht.

3. **Umfassende Inhalte:** Oft fällt es schwer, alle relevanten Aspekte eines Themas zu berücksichtigen. Die KI kann dir helfen, eine umfassende Gliederung zu erstellen, die sicherstellt, dass du alle wichtigen Punkte behandelst.

2. Kapitel schreiben – Warum KI kein vollständiger Ersatz für menschliche Kreativität ist

Mit einer klaren Struktur in der Hand geht es nun ans eigentliche Schreiben der Kapitel. Hier kommt die KI als unterstützendes Werkzeug ins Spiel. Sie kann dir bei der Erstellung von Inhalten helfen, indem sie dir Vorschläge macht, Texte generiert und Ideen liefert, wenn du in eine kreative Blockade gerätst. Doch auch wenn KI eine wertvolle Unterstützung darstellt, solltest du nie vergessen, dass sie keine vollwertige, kreative Autorin ersetzen kann.

3. Warum KI kein vollständiger Ersatz für menschliche Kreativität ist

KI kann viele Dinge, aber sie kann nicht deine einzigartige Perspektive und Kreativität ersetzen. Sie ist nicht in der Lage, emotionale Nuancen und komplexe Gedanken so zu artikulieren wie ein Mensch. Während KI bei der Faktenrecherche, der Strukturierung von Texten und der Ideenfindung äußerst hilfreich ist, bleibt die emotionale Tiefe, die persönliche Erfahrung und die individuelle Schreibstimme ein unersetzlicher Teil des kreativen Prozesses.

Ein weiterer wichtiger Punkt ist, dass KI in der Regel auf bereits vorhandenen Daten und Informationen basiert. Sie kann keine bahnbrechenden oder innovativen Ideen entwickeln, die noch nie zuvor in einem Buch behandelt wurden. Deine Aufgabe als Autor ist es, diese Lücken zu füllen, und dafür ist deine Kreativität und Vorstellungskraft entscheidend.

3.2. Texte überarbeiten und personalisieren

Die von der KI generierten Texte müssen überarbeitet und personalisiert werden. Du solltest sicherstellen, dass der Text deinem Stil entspricht und deine persönliche Stimme durchscheint. Auch wenn die KI dir einen Entwurf liefert, musst du oft den Text umstrukturieren, um ihn emotionaler oder kreativer zu gestalten. Nimm dir Zeit, die generierten Absätze zu verfeinern und zu verbessern, sodass sie perfekt zu deinem Stil und deinen Ideen passen.

> **Denke daran:** KI ist ein Werkzeug, keine endgültige Lösung. Die wahre Kunst des Schreibens liegt in der Fähigkeit, den Text zu gestalten, zu verfeinern und deinem persönlichen Touch zu verleihen.

4. Tipps für den Schreibprozess – Wie du KI effektiv nutzt

Der Schreibprozess kann sowohl inspirierend als auch frustrierend sein. Um deine Produktivität zu steigern und Schreibblockaden zu überwinden, kannst du KI in verschiedenen Phasen des Schreibens einsetzen.

4.2. Verwende KI, um schwierige Stellen zu überbrücken

Manchmal stößt du während des Schreibens auf Stellen, bei denen du einfach nicht weiterkommst. Sei es der Anfang eines Kapitels, ein schwieriger Übergang oder die Schlussfolgerung. In solchen Fällen kann KI ein hilfreiches Werkzeug sein, um diese Blockaden zu überwinden.

Wenn du beispielsweise nicht weißt, wie du das erste Kapitel beginnen sollst, kannst du der KI eine Anfrage stellen, wie etwa:

„Schreibe eine Einführung zu einem Buch über SEO, das den Leser sofort fesselt."

Die KI wird dir mit einem Textvorschlag helfen, den du dann weiter verfeinern und anpassen kannst. Dies kann dir den Einstieg erleichtern und dafür sorgen, dass du nicht in einer kreativen Sackgasse stecken bleibst.

4.3. Beispiel: Eine Einführung zu einem Kapitel über SEO

Nehmen wir an, du schreibst ein Kapitel über SEO (Search Engine Optimization). Du bist unsicher, wie du das Thema spannend und informativ einführen kannst.

Hier ein Beispiel, wie du KI bitten könntest, dir zu helfen:

Du: „Schreibe eine Einführung zu einem Kapitel über SEO, das den Leser sofort fesselt und ihm erklärt, warum SEO so wichtig für den Erfolg von Websites ist."

KI: „Hast du dich jemals gefragt, warum einige Websites immer an der Spitze der Google-Ergebnisse erscheinen, während andere in den Tiefen des Internets verschwinden? Die Antwort liegt in der Kunst und Wissenschaft von SEO. In diesem Kapitel werden wir uns mit den Grundlagen von SEO beschäftigen und dir zeigen, wie du deine Website so optimieren kannst, dass sie von Suchmaschinen erkannt und von Nutzern gefunden wird. Wir werden tief in die Welt der Keywords, Backlinks und der On-Page-Optimierung eintauchen und dir Schritt für Schritt zeigen, wie du die Sichtbarkeit deiner Website steigern kannst."

Mit diesem Vorschlag kannst du sofort in das Thema einsteigen und die Einführung so anpassen, dass sie deine Leser anspricht und zu deinem Stil passt.

Fazit: KI als Unterstützung, nicht als Ersatz

In diesem Abschnitt haben wir gelernt, wie KI dir beim Schreibprozess helfen kann – von der Strukturierung bis zur Überarbeitung.

Doch der kreative Akt des Schreibens bleibt nach wie vor deine Aufgabe. KI ist ein hervorragendes Hilfsmittel, aber du solltest sie als Unterstützung und nicht als Ersatz für deine eigene Kreativität betrachten. Nutze die KI, um den Schreibprozess zu optimieren, aber bringe immer deine eigene Persönlichkeit und Expertise in den Text ein.

(4) KI als Co-Autor bei Romanen und kreativen Projekten

Die Idee, Künstliche Intelligenz als Co-Autor in kreativen Projekten zu nutzen, klingt für viele wie Science-Fiction. Doch die Realität ist, dass KI mittlerweile ein wertvoller Helfer bei der Erstellung von Romanen, Kurzgeschichten und anderen kreativen Texten geworden ist. Aber wie funktioniert das genau, und welche Rolle spielt die KI im Schreibprozess?

1. Die Rolle der KI bei kreativen Texten

Künstliche Intelligenz, insbesondere fortgeschrittene Tools wie GPT (Generative Pre-trained Transformer), kann erstaunlich gut darin sein, Texte zu generieren, die mit menschlichen Schreibstilen konkurrieren. Dabei übernimmt die KI nicht nur die mechanischen Teile des Schreibens, sondern kann auch kreative Inputs liefern. Hier sind einige Möglichkeiten, wie KI beim kreativen Schreiben hilft:

1.1. Spannende Geschichten entwickeln

Ein häufiges Problem, mit dem Autoren konfrontiert sind, ist die Entwicklung eines fesselnden Handlungsbogens. KI kann hier hilfreich sein, indem sie Vorschläge für Plotentwicklungen, Wendepunkte und dramatische Höhepunkte macht. Eine KI kann auf Grundlage der Eingaben zu Themen und Stimmungen eine Handlung generieren, die den Leser von der ersten Seite an fesselt.

> **Beispiel:** Ein Autor könnte der KI folgendes Kommando geben: „Erstelle eine Handlung für einen Thriller, der sich um ein mysteriöses Verschwinden in einer Kleinstadt dreht." Die KI würde dann verschiedene Plot-Elemente generieren, wie z.B. die Hauptfigur, die sie verfolgt, mögliche Wendepunkte und das finale Auflösen des Rätsels.

1.2. Strukturierung der Handlungsbögen

Kreative Projekte benötigen oft eine klare Struktur, um die Geschichte über mehrere Kapitel hinweg spannend zu gestalten. Die KI kann dabei helfen, den Handlungsbogen zu skizzieren und zu strukturieren. Sie kann beispielsweise vorschlagen, wie ein Thriller aufgebaut werden sollte (Einführung, Konfliktaufbau, Höhepunkt, Auflösung), oder auch bei komplexeren Genres wie historischen Romanen oder Science-Fiction-Erzählungen hilfreich sein.

> **Beispiel:** Eine KI könnte dem Autor helfen, die Erzählweise zu bestimmen – etwa, ob die Geschichte aus der Ich-Perspektive oder einer allwissenden Erzählweise geschrieben werden soll – und die passende Struktur dafür vorzuschlagen.

1.3. Dialoge, Charakterentwicklungen und Beschreibungen

Dialoge und die Entwicklung von Charakteren sind zentrale Elemente eines jeden Romans. KI kann mit verschiedenen Tools dabei helfen, realistische und interessante Dialoge zu generieren. Wenn dir als Autor der Dialog zwischen zwei Charakteren nicht einfällt, kannst du der KI eine Situation vorgeben, und sie wird dir Vorschläge liefern, wie der Dialog weitergeführt werden kann.

Ein weiteres starkes Werkzeug ist die Charakterentwicklung. Die KI kann dir dabei helfen, tiefer in die Psyche deiner Figuren einzutauchen, ihre Motivationen zu erfassen und komplexe Beziehungen zwischen den Charakteren zu schaffen.

Beispiel: Eine KI kann dir helfen, einen Charakter zu entwerfen, indem du eingibst: „Erstelle einen mysteriösen Detektiv, der sich von seinem tragischen vergangenen Leben erholt." Sie kann dir dann nicht nur eine detaillierte Charakterbeschreibung liefern, sondern auch Dialoge und Szenen, in denen dieser Charakter agiert.

2. Übung: Generiere mit einer KI eine Kurzgeschichte und überarbeite sie

Die beste Art, sich mit der Rolle der KI als Co-Autor vertraut zu machen, ist durch Praxis. Versuche, eine Kurzgeschichte zu erstellen, indem du der KI ein Thema vorgibst.

Zum Beispiel: „Schreibe eine Kurzgeschichte über einen Mann, der in einer verfallenen Stadt auf ein mysteriöses Geheimnis stößt."

Nachdem die KI den ersten Entwurf erstellt hat, kannst du den Text durchsehen und die Erzählung nach deinen Vorstellungen anpassen. Hierbei geht es nicht darum, der KI zu erlauben, den gesamten Text zu schreiben, sondern sie als Werkzeug zu verwenden, um die Kreativität zu fördern und den Schreibprozess zu optimieren. Deine Aufgabe als Autor ist es, die von der KI gelieferten Vorschläge zu filtern, anzupassen und deinen eigenen Stil in den Text einzubringen.

> **Schritt 1:** Gib der KI ein Thema, ein Setting oder eine Szene vor.
>
> **Schritt 2:** Lass die KI eine Geschichte generieren.
>
> **Schritt 3:** Überarbeite die generierte Geschichte, indem du die Charaktere vertiefst, die Dialoge verfeinerst und die Erzählweise an deinen eigenen Stil anpasst.

Durch diese Übung wirst du ein besseres Verständnis dafür entwickeln, wie du die KI effektiv als kreativen Partner einsetzen kannst.

3. Fallstricke vermeiden

Obwohl KI ein mächtiges Werkzeug für die kreative Arbeit ist, gibt es einige Fallstricke, die Autoren beachten müssen, um das volle Potenzial der Technologie auszuschöpfen:

3.1. Menschliche Empathie und Emotionen schwer zu simulieren

Ein häufiges Problem bei KI-generierten Texten ist die Schwierigkeit, tiefgreifende emotionale Resonanz zu erzeugen. Während KI in der Lage ist, flüssige Texte zu schreiben, fehlt ihr die Fähigkeit, echte menschliche Empathie oder komplexe emotionale Zustände zu vermitteln. Das bedeutet, dass die Figuren in KI-generierten Geschichten oft weniger tiefgründig wirken als die, die ein Mensch mit mehr emotionaler Intuition schaffen würde.

Beispiel: Ein KI-generierter Dialog mag gut formuliert sein, aber er könnte Schwierigkeiten haben, die Nuancen echter Emotionen zu erfassen. Ein Charakter könnte sich nicht so authentisch anfühlen, weil die KI nicht in der Lage ist, die subtile Wechselwirkung zwischen Gefühlen und Gedanken zu reproduzieren.

3.2. Flache Charaktere

Ein weiteres häufiges Problem ist, dass KI dazu neigt, flache, stereotypische Charaktere zu erschaffen, wenn sie nicht gezielt angepasst wird. KI kann einfache Beschreibungen und Handlungen generieren, aber ohne eine tiefergehende Charakterisierung von dir als Autor werden die Figuren oft eindimensional bleiben.

Beispiel: Ein KI-generierter Charakter könnte in einem Thriller schnell als „der unnahbare Detektiv" oder „die gefährliche Femme Fatale" beschrieben werden, aber ohne detaillierte Hintergrundgeschichte, Motivation und Eigenheiten bleibt dieser Charakter flach. Deine Aufgabe als Autor ist es, diesen Charakter weiter zu entwickeln und ihm Tiefe zu verleihen.

Fazit

KI ist ein mächtiges Werkzeug für Autoren, besonders für diejenigen, die in kreativen Projekten wie Romanen, Kurzgeschichten oder anderen fiktionalen Texten arbeiten. Sie kann dabei helfen, Ideen zu entwickeln, Struktur zu schaffen und den Schreibprozess zu beschleunigen. Aber sie ist kein Ersatz für die menschliche Kreativität, Emotion und Empathie, die erforderlich sind, um komplexe, glaubwürdige Geschichten zu erzählen.

Die KI sollte als Co-Autor betrachtet werden – als Partner, der dir hilft, deine Ideen zu konkretisieren und deine Geschichten zu entwickeln, aber du bleibst derjenige, der die wahre Tiefe, die Emotionen und die Persönlichkeit in den Text einbringt.

(5)Durchschnittliche Buchlängen und Kapitelstrukturen in

verschiedenen Genres

Die Länge und Struktur deines Buches hängen oft stark vom Genre ab, in dem du schreibst. Jedes Genre hat bestimmte Erwartungen hinsichtlich der Wortanzahl und der Anzahl der Kapitel. Wenn du diese Erwartungen berücksichtigst, kannst du sicherstellen, dass dein Buch die gewünschten Kriterien erfüllt und den Lesern eine befriedigende Leseerfahrung bietet.

In diesem Abschnitt werde ich dir einen Überblick über die typischen Buchlängen und die Anzahl der Kapitel in unterschiedlichen Genres geben.

1. Kurzgeschichten

Durchschnittliche Wortanzahl: 1.000 bis 7.500 Wörter

Durchschnittliche Kapitelanzahl: Keine Kapitel oder 1–3 Kapitel

Kurzgeschichten sind in der Regel kürzer und enthalten nur wenige oder gar keine Kapitel, da sie sich auf eine einzelne Idee oder Handlung konzentrieren.

2. Kinderbücher (bis 8 Jahre)

Durchschnittliche Wortanzahl: 300 bis 1.500 Wörter

Durchschnittliche Kapitelanzahl: 1–3 Kapitel

Diese Bücher sind oft sehr einfach strukturiert und in kurzen Abschnitten unterteilt, um die Aufmerksamkeit junger Kinder zu halten.

3. Kinderbücher (9–12 Jahre)

Durchschnittliche Wortanzahl: 5.000 bis 10.000 Wörter

Durchschnittliche Kapitelanzahl: 5–10 Kapitel

Diese Bücher beginnen, komplexere Geschichten und eine größere Anzahl von Kapiteln zu beinhalten, die den jüngeren Lesern helfen, ihre Lesefähigkeiten zu entwickeln.

4. Erwachsene Kurzgeschichten

Durchschnittliche Wortanzahl: 1.000 bis 7.500 Wörter

Durchschnittliche Kapitelanzahl: Keine Kapitel oder 1–3 Kapitel

Ähnlich wie bei Kinderkurzgeschichten sind auch erwachsene Kurzgeschichten häufig in wenigen Abschnitten unterteilt.

5. Sachbücher

Durchschnittliche Wortanzahl: 30.000 bis 70.000 Wörter

Durchschnittliche Kapitelanzahl: 10–20 Kapitel

Sachbücher sind oft stärker strukturiert und beinhalten viele Kapitel, die jeweils einen bestimmten Aspekt des Themas behandeln.

6. Romane (Kurzromane/Novellen)

Durchschnittliche Wortanzahl: 20.000 bis 50.000 Wörter

Durchschnittliche Kapitelanzahl: 10–15 Kapitel

Kurzromane sind in der Regel fokussierter und haben weniger Kapitel als längere Romane, bieten aber dennoch genug Platz, um eine vollständige Geschichte zu erzählen.

7. Romane (Standard)

Durchschnittliche Wortanzahl: 70.000 bis 120.000 Wörter

Durchschnittliche Kapitelanzahl: 20–40 Kapitel

Standard-Romane, wie sie oft in den Genres Krimi, Thriller oder Romantik zu finden sind, haben eine größere Wortanzahl und eine entsprechend größere Anzahl von Kapiteln, um die Handlung detaillierter zu entfalten.

8. Romane (Epische Romane)

Durchschnittliche Wortanzahl: 150.000+ Wörter

Durchschnittliche Kapitelanzahl: 40+ Kapitel

Epische Romane, häufig im Fantasy- oder historischen Bereich, sind oft sehr umfangreich und beinhalten viele Kapitel, um komplexe Handlungsstränge und zahlreiche Charaktere zu behandeln.

9. Bilderbücher (Kinder)

Durchschnittliche Wortanzahl: 100 bis 1.000 Wörter

Durchschnittliche Kapitelanzahl: Keine Kapitel

Bilderbücher sind für sehr junge Kinder gedacht und kombinieren Bild und Text auf eine Weise, die die Geschichte unterstützt, ohne die Notwendigkeit von Kapiteln.

10. Kapitelbücher (Kinder)

Durchschnittliche Wortanzahl: 5.000 bis 10.000 Wörter

Durchschnittliche Kapitelanzahl: 10–20 Kapitel

Diese Bücher sind für fortgeschrittene junge Leser gedacht und enthalten in der Regel mehrere Kapitel, die eine umfassendere Geschichte erzählen.

11. Jugendromane

Durchschnittliche Wortanzahl: 30.000 bis 80.000 Wörter

Durchschnittliche Kapitelanzahl: 15–30 Kapitel

Jugendromane haben oft eine ähnliche Länge wie Standard-Romane, aber die Themen und die Sprache sind auf jüngere Leser ausgerichtet.

12. Selbsthilfebücher/Ratgeber

Durchschnittliche Wortanzahl: 40.000 bis 70.000 Wörter

Durchschnittliche Kapitelanzahl: 10–15 Kapitel

Ratgeber und Selbsthilfebücher sind häufig klar strukturiert, um dem Leser eine klare Anleitung oder Einsicht zu bieten.

13. Thriller

Durchschnittliche Wortanzahl: 70.000 bis 90.000 Wörter

Durchschnittliche Kapitelanzahl: 15–30 Kapitel

Thriller tendieren dazu, schneller zu sein und haben eine größere Kapitelanzahl, um die Spannung und Handlung effektiv voranzutreiben.

14. Fantasy

Durchschnittliche Wortanzahl: 90.000 bis 150.000 Wörter

Durchschnittliche Kapitelanzahl: 20–40 Kapitel

Fantasy-Romane sind oft sehr detailreich und benötigen viele Kapitel, um die komplexen Welten und Handlungsstränge zu entwickeln.

15. Romantik

Durchschnittliche Wortanzahl: 50.000 bis 90.000 Wörter

Durchschnittliche Kapitelanzahl: 15–30 Kapitel

Romantische Geschichten bieten genug Raum für eine eingehende Untersuchung der Charaktere und deren Beziehung, was zu einer durchschnittlichen bis langen Kapitelanzahl führt.

Zusammenfassung

Das Verständnis der typischen Wortanzahl und der Anzahl der Kapitel in deinem Genre ist für den Erfolg deines Buches entscheidend. Diese Angaben sind natürlich nur Richtwerte und können je nach deinem individuellen Stil, deiner Geschichte und deinem Zielpublikum variieren.

(6) Bücher formatieren und designen – KI als Allrounder

Die Erstellung eines Buches endet nicht mit dem Schreiben des Textes. Die Präsentation und das Design spielen eine entscheidende Rolle dabei, wie dein Buch wahrgenommen wird und wie erfolgreich es auf dem Markt ist. In diesem Abschnitt zeigen wir dir, wie du Künstliche Intelligenz nicht nur beim Schreiben, sondern auch beim Formatieren, beim Coverdesign und bei der Erstellung von Illustrationen nutzen kannst, um dein Buch professionell und ansprechend zu gestalten.

1. Formatierung: Lesbarkeit und Struktur optimieren

Die Formatierung eines Buches ist mehr als nur eine ästhetische Entscheidung – sie sorgt dafür, dass dein Werk auf verschiedenen Plattformen gut aussieht und vom Leser problemlos konsumiert werden kann. Eine schlecht formatierte Datei kann die Lesbarkeit beeinträchtigen und den ersten Eindruck deines Buches trüben.

1.1 Tools für die Formatierung

Es gibt verschiedene KI-unterstützte Tools, die dir bei der Formatierung deines Buches helfen können. Zwei der bekanntesten sind Reedsy und Scrivener:

Reedsy ist eine Plattform, die speziell dafür entwickelt wurde, Autoren bei der Erstellung und Formatierung von E-Books zu unterstützen. Sie bietet eine einfache Benutzeroberfläche und KI-gestützte Vorschläge, um deine Inhalte für verschiedene Buchformate (E-Book, Printbuch, PDF) zu optimieren. Darüber hinaus kannst du hier sogar einen professionellen Korrektor oder Lektor finden, der dein Werk weiter verfeinert.

Scrivener ist ein weiteres sehr beliebtes Schreib-Tool, das Autoren hilft, ihre Manuskripte zu strukturieren und zu formatieren. Es ist besonders nützlich für Autoren, die mit umfangreichen Projekten oder Romanen arbeiten. Scrivener bietet eine Vielzahl von Funktionen zur Organisation von Kapiteln, Szenen und Notizen, sodass du den Überblick behältst und das Buch strukturiert bleibt. KI-Tools in Scrivener bieten oft intelligente Vorschläge zur Verbesserung der Textstruktur und Formatierung.

1.2 Wie KI Inhalte leserfreundlich gestalten kann

Ein weiterer Vorteil von KI bei der Buchformatierung ist, dass sie automatisch die Lesbarkeit des Textes verbessern kann. Tools wie Grammarly oder Hemingway Editor analysieren den Text und geben dir Feedback, wie du Sätze vereinfachen, passiv formulierte Sätze verbessern oder den Lesefluss optimieren kannst. Auch für den Textblocksatz sorgt KI dafür, dass die Absätze gut strukturiert sind und der Leser den Text mühelos aufnehmen kann.

Zusätzlich bieten viele KI-Tools die Möglichkeit, automatisch Absätze, Zitate oder Aufzählungen zu formatieren. Ein Klick, und die Struktur ist bereits für dich festgelegt – von den Kapiteln bis zu den Unterkapiteln.

2. Coverdesign: Ein visuelles Meisterwerk mit KI

Das Cover deines Buches ist oft der erste Eindruck, den Leser von deinem Werk erhalten. Es entscheidet oft darüber, ob jemand das Buch überhaupt in die Hand nimmt oder nicht. Hier spielt KI eine enorme Rolle, wenn es darum geht, visuelle Konzepte zu erstellen, die ansprechend und professionell wirken.

2.1 KI-Tools für Coverdesign

Moderne KI-Tools wie DALL-E und MidJourney haben es Autoren und Designern ermöglicht, beeindruckende Buchcover in wenigen Minuten zu erstellen. Diese KI-Tools nutzen maschinelles Lernen, um einzigartige und kreative Designs zu generieren, die deinen Vorstellungen entsprechen. Du gibst einfach eine kurze Beschreibung des gewünschten Covers ein – etwa „Thriller über ein mysteriöses Verschwinden, düstere Atmosphäre" – und die KI generiert mehrere Designvorschläge.

DALL-E (von OpenAI) ist besonders bekannt für seine Fähigkeit, visuelle Konzepte aus Text zu generieren. Du kannst es verwenden, um ein Cover zu erstellen, das eine bestimmte Stimmung oder ein Thema widerspiegelt. Es funktioniert so, dass du mit spezifischen Vorgaben die KI lenkst und so dein Wunschdesign erhältst.

MidJourney ist ein weiteres KI-Tool, das spektakuläre Kunstwerke erschaffen kann. Es zeichnet sich durch seine hohe Qualität in der Umsetzung von Stil und Atmosphäre aus. Mit den richtigen Anweisungen ist es in der Lage, visuell faszinierende Buchcover zu erstellen.

2.2 Tipps für Designs, die sich verkaufen

Ein gut gestaltetes Cover ist nicht nur schön anzusehen, sondern muss auch die richtige Zielgruppe ansprechen. Hier sind einige bewährte Tipps, um ein Cover zu gestalten, das die Aufmerksamkeit potenzieller Käufer auf sich zieht:

Farben: Die Farbwahl ist entscheidend. Helle, kräftige Farben ziehen mehr Aufmerksamkeit auf sich, während gedämpfte Töne eine ernstere oder nostalgische Stimmung erzeugen. Wähle Farben, die das Thema deines Buches unterstreichen – ein Thriller könnte beispielsweise mit dunklen, gedeckten Farben wie Schwarz und Rot arbeiten, während ein Sachbuch zu einem inspirierenden Thema hellere Farben bevorzugen könnte.

Schriftarten: Eine leserfreundliche Schriftart ist von großer Bedeutung. Experimentiere mit modernen und klassischen Schriftarten, aber achte darauf, dass sie nicht zu überladen wirken. Schriftarten sollten das Genre widerspiegeln – ein Thriller oder Krimi könnte eine markante, kantige Schriftart verwenden, während ein Roman eine elegantere und verspielte Typografie haben könnte.

Stil: Die Gestaltung sollte das Genre und die Stimmung deines Buches perfekt widerspiegeln. Für einen Horrorroman könnte ein düsteres, minimalistisches Cover geeignet sein, während ein Abenteuerroman von einem dynamischen, actionreichen Design profitiert.

2.3 Verbindung zum späteren Kapitel über Design

Das Coverdesign ist ein integraler Bestandteil des gesamten Buchprojekts und hat großen Einfluss auf die Wahrnehmung des Buches. Wenn du dich für ein Coverdesign entschieden hast, das du selbst mit KI erstellt hast, gibt es ein späteres Kapitel, das noch tiefer auf Designfragen eingeht. In diesem Kapitel werden wir uns mit Designprinzipien und weiteren kreativen Tools beschäftigen, die dir helfen können, dein Cover und damit auch dein Buch zu einem echten Blickfang zu machen.

3. Inhalte für Illustrationen: KI für Kinderbücher und Sachbücher

Illustrationen sind besonders in Kinderbüchern und einigen Sachbüchern ein unverzichtbarer Bestandteil. Früher war die Erstellung von Illustrationen mit großen Kosten verbunden, da ein Künstler für jedes Bild beauftragt werden musste. Heute kannst du KI-Tools verwenden, um beeindruckende Illustrationen zu erstellen, die deine Inhalte visuell bereichern.

3.1 KI-Illustrationen für Kinderbücher

Für Kinderbücher sind Illustrationen besonders wichtig, da sie die Geschichte lebendig machen und das Interesse der jungen Leser wecken. Tools wie DALL-E oder Artbreeder können speziell für diesen Zweck verwendet werden, um kreative und ansprechende Illustrationen zu generieren. Diese KI-Tools bieten zahlreiche Möglichkeiten, um Figuren, Szenen und Umgebungen zu gestalten, die den Charakter deiner Geschichte widerspiegeln.

Du kannst der KI Anweisungen geben wie „Erstelle eine Illustration eines bunten Dschungels mit Tieren" oder „Male ein Bild eines neugierigen Mädchens, das in einem magischen Wald spaziert." Mit den richtigen Eingaben erhältst du einzigartige Illustrationen, die deine Geschichte visuell bereichern.

3.2 Illustrationen für Sachbücher

Auch in Sachbüchern sind Illustrationen nützlich, um Konzepte zu visualisieren oder Informationen übersichtlich darzustellen. Diese können in Form von Diagrammen, Infografiken oder themenspezifischen Bildern erfolgen. KI kann dir auch bei der Erstellung solcher Illustrationen helfen, die das Verständnis des Textes erleichtern. Beispielsweise könntest du KI-gestützte Diagramme oder schematische Darstellungen für wissenschaftliche oder technische Themen erstellen.

Beispiel: Du könntest die KI auffordern, eine Infografik zu erstellen, die komplexe Finanzkonzepte wie Investitionen oder Steuern erklärt. Ebenso könnte sie dir helfen, Diagramme zu generieren, die bestimmte Themen wie Datenanalysen oder historische Ereignisse visuell darstellen.

Fazit

In diesem Abschnitt haben wir gesehen, wie du KI als Allrounder für das Formatieren und Designen deines Buches einsetzen kannst. Von der Strukturierung des Textes über das Coverdesign bis hin zu Illustrationen – KI hilft dabei, dein Buch nicht nur optisch ansprechend, sondern auch professionell und marktfähig zu machen.

(7) Buchveröffentlichung – Plattformen und Strategien

Die Veröffentlichung eines Buches ist ein entscheidender Schritt auf dem Weg zum Erfolg. Dank der Fortschritte in der Technologie und der Verbreitung von Self-Publishing-Plattformen ist es heutzutage einfacher als je zuvor, sein Buch einem globalen Publikum zugänglich zu machen. Doch der Erfolg eines Buches hängt nicht nur von der Veröffentlichung ab – auch Marketing, Verkaufsstrategien und rechtliche Aspekte müssen berücksichtigt werden. In diesem Abschnitt erfährst du, wie du mithilfe von Künstlicher Intelligenz (KI) dein Buch erfolgreich veröffentlichen, vermarkten und die nötigen rechtlichen Rahmenbedingungen beachten kannst.

1. Self-Publishing: Dein Weg zum erfolgreichen Autor

Self-Publishing ist heute der bevorzugte Weg für viele Autoren, um ihre Werke zu veröffentlichen. Du brauchst keinen traditionellen Verlag mehr, um dein Buch zu veröffentlichen – du kannst es selbst tun und die Kontrolle über alle wichtigen Aspekte des Prozesses behalten.

1.1 Plattformen für die Buchveröffentlichung

Es gibt zahlreiche Plattformen, die dir beim Self-Publishing helfen können. Jede Plattform bietet ihre eigenen Vor- und Nachteile. Die bekanntesten sind:

Amazon Kindle Direct Publishing (KDP): Amazon KDP ist eine der beliebtesten Plattformen für Self-Publishing-Autoren. Sie bietet eine einfache Möglichkeit, E-Books und Taschenbücher zu veröffentlichen und zu verkaufen. Ein großer Vorteil ist die enorme Reichweite von Amazon, was bedeutet, dass dein Buch potenziell Millionen von Lesern erreichen kann. Amazon bietet auch verschiedene Marketingtools wie Kindle Unlimited und Amazon Ads, die es dir ermöglichen, dein Buch gezielt zu bewerben.

Kobo: Kobo ist eine weitere große Plattform für E-Books, die besonders in internationalen Märkten gut etabliert ist. Kobo bietet Autoren die Möglichkeit, ihre Bücher in über 190 Ländern zu verkaufen. Die Plattform ist bekannt für ihre benutzerfreundliche Oberfläche und gute Umsatzbeteiligung.

Apple Books: Apple Books ist ein weiteres populäres Self-Publishing-Tool, das es Autoren ermöglicht, ihre E-Books direkt an Millionen von iOS-Nutzern zu verkaufen. Die Plattform bietet eine hohe Flexibilität bei der Preisgestaltung und eine attraktive Gewinnbeteiligung.

1.2 Optimierung deiner Buchbeschreibung mit KI

Die Buchbeschreibung ist oft der erste Kontakt, den potenzielle Leser mit deinem Werk haben. Eine gut geschriebene, ansprechende Beschreibung ist entscheidend, um das Interesse der Leser zu wecken und den Verkauf zu fördern. Hier kommt KI ins Spiel. KI-Tools wie ChatGPT können dir dabei helfen, eine überzeugende Buchbeschreibung zu erstellen.

Die KI kann dir helfen, verschiedene Varianten deiner Buchbeschreibung zu formulieren und die beste Version auszuwählen. Du gibst einfach ein, was du in der Beschreibung vermitteln möchtest – etwa die wichtigsten Themen des Buches, das Genre und die Zielgruppe – und die KI erstellt daraufhin Textvorschläge.

Beispiel: Du schreibst ein Buch über Finanzmanagement und gibst der KI folgende Eingabe: „Erstelle eine kurze, ansprechende Beschreibung für ein Finanzbuch, das Anfängern hilft, ihr Geld zu investieren." Die KI wird dir daraufhin einige Varianten liefern, die du nach Belieben anpassen und verwenden kannst.

2. Marketing mit KI: Dein Verkaufsbooster

Sobald dein Buch veröffentlicht ist, beginnt die eigentliche Arbeit – das Marketing. Ohne eine effektive Marketingstrategie werden nur wenige Leser von deinem Buch erfahren. Hier kann KI dir helfen, Marketingaufgaben zu automatisieren und deine Reichweite zu vergrößern.

2.1 Social-Media-Posts und Anzeigentexte automatisieren

Social Media ist eine der effektivsten Möglichkeiten, um deine Zielgruppe direkt zu erreichen und für dein Buch zu werben. KI kann dir bei der Erstellung von ansprechenden Social-Media-Posts helfen, die dein Buch hervorheben. Tools wie ChatGPT oder Copy.ai ermöglichen es dir, in kurzer Zeit mehrere Varianten von Anzeigentexten oder Posts zu erstellen, die du dann auf Plattformen wie Facebook, Instagram und Twitter nutzen kannst.

Die KI kann dir helfen, die richtige Sprache zu finden, um deine Zielgruppe anzusprechen, und optimierte Hashtags hinzuzufügen, um die Sichtbarkeit zu erhöhen. Wenn du zum Beispiel ein Buch über Selbsthilfe oder Produktivität geschrieben hast, könnte die KI Posts generieren, die positive Affirmationen oder kurze Tipps beinhalten, die die Leser dazu ermutigen, mehr über dein Buch zu erfahren.

Beispiel: Du möchtest einen Post erstellen, der auf das Thema deines Buches aufmerksam macht. Die KI könnte dann einen Post generieren wie: „Bist du bereit, dein Geld endlich für dich arbeiten zu lassen? Entdecke die besten Strategien für erfolgreiches Investieren in unserem neuen Buch! #Finanzen #Investieren #Geldmanagement".

2.2 KI zur Generierung von Rezensionen und Blog-Beiträgen verwenden

Rezensionen sind ein entscheidender Faktor beim Verkauf eines Buches, da sie die Glaubwürdigkeit erhöhen und potenzielle Käufer überzeugen können. KI kann dir dabei helfen, Rezensionen zu generieren – nicht in Form von gefälschten Bewertungen, sondern als Inspiration für echte, ehrliche Rezensionen. Du kannst KI-Tools nutzen, um eine Zusammenfassung deines Buches zu generieren, die du dann als Grundlage für eine Rezension verwenden kannst.

Darüber hinaus kann KI dir helfen, Blog-Beiträge oder Artikel zu erstellen, die du als Marketingmaßnahme verwenden kannst. Diese Beiträge können die Themen deines Buches aufgreifen, nützliche Informationen liefern und Leser dazu ermutigen, dein Buch zu kaufen. Auch hier kann KI dazu beitragen, schnell Content zu erstellen, der gut geschrieben und SEO-optimiert ist.

Beispiel: Du könntest die KI bitten, einen Blogbeitrag zu schreiben, der auf einem Thema deines Buches basiert, etwa „Die fünf besten Tipps für den Einstieg in die Geldanlage". Der Text könnte dann als Blogbeitrag auf deiner Website oder als Gastartikel auf anderen Plattformen veröffentlicht werden, um die Bekanntheit deines Buches zu steigern.

3. Tantiemen und Rechte: Dein finanzieller Gewinn

Wenn du ein Buch veröffentlichst, möchtest du natürlich sicherstellen, dass du die besten finanziellen Bedingungen erhältst und keine rechtlichen Probleme mit Urheberrechten entstehen. Es ist wichtig, die Grundlagen der Tantiemen und der Rechte zu verstehen, insbesondere wenn du mit KI-generierten Inhalten arbeitest.

3.1 Was du über Lizenzgebühren wissen musst

Die meisten Self-Publishing-Plattformen bieten eine Beteiligung an den Einnahmen, die je nach Preisgestaltung und Verkaufsregion variiert. Bei Amazon KDP beträgt die Tantieme für E-Books beispielsweise 35 % bis 70 %, abhängig vom Preis deines Buches und den Märkten, in denen es verkauft wird. Auf Plattformen wie Kobo oder Apple Books gelten ähnliche Modelle. Du solltest die Preisstruktur und die Tantiemenberechnung für jede Plattform überprüfen und die für dich besten Konditionen auswählen.

3.2 Vermeidung von Urheberrechtsproblemen bei KI-generierten Texten

Ein weiteres Thema, das viele Autoren bei der Verwendung von KI bedenken müssen, ist das Urheberrecht. Bei KI-generierten Inhalten kann es zu Unsicherheiten bezüglich der Rechte kommen, da der Text von einer Maschine und nicht von einem menschlichen Autor erstellt wurde. Es ist wichtig, dass du sicherstellst, dass du die Rechte an den KI-generierten Inhalten besitzt und keine Urheberrechtsverletzungen begangen hast.

Die meisten KI-Tools, wie z.B. ChatGPT, erlauben es dir, die Inhalte, die du mit der KI generierst, zu verwenden, solange du sie bearbeitest und anpasst. Wenn du jedoch den Text unverändert verwendest, kann es zu Problemen kommen. Deshalb solltest du sicherstellen, dass du immer ausreichend eigene Änderungen vornimmst, um Urheberrechtsfragen zu vermeiden.

Fazit

Die Veröffentlichung eines Buches war noch nie so einfach wie heute. Self-Publishing-Plattformen wie Amazon KDP, Kobo und Apple Books bieten eine hervorragende Möglichkeit, dein Buch zu veröffentlichen und weltweit zu verkaufen. Doch der Erfolg kommt nicht nur durch die Veröffentlichung – auch das richtige Marketing, die rechtlichen Aspekte und die strategische Preisgestaltung spielen eine Rolle. KI kann dir bei all diesen Aspekten helfen, von der Optimierung deiner Buchbeschreibung bis hin zum Erstellen von Social-Media-Posts und der Analyse von Lizenzgebühren. Nutze die Kraft der KI, um dein Buch erfolgreich zu veröffentlichen und den finanziellen Erfolg zu maximieren.

(8) Einnahmen maximieren und langfristig profitieren

Der Weg zum finanziellen Erfolg als Autor hört nicht mit der Veröffentlichung deines ersten Buches auf. Die wahre Kunst liegt darin, Einnahmen kontinuierlich zu maximieren und langfristig von deinem Werk zu profitieren. In diesem Abschnitt zeigen wir dir, wie du mit verschiedenen Strategien und cleveren Ansätzen sicherstellen kannst, dass dein Buch nicht nur kurzfristig erfolgreich ist, sondern auch nachhaltig Einkommen generiert. Wir werden uns mit der Möglichkeit beschäftigen, eine Buchreihe zu starten, Cross-Selling-Strategien zu nutzen und langfristige Markenstrategien zu entwickeln.

1. Serien oder thematische Reihen: Ein konstantes Einkommen sichern

Ein häufiger Fehler von Autoren besteht darin, sich auf ein einzelnes Buch zu konzentrieren und es als das einzige Einnahmequellen-Projekt zu betrachten. Doch eine der effektivsten Methoden, um ein konstantes Einkommen zu generieren, besteht darin, eine Serie oder thematische Buchreihe zu schreiben.

1.1 Warum Serien so erfolgreich sind

Serien haben eine enorme Anziehungskraft auf Leser. Sobald ein Leser ein Buch aus einer Serie genossen hat, ist er oft bereit, auch die anderen Bücher zu kaufen, um zu erfahren, wie die Geschichte weitergeht oder um mehr über das behandelte Thema zu lernen. Diese fortlaufenden Verkäufe sind besonders wertvoll, da sie oft „Automaten"-Verkäufe erzeugen – das bedeutet, dass die Bücher weiterhin verkauft werden, während du dich auf andere Projekte konzentrierst.

Eine Serie bietet nicht nur den Vorteil von wiederkehrenden Verkäufen, sondern sie ermöglicht es dir auch, die Themen in deinen Büchern immer weiter auszubauen und zu vertiefen. Leser einer Serie entwickeln oft eine starke Bindung zu den Charakteren oder den behandelten Themen.

1.2 Beispiele für erfolgreiche Serien

Kochbuchreihen: Ein Beispiel für eine erfolgreiche Serie sind Kochbücher. Du kannst ein allgemeines Kochbuch zu einem bestimmten Thema, wie etwa „Gesunde Mahlzeiten für vielbeschäftigte Menschen", herausgeben und dann eine Reihe erstellen, die sich mit spezifischen Diäten oder Essgewohnheiten beschäftigt, wie etwa „Vegane Rezepte für Anfänger" oder „Keto für die Familie". Jedes neue Buch ist eine Erweiterung des ursprünglichen Konzepts und spricht ein weiteres Publikum an.

Finanzratgeber: Im Finanzbereich gibt es eine Vielzahl von Büchern, die gut als Serie oder Reihe funktionieren. Du könntest mit einem Buch über grundlegende Investitionen beginnen, dann ein weiteres Buch über Immobilieninvestitionen veröffentlichen und später spezialisierte Bücher zu Themen wie „Investieren in Kryptowährungen" oder „Altersvorsorge für junge Menschen" herausbringen. Die Leser, die Interesse an einem Thema zeigen, könnten für jedes weitere Buch in der Reihe empfänglich sein.

Romane: In der Belletristik ist eine Buchreihe fast eine Selbstverständlichkeit. Besonders erfolgreiche Reihen wie „Harry Potter" oder „Die Tribute von Panem" haben eine treue Fangemeinde aufgebaut. Auch du kannst durch eine fortlaufende Erzählung oder durch Themen, die immer wieder auftauchen, langfristig von einer Serie profitieren.

1.3 Wie man eine Serie effektiv plant

Die Planung einer Serie erfordert Weitsicht und strategisches Denken. Ein wichtiger Punkt ist es, sicherzustellen, dass du genügend Ideen für mehrere Bücher hast, bevor du mit der ersten Veröffentlichung beginnst. Viele Autoren haben eine Vorstellung davon, dass sie mit einem einzigen Buch einen Hit landen können, aber eine Reihe zu entwickeln, die die Leser wirklich fesselt, benötigt Planung.

Nutze die KI, um Ideen für potenzielle Bücher zu entwickeln, die sich innerhalb der Serie oder Reihe gut ergänzen. Lass die KI zu jedem Buch der Serie eine grobe Skizze der Kapitel oder Themen entwerfen, um sicherzustellen, dass die Reihenfolge der Bücher sinnvoll ist und die Leser langfristig interessiert bleiben.

2. Cross-Selling: Zusätzliche Einnahmequellen schaffen

Neben dem Verkauf von Büchern gibt es zahlreiche andere Einnahmequellen, die du durch Cross-Selling erschließen kannst. Cross-Selling bedeutet, dass du deinen Lesern zusätzliche Produkte oder Dienstleistungen anbietest, die mit deinem Buch in Zusammenhang stehen, aber nicht unbedingt Bücher sind. Dies kann helfen, deine Einnahmen weiter zu steigern und dir zusätzliche Einnahmequellen zu erschließen.

2.1 Weitere Produkte und Dienstleistungen als Cross-Selling-Möglichkeiten

Kurse und Workshops: Ein Beispiel für Cross-Selling ist, dass du ein Buch über Fotografie veröffentlichst und dann einen eigenen Online-Kurs anbietest, in dem du deinen Lesern beibringst, wie sie die Techniken aus deinem Buch anwenden können. Plattformen wie Udemy oder Teachable bieten die Möglichkeit, eigene Kurse zu erstellen und zu verkaufen. Deine Buchleser, die bereits Interesse an deinem Thema haben, könnten potenziell auch bereit sein, einen tiefergehenden Kurs zu buchen.

Coaching oder Beratungsdienste: Wenn du ein Expertenbuch in einem bestimmten Bereich schreibst, wie etwa „Zeitmanagement" oder „Karriereaufbau", könntest du Coaching- oder Beratungsdienste anbieten. Dies könnte entweder als Einzelcoaching oder in Form von Gruppenworkshops erfolgen. Die Leser, die von deinem Fachwissen in deinem Buch profitieren, sind oft auch bereit, in eine intensivere persönliche Unterstützung zu investieren.

Zusätzliche Bücher und Materialien: Natürlich kannst du auch andere Bücher oder Begleitmaterialien zu deinem Hauptbuch anbieten. In einem Ratgeberbuch über Diäten könntest du beispielsweise zusätzlich Einkaufslisten, Rezepte und Planungshilfen verkaufen, die den Lesern helfen, die Konzepte in deinem Buch leichter umzusetzen.

2.2 Wie du Cross-Selling umsetzt

Verlinkungen im Buch: Füge am Ende jedes Buches Links zu deinem eigenen Kurs oder zu weiteren Produkten hinzu. Dies kann sehr effektiv sein, da es den Lesern direkt die Möglichkeit bietet, etwas mehr zu lernen oder weitere Materialien zu kaufen, ohne lange suchen zu müssen.

Email-Listen und Newsletter: Nutze die Gelegenheit, um eine E-Mail-Liste aufzubauen. Sobald du deine Leser über eine E-Mail-Adresse erreichst, kannst du ihnen regelmäßig Updates zu neuen Produkten oder Dienstleistungen anbieten. Das ist eine sehr mächtige Technik, um kontinuierlich Einnahmen zu generieren.

3. Langfristige Pläne: Markenaufbau und Wiedererkennbarkeit

Der Aufbau einer erfolgreichen Marke ist der Schlüssel zu nachhaltigem Erfolg. In einer Welt, in der der Self-Publishing-Markt zunehmend wettbewerbsintensiver wird, kann eine starke persönliche Marke den Unterschied zwischen einem einmaligen Erfolg und einer langanhaltenden Karriere ausmachen.

3.1 Die Bedeutung einer Marke

Eine Marke ist mehr als nur ein Logo oder ein Name. Sie repräsentiert dein gesamtes Werk, deine Werte und deine Beziehung zu deinen Lesern. Sie hilft den Lesern, dich als Autor zu identifizieren und ein starkes Vertrauen aufzubauen. Ein fester Markenname und ein erkennbarer Stil werden dir nicht nur dabei helfen, Bücher zu verkaufen, sondern auch langfristig eine treue Leserschaft zu etablieren.

3.2 Wie du deine Marke entwickelst

Wiedererkennbarer Name und Design: Deine Bücher sollten ein einheitliches Coverdesign und eine konsistente Sprache haben. Dies hilft den Lesern, deine Bücher sofort zu erkennen. Achte darauf, dass der Name deines Autors in Verbindung mit deinem Genre oder Thema steht und für deine Zielgruppe relevant ist.

Engagement mit der Lesergemeinschaft: Social Media und E-Mail-Listen sind großartige Möglichkeiten, um mit deinen Lesern in Kontakt zu treten und eine Gemeinschaft rund um deine Bücher zu schaffen. Veröffentliche regelmäßig Inhalte, die mit deinem Buchthema zusammenhängen, teile Updates und fordere die Leser zu Interaktionen auf. Eine engagierte Lesergemeinschaft ist ein langfristiger Gewinn.

Langfristige Ziele setzen: Setze dir langfristige Ziele für dein Autorenleben. Überlege dir, wo du in den nächsten Jahren stehen möchtest und welche Projekte du verwirklichen willst. Ein klarer Plan hilft dir, fokussiert zu bleiben und deine Marke kontinuierlich auszubauen.

Fazit

Die Maximierung deiner Einnahmen und der langfristige Erfolg als Autor sind keine Zufälle, sondern das Ergebnis strategischer Planung und kluger Entscheidungen. Eine Buchreihe kann dir ein konstantes Einkommen verschaffen, Cross-Selling-Strategien eröffnen dir neue Einnahmequellen und der Aufbau einer persönlichen Marke hilft dir, auch über die Jahre hinweg erfolgreich zu bleiben. Nutze KI, um diese Prozesse zu optimieren und deinen Erfolg als Autor nachhaltig zu gestalten.

(9) Ethische Überlegungen und rechtliche Aspekte

Die Nutzung von Künstlicher Intelligenz (KI) in der Bucherstellung eröffnet neue Möglichkeiten, erfordert jedoch auch eine gründliche Auseinandersetzung mit ethischen und rechtlichen Fragestellungen. In diesem Abschnitt beleuchten wir wichtige Überlegungen zur transparenten Nutzung von KI und klären, welche rechtlichen Aspekte du beachten musst, um sicherzustellen, dass dein Werk rechtlich abgesichert ist und keine Urheberrechtsverletzungen vorliegen.

1. Ethische Nutzung von KI

Die Nutzung von KI in kreativen Prozessen, wie etwa dem Schreiben von Büchern, ist ein Thema, das zunehmend diskutiert wird. Die Frage, wie viel KI in einem kreativen Werk enthalten sein darf und in welchem Maß die Leser darüber informiert werden sollten, ist nicht nur eine technische, sondern auch eine ethische Frage.

1.1 Transparenz gegenüber Lesern: Solltest du erwähnen, dass KI beteiligt war?

Eine der ersten ethischen Überlegungen beim Schreiben mit KI ist die

Frage der Transparenz. Sollte ein Autor seine Leser darüber informieren, dass Teile des Buches mit Hilfe von KI erstellt wurden? Die Antwort hängt von verschiedenen Faktoren ab, darunter deine persönliche Einstellung, die Art des Buches und deine Beziehung zu deinen Lesern.

Pragmatische Lösung:

Es gibt keine allgemeingültige Antwort auf diese Frage, und sie hängt von der Art des Buches sowie deiner persönlichen Philosophie ab. Du kannst dich dafür entscheiden, KI nur als Werkzeug in den Anmerkungen oder im Vorwort zu erwähnen, wenn du es als notwendig erachtest, oder dich darauf konzentrieren, den Inhalt des Buches als das Hauptprodukt darzustellen, ohne allzu viel Aufmerksamkeit auf den Einsatz von KI zu lenken.

1.2 Die ethischen Herausforderungen der KI

Es gibt auch ethische Fragen im Hinblick auf die Originalität und Kreativität von KI-generierten Inhalten. Ein häufig aufgeworfener Punkt ist, inwieweit KI als "Autor" betrachtet werden kann und ob ein KI-generiertes Buch genauso wertvoll oder einzigartig ist wie eines, das von einem menschlichen Autor erschaffen wurde. Manche argumentieren, dass KI den kreativen Prozess vereinfacht, aber dennoch keine echte „künstlerische" Intuition besitzt und daher in gewisser Weise die Authentizität des Werkes infrage gestellt wird.

Der Wert menschlicher Kreativität:

Obwohl KI beeindruckende Texte generieren kann, bleibt der menschliche Einfluss nach wie vor unverzichtbar. Kreativität, Empathie und die Fähigkeit, emotionale Nuancen zu erkennen und zu vermitteln, sind Eigenschaften, die KI nicht vollständig nachahmen kann. Es liegt in der Verantwortung des Autors, KI als Unterstützung zu verwenden, ohne die menschliche Kreativität zu verdrängen.

Verantwortung für die Inhalte:

Ein weiteres ethisches Thema betrifft die Verantwortung für den Inhalt des Buches. Auch wenn KI einen Großteil des Schreibprozesses übernimmt, bleibt der Mensch der Autor, der letztlich für die Qualität und die ethische Implikationen des Inhalts verantwortlich ist. Es ist wichtig, sicherzustellen, dass die KI keine problematischen oder unangemessenen Inhalte erzeugt, und dass der Autor die Kontrolle über den kreativen Prozess behält.

2. Urheberrechte: Wem gehört der KI-generierte Text?

Die rechtlichen Aspekte rund um Urheberrechte und KI-generierte Texte sind ein relativ neues und komplexes Thema, das sowohl die Gesetzgebung als auch die Literaturwelt auf Trab hält. Wer hat die Rechte an einem Text, der teilweise oder vollständig von einer KI erstellt wurde? Diese Frage hat juristische Implikationen und könnte für dich als Autor von entscheidender Bedeutung sein, um sicherzustellen, dass du rechtlich abgesichert bist.

2.1 Wer besitzt das Urheberrecht an KI-generierten Inhalten?

In den meisten Ländern ist das Urheberrecht an einem Werk traditionell dem „Schöpfer" des Werkes zugewiesen, also dem Menschen, der den kreativen Prozess durchgeführt hat. Doch bei KI-generierten Texten stellt sich die Frage, ob das Urheberrecht an den Menschen oder an die KI als „Schöpfer" vergeben werden sollte.

Das Urheberrecht für den Autor:

Nach den gängigen Gesetzen vieler Länder (einschließlich der USA und EU) sind Werke, die von einer KI allein erschaffen wurden, nicht urheberrechtlich geschützt, weil nur Menschen als Urheber betrachtet werden. Das bedeutet, dass der Autor, der die KI verwendet, als Urheber des Werkes gilt – auch wenn ein erheblicher Teil der Arbeit von der KI erledigt wurde. In diesem Fall ist es wichtig, dass du als Autor darauf achtest, dass alle Inhalte, die von der KI erstellt wurden, entweder verändert oder bearbeitet werden, um deine eigene kreative Eingabe und Verantwortung widerzuspiegeln.

Das Urheberrecht für den KI-Anbieter:

In einigen Fällen können auch Lizenzvereinbarungen mit den KI-Anbietern eine Rolle spielen. Wenn du eine kommerzielle KI-Anwendung wie GPT-3 von OpenAI verwendest, kann es spezifische Nutzungsbedingungen geben, die die Rechte an den generierten Inhalten regeln. Es ist daher ratsam, die Lizenzbedingungen sorgfältig zu prüfen und sicherzustellen, dass du die Rechte an dem von der KI generierten Text besitzt, oder ob du Lizenzgebühren an den Anbieter bezahlen musst.

2.2 Wie du sicherstellst, dass dein Buch rechtlich abgesichert ist

Eigene Inhalte bearbeiten und anpassen:

Stelle sicher, dass du den KI-generierten Text überprüfst, überarbeitest und anpasst, bevor du ihn veröffentlichst. Dadurch stellst du sicher, dass das Buch deinen eigenen kreativen Input widerspiegelt und du als der rechtmäßige Urheber gelten kannst.

Verwendung lizenzfreier Inhalte:

Wenn du für dein Buch KI-generierte Bilder, Grafiken oder andere Medien verwendest, ist es wichtig sicherzustellen, dass du die richtigen Lizenzen für diese Materialien hast. Einige KI-Tools bieten Bilder und Designs an, die du kommerziell nutzen kannst, während andere Tools nur für die private oder nicht-kommerzielle Nutzung bestimmt sind. Achte darauf, dass alle verwendeten Medien rechtlich abgesichert sind.

Beratung durch einen Experten:

Da das rechtliche Terrain rund um KI und Urheberrechte noch nicht vollständig geklärt ist, kann es sinnvoll sein, einen Anwalt oder Rechtsexperten für geistiges Eigentum zu Rate zu ziehen, der dir hilft, sicherzustellen, dass du keine Urheberrechtsverletzungen begehst und alle notwendigen Schritte unternimmst, um deine Rechte zu schützen.

Fazit

Die Nutzung von KI für die Erstellung von Büchern birgt eine Reihe von ethischen und rechtlichen Überlegungen, die du nicht unbeachtet lassen solltest. Transparenz gegenüber deinen Lesern kann dabei helfen, das Vertrauen zu stärken, während du gleichzeitig deine kreative Kontrolle über das Werk behältst. Auch die rechtlichen Fragestellungen rund um Urheberrechte und Lizenzierung sind von zentraler Bedeutung, um sicherzustellen, dass dein Buch auf soliden rechtlichen Grundlagen steht. Indem du diese ethischen und rechtlichen Aspekte sorgfältig berücksichtigst, kannst du sicherstellen, dass deine KI-generierten Werke sowohl kreativ als auch rechtlich einwandfrei sind.

(10)Persönliche Erfolgsgeschichten und Motivation

In den vorangegangenen Kapiteln haben wir uns eingehend damit beschäftigt, wie du Künstliche Intelligenz (KI) nutzen kannst, um deine eigenen Bücher zu schreiben, zu gestalten und zu vermarkten. Doch nun möchten wir einen Blick auf die Geschichten von echten Autoren werfen, die mithilfe von KI und Self-Publishing große Erfolge erzielt haben. Diese Erfolgsgeschichten sollen dir nicht nur zeigen, dass es möglich ist, sondern dich auch motivieren, dein eigenes Projekt mit Zuversicht anzugehen. Denn, wie bei allen kreativen Prozessen, ist der Weg zum Erfolg oft genauso wichtig wie das Ziel.

1. Erfolgsgeschichten: Autoren, die mit KI und Self-Publishing erfolgreich waren

1.1 Beispiel 1: Lisa Müller – Der Durchbruch mit KI-unterstützten Sachbüchern

Lisa Müller, eine aufstrebende Autorin im Bereich Finanzratgeber, entschied sich vor zwei Jahren, ihren ersten Ratgeber zu schreiben. Sie war stets von den Möglichkeiten der Künstlichen Intelligenz begeistert, aber sie war sich zunächst unsicher, ob KI ihren kreativen Prozess unterstützen könnte. Doch nach der Recherche stieß sie auf das Potenzial von KI-Tools wie ChatGPT und DeepL. Sie nutzte KI, um schnelle Entwürfe zu erstellen, ihre Gedanken zu strukturieren und ihre Ideen in klare, prägnante Abschnitte zu gliedern.

„Ich war anfangs überrascht, wie sehr mich die KI bei der Ideenfindung unterstützte", sagt sie. „Ich hatte den Eindruck, dass ich beim Schreiben feststeckte. Doch mit der KI konnte ich in kurzer Zeit meine Gedanken ordnen und ein Buch schreiben, das nicht nur gut ankam, sondern auch Verkaufszahlen erzielte, mit denen ich nie gerechnet hätte."

Durch die Hilfe von KI konnte Lisa nicht nur ihre Zeit effizient nutzen, sondern sie war auch in der Lage, ihre Texte schnell zu überarbeiten und zu verfeinern. Ihr erstes Buch „Finanzmanagement für Einsteiger" war ein Erfolg. Es landete auf den Bestsellerlisten von Amazon und zog zahlreiche positive Rezensionen an.

Heute hat sie mehrere Finanzbücher veröffentlicht und führt mit einem Blog und einem Online-Kurs eine erfolgreiche Selbstverlagsmarke. Ihre Erfolgsgeschichte ist ein hervorragendes Beispiel dafür, wie Self-Publishing und KI-Tools Hand in Hand gehen können, um ein Produkt zu schaffen, das sowohl qualitativ hochwertig als auch kommerziell erfolgreich ist.

1.2 Beispiel 2: John Richards – Vom Hobbyautor zum Bestseller mit KI-unterstützten Romanen

John Richards ist ein weiteres Beispiel für jemanden, der mithilfe von KI und Self-Publishing seinen Traum als Autor verwirklichen konnte. Ursprünglich als Hobbyautor begann er mit dem Schreiben von Science-Fiction-Geschichten, jedoch ohne viel Erfolg. Viele seiner Bücher wurden nie veröffentlicht, und er fragte sich, ob er es jemals als Autor schaffen würde.

Dann entdeckte er das Potenzial von KI als Co-Autor. Besonders fasziniert war er von Tools, die ihm bei der Entwicklung von Handlungssträngen, Charakteren und Dialogen halfen. Mit der Hilfe von KI konnte er die Struktur seiner Geschichten effizienter gestalten und den kreativen Prozess schneller vorantreiben.

„KI hat mir geholfen, Ideen zu entwickeln, die ich alleine nicht gehabt hätte", sagt er. „Es war, als würde ich mit einem kreativen Partner zusammenarbeiten, der ständig neue Vorschläge machte und mich auf interessante Ideen brachte."

Johns erstes Buch „Sturm der Galaxien" war ein großer Erfolg. Es wurde innerhalb weniger Wochen zu einem Bestseller im Bereich Science-Fiction und sicherte ihm nicht nur finanzielle Unabhängigkeit, sondern auch die Möglichkeit, Vollzeit als Autor zu arbeiten.

Sein Erfolg basiert nicht nur auf der Unterstützung von KI, sondern auch auf seiner konsequenten Arbeit und dem stetigen Lernen. John zeigt, dass mit der richtigen Nutzung von KI-Tools und einer klaren Vision auch ein

Hobbyautor große Erfolge im Self-Publishing erzielen kann.

1.3 Beispiel 3: Sarah Green – Mit KI zum Erfolg als Kinderbuchautorin

Sarah Green ist ein weiteres Beispiel für jemanden, der mit KI sein Traumziel erreicht hat: die Veröffentlichung eines erfolgreichen Kinderbuches. Sie hatte jahrelang an Ideen gearbeitet, war jedoch nie in der Lage, den richtigen Durchbruch zu erzielen. Mit Hilfe von KI fand sie nicht nur die Struktur für ihre Geschichten, sondern auch kreative Ansätze, die ihre Bücher einzigartig machten.

„Ich war immer schon kreativ, aber ich brauchte eine Struktur, um meine Ideen richtig zu entwickeln", erklärt Sarah. „Die KI hat mir dabei geholfen, die Geschichten zu verfeinern und die Charaktere lebendig zu machen. Besonders beeindruckend war, wie gut die KI bei der Entwicklung von kindgerechten Dialogen und Szenarien war."

Sarah nutzte KI nicht nur für das Schreiben der Texte, sondern auch für das Design der Illustrationen. Sie kombinierte KI-generierte Illustrationen mit ihren eigenen Zeichnungen, was ihr Zeit sparte und gleichzeitig zu einem einzigartigen visuellen Stil beitrug.

Ihr erstes Buch „Die Abenteuer von Max und Mia" wurde in kürzester Zeit zu einem Bestseller und brachte ihr nicht nur finanzielle Freiheit, sondern auch Anerkennung in der Kinderbuchszene. Heute hat sie eine erfolgreiche Buchreihe und nutzt KI, um ihr kreatives Geschäft weiter auszubauen.

2. Motivierende Abschlussgedanken: Du kannst es auch!

Wenn diese Erfolgsgeschichten etwas zeigen, dann, dass jeder die Möglichkeit hat, erfolgreich zu sein – wenn die richtigen Werkzeuge eingesetzt werden. KI ist ein unglaublich mächtiges Hilfsmittel, das es dir ermöglicht, deine kreativen Ideen effizient umzusetzen. Ob Sachbuch, Roman oder Kinderbuch, mit den richtigen Tools und einer klaren Vision kannst du als Autor ebenfalls Erfolge erzielen.

> **„Das erste Buch ist nur der Anfang einer spannenden Reise."**

Diese Aussage trifft es auf den Punkt: Der Beginn einer Autorentätigkeit ist oft der schwerste Teil, aber es ist auch der Schritt, der dir die Tür zu einer Welt voller Möglichkeiten öffnet. Du wirst feststellen, dass der Schreibprozess leichter und angenehmer wird, wenn du mit den richtigen Tools arbeitest. Du wirst die Herausforderungen meistern und das Gefühl erleben, ein Werk zu vollenden, das nicht nur dich selbst stolz macht, sondern auch deine Leser berührt.

Denke daran, dass es in der Welt des Self-Publishings keinen festen Weg gibt – du kannst deinen eigenen gestalten. Du bist der Kapitän deines Schiffs, und KI ist dein zuverlässiger Helfer, der dich sicher durch das unruhige Meer der Buchproduktion führt.

Jeder Autor hat seinen eigenen Weg, und der deinen beginnt genau hier, mit diesem ersten Buch. Lasse dich nicht entmutigen, wenn es anfangs nicht perfekt ist. Du wirst wachsen und dich verbessern. Und mit jedem neuen Projekt wirst du erfahren, dass der Erfolg aus der kontinuierlichen Arbeit, der kreativen Nutzung von Technologie und der unerschütterlichen Entschlossenheit kommt, das Beste aus dir herauszuholen.

Es ist nie zu spät, anzufangen, und es gibt immer Raum für mehr Geschichten. Deine Reise als Autor hat gerade erst begonnen. Also packe deine Ideen, nimm die Werkzeuge, die dir zur Verfügung stehen, und beginne dein nächstes Projekt – das Abenteuer wartet!

Mit diesen Gedanken möchten wir das erste Kapitel abschließen und Sie motivieren und inspirieren auf den nächsten Schritt in deiner Reise als KI-unterstützter Autor vorbereiten.

BLOGS UND CONTENT CREATION

Das Internet hat die Art und Weise verändert, wie Menschen Informationen konsumieren, und Blogs spielen dabei eine zentrale Rolle. Sie sind nicht nur eine Quelle für nützliche Inhalte, sondern auch eine Möglichkeit, passives Einkommen zu generieren. Mit der Unterstützung von KI-Tools ist der Einstieg einfacher und effektiver als je zuvor. Du wirst lernen, wie du mit minimalem Aufwand deinen eigenen Blog erstellst, hochwertige Inhalte veröffentlichst und durch geschickte Monetarisierungsstrategien Einnahmen erzielst.

Was dich in diesem Kapitel erwartet:

Abschnitt 1: Warum Blogs ein lukrativer Weg sind, online Geld zu verdienen

Abschnitt 2: Blog starten – Von der Idee zur Umsetzung

Abschnitt 3: Inhalte erstellen – Der KI-gestützte Schreibprozess

Abschnitt 4: Monetarisierung deines Blogs

Abschnitt 5: Automatisierung und langfristige Strategien

Abschnitt 6: Die Zukunft des Bloggens und wie KI dir den Einstieg erleichtert.

(1) Warum Blogs ein lukrativer Weg sind, online Geld zu verdienen

In der heutigen digitalen Welt sind Blogs weit mehr als nur persönliche Tagebücher oder Plattformen für Hobby-Schreiberlinge. Sie haben sich zu einem mächtigen Werkzeug entwickelt, um Wissen zu teilen, Communities aufzubauen und vor allem ein stabiles Einkommen zu generieren. Besonders für Menschen, die ortsunabhängig arbeiten möchten, bieten Blogs eine enorme Flexibilität und eine Vielzahl an Monetarisierungsmöglichkeiten. Mit der Unterstützung von KI-Tools ist das Erstellen, Verwalten und Monetarisieren eines Blogs noch einfacher und effizienter geworden.

In dieser Einleitung werfen wir einen Blick auf die Gründe, warum Blogs so attraktiv sind, wie sie zu einer lukrativen Einnahmequelle werden können und wie Künstliche Intelligenz (KI) dir dabei hilft, deinen Erfolg zu maximieren.

1. Warum Blogs in der digitalen Ära so bedeutend sind

Das Internet hat unsere Art zu kommunizieren revolutioniert. Millionen Menschen suchen täglich online nach Antworten, Inspiration oder Unterhaltung. Blogs bieten genau das: gut aufbereitete Informationen, persönliche Erfahrungen und oft auch Expertenwissen.

1.1. Hohes Vertrauen in Blog-Inhalte

Eine Umfrage von Statista zeigte, dass Leser Blog-Inhalte häufig als vertrauenswürdiger empfinden als reine Werbung oder Unternehmenswebseiten. Blogs bieten eine persönliche Perspektive und wirken dadurch glaubwürdiger.

2. Große Reichweite

Blogs können Leser aus aller Welt erreichen. Ein Artikel, der gut geschrieben und optimiert ist, hat das Potenzial, jahrelang Traffic zu generieren und immer wieder Einnahmen zu generieren – ein Prinzip, das oft als „passives Einkommen" bezeichnet wird.

2. Die Vorteile von Blogs als Einnahmequelle

2.1. Flexibilität und Unabhängigkeit

Als Blogger bist du dein eigener Chef. Du entscheidest, wann, wo und wie du arbeitest. Alles, was du brauchst, ist ein Laptop und eine Internetverbindung.

Beispiel: Stell dir vor, du sitzt an einem Strand in Bali und veröffentlichst einen Artikel, der dir in den nächsten Monaten 500 Euro an Affiliate-Provisionen einbringt. Das ist die Magie des Bloggens.

2.2. Vielfältige Einkommensmöglichkeiten

Blogs bieten zahlreiche Wege, Geld zu verdienen:

- **Werbung:** Anzeigen auf deinem Blog generieren Einnahmen pro Klick oder pro Impression.

- **Affiliate Marketing:** Du verdienst Provisionen, indem du Produkte oder Dienstleistungen empfiehlst.

- **Digitale Produkte:** E-Books, Kurse oder exklusive Inhalte verkaufen.

- **Gesponserte Beiträge:** Unternehmen zahlen, um auf deinem Blog erwähnt zu werden.

2.3. Langfristige Einnahmen

Ein gut geschriebener Artikel kann über Jahre hinweg Leser anziehen und Einnahmen generieren, ohne dass du ständig neuen Inhalt erstellen musst. Dies unterscheidet Blogs von anderen Einkommensquellen, die oft nur einmalig Geld bringen.

3. Die Herausforderungen beim Bloggen – und wie KI helfen kann

Herausforderungen:

1. **Zeitaufwand:** Das Schreiben, Recherchieren und Bearbeiten von Blogartikeln kann zeitintensiv sein.

2. Kreative Blockaden: Manchmal fehlt es an Ideen oder Inspiration für neue Inhalte.

3. Technische Anforderungen: SEO, Webdesign und Marketing können überwältigend wirken.

4. Wie KI den Prozess vereinfacht:

Mit modernen KI-Tools kannst du diese Herausforderungen bewältigen:

Inhalte schneller erstellen: Tools wie ChatGPT oder Jasper helfen dir, hochwertige Artikel in wenigen Minuten zu verfassen.

SEO-Optimierung: KI-Tools wie Surfer SEO analysieren deine Artikel und geben Vorschläge zur Verbesserung.

Design und Automatisierung: Plattformen wie Canva oder WordPress bieten KI-gestützte Design- und Layout-Funktionen.

Beispiel: Du möchtest einen Artikel über gesundes Kochen schreiben. Anstatt stundenlang zu recherchieren, kannst du eine KI bitten, dir die wichtigsten Fakten und Tipps zusammenzustellen.

5. Warum KI den Einstieg ins Bloggen revolutioniert

Traditionell erfordert das Starten eines Blogs erhebliche Zeit- und Arbeitsinvestitionen. KI-Tools haben diesen Prozess drastisch vereinfacht und ermöglichen es selbst Anfängern, schnell hochwertige Blogs zu erstellen und zu monetarisieren.

1. Schnelle Nischenfindung

Früher musste man stundenlang Marktanalysen durchführen, um eine profitable Nische zu finden. Heute kannst du einfach eine KI fragen: „Welche Blog-Themen sind derzeit besonders gefragt?" und bekommst in Sekundenschnelle eine Liste mit Ideen.

2. Content Creation in Rekordzeit

KI kann Rohentwürfe, Überschriften und sogar komplette Artikel generieren, die du dann anpassen kannst. Das spart nicht nur Zeit, sondern sorgt auch dafür, dass du mehr Inhalte veröffentlichen kannst – ein entscheidender Faktor für den Erfolg eines Blogs.

3. Automatisierung von Routineaufgaben

Von der Veröffentlichung neuer Beiträge bis zur Analyse von Leserstatistiken – KI kann viele Aufgaben automatisieren, sodass du dich auf die kreative Arbeit konzentrieren kannst.

6. Ein Blick in die Zukunft des Bloggens

Die Welt des Bloggens entwickelt sich ständig weiter, und KI spielt dabei eine immer größere Rolle. Schon jetzt sehen wir, wie Künstliche Intelligenz den Zugang zu diesem lukrativen Bereich erleichtert und Menschen die Werkzeuge gibt, um erfolgreich zu sein.

6.2. Trends, die du kennen solltest:

KI-generierte Inhalte: Immer mehr Blogger setzen auf KI, um Inhalte schneller und effizienter zu erstellen.

Interaktive Blogs: KI kann personalisierte Inhalte für jeden Leser erstellen und so die User Experience verbessern.

Neue Monetarisierungsmodelle: Technologien wie Blockchain könnten es Bloggern ermöglichen, direkt von Lesern bezahlt zu werden.

7. Dein erster Schritt in die Blog-Welt

Der Einstieg ins Bloggen kann einschüchternd wirken, aber mit den richtigen Tools und Strategien ist er erstaunlich einfach. Dieses Kapitel wird dich Schritt für Schritt durch den Prozess führen: von der Wahl einer Nische über die Erstellung von Inhalten bis hin zur Monetarisierung.

Mit der Unterstützung von KI hast du Zugang zu einer Technologie, die selbst Einsteigern die Möglichkeit gibt, professionelle und erfolgreiche

Blogs zu betreiben. Es ist deine Chance, ein Stück vom digitalen Kuchen zu bekommen – und das ohne jahrelange Erfahrung oder technisches Know-how.

Abschließende Worte:

Wenn du dich fragst, ob Bloggen das Richtige für dich ist, denke daran: Jeder erfolgreiche Blogger hat einmal bei Null angefangen. Mit der richtigen Anleitung und modernen KI-Tools kannst du schon bald deinen eigenen Blog starten und damit Geld verdienen.

(2) Blog starten – Von der Idee zur Umsetzung

Der Start eines Blogs ist der erste Schritt in eine Welt voller Möglichkeiten. Mit den richtigen Strategien und Werkzeugen kannst du einen Blog erstellen, der nicht nur deine Leidenschaft widerspiegelt, sondern auch eine lukrative Einkommensquelle darstellt. In diesem Abschnitt zeigen wir dir, wie du mithilfe von KI-Tools eine profitable Nische findest, ein ansprechendes Blogdesign erstellst und deinen Blog online bringst.

1. Wahl einer Nische – Der Schlüssel zum Erfolg

Bevor du einen Blog startest, musst du entscheiden, worüber du schreiben möchtest. Die Wahl der richtigen Nische ist entscheidend, um Leser zu gewinnen und deine Inhalte zu monetarisieren. Hier kommt die KI ins Spiel: Mit ihrer Hilfe kannst du Daten analysieren, Trends erkennen und eine profitable Nische auswählen.

1.1. Was ist eine Nische?

Eine Nische ist ein spezifisches Thema oder Interessengebiet, das eine klar definierte Zielgruppe anspricht. Anstatt über alles zu schreiben, fokussierst du dich auf ein bestimmtes Thema, z. B. vegane Ernährung, minimalistische Lebensstile oder Personal Finance.

1.2. Nischenanalyse mit KI-Tools

KI-Tools wie ChatGPT, Google Trends und SEMrush können dir helfen, eine profitable Nische zu identifizieren.

Um das beste Ergebnis aus diesen Tools zu holen, nutze sie für folgendes:

ChatGPT: Frage die KI nach aktuellen Trends. Beispiel: „Welche Blog-Themen sind 2024 besonders gefragt?"

Google Trends: Analysiere, welche Themen in deiner Region oder global im Trend liegen.

SEMrush oder Ahrefs: Nutze diese Tools, um das Suchvolumen und den Wettbewerb für verschiedene Themen zu überprüfen.

1.3. Beispiel für die Nutzung von ChatGPT

Du könntest ChatGPT fragen:

„Nenne mir 10 profitable Blog-Nischen, die derzeit beliebt sind."

Die Antwort könnte so aussehen:

- Nachhaltiges Reisen

- Gesundheits- und Fitness-Tipps

- Geld sparen im Alltag

- DIY-Projekte für zu Hause

Mit diesen Vorschlägen kannst du weiter recherchieren und die Nische auswählen, die zu deinen Interessen und Fähigkeiten passt.

1.4. Übung: Finde deine Nische

Probiere es selbst: Stelle einer KI verschiedene Fragen, um Ideen zu sammeln, und wähle dann diejenige aus, die dir am meisten zusagt. Achte dabei auf dein eigenes Interesse, denn langfristiger Erfolg hängt davon ab, wie motiviert du bist.

2. Erstellung eines Blogdesigns – Mit KI zum professionellen Look

Ein ansprechendes Design ist der erste Eindruck, den Leser von deinem Blog bekommen. Glücklicherweise musst du kein Grafikdesigner sein, um einen professionellen Blog zu erstellen. Es gibt zahlreiche KI-unterstützte Plattformen, die dir helfen, deinen Blog optisch ansprechend und benutzerfreundlich zu gestalten.

2.1. Wahl einer Plattform

Die meisten Blogger nutzen Plattformen wie WordPress oder Wix.

Beide bieten KI-gestützte Designfunktionen:

WordPress: Tausende von vorgefertigten Templates, die du anpassen kannst.

Wix: Eine Drag-and-Drop-Oberfläche, die von KI unterstützt wird, um automatisch Designs zu erstellen.

2.2. KI-Tools für das Blogdesign

Canva: Canva ist ein vielseitiges Design-Tool, mit dem du Logos, Header-Bilder und Grafiken für deinen Blog erstellen kannst.

Tailor Brands: Nutze dieses Tool, um ein professionelles Logo für deinen Blog zu generieren.

MidJourney oder DALL-E: Diese KI-Tools können dir helfen, einzigartige Illustrationen oder Hintergründe zu erstellen.

- Best Practices für ein erfolgreiches Blogdesign

Klarheit und Einfachheit: Wähle ein minimalistisches Design, das deine Inhalte hervorhebt.

Farbschema: Verwende Farben, die zu deiner Nische passen. Ein Food-Blog könnte z. B. warme Farben wie Rot oder Orange verwenden.

Mobile Optimierung: Stelle sicher, dass dein Blog auch auf Smartphones und Tablets gut aussieht.

3. Domainauswahl und Hosting – Dein Blog geht online

Der nächste Schritt ist, deinem Blog eine digitale Adresse zu geben und ihn live zu schalten. Dieser Prozess umfasst die Wahl einer Domain (z. B. deinblogname.com) und das Hosting, das dafür sorgt, dass dein Blog online bleibt.

3.1. Die richtige Domain finden

Eine gute Domain sollte:

> **Einprägsam und kurz sein:** Leser müssen sich deinen Namen leicht merken können.
>
> **Zur Nische passen:** Deine Domain sollte einen Hinweis auf das Thema deines Blogs geben. Beispiel: fitundgesund.de für einen Fitness-Blog.
>
> **Verfügbar sein:** Nutze Tools wie Namecheap oder GoDaddy, um verfügbare Domains zu prüfen.

3.2. KI-Tools zur Domainfindung

Tools wie Lean Domain Search oder Namify nutzen KI, um kreative Domainvorschläge zu generieren. Du gibst einfach ein Stichwort ein, und das Tool erstellt Dutzende von Vorschlägen.

> **Beispiel:**
>
> Du möchtest einen Blog über vegane Ernährung starten. Du gibst das Stichwort „vegan" ein, und das Tool schlägt Domains wie veganküche.de oder plantbasedliving.com vor.

3.3. Hosting auswählen

Für das Hosting gibt es zahlreiche Anbieter, die verschiedene Pakete anbieten. Hier sind einige beliebte Optionen:

> **Bluehost:** Ideal für Anfänger und WordPress-Blogs.

SiteGround: Bekannt für schnellen Kundenservice und einfache Bedienung.

Kinsta: Perfekt für größere Blogs mit hohen Besucherzahlen.

3.4. Installation von WordPress oder anderen CMS

Sobald du deine Domain und dein Hosting ausgewählt hast, kannst du ein Content-Management-System (CMS) wie WordPress installieren. Viele Hosting-Anbieter bieten eine „Ein-Klick-Installation" an, sodass der technische Aufwand minimal bleibt.

4. Technische Einrichtung und erste Schritte

Nachdem dein Blog live ist, gibt es einige wichtige Einstellungen, die du vornehmen solltest, um einen reibungslosen Start zu gewährleisten.

4.1. SEO-Grundlagen mit KI optimieren

Suchmaschinenoptimierung (SEO) ist entscheidend, um Leser auf deinen Blog zu bringen. Hier helfen dir KI-Tools wie Yoast SEO oder RankMath:

> **Schlüsselwörter finden:** Tools wie Ubersuggest analysieren Keywords und zeigen dir, welche Begriffe Leser suchen.
>
> **Meta-Beschreibungen erstellen:** Lass eine KI prägnante und ansprechende Beschreibungen für deine Artikel generieren.

4.2. Datenschutz und Sicherheit

> **SSL-Zertifikat:** Stelle sicher, dass deine Seite sicher ist. Die meisten Hosting-Anbieter bieten kostenlose SSL-Zertifikate an.
>
> **Datenschutzrichtlinien:** Nutze KI-Tools, um eine rechtlich konforme Datenschutzerklärung zu erstellen.

Zusammenfassung und nächste Schritte

Das Erstellen eines Blogs ist mit den richtigen Tools und Strategien einfacher, als du vielleicht denkst. In diesem Abschnitt hast du gelernt, wie du mithilfe von KI die perfekte Nische findest, ein ansprechendes Design erstellst und deinen Blog online bringst.

5.Deine Aufgaben:

1.Wähle eine Nische und prüfe ihr Potenzial mit KI-Tools.

2.Erstelle ein professionelles Design für deinen Blog.

3.Sichere dir eine passende Domain und richte dein Hosting ein.

Im nächsten Abschnitt schauen wir uns an, wie du mit KI hochwertige Inhalte erstellst und deinen Blog mit Leben füllst.

(3)Inhalte erstellen – Der KI-gestützte Schreibprozess

Inhalte sind das Herzstück jedes Blogs. Sie ziehen Leser an, halten sie auf deiner Seite und machen deinen Blog zu einer wertvollen Ressource. In diesem Abschnitt erfährst du, wie KI-Tools dir helfen, spannende und relevante Blogartikel zu erstellen, SEO zu verstehen und zu nutzen, und wie du mit KI effektive Überschriften und Keywords findest, um deinen Blog auf die nächste Stufe zu bringen.

1. KI als Schreibassistent – Dein Co-Autor für Blogartikel

Das Schreiben von Blogartikeln kann zeitaufwendig sein, besonders wenn du regelmäßig Inhalte veröffentlichen möchtest. Hier kommt KI ins Spiel. Moderne Tools wie ChatGPT, Jasper AI oder Writesonic können dir dabei helfen, schnell und effizient qualitativ hochwertige Texte zu erstellen.

1.1.Wie funktioniert das?

KI-Tools arbeiten, indem sie riesige Datenmengen analysieren und darauf basierend Texte generieren. Du gibst einfach Anweisungen ein, und die KI liefert dir gut strukturierte Texte, die oft schon fast druckfertig sind.

1.2.Schritte für einen KI-gestützten Schreibprozess

Ideenfindung: Lass die KI eine Liste mit Themen oder Blogideen erstellen. Beispiel: „Welche Themen sind für einen

Blog über nachhaltiges Reisen interessant?"

Gliederung erstellen: Bitte die KI um eine Gliederung für deinen Artikel. Beispiel: „Erstelle eine Gliederung für einen Blogpost über die besten Reiseziele in Europa."

Text generieren: Gib der KI klare Anweisungen, z. B.: „Schreibe einen Abschnitt über die Vorteile des Zugreisens in Europa."

Überarbeiten und verfeinern: Passe den Text an, füge persönliche Erfahrungen hinzu und stelle sicher, dass die Inhalte zu deinem Schreibstil passen.

1.3. Beispiel für einen Blogartikel mit KI

Thema: Nachhaltige Reisen

Eingabe: „Erstelle einen einleitenden Absatz über nachhaltiges Reisen."

Ergebnis der KI:

„Nachhaltiges Reisen ist mehr als nur ein Trend – es ist eine Notwendigkeit in einer Welt, die immer mehr auf die Erhaltung unserer Ressourcen angewiesen ist. Von umweltfreundlichen Unterkünften bis hin zu CO2-neutralen Transportoptionen gibt es zahlreiche Möglichkeiten, die Welt zu erkunden und gleichzeitig die Umwelt zu schützen."

2. Einführung in SEO – Sichtbarkeit durch Suchmaschinenoptimierung

SEO (Search Engine Optimization) ist entscheidend, um sicherzustellen, dass dein Blog von potenziellen Lesern gefunden wird. Suchmaschinen wie Google bewerten Webseiten nach bestimmten Kriterien, und SEO hilft dir, diese Kriterien zu erfüllen.

2.1. Was ist SEO?

SEO umfasst Strategien, um die Sichtbarkeit deiner Webseite zu verbessern. Das Ziel ist, dass dein Blog in den Suchergebnissen möglichst weit oben erscheint.

2.2. Wie KI SEO vereinfacht

Keyword-Recherche: KI-Tools wie Ahrefs, SEMrush oder Ubersuggest helfen dir, Keywords zu identifizieren, die für dein Thema relevant sind.

SEO-Optimierung: Tools wie Yoast SEO analysieren deine Texte und geben dir Hinweise, wie du sie optimieren kannst.

Meta-Beschreibungen: Lass die KI prägnante und ansprechende Meta-Beschreibungen erstellen, die Nutzer zum Klicken animieren.

2.3. Schritte zur SEO-Optimierung eines Blogartikels

----1. **Keyword-Recherche:** Finde heraus, welche Begriffe potenzielle Leser suchen. Beispiel: Für einen Artikel über nachhaltige Reisen könnten Keywords wie „nachhaltiger Urlaub", „grünes Reisen" oder „ökologische Unterkünfte" interessant sein.

-----2. **Keyword-Integration:** Integriere Keywords natürlich in den Text, z. B. in Überschriften, den ersten Absatz und die Bildbeschreibungen.

-----3. **Lesbarkeit verbessern:** Nutze KI-Tools, um die Lesbarkeit deiner Artikel zu prüfen und zu optimieren.

2.4. Beispiel für Keyword-Recherche mit KI

Du kannst ChatGPT fragen:

„Was sind die meistgesuchten Keywords für einen Blog über vegane Ernährung?"

Die KI liefert dir eine Liste wie:

Vegane Rezepte

Gesundes veganes Frühstück

Vorteile veganer Ernährung

3. Überschriftengenerierung mit KI – Den Leser neugierig machen

Die Überschrift ist oft das erste, was Leser sehen. Eine gute Überschrift entscheidet darüber, ob dein Artikel gelesen wird oder nicht. KI-Tools wie Jasper AI und Writesonic können dir helfen, ansprechende und klickstarke Überschriften zu erstellen.

3.1. Eigenschaften einer guten Überschrift

Klarheit: Leser sollten sofort wissen, worum es im Artikel geht.

Emotionen: Gute Überschriften wecken Neugier oder lösen ein Problem.

SEO-freundlich: Integriere Keywords, um die Sichtbarkeit zu erhöhen.

3.2. Beispiele für Überschriften mit KI

Thema: Nachhaltiges Reisen

„10 einfache Tipps für umweltfreundliches Reisen"

„Nachhaltig reisen: So schützt du die Umwelt auf deiner nächsten Reise"

„Die besten grünen Reiseziele für 2024"

Übung: Überschriften-Generator

Teste selbst, wie KI dir helfen kann, kreative Überschriften zu erstellen. Gib dein Thema ein und lass dir Vorschläge machen. Wähle dann die Überschrift, die am besten zu deinem Artikel passt.

4. Optimierung mit KI – Feinschliff für bessere Ergebnisse

KI kann nicht nur bei der Erstellung, sondern auch bei der Optimierung deiner Inhalte helfen. Hier sind einige wichtige Schritte, die du mit KI-Tools automatisieren kannst:

4.1. Inhalte analysieren und verbessern

Lesbarkeitsanalyse: Tools wie Hemingway Editor oder Grammarly bewerten die Lesbarkeit und geben Verbesserungsvorschläge.

Plagiatsprüfung: Sicherstellen, dass dein Inhalt einzigartig ist, mit Tools wie Copyscape oder Grammarly.

4.2. SEO-Tools für die Optimierung

Yoast SEO: Gibt dir konkrete Empfehlungen zur Optimierung deiner Artikel.

Rank Math: Eine Alternative zu Yoast, die ebenfalls umfassende SEO-Funktionen bietet.

Google Search Console: Analysiere die Performance deines Blogs und optimiere basierend auf den Daten.

4.3. Beispiel für die Optimierung eines Artikels

Nehmen wir an, du hast einen Artikel über nachhaltiges Reisen geschrieben. Ein SEO-Tool könnte dir folgende Vorschläge machen:

„Füge das Keyword ‚grünes Reisen' in die Überschrift ein."

„Erstelle eine Meta-Beschreibung mit maximal 160 Zeichen."

5. Zusammenfassung und nächste Schritte

Die Erstellung von Inhalten ist mit KI-Tools einfacher, schneller und effektiver geworden. Du kannst KI nutzen, um Ideen zu finden, Inhalte zu schreiben und zu optimieren, sodass dein Blog nicht nur informativ, sondern auch sichtbar ist.

5.2. Deine Aufgaben:

1. Teste verschiedene KI-Tools, um deine Inhalte zu erstellen und zu optimieren.

2. Führe eine Keyword-Recherche durch und integriere die Keywords strategisch in deinen Artikel.

3. Experimentiere mit Überschriften-Generatoren, um kreative und klickstarke Titel zu finden.

Im nächsten Abschnitt zeigen wir dir, wie du deine Blogartikel monetarisieren kannst und deinen Blog in eine Einkommensquelle verwandelst. Dein Blog ist jetzt mit Inhalten gefüllt – jetzt ist es Zeit, von deinen Bemühungen zu profitieren!

(4) Monetarisierung deines Blogs

Einen Blog zu führen, der qualitativ hochwertige Inhalte bietet, ist ein wichtiger Schritt. Doch der wahre Erfolg eines Blogs liegt in seiner Monetarisierung – also der Fähigkeit, ihn zu einer profitablen Einkommensquelle zu machen. In diesem Abschnitt erfährst du, wie du deinen Blog durch Werbung, Affiliate Marketing und den Verkauf eigener Produkte oder Dienstleistungen erfolgreich monetarisieren kannst.

1. Strategien für Werbung

1.1. Bannerwerbung – Klassisch, aber effektiv

Bannerwerbung ist eine der ältesten Formen der Monetarisierung von Blogs. Dabei handelt es sich um grafische Anzeigen, die an strategischen Stellen auf deiner Webseite platziert werden.

-Wie funktioniert Bannerwerbung?

Du bietest Werbefläche auf deinem Blog an, die Unternehmen nutzen können, um ihre Produkte oder Dienstleistungen zu bewerben.

Der Verdienst basiert entweder auf CPM (Cost per Mille, Bezahlung pro 1.000 Seitenaufrufe) oder CPC (Cost per Click, Bezahlung pro Klick auf die Anzeige).

--Woher bekommst du Bannerwerbung?

-------1. Netzwerke wie Google AdSense:

Google AdSense ist ein einfacher Einstieg für Anfänger. Nach der Registrierung zeigt Google automatisch relevante Anzeigen auf deinem Blog an.

Vorteil: Du musst dich nicht um die Auswahl der Anzeigen kümmern, und du erhältst Zahlungen direkt von Google.

-------2. Direkte Werbepartner:

Sobald dein Blog mehr Traffic generiert, kannst du direkt mit Unternehmen zusammenarbeiten und höhere Preise für Werbeflächen verlangen.

-------3. Platzierung von Bannern

Die Platzierung ist entscheidend für den Erfolg der Bannerwerbung. Die besten Plätze sind:

Oberhalb des Inhalts: Banner, die sofort sichtbar sind, erzielen die höchsten Klickraten.

Seitliche Widgets: Diese lenken die Aufmerksamkeit der Leser, ohne den Inhalt zu stören.

Am Ende der Artikel: Leser, die den Artikel beendet haben, könnten eher auf Anzeigen klicken.

1.2. Google AdSense – Einstieg in die Welt der Anzeigen

Google AdSense ist eines der beliebtesten Tools für Blogger, da es unkompliziert und einsteigerfreundlich ist.

- Wie startest du mit Google AdSense?

Anmeldung: Erstelle ein Konto bei Google AdSense.

Genehmigung: Dein Blog wird überprüft, um sicherzustellen, dass er die Google-Richtlinien erfüllt.

Integration: Kopiere den AdSense-Code und füge ihn in deinen Blog ein.

Einnahmen generieren: Sobald Besucher auf die Anzeigen klicken oder sie ansehen, verdienst du Geld.

--Tipps zur Maximierung von AdSense-Einnahmen

Relevante Inhalte: Google zeigt Anzeigen basierend auf den Inhalten deines Blogs an. Schreibe daher Artikel, die zu beliebten Themen passen.

Erhöhe den Traffic: Je mehr Besucher dein Blog hat, desto höher sind die Einnahmen.

1.3. Gesponserte Inhalte – Der direkte Weg zu höheren Einnahmen

Gesponserte Inhalte sind Artikel oder Beiträge, die ein Unternehmen bezahlt, um ihre Marke oder Produkte zu bewerben.

-Wie funktioniert das?

Anfrage von Unternehmen: Firmen kontaktieren dich, um Inhalte über ihre Produkte zu schreiben.

Du erstellst Inhalte: Du kannst die Artikel selbst schreiben oder vom Unternehmen gelieferten Text anpassen.

Bezahlung: Die Einnahmen basieren auf deinem Traffic, deiner Nische und deiner Reichweite.

--Vorteile gesponserter Inhalte

Höhere Einnahmen: Gesponserte Beiträge sind oft lukrativer als Bannerwerbung.

Flexibilität: Du kannst mit Marken arbeiten, die zu deinem Blog passen.

---Worauf du achten solltest

Transparenz: Kennzeichne gesponserte Beiträge klar, um das Vertrauen deiner Leser zu bewahren.

Relevanz: Arbeite nur mit Marken, die zu deinem Blog und deiner Zielgruppe passen.

2. Affiliate Marketing: Wie es funktioniert und warum es so profitabel ist

2.1. Was ist Affiliate Marketing?

Beim Affiliate Marketing verdienst du eine Provision, indem du Produkte oder Dienstleistungen eines Unternehmens bewirbst. Wenn ein Leser über deinen Affiliate-Link etwas kauft, erhältst du eine Vergütung.

2.2. Warum ist Affiliate Marketing so beliebt?

Kein eigenes Produkt erforderlich: Du kannst Geld verdienen, ohne selbst etwas zu verkaufen.

Passives Einkommen: Ein gut geschriebener Artikel kann dir über Jahre hinweg Einnahmen bringen.

Vielfältige Nischen: Es gibt Affiliate-Programme für nahezu jedes Thema.

2.3. Wie startest du mit Affiliate Marketing?

1. Wähle ein Partnerprogramm

Es gibt zahlreiche Affiliate-Netzwerke, die Produkte und Dienstleistungen für Blogger anbieten:

Amazon PartnerNet: Perfekt für Anfänger, da es Produkte für jede Nische bietet.

ShareASale: Eine Plattform mit tausenden von Partnerprogrammen in verschiedenen Kategorien.

CJ Affiliate: Eines der größten Netzwerke mit namhaften Marken.

2. Integriere Affiliate-Links in deine Inhalte

Schreibe Artikel, die Probleme lösen, und verlinke passende Produkte.

Beispiel: „Die besten Gadgets für digitale Nomaden."

Platziere die Links natürlich im Text, ohne zu werblich zu wirken.

3. Tracke deine Einnahmen

Verwende die Analysefunktionen der Partnerprogramme, um zu sehen, welche Links am erfolgreichsten sind, und optimiere deine Strategie entsprechend.

2.4. Tipps für erfolgreiches Affiliate Marketing

Authentizität: Bewirb nur Produkte, die du selbst kennst oder empfehlen kannst.

Mehrwert bieten: Leser schätzen ehrliche und nützliche Empfehlungen.

Call-to-Action (CTA): Füge klare Handlungsaufforderungen hinzu, z. B.: „Hier klicken, um mehr zu erfahren."

3. Eigenprodukte und Dienstleistungen über den Blog verkaufen

Eine der profitabelsten Möglichkeiten, deinen Blog zu monetisieren, ist der Verkauf eigener Produkte oder Dienstleistungen. Du hast die volle Kontrolle über Preise, Marketing und Gewinne.

3.1.1. Digitale Produkte erstellen

Digitale Produkte haben den Vorteil, dass sie leicht zu erstellen und zu verbreiten sind. Einige Ideen:

E-Books: Schreibe ein E-Book über ein Thema, das zu deinem Blog passt.

Online-Kurse: Teile dein Wissen durch Videos und Tutorials.

Printables: Biete Vorlagen, Planer oder Checklisten an.

3.1.2. Wie KI dir hilft, digitale Produkte zu erstellen

-**E-Book-Inhalte:** Nutze KI-Tools, um Kapitel zu planen und Texte zu schreiben.

-**Design:** Verwende Plattformen wie Canva oder KI-Design-Tools, um professionelle Layouts zu erstellen.

3.2.1. Dienstleistungen anbieten

Wenn du Experte in einem bestimmten Bereich bist, kannst du deine Dienstleistungen über deinen Blog vermarkten:

Beratung: Biete Coaching oder Beratung in deiner Nische an.

Freelancing: Schreib-, Design- oder SEO-Dienstleistungen.

Workshops: Veranstalte Live-Webinare oder Vorträge.

3.2.2. Wie KI dir hilft, Dienstleistungen zu bewerben

Erstellung von Verkaufsseiten: Nutze KI, um überzeugende Texte für deine Angebote zu erstellen.

Automatisierung: Tools wie Zapier helfen dir, Anfragen und Buchungen zu verwalten.

3.3. Physische Produkte verkaufen

Neben digitalen Produkten kannst du auch physische Produkte verkaufen:

- **Merchandising:** T-Shirts, Tassen oder Poster mit deinen Designs.

- **Themenbezogene Produkte:** Beispiel: Ein Reiseblog könnte Reisezubehör anbieten.

4. Logistik vereinfachen

Verwende Plattformen wie Shopify oder Etsy, um den Verkauf und Versand deiner Produkte zu organisieren.

Fazit: Vielfältige Einkommensquellen für langfristigen Erfolg

Die Monetarisierung deines Blogs erfordert Planung und Ausdauer, aber mit den richtigen Strategien kannst du ein stabiles Einkommen aufbauen. Von Werbung und Affiliate Marketing bis hin zum Verkauf eigener Produkte gibt es zahlreiche Möglichkeiten, deinen Blog profitabel zu machen.

Deine nächsten Schritte:

1. Wähle eine oder mehrere Strategien, die zu deinem Blog und deiner Zielgruppe passen.

2. Experimentiere mit verschiedenen Ansätzen und analysiere, welche am besten funktionieren.

3. Optimiere deinen Blog kontinuierlich, um langfristig erfolgreich zu sein.

Im nächsten Abschnitt erfährst du, wie du deinen Blog mit Social Media und weiteren Tools bekannt machst, um deinen Traffic und damit auch deine Einnahmen weiter zu steigern.

(5) Automatisierung und langfristige Strategien

Automatisierung uDer Aufbau eines erfolgreichen Blogs oder einer Content-Plattform ist nur der erste Schritt. Der wahre Schlüssel zum Erfolg liegt in der Skalierung und dem langfristigen Erhalt deiner Einnahmen. In diesem Abschnitt beschäftigen wir uns damit, wie du mithilfe von KI deine Arbeitsprozesse automatisieren und einen nachhaltigen Einkommensstrom aufbauen kannst.

1. Automatisierung von Content-Plänen mit KI-Tools

1.1. Warum Automatisierung entscheidend ist

Zeit ist ein wertvolles Gut, insbesondere für Blogger und Content-Ersteller, die ihre Plattform skalieren möchten. Automatisierung kann dir helfen:

Zeit zu sparen: Routineaufgaben werden von Tools übernommen.

Konsistenz zu gewährleisten: Ein regelmäßiger Veröffentlichungsplan bindet Leser und verbessert dein Ranking.

Effizienter zu arbeiten: Du kannst dich auf kreative und strategische Aufgaben konzentrieren.

1.2. Content-Planung mit KI: Schritt-für-Schritt-Anleitung

Schritt 1: Themenrecherche automatisieren

Tools wie ChatGPT, Jasper AI oder SEMrush helfen dir, relevante Themen zu finden:

ChatGPT: Stelle Fragen wie „Welche aktuellen Trends gibt es in der Fitnessbranche?" oder „Was sind beliebte Themen für Reiseblogs im Jahr 2024?"

SEMrush: Analysiere die Suchvolumina und Konkurrenz für potenzielle Keywords.

Google Trends: Verfolge Trends, um saisonale Themen oder aktuelle Ereignisse zu berücksichtigen.

Schritt 2: Erstellen eines Redaktionskalenders

Ein gut strukturierter Redaktionskalender ist das Rückgrat eines erfolgreichen Blogs. Mithilfe von KI kannst du nicht nur Themen planen, sondern auch Veröffentlichungszeiten optimieren.

Trello mit KI-Integration: Erstelle Boards für jeden Monat und lasse die KI Vorschläge für Artikelthemen generieren.

Asana: Verwende Vorlagen, um Deadlines, Veröffentlichungsdaten und Aufgaben zu organisieren.

Beispiel:

> **Wochentag:** „Dienstag, 10 Uhr" (optimale Zeit für Veröffentlichungen laut Analyse von Google Analytics).
>
> **Thema:** „5 einfache Tipps für gesundes Kochen mit wenig Aufwand."
>
> **Automatisierung:** Erinnerungen und Benachrichtigungen über Tools wie Slack oder E-Mail.

Schritt 3: Content-Generierung und Optimierung

Die Erstellung von Blogposts kann mit KI deutlich schneller gehen. Nutze Tools wie Jasper AI oder Copy.ai, um Entwürfe zu erstellen, die du anschließend überarbeitest:

> **Entwurfserstellung:** Frage die KI: „Schreibe einen Blogartikel über die besten Reiseziele in Europa im Jahr 2024."
>
> **SEO-Optimierung:** Lasse die KI Meta-Beschreibungen, Keywords und Alt-Texte für Bilder generieren.

Beispiel für ein optimiertes KI-Briefing:

> **Artikelthema:** „Wie man mit wenig Geld die Welt bereist."
>
> **Zielgruppe:** Junge Erwachsene (20–35 Jahre), budgetbewusste Reisende.
>
> **SEO-Keywords:** „Günstig reisen," „Budgetreisen 2024," „Sparen auf Reisen."

1.3. Automatisierung der Content-Veröffentlichung

Neben der Planung und Erstellung kannst du auch die Veröffentlichung deiner Inhalte automatisieren:

> **Social-Media-Planung:** Tools wie Hootsuite oder Buffer

automatisieren das Posten auf Plattformen.

Blog-Automatisierung: WordPress-Plugins wie Jetpack oder PublishPress ermöglichen es dir, Artikel vorzuplanen und automatisch zu veröffentlichen.

Beispiel:

Artikel wird am Montag um 8 Uhr auf deinem Blog veröffentlicht.

Gleichzeitig wird ein Link dazu auf deinen Social-Media-Kanälen geteilt.

Ein Follow-up-Newsletter geht um 9 Uhr an deine Abonnenten raus.

2. Aufbau eines langfristigen Plans für kontinuierliche Einnahmen

2.1. Diversifizierung der Einkommensquellen

Nur auf eine Einkommensquelle zu setzen, kann riskant sein. Die besten Blogs kombinieren verschiedene Einnahmequellen, um Schwankungen auszugleichen und kontinuierliche Gewinne zu erzielen.

Mögliche Einkommensquellen:

Werbeeinnahmen: Google AdSense, Bannerwerbung oder gesponserte Inhalte.

Affiliate Marketing: Partnerschaften mit Unternehmen, um Produkte zu bewerben.

Digitale Produkte: E-Books, Online-Kurse oder Vorlagen.

Mitgliedschaften: Exklusive Inhalte für zahlende Mitglieder.

Beispiel:

Ein Fitness-Blogger könnte folgende Einnahmequellen kombinieren:

1. Anzeigen für Fitnessgeräte (Google AdSense).

2. Affiliate-Links zu Nahrungsergänzungsmitteln.

3. Verkauf eines E-Books mit Ernährungsplänen.

4. Exklusive Workouts für Mitglieder.

2.2. Skalierung deines Blogs

Langfristiger Erfolg erfordert Wachstum. Hier sind einige Strategien, um deinen Blog kontinuierlich zu erweitern:

-- Aufbau einer E-Mail-Liste

Eine starke E-Mail-Liste ist eine der zuverlässigsten Methoden, um Traffic und Einnahmen zu steigern:

- **Lead-Magneten:** Biete einen kostenlosen Download an, z. B. „10 einfache Rezepte für gesunde Mahlzeiten."

- **Newsletter**: Nutze Tools wie Mailchimp oder ConvertKit, um regelmäßig Updates, Angebote und Artikel zu teilen.

-- Zusammenarbeit mit anderen Bloggern

Gastartikel und Kooperationen können dir helfen, neue Zielgruppen zu erreichen:

Schreibe Gastbeiträge für Blogs mit ähnlichen Zielgruppen.

Lade andere Blogger ein, auf deinem Blog zu schreiben, um frische Inhalte zu erhalten.

2.3. KI für langfristige Strategien nutzen

-- Langfristige Content-Analyse

Mithilfe von KI kannst du analysieren, welche Inhalte gut performen und welche optimiert werden müssen:

- **Heatmaps:** Tools wie Crazy Egg zeigen dir, wo Besucher auf deiner Seite klicken.

- **Traffic-Analyse:** Google Analytics und KI-gestützte Tools identifizieren die erfolgreichsten Artikel.

-- Trendprognosen

KI kann dir helfen, zukünftige Themen und Trends frühzeitig zu erkennen:

- **ChatGPT:** Frage: „Welche Trends werden im Bereich Nachhaltigkeit 2025 relevant sein?"

- **Google Trends:** Beobachte, wie sich bestimmte Themen entwickeln, und plane deinen Content entsprechend.

2.4. Community-Building

Ein langfristig erfolgreicher Blog braucht treue Leser. Baue eine Community auf, die sich mit deinem Blog identifiziert:

- **Interaktion:** Beantworte Kommentare, stelle Fragen und bitte um Feedback.

- **Social Media:** Nutze Plattformen wie Instagram oder TikTok, um mit deinen Lesern in Kontakt zu bleiben.

- **Exklusive Inhalte:** Biete Mitgliedern Vorteile, wie Zugang zu privaten Foren oder Webinaren.

3. Praxisbeispiele für langfristige Strategien

Beispiel 1: Der Reiseblog „Around the World"

Automatisierung: Der Blogger nutzt Hootsuite, um täglich Posts auf Social Media zu teilen.

Monetarisierung: Affiliate-Links zu Reisezubehör, Einnahmen aus E-Books („Die besten Tipps für günstiges Reisen").

Langfristiger Plan: Aufbau einer E-Mail-Liste mit über 50.000 Abonnenten, regelmäßige Newsletter mit Angeboten und Tipps.

Beispiel 2: Der Fitness-Blog „Fit and Fabulous"

Automatisierung: Jasper AI generiert wöchentliche Artikel zu Ernährung und Training.

Monetarisierung: Exklusive Mitgliedschaft für 10 € pro Monat, die Zugang zu Workouts und Ernährungsplänen bietet.

Langfristiger Plan: Erweiterung des Angebots um Online-Kurse und Merchandise.

Fazit: Der Weg zu nachhaltigem Erfolg

Automatisierung und langfristige Strategien sind essenziell, um den Erfolg deines Blogs zu sichern. Mit den richtigen Tools kannst du deine Arbeitsbelastung reduzieren und dich auf das Wachstum konzentrieren. Eine Kombination aus Automatisierung, Diversifizierung der Einnahmequellen und dem Aufbau einer starken Community wird dir helfen, nicht nur kurzfristige Gewinne zu erzielen, sondern auch eine nachhaltige Plattform zu schaffen.

Deine nächsten Schritte:

1. Beginne mit kleinen Automatisierungen, wie der Planung deiner Inhalte.

2. Diversifiziere deine Einkommensquellen und experimentiere mit neuen Ansätzen.

3. Denke langfristig – ein erfolgreicher Blog ist das Ergebnis kontinuierlicher Arbeit und strategischer Planung.nd langfristige Strategien

(6) Die Zukunft des Bloggens und wie KI dir den Einstieg erleichtert

Das Bloggen hat sich in den letzten zwei Jahrzehnten rasant

weiterentwickelt. Was einst als Online-Tagebuch begann, ist heute eine der vielseitigsten und mächtigsten Plattformen, um Geschichten zu erzählen, Wissen zu teilen und Geld zu verdienen. Mit der Einführung von KI in den kreativen Prozess erleben wir gerade eine Revolution – und du kannst ein Teil davon sein.

Dieser Abschnitt soll dir Mut machen, deinen Blog zu starten oder auf das nächste Level zu bringen. Wir beleuchten die Zukunft des Bloggens, die Rolle von KI in diesem Bereich und zeigen dir, warum jetzt der perfekte Zeitpunkt ist, um einzusteigen.

1. Bloggen im Wandel: Wo wir stehen und wohin wir gehen

1.1. Die Entwicklung des Bloggens

Vor 20 Jahren war das Bloggen ein einfacher, textbasierter Weg, um Meinungen und Erlebnisse zu teilen.

Mit der zunehmenden Digitalisierung und dem Wachstum des Internets hat sich das Bloggen weiterentwickelt:

> **Von Text zu Multimedia:** Heute kombinieren Blogs Text, Bilder, Videos und interaktive Elemente, um ein ansprechendes Erlebnis zu schaffen.
>
> **Von Hobby zu Beruf:** Blogger sind heute Influencer, Unternehmer und Experten in ihren Nischen. Viele verdienen ein Vollzeiteinkommen oder nutzen ihre Plattform, um andere Geschäftszweige zu fördern.
>
> **Von statisch zu dynamisch:** Inhalte passen sich an die Bedürfnisse und Vorlieben der Leser an, durch personalisierte Ansätze und datengetriebene Optimierung.

1.2. Die Rolle der KI in der Zukunft des Bloggens

Künstliche Intelligenz hat das Potenzial, das Bloggen weiter zu transformieren.

Sie bietet Werkzeuge, die den kreativen Prozess beschleunigen und optimieren können, ohne die persönliche Note zu verlieren.

KI und Bloggen: Eine harmonische Zusammenarbeit

Ideengenerierung: Du brauchst keinen stundenlangen Brainstorming-Prozess mehr. Frag die KI nach Ideen, Trends oder potenziellen Themen für deinen Blog.

Schreiben: KI kann dir erste Entwürfe liefern, die du dann an deinen eigenen Stil anpasst.

SEO-Optimierung: Mit KI kannst du Artikel erstellen, die besser sichtbar sind und gezielt mehr Leser anziehen.

Automatisierung: Die Veröffentlichung und Bewerbung deiner Inhalte wird einfacher denn je.

2. Warum jetzt der perfekte Zeitpunkt ist, um einzusteigen

2.1. Der unerschöpfliche Bedarf an Inhalten

Die Nachfrage nach gutem Content ist so hoch wie nie zuvor. Menschen suchen online nach Informationen, Unterhaltung und Inspiration – und Blogs sind oft die erste Anlaufstelle.

Statistiken zur Content-Nutzung:

1. Mehr als 80 % der Internetnutzer lesen regelmäßig Blogs oder Artikel.

2. 60 % der Käufer recherchieren in Blogs, bevor sie eine Kaufentscheidung treffen.

3. Unternehmen, die Blogs betreiben, erzielen im Durchschnitt 55 % mehr Traffic als solche ohne Blog.

2.2. Die Demokratisierung durch KI

Früher war der Einstieg ins Bloggen mit technischen Hürden verbunden. Heute nimmt dir KI viele dieser Barrieren ab:

Kein Design-Wissen notwendig: KI-Tools erstellen für dich ein professionelles Bloglayout.

Keine Schreibblockaden: KI bietet dir immer einen Ausgangspunkt, selbst an kreativen Tiefpunkten.

Optimierte Reichweite: KI hilft dir, deine Zielgruppe gezielt zu erreichen.

2.3. Unbegrenzte Skalierungsmöglichkeiten

Mit den richtigen Strategien kannst du aus einem kleinen Blog ein großes, profitables Unternehmen machen. Automatisierung, Monetarisierung und kontinuierliches Wachstum sind dank KI einfacher umzusetzen als je zuvor.

3. Die ersten Schritte: Den Anfang wagen

3.1. Der häufigste Fehler: Zu lange warten

Viele Menschen zögern, ihren Blog zu starten, weil sie denken, sie müssten zuerst Experten in ihrer Nische werden oder perfekte Inhalte erstellen können. Doch das ist nicht der Fall. Erfolgreiches Bloggen basiert auf Konsistenz, nicht Perfektion.

Die Wahrheit über Anfängerfehler:

- Jeder erfolgreiche Blogger hat einmal klein angefangen.

- Die meisten Leser lieben Authentizität mehr als Perfektion.

- Es ist okay, unterwegs zu lernen und sich zu verbessern.

3.2. Vertrauen in die eigenen Fähigkeiten

Der Gedanke, einen Blog zu starten, kann überwältigend sein – besonders, wenn du dich mit der Konkurrenz vergleichst. Doch jeder Blogger bringt etwas Einzigartiges mit:

Deine Perspektive: Niemand sieht die Welt wie du.

Deine Erfahrungen: Sie sind wertvoll und inspirierend für andere.

Deine Stimme: Authentizität ist das, was Leser langfristig bindet.

4. Die Zukunft des Bloggens: Chancen durch KI

4.1. Content für eine globale Zielgruppe erstellen

Mit KI kannst du deinen Blog einfach internationalisieren:

Sprachübersetzung: Tools wie DeepL oder Google Translate helfen dir, Inhalte für Leser weltweit zugänglich zu machen.

Kulturelle Anpassung: KI kann dir Einblicke in kulturelle Präferenzen und Trends geben, damit deine Inhalte relevant bleiben.

4.2. Interaktive Inhalte

Die nächste Stufe des Bloggens ist interaktiver Content, der Leser stärker einbindet:

KI-gestützte Quizze: Generiere Quizze oder Tests, die auf den Interessen deiner Leser basieren.

Chatbots: Lass deine Leser mit einer KI interagieren, die Fragen beantwortet oder Empfehlungen gibt.

Personalisierte Inhalte: KI kann Artikel dynamisch anpassen, basierend auf den Vorlieben jedes Lesers.

4.3. Blogs als Plattform für Innovation

Die Kombination aus Bloggen und KI eröffnet neue Möglichkeiten:

> **Virtuelle Events:** Veranstalte Webinare oder Live-Streams, um mit deiner Community in Kontakt zu treten.
>
> **KI-basierte Communitys:** Baue eine Plattform auf, die Leser miteinander verbindet und Diskussionen fördert.
>
> **Innovative Einnahmequellen:** Experimentiere mit neuen Geschäftsmodellen wie Abonnement-Diensten oder exklusiven Inhalten.

5. Inspiration: Erfolgsgeschichten von Bloggern

Viele erfolgreiche Blogger haben klein angefangen und mithilfe von Technologien wie KI große Erfolge erzielt. Diese Geschichten sollen dir Mut machen, deinen eigenen Weg zu gehen.

Beispiel 1: Der Finanz-Blogger

Ein Blogger startete eine Seite über persönliche Finanzen, nutzte KI zur Recherche und Erstellung von Artikeln und verdiente innerhalb von zwei Jahren sechsstellige Einnahmen durch Affiliate-Marketing und eigene E-Books.

Beispiel 2: Der Reise-Blogger

Mit automatisierten Tools zur Content-Planung baute ein Reise-Blogger eine Plattform auf, die nun monatlich 100.000 Leser anzieht. Einnahmen stammen aus gesponserten Beiträgen, Affiliate-Links und einer exklusiven Reiseführer-Mitgliedschaft.

Beispiel 3: Der Technik-Blogger

Ein Technik-Blogger nutzte KI, um wöchentlich neue Artikel zu generieren, und schuf zusätzlich einen Online-Kurs über das Bloggen mit KI. Heute verdient er passiv durch Kurse und E-Books.

Dein Blog ist der Anfang – nicht das Ende

Bloggen ist nicht nur ein Projekt; es ist eine Reise. Jeder Artikel, den du schreibst, jede Interaktion mit deinen Lesern und jede Idee, die du umsetzt, bringt dich näher an deine Ziele. Mit KI hast du ein mächtiges Werkzeug an der Hand, das dir nicht nur den Einstieg erleichtert, sondern auch den Weg für nachhaltigen Erfolg ebnet.

Abschließende Gedanken

Die Zukunft des Bloggens gehört denen, die bereit sind, Neues zu lernen und sich anzupassen. Mit der Unterstützung von KI kannst du nicht nur effizienter arbeiten, sondern auch kreativer und innovativer sein. Das Wichtigste ist jedoch, dass du den ersten Schritt machst. Dein Blog könnte der Anfang einer neuen Karriere, einer Leidenschaft oder eines erfüllenden Projekts sein.

Mach den ersten Schritt – die Welt wartet auf deine Geschichten.

DESIGN UND VISUELLE INHALTE ERSTELLEN – MIT K.I. DEINE MARKE AUFBAUEN

Visuelle Inhalte sind ein unverzichtbarer Bestandteil der modernen Content-Welt. Egal, ob du ein Buchcover, Social-Media-Grafiken oder Illustrationen für einen Blog benötigst – ansprechendes Design kann den Unterschied zwischen Erfolg und Misserfolg ausmachen. In diesem Kapitel erfährst du, wie du KI-Tools nutzt, um beeindruckende Designs zu erstellen, und wie du diese für verschiedene Zwecke monetarisierst.

Was dich in diesem Kapitel erwartet:

Abschnitt 1: Die Grundlagen des Designs 1 – Warum visuelle Inhalte entscheidend sind

Abschnitt 2: Die Grundlagen des Designs 2 - Ergänzende Informationen und weiterführende Tools, die dir dabei helfen, die Grundlagen des Designs mit KI noch besser zu meistern

Abschnitt 3: Buchcover erstellen – Mit KI Designideen umsetzen

Abschnitt 4: Grafiken und Illustrationen für Blogs und Social Media

Abschnitt 5: Monetarisierung deiner Designs

Abschnitt 6: Kinderbücher und kreative Projekte mit

Illustrationen erweitern

Abschnitt 7: Fallstricke und ethische Überlegungen im Design mit KI

(1) Die Grundlagen des Designs 1

In der digitalen Welt ist visuelle Ästhetik ein mächtiges Werkzeug. Sei es das Cover eines Buches, das Design einer Website oder die visuelle Sprache eines Social-Media-Posts: Optische Anziehungskraft entscheidet oft darüber, ob Inhalte wahrgenommen oder ignoriert werden. In diesem Abschnitt betrachten wir die Bedeutung von Design, die Rolle der Künstlichen Intelligenz (KI) bei der Demokratisierung des kreativen Prozesses und die zentralen Erfolgsfaktoren für visuelle Inhalte.

1. Der erste Eindruck zählt, besonders online

Der erste Eindruck entsteht innerhalb von Sekunden, oft sogar Millisekunden. Ob ein potenzieller Kunde ein Produkt anklickt, ein Buch kauft oder einen Blog liest, hängt häufig davon ab, wie attraktiv und professionell das Design erscheint.

1.1. Psychologie des ersten Eindrucks:

Visuelle Wahrnehmung ist ein instinktiver Prozess. Farben, Formen und Layouts sprechen unsere Sinne direkt an und vermitteln unbewusst eine Botschaft. Ein chaotisches Design kann Verwirrung oder Ablehnung auslösen, während eine klare Struktur Vertrauen schafft.

Beispiel: Betrachte zwei Buchcover: Eines mit unscharfen Bildern und schwer lesbaren Schriften, das andere mit einem klaren, minimalistischen Design. Selbst wenn beide Bücher denselben Inhalt haben, wird das besser gestaltete Exemplar öfter gewählt.

1.2. Die Konkurrenz online:

Die digitale Welt ist überfüllt. Tausende von Inhalten konkurrieren täglich um die Aufmerksamkeit der Nutzer. Ohne ansprechendes Design kann selbst der beste Inhalt im Meer von Angeboten untergehen.

Statistik: Studien zeigen, dass 75 % der Nutzer die

Glaubwürdigkeit eines Unternehmens basierend auf dessen Website-Design bewerten. Ähnliches gilt für Buchkäufe: Das Cover ist für viele der entscheidende Faktor.

1.3. Markenbildung durch Design:

Ein konsistenter visueller Stil hilft, Wiedererkennungswert zu schaffen und eine Marke zu etablieren. Farben, Schriftarten und Bildsprache wirken zusammen und machen ein Produkt oder eine Person unverwechselbar.

Praxisbeispiel: Erfolgreiche Autoren wie Stephen King haben nicht nur starke Inhalte, sondern auch unverwechselbare Buchcover, die seine Werke sofort erkennbar machen.

2. Die Rolle von KI im modernen Design: Tools, die Design demokratisieren

Traditionell war Design eine Domäne von Experten. Grafikdesigner mussten jahrelang lernen, mit komplexen Tools wie Adobe Photoshop oder Illustrator zu arbeiten. Heute hat KI diesen Prozess revolutioniert und ermöglicht es auch Laien, beeindruckende Designs zu erstellen.

2.1. KI als kreativer Assistent:

Moderne Tools wie DALL-E, MidJourney und Canva nutzen KI, um Designvorschläge zu machen, Bilder zu generieren oder Layouts zu optimieren. Mit wenigen Eingaben können Nutzer professionelle Ergebnisse erzielen.

Beispiel: Ein Self-Publishing-Autor kann MidJourney nutzen, um ein Konzept für ein Buchcover zu erstellen, und es dann in Canva bearbeiten, um es zu verfeinern.

2.2. Demokratisierung des Designs:

Durch die Zugänglichkeit von KI-Tools wird Design für jeden erschwinglich und möglich. Menschen ohne Designausbildung können jetzt mit minimalem Aufwand visuell ansprechende Inhalte erstellen.

Vorteil: Während früher hohe Kosten für einen Grafikdesigner eine Barriere darstellten, sind KI-Tools oft kostenlos oder kostengünstig, was insbesondere für Start-ups und Einzelpersonen attraktiv ist.

2.3. Automatisierung und Effizienz:

KI spart nicht nur Kosten, sondern auch Zeit. Routineaufgaben wie das Entfernen von Hintergründen, das Erstellen von Farbschemata oder das Anordnen von Elementen können automatisiert werden.

Praktisches Szenario: Du möchtest einen Blog starten und benötigst ein passendes Logo. Ein Tool wie Looka kann mithilfe von KI in wenigen Minuten mehrere Vorschläge basierend auf deinen Vorgaben generieren.

2.4. Grenzen der KI im Design:

Trotz aller Vorteile hat KI auch Einschränkungen. Sie folgt Datenmustern und kann manchmal unpassende oder uninspirierte Ergebnisse liefern. Ein menschliches Auge ist immer noch wichtig, um finale Entscheidungen zu treffen und emotionale Nuancen einzubringen.

Fallstrick: KI-generierte Designs können generisch wirken, wenn sie nicht individuell angepasst werden.

3. Erfolgsfaktoren für visuelle Inhalte: Ästhetik, Zielgruppenansprache und Relevanz

Die bloße Erstellung eines Designs reicht nicht aus. Um wirklich erfolgreich zu sein, müssen visuelle Inhalte strategisch geplant und auf bestimmte Zielgruppen abgestimmt werden.

3.1. Ästhetik – Die Kunst des Schönen:

Ästhetik umfasst die Anordnung von Formen, Farben, Texturen und Proportionen, um Harmonie und Anziehungskraft zu schaffen.

Farbpsychologie: Farben haben eine starke emotionale Wirkung. Blau vermittelt Vertrauen, während Rot Aufmerksamkeit erregt.

Typografie: Schriftarten können den Ton eines Designs bestimmen. Eine elegante Serifenschrift wirkt seriös, während eine handgeschriebene Schrift locker und kreativ erscheint.

Praxis-Tipp: Nutze KI-Tools wie Coolors, um harmonische Farbschemata zu generieren, oder Canva, um Schriftkombinationen zu testen.

3.2. Zielgruppenansprache – Den Betrachter verstehen:

Ein Design ist nur erfolgreich, wenn es die richtige Zielgruppe anspricht. Dafür ist es entscheidend, deren Vorlieben und Erwartungen zu kennen.

Personas erstellen: Wer sind deine potenziellen Kunden? KI-Tools wie ChatGPT können helfen, Zielgruppenprofile zu entwickeln.

Plattformen berücksichtigen: Inhalte für Instagram sollten visuell auffälliger sein als solche für LinkedIn, da die Zielgruppen und Erwartungen unterschiedlich sind.

Beispiel: Ein Blog über Minimalismus sollte ein schlichtes, klares Design haben, das die Philosophie widerspiegelt, während ein Reiseblog mit bunten Bildern und dynamischen Layouts glänzt.

3.3. Relevanz – Mehr als nur Optik:

Ein schönes Design allein reicht nicht aus. Es muss inhaltlich relevant und funktional sein. Das bedeutet, dass es die gewünschte Botschaft effektiv übermitteln sollte.

Visuelle Hierarchie: Wichtigste Elemente wie Überschriften oder Call-to-Actions sollten herausstechen.

Kohärenz: Ein einheitlicher Stil über alle visuellen Inhalte hinweg stärkt die Marke und wirkt professionell.

Fallstudie: Ein Online-Shop mit unübersichtlichem Design verliert potenzielle Kunden, selbst wenn die Produkte gut sind. Ein sauber strukturiertes Layout hingegen steigert die Conversion-Rate erheblich.

Fazit: Die Grundlagen des Designs meistern

Die Bedeutung von gutem Design kann nicht unterschätzt werden, besonders in einer Welt, die von visuellen Eindrücken dominiert wird. KI hat die Art und Weise, wie wir Design erstellen, revolutioniert, indem sie Werkzeuge bereitstellt, die zugänglich, effizient und vielseitig sind. Doch trotz aller technologischen Fortschritte bleibt die menschliche Kreativität unverzichtbar, um emotionale und authentische Inhalte zu schaffen.

Indem du die Erfolgsfaktoren Ästhetik, Zielgruppenansprache und Relevanz beachtest, kannst du visuelle Inhalte gestalten, die nicht nur gut aussehen, sondern auch eine starke Wirkung erzielen. Der nächste Abschnitt führt dich tiefer in die Welt des Buchdesigns ein und zeigt, wie du mit KI beeindruckende Cover erstellst.

(2) Grundlagen des Designs 2

1. Tools und Plattformen für Design-Optimierung

Canva Pro: Ein einfach zu bedienendes Tool mit vorgefertigten Templates für Social-Media-Posts, Buchcover und mehr. Mit KI-gestütztem Hintergrundentferner und Designvorschlägen.

MidJourney: Perfekt für detaillierte Illustrationen und kunstvolle Designs, die auffallen.

Figma: Ein Tool, das vor allem für UX/UI-Design geeignet ist. Nutze Plugins wie "Anima" für automatische Design-Optimierung.

Coolors: Eine Plattform, um Farbschemata zu erstellen, die deine Inhalte harmonisch und ansprechend wirken lassen.

2. Ressourcen für Design-Lernen

2.1. YouTube-Kanäle:

--- **The Futur:** Spezialisiert auf Grafikdesign und Branding.

--- **CharliMarieTV:** Tipps und Tricks für Designer und Content-Ersteller.

2.2. Online-Kurse:

--- **Udemy:** "Graphic Design Masterclass" für Grundlagen.

--- **Skillshare:** Kurse zu Farbtheorie, Typografie und Designpsychologie.

2.3. Blogs:

--- **99designs Blog:** Trends und Anleitungen für professionelles Design.

--- **Smashing Magazine:** Fokus auf Webdesign und UI/UX.

3. Weiterführende Tools für KI-gestützte Designs

3.1. KI für Farbschemata und Typografie

--- **Khroma:** Nutze KI, um Farbpaletten zu generieren, die deinem Geschmack entsprechen. Ideal für Branding-Projekte.

--- **Fontjoy:** Kombiniert Schriftarten automatisch, um harmonische Typografiekonzepte zu entwickeln.

3.2. KI für Illustrationen und Cover

--- **Runway ML:** Eine Plattform für kreative Projekte, die KI nutzt, um Bilder zu bearbeiten oder komplett neue Designs zu erstellen.

--- **Artbreeder:** Besonders für Charakterdesigns oder abstrakte Illustrationen geeignet.

3.3. Automatisierte Designverbesserung

--- **Designify:** Hebt Bilder auf ein professionelles Niveau durch KI-basierte Farb- und Kontrastkorrekturen.

--- **Looka:** Generiert Logos und Branding-Materialien mithilfe von KI. Ideal für neue Projekte oder Blogs.

4. Anwendung in der Praxis: Übung und Tipps

Übung 1: Markenidentität erschaffen

Nutze die oben genannten Tools, um:

- Eine Farbpalette für deinen Blog zu erstellen (Coolors oder Khroma).
- Ein Logo mit Looka oder Canva Pro zu entwerfen.
- Deine Schriftarten mit Fontjoy zu kombinieren.

Übung 2: Feedback einholen

Teste deine Designs bei potenziellen Zielgruppen oder verwende Plattformen wie UsabilityHub, um A/B-Tests durchzuführen. Lass die KI sogar Umfragen für Feedback erstellen!

Fazit

Diese zusätzlichen Tools und Ressourcen können dir dabei helfen, nicht nur die Grundlagen des Designs zu verstehen, sondern diese auch effizient und kreativ umzusetzen. Egal ob du ein Self-Publishing-Buch, einen Blog oder visuelle Inhalte für Social Media planst – die Kombination aus KI und einem klaren Verständnis für Designprinzipien wird dir einen enormen Vorteil verschaffen.

(3) Buchcover erstellen – Mit KI Designideen umsetzen

Ein Buchcover ist mehr als nur eine Verpackung – es ist das erste, was potenzielle Leser sehen, und oft der entscheidende Faktor, ob sie sich für dein Buch entscheiden. In diesem Abschnitt wirst du lernen, wie du mithilfe von KI atemberaubende Buchcover erstellen kannst, die sowohl professionell aussehen als auch die Zielgruppe ansprechen.

1. Warum ein ansprechendes Buchcover entscheidend ist

1.1. Das Buchcover als Visitenkarte

Ein Buchcover ist das Aushängeschild deines Werks. Untersuchungen zeigen, dass Leser in weniger als drei Sekunden entscheiden, ob ein Buch für sie interessant ist – basierend allein auf dem Cover. Hier sind die zentralen Punkte, die ein gutes Cover ausmachen:

Emotionen wecken: Ein Cover sollte die Stimmung und den Inhalt des Buches widerspiegeln.

Professionalität signalisieren: Ein hochwertiges Design schafft Vertrauen in die Qualität des Buches.

Einzigartigkeit: Dein Buch muss aus der Masse hervorstechen, besonders in überfüllten Genres wie Krimis oder Liebesromanen.

1.2. Trends und Zielgruppen berücksichtigen

Jedes Genre hat spezifische Designtrends, die sich bewährt haben. Beispielsweise:

Thriller: Dunkle Farben, scharfe Kontraste, klare Schriften.

Romantik: Pastellfarben, verschnörkelte Schriften, weiche Illustrationen.

Sachbücher: Klare Typografie, minimalistische Designs, oft mit einem zentralen Bild oder einer Grafik.

1.3. Die Psychologie hinter Farben und Schriften

Farben: Blau vermittelt Ruhe und Vertrauen, während Rot Aufmerksamkeit und Dramatik erzeugt.

Schriften: Serifenschriften wirken traditionell und elegant, während serifenlose Schriften modern und sachlich wirken.

2. Schritt-für-Schritt-Anleitung zur Nutzung von KI-Tools wie DALL-E oder MidJourney

Schritt 1: Ideen sammeln

Bevor du ein KI-Tool nutzt, solltest du eine klare Vorstellung davon haben, wie dein Cover aussehen soll. Stelle dir folgende Fragen:

1. Was ist die Hauptbotschaft meines Buches?

2. Welche Zielgruppe spreche ich an?

3. Gibt es vergleichbare Buchcover, die mir gefallen?

Tools wie Pinterest oder Amazon können helfen, Inspirationen zu sammeln. Erstelle ein Moodboard mit Bildern, Farben und Schriften, die dir gefallen.

Schritt 2: Prompts erstellen

Um KI-Tools wie DALL-E oder MidJourney zu nutzen, musst du präzise Eingaben (Prompts) formulieren.

Ein Beispiel:

> **Für einen Thriller:** „A dark, stormy cityscape with a mysterious silhouette in the foreground, minimalist typography."
>
> **Für ein Liebesroman:** „A soft pastel color palette, a couple holding hands under a blossoming cherry tree, elegant script font."

Schritt 3: Die KI arbeiten lassen

Gib deine Prompts in das KI-Tool ein und lass es mehrere Entwürfe erstellen. Plattformen wie MidJourney oder DALL-E bieten oft die Möglichkeit, kleine Details zu verfeinern:

> **Varianten generieren:** Experimentiere mit unterschiedlichen Stilen.
>
> **Farben und Details anpassen:** Verwende die „Upscale"-Funktion, um hochwertige Designs zu erhalten.

Schritt 4: Design herunterladen und bearbeiten

KI-Tools bieten einen großartigen Startpunkt, aber oft ist Nachbearbeitung erforderlich. Nutze Programme wie Canva oder Adobe Photoshop, um Feinabstimmungen vorzunehmen:

> Passe die Schriftart an.

> Füge den Buchtitel, Untertitel und deinen Namen ein.

> Stelle sicher, dass alle Texte gut lesbar sind.

Schritt 5: Feedback einholen

Bevor du dein Cover finalisierst, hole dir Feedback von potenziellen Lesern oder Design-Communities wie Behance. Achte darauf, dass dein Cover sowohl optisch ansprechend als auch genretypisch ist.

3. Farben, Schriftarten und Stile: Was sich auf dem Markt verkauft

3.1. Farben

> **Sachbücher:** Blau, Weiß und Grau vermitteln Autorität und Klarheit.

> **Fantasy:** Dunkle Töne, oft mit goldenen Akzenten, erzeugen eine mystische Atmosphäre.

> **Horror:** Schwarze und rote Töne dominieren, oft kombiniert mit kontrastreichen Elementen.

3.2. Schriftarten

> **Serifenlose Schriften (z. B. Arial, Helvetica):** Ideal für moderne und minimalistische Cover.

> **Verschnörkelte Schriften (z. B. Great Vibes):** Perfekt für romantische Geschichten.

> **Bold Fonts (z. B. Impact):** Gut für Titel, die sofort ins Auge springen sollen.

3.3. Stile

Minimalistisch: Wenige Elemente, klare Linien – beliebt bei Sachbüchern.

Illustrativ: Verspielte Designs mit Illustrationen – ideal für Kinderbücher.

Fotorealistisch: Eignet sich gut für Thriller oder historische Romane.

4. Übung: Ein eigenes Cover für ein Beispielbuch entwerfen

Um das Gelernte direkt anzuwenden, erstellst du ein Buchcover für ein fiktives Buch. Folgen diese Schritte:

Schritt 1: Titel und Genre festlegen

Titel: „Geheimnisse des Nebels"

Genre: Mystery/Thriller

Zielgruppe: Leser, die spannende und düstere Geschichten lieben.

Schritt 2: Moodboard erstellen

Sammle Inspirationen auf Plattformen wie Pinterest oder Google. Suche nach Bildern, die Nebel, düstere Wälder oder alte Villen darstellen.

Schritt 3: Prompt formulieren

Nutze ein KI-Tool wie MidJourney und gebe den Prompt ein:

„A mysterious forest covered in dense fog, a glowing lantern on a path, dark and moody color palette, minimalist text."

Schritt 4: Überarbeitung

Verwende Canva, um Text und zusätzliche Details hinzuzufügen:

Schriftart: Eine serifenlose Schrift für den Titel (z. B. Roboto Bold).

Farben: Dominantes Grau mit gelben Akzenten für den Laternen-Schein.

Schritt 5: Finalisierung

Prüfe, ob dein Cover auf verschiedenen Plattformen gut aussieht. Simuliere es als Amazon-Vorschaubild, um sicherzustellen, dass es in kleinen Formaten lesbar ist.

Zusammenfassung

Ein Buchcover ist mehr als nur ein schönes Bild – es ist eine strategische Entscheidung, die dein Buch auf dem Markt positioniert. Mit den richtigen KI-Tools kannst du atemberaubende Designs erstellen, die sowohl professionell wirken als auch deine Zielgruppe ansprechen. Kombiniere das Beste aus Technologie und deinem persönlichen Geschmack, um ein Cover zu schaffen, das Leser anspricht und neugierig macht.

(4) Grafiken und Illustrationen für Blogs und Social Media

Visuelle Inhalte sind das Herzstück des modernen Marketings und der Content-Erstellung. Sie verbessern nicht nur die Ästhetik deiner Inhalte, sondern erhöhen auch die Reichweite, das Engagement und die Bindung deiner Zielgruppe. In diesem Abschnitt geht es darum, wie du mit Hilfe von KI ansprechende Grafiken und Illustrationen für Blogs und Social Media erstellen kannst. Wir besprechen spezifische Strategien, Tools und die Automatisierung des Designprozesses.

1. Design für Blogs: Infografiken, Header-Bilder und visuelle Akzente

Warum visuelle Inhalte für Blogs wichtig sind

Leser nehmen visuelle Inhalte schneller auf als Text. Studien zeigen, dass Artikel mit Bildern 94 % mehr Aufrufe erzielen als rein textbasierte Beiträge. Daher sollten Blogs mehr sein als nur gut geschriebene Inhalte – sie müssen auch optisch ansprechend gestaltet sein.

1.1. Infografiken erstellen

Infografiken bieten eine hervorragende Möglichkeit, komplexe Informationen einfach darzustellen. Mit KI kannst du diese schnell und effektiv erstellen:

> **Anwendungsfälle:** Statistiken, Schritt-für-Schritt-Anleitungen oder Prozesse.
>
> **Tools:** Plattformen wie Canva oder Piktochart bieten KI-gestützte Vorlagen, mit denen du deine Daten in ansprechende Visualisierungen umwandeln kannst.

1.2. Header-Bilder gestalten

Header-Bilder sind oft der erste visuelle Kontaktpunkt, den Leser mit deinem Blog haben. Sie sollten das Thema des Artikels klar darstellen und gleichzeitig neugierig machen.

> **Mit KI gestalten:** Tools wie DALL-E oder MidJourney können personalisierte Header-Bilder basierend auf deinen Prompts generieren.
>
> **Beispiel-Prompt:** „Ein modernes, minimalistisches Design mit einer Tasse Kaffee und einem Laptop, helle Farben, klarer Stil."

1.3. Visuelle Akzente einfügen

Neben großen Bildern und Infografiken können kleinere visuelle Elemente wie Symbole, Diagramme und Illustrationen die Lesbarkeit und Ästhetik verbessern.

Einsatzmöglichkeiten: Trenne Abschnitte mit Symbolen oder unterstreiche wichtige Aussagen mit Icons.

Automatisierung: Nutze Tools wie Flaticon oder Icons8, um hochwertige Symbole zu generieren.

2. Social-Media-Inhalte mit KI erstellen: Memes, Zitate und dynamische Videos

Warum Social-Media-Grafiken entscheidend sind

Social Media ist ein visueller Raum. Plattformen wie Instagram, Pinterest und TikTok leben von ansprechenden Bildern und Videos. Mit KI kannst du Inhalte erstellen, die auffallen und geteilt werden.

2.1. Memes und virale Inhalte

Memes sind eine der unterhaltsamsten und effektivsten Formen des Social-Media-Marketings. Sie wecken Emotionen und animieren Nutzer dazu, Inhalte zu teilen.

Mit KI erstellen: Nutze Tools wie Imgflip oder Meme Generator in Kombination mit KI-Plattformen, um Textvorschläge zu erhalten.

--**Beispiel-Workflow:**

Gib in ChatGPT den Prompt ein: „Erstelle humorvolle Texte für Memes über Remote-Arbeit."

Wähle ein passendes Bild aus einer Meme-Datenbank und kombiniere es mit dem Text.

2.2. Zitate und inspirierende Inhalte

Inspirierende Zitate sind besonders auf Plattformen wie Instagram und LinkedIn beliebt.

Erstellung: Lass KI passende Zitate generieren oder gestalte bestehende Zitate neu.

Tools: Mit Plattformen wie Canva kannst du Zitatbilder mit stilvollen Hintergründen und Schriftarten erstellen.

2.3. Dynamische Videos

Bewegte Inhalte haben eine höhere Engagement-Rate als statische Bilder. KI-Tools können helfen, Videos für Social Media zu erstellen, ohne dass du ein Experte sein musst.

--Tools:

Pictory: Erstellt kurze, ansprechende Videos aus Blogartikeln oder Texten.

Runway ML: Ermöglicht die Erstellung von Videoeffekten und Animationen.

Beispiel: Lade einen Blogartikel hoch und lass ein KI-Tool ein kurzes Video mit Bildern, Text und Hintergrundmusik generieren.

3. Tools und Strategien zur Automatisierung des Designprozesses

3.1. KI-Tools für die Content-Erstellung

Es gibt zahlreiche Tools, die dir helfen, visuelle Inhalte schnell und effizient zu erstellen.

Hier sind einige der besten:

Canva Pro: Bietet eine intuitive Oberfläche mit KI-gestützten Vorlagen.

DALL-E und MidJourney: Generieren einzigartige Grafiken basierend auf deinen Prompts.

Designify: Automatisiert die Erstellung von professionellen Produktbildern.

3.2. Automatisierung von Workflows

Durch Automatisierung kannst du nicht nur Zeit sparen, sondern auch sicherstellen, dass dein Content-Kalender immer gefüllt ist.

--- Workflows einrichten:

Nutze Zapier, um Designs automatisch zu veröffentlichen.

Verbinde KI-Tools mit Social-Media-Planungstools wie Hootsuite oder Buffer.

Beispiel: Lade deine generierten Zitate und Bilder in eine Social-Media-Planungssoftware, die Posts automatisch veröffentlicht.

3.3. Langfristige Strategien für visuelles Branding

Visuelles Branding sorgt für Wiedererkennung und Vertrauen. Eine konsistente Farbpalette, Schriftart und Designrichtung ist entscheidend.

KI für Branding: Plattformen wie Looka oder Tailor Brands können ein ganzheitliches Branding (Logos, Farbschemata, Schriften) automatisieren.

Regelmäßige Inhalte: Erstelle einen Content-Plan, in dem du festlegst, welche visuellen Inhalte wann veröffentlicht werden.

4. Praxisübung: Visuelle Inhalte für ein Beispielprojekt erstellen

Um das Gelernte direkt anzuwenden, erstellen wir eine Reihe von Grafiken für ein Beispielprojekt:

Thema: Ein Blog über nachhaltiges Leben.

Ziel: Erstelle drei visuelle Inhalte: eine Infografik, ein Zitatbild und ein dynamisches Video.

Schritt 1: Infografik

Thema: „10 einfache Tipps für nachhaltiges Leben."

Tool: Nutze Canva, um eine Infografik mit klaren Icons und einer hellgrünen Farbpalette zu erstellen.

KI-Prompt: „Gib mir 10 Tipps für ein nachhaltiges Leben, die ich in einer Infografik verwenden kann."

Schritt 2: Zitatbild

Thema: Inspirierende Zitate über Nachhaltigkeit.

Tool: Erstelle mit Canva ein Bild mit einem Zitat wie „Be the change you wish to see in the world – Mahatma Gandhi."

Design: Wähle einen beruhigenden Naturhintergrund und eine elegante Schriftart.

Schritt 3: Dynamisches Video

Thema: Ein kurzes Video über die Vorteile nachhaltiger Lebensweise.

Tool: Verwende Pictory, um ein Video mit Textüberlagerungen, Stockbildern und Hintergrundmusik zu erstellen.

Workflow: Lade die KI-generierten Texte und Vorschläge in Pictory und wähle passende Bilder und Musik.

Zusammenfassung

Grafiken und Illustrationen sind unverzichtbare Bestandteile für Blogs und Social Media. Mit den richtigen KI-Tools kannst du den Designprozess revolutionieren, ansprechende Inhalte erstellen und deine Produktivität steigern. Automatisierung und gezielte Strategien sorgen dafür, dass dein visuelles Branding langfristig erfolgreich ist. Indem du die hier vorgestellten Methoden und Tools anwendest, bist du bestens gerüstet, um in der digitalen Welt durch visuelle Inhalte zu überzeugen.

(5) Monetarisierung deiner Designs

Das Erstellen von Designs mithilfe von KI ist nur der erste Schritt. Der eigentliche Erfolg liegt darin, diese Designs zu monetarisieren. Dieser Abschnitt zeigt dir, wie du deine Designs in bares Geld umwandeln kannst – sei es durch den Verkauf auf Plattformen, Freelancing oder das Erstellen von passivem Einkommen mit Vorlagen und Designpaketen.

1. Verkauf von Designs auf Plattformen

Plattformen für den Verkauf von Designs

Die Digitalisierung hat es einfacher denn je gemacht, deine kreativen Werke online zu verkaufen. Plattformen wie Etsy, Creative Market, und Redbubble bieten dir die Möglichkeit, deine Designs einem globalen Publikum anzubieten.

1.1 Etsy

Etsy ist eine der bekanntesten Plattformen für handgefertigte und digitale Produkte. Hier kannst du Vorlagen, Logos, Social-Media-Grafiken und mehr verkaufen.

Welche Produkte funktionieren auf Etsy?

Hochzeitseinladungen und Karten.

Social-Media-Vorlagen für Instagram, TikTok und Facebook.

Printable Art (Druckbare Poster oder Wanddekorationen).

-- Wie hilft KI?

Nutze KI wie Canva oder DALL-E, um individuelle und trendige Designs zu erstellen.

> **Beispiel-Prompt für KI:** „Erstelle ein minimalistisches Design für ein Hochzeits-Einladungskartenset in Pastellfarben."

-- Strategien für Etsy:

Optimiere deinen Produkttext mit KI, um in Suchergebnissen besser sichtbar zu sein.

> **Beispiel:** „Schreibe eine Produktbeschreibung für eine Instagram-Vorlage im Boho-Stil."

1.2. Creative Market

Creative Market richtet sich an Designer, Marketer und Unternehmer, die hochwertige Vorlagen und Grafiken suchen.

- Welche Produkte verkaufen sich hier gut?

Schriftarten, Icons, PowerPoint-Präsentationen und Website-Vorlagen.

> **KI-Vorteile:**
>
> Tools wie MidJourney können für individuelle Icon-Sets oder Stile verwendet werden.
>
> Verwende ChatGPT, um Beschreibungen und Keyword-Optimierungen zu erstellen.

1.3. Redbubble und ähnliche Plattformen

Redbubble ist ideal für physische Produkte wie T-Shirts, Tassen oder Wandbilder, die mit deinen Designs bedruckt werden.

- Wie funktioniert es?

Lade deine Designs hoch, und die Plattform kümmert sich um Druck, Versand und Abwicklung.

> **Beispiel-Designs:** „Ein trendiges abstraktes Muster für T-Shirts" oder „Ein lustiges Katzen-Meme für Kaffeetassen."

Automatisierungsmöglichkeiten:

Nutze KI, um verschiedene Farbvarianten und Layouts schnell zu erstellen.

2. Freelancing: Mit KI Kundenprojekte effizient umsetzen

Freelancing ist eine weitere lukrative Möglichkeit, mit Designs Geld zu verdienen. Kunden suchen oft nach schnellen, kreativen und hochwertigen Designs, und KI kann dir dabei helfen, ihre Anforderungen zu erfüllen.

2.1. Beliebte Plattformen für Freelancer

> **Fiverr:** Perfekt für kleine und schnelle Projekte wie Social-Media-Posts, Logos oder Flyer.

> **Upwork:** Für größere Projekte wie Branding, Website-Designs oder Illustrationen.

> **99designs:** Speziell für kreative Aufgaben wie Logodesign und Illustrationen.

2.2. Wie du KI für deine Freelance-Aufträge nutzt

1. Schnelle Ideengenerierung

> **Beispiel:** Ein Kunde möchte ein modernes Logo für ein Fitnessstudio.

Nutze MidJourney oder DALL-E, um erste Logo-Entwürfe zu generieren.

Überarbeite diese Entwürfe in Tools wie Adobe Illustrator, um sie an die

Anforderungen des Kunden anzupassen.

2. Effiziente Projektumsetzung

KI kann bei verschiedenen Aufgaben im Designprozess helfen:

Erstellung von Farbpaletten: Tools wie Coolors.

Vorschläge für Layouts und Typografie: Canva oder Adobe Spark.

Automatisierte Übersetzungen: Verwende KI, um Designs für internationale Kunden anzupassen.

3. Kommunikation und Präsentation

Erstelle Präsentationen und Konzepte für Kunden mit KI-Tools wie Canva oder PowerPoint-Vorlagen.

Beispiel: Ein Kunde braucht eine Präsentation für ein neues Produkt. Generiere Inhalte und Vorschläge mit ChatGPT und füge visuelle Elemente hinzu.

Vorteile von KI im Freelancing

Zeitersparnis: KI erledigt Routineaufgaben, sodass du dich auf kreative Details konzentrieren kannst.

Erhöhte Produktivität: Bearbeite mehr Projekte in kürzerer Zeit.

Höhere Einnahmen: Durch automatisierte Prozesse kannst du mehr Kunden bedienen und dein Einkommen steigern.

3. Passives Einkommen mit Vorlagen und Designpaketen

3.1. Was ist passives Einkommen im Designbereich?

Passives Einkommen bedeutet, dass du Produkte einmal erstellst und sie wiederholt verkaufst, ohne ständig neue Arbeiten anfertigen zu müssen. Im Designbereich ist dies besonders einfach umzusetzen, da digitale Produkte wie Vorlagen und Designpakete sehr gefragt sind.

3.2. Welche Vorlagen und Pakete verkaufen sich gut?

Social-Media-Vorlagen: Für Plattformen wie Instagram, Facebook oder LinkedIn.

Canva-Designs: Anpassbare Vorlagen für Poster, Flyer, Präsentationen oder Visitenkarten.

Branding-Kits: Farbpaletten, Logos und Schriftarten, die zusammenpassen.

Icons und Illustrationen: Für Webdesigner und App-Entwickler.

3.3. Wie erstellt man Vorlagen mit KI?

Schritt 1: Identifiziere einen Bedarf.

Beispiel: Viele Influencer suchen nach einheitlichen Instagram-Layouts.

Frage eine KI: „Was sind die derzeitigen Designtrends auf Instagram?"

Schritt 2: Generiere die Vorlage.

Verwende Canva oder Adobe Express, um anpassbare Vorlagen zu erstellen.

Nutze KI wie ChatGPT, um Textvorschläge für die Vorlagen hinzuzufügen (z. B. Platzhalter-Texte oder Zitate).

3.4. Verkaufsplattformen für Vorlagen

Creative Market und Etsy: Perfekt für Designvorlagen.

Gumroad: Ideal für direkte Verkäufe an Kunden.

Envato Elements: Eine Plattform, auf der Abonnenten unbegrenzt auf digitale Produkte zugreifen können.

3.5. Beispiel: Erstellung eines Designpakets

Thema: Branding-Kit für nachhaltige Start-ups.

Inhalte: Logos, Social-Media-Posts, Flyer und eine PowerPoint-Präsentation.

Erstellung: Nutze KI-Tools wie MidJourney für Logos und Canva für die restlichen Inhalte.

Verkauf: Stelle das Paket auf Etsy und Gumroad online.

4. Strategien zur Maximierung deiner Einnahmen

4.1. Multiplikation deiner Designs

Variationen erstellen: Verwende KI, um aus einem Basisdesign mehrere Farb- oder Stilvarianten zu generieren.

Beispiel: Ein Instagram-Template in 5 Farbvariationen kann als eigenständige Produkte verkauft werden.

4.2. Bündelung von Produkten

Pakete anbieten: Kombiniere verschiedene Designs zu einem Paket, um den wahrgenommenen Wert zu steigern.

Beispiel: Ein „Business-Start-Up-Kit" mit Logos, Visitenkarten und Social-Media-Vorlagen.

4.3. Lizenzmodelle

Kommerzielle Lizenzen: Biete Kunden an, deine Designs mit erweiterten Rechten zu kaufen.

Abonnements: Stelle monatliche Abos bereit, in denen Kunden regelmäßig neue Inhalte erhalten.

Zusammenfassung

Die Monetarisierung deiner Designs bietet dir zahlreiche Möglichkeiten, ein lukratives Einkommen zu erzielen. Von Plattformen wie Etsy und Creative Market über Freelancing bis hin zu passivem Einkommen mit Vorlagen – mit den richtigen Tools und Strategien kannst du das volle Potenzial deiner kreativen Arbeit ausschöpfen. KI erleichtert dir nicht nur den Designprozess, sondern hilft dir auch, deine Produkte professionell und effektiv zu vermarkten.

(6) Kinderbücher und kreative Projekte mit Illustrationen erweitern

Kinderbücher und kreative Projekte bieten eine wunderbare Möglichkeit, sich im Design und Storytelling auszudrücken. Mit KI kannst du Illustrationen erstellen, die deine Geschichten zum Leben erwecken, und gleichzeitig den Prozess vereinfachen. In diesem Abschnitt lernst du, wie du mithilfe von KI überzeugende Kinderbücher und kreative Projekte realisierst, bei denen Text und Bild harmonisch zusammenwirken.

1. KI-gestützte Illustration von Kinderbüchern: Vom Konzept zur Umsetzung

1.1. Warum Illustrationen so wichtig sind

Illustrationen sind das Herzstück von Kinderbüchern. Sie ziehen junge Leser an, unterstützen die Handlung und vermitteln Emotionen. Eine ansprechende visuelle Gestaltung ist oft der Schlüssel zum Erfolg eines Kinderbuchs.

1.2. Wie KI den Illustrationsprozess erleichtert

- Ideenfindung mit KI:

Nutze Tools wie DALL-E, MidJourney oder Canva, um erste Konzepte zu generieren.

Beispiel: Gib in ein KI-Tool ein: „Erstelle eine Illustration einer freundlichen Giraffe, die einem Vogel hilft, einen Ballon zu retten."

- Stilvielfalt:

KI kann verschiedene Kunststile anwenden – von Aquarell bis hin zu Comics.

Experimentiere mit Prompts wie „Erstelle eine Aquarellillustration eines abenteuerlustigen Kaninchens."

- Schnelle Iterationen:

Änderungswünsche von Verlagen oder Lesern können unkompliziert umgesetzt werden, indem du neue Prompts verwendest oder bestehende Illustrationen anpasst.

1.3. Der Workflow: Vom Konzept zur fertigen Illustration

- Grundidee skizzieren:

Arbeite mit einer KI, um die ersten Entwürfe für die Charaktere und die Umgebung zu erstellen.

- Farbschema und Stil wählen:

Verwende Prompts wie „Erstelle eine Illustration im Stil von klassischen Märchenbüchern."

- Details hinzufügen:

Nutze KI-Tools für Feinanpassungen, wie das Einfügen von Texturen oder Lichteffekten.

1.4. Tools für KI-gestützte Illustrationen

DALL-E: Perfekt für detaillierte, individualisierbare Illustrationen.

Procreate mit KI-Plugins: Kombiniert kreative Freiheit mit KI-Unterstützung.

Canva: Einfaches Tool für Layouts und schnelle Anpassungen.

2. Die Verbindung von Text und Bild: So wird das Ergebnis harmonisch

2.1. Warum die Abstimmung von Text und Bild essenziell ist

Ein erfolgreiches Kinderbuch lebt von der Synergie zwischen Text und Illustration. Die Bilder sollten den Text nicht nur ergänzen, sondern ihn verstärken.

Tipps für eine gelungene Verbindung

1. Illustrationen als Ergänzung:

Illustrationen sollten die Handlung visuell darstellen, ohne den Text zu wiederholen.

Beispiel: Wenn der Text beschreibt, wie ein Hase durch einen Wald hüpft, könnte das Bild zeigen, wie der Hase fröhlich an Blumen schnuppert.

2. Platzierung von Text und Bild:

Arbeite mit einem Layout, das Text und Illustration harmonisch kombiniert.

Nutze Tools wie Adobe InDesign oder Canva, um Textfelder nahtlos in das Bild zu integrieren.

3. Emotionen einfangen:

Bilder sollten die Stimmung des Textes verstärken. Ein trauriger Moment im Text wird durch gedeckte Farben und melancholische Charakterdarstellungen unterstützt.

2.2. Die Rolle der KI bei der Abstimmung

Nutze KI, um Layouts vorzuschlagen: „Erstelle ein Layout für eine Kinderbuch-Doppelseite mit Text und Illustration."

Passe Bilder an den Ton des Textes an: „Erstelle eine fröhliche, helle Illustration für einen Sommernachmittag."

2.3. Übung: Ein harmonisches Kinderbuchlayout erstellen

- Wähle eine kurze Geschichte oder schreibe eine mit KI.

- Generiere dazu passende Illustrationen.

- Teste verschiedene Layouts, bis Text und Bild optimal zusammenpassen.

3. Praktische Beispiele und Übungen für Anfänger

Übung 1: Charakterdesign mit KI

Schritt 1: Erstelle eine Charakterbeschreibung.

Beispiel: „Ein frecher Waschbär mit einer roten Kappe und einer Liebe zu Abenteuern."

Schritt 2: Verwende ein KI-Tool wie DALL-E, um eine Illustration zu generieren.

Schritt 3: Passe den Charakter an, bis er perfekt zur Geschichte passt.

Übung 2: Eine Kinderbuchseite gestalten

1. Text erstellen:

Lass eine KI einen kurzen Text generieren, z. B.: „Lena fand eine magische Lampe in einer alten Kiste."

2. Illustration generieren:

Nutze MidJourney oder DALL-E: „Zeige ein Mädchen, das in einer Scheune eine glänzende, magische Lampe findet."

3. Layout gestalten:

Platziere Text und Bild auf einer Seite und teste verschiedene Anordnungen.

Übung 3: Entwicklung eines Mini-Kinderbuchs

1. Schreibe eine einfache Geschichte mit maximal 5 Sätzen pro Seite.

2. Generiere für jede Seite eine passende Illustration.

3. Füge Text und Bild zusammen und gestalte das Buch mit Tools wie Canva oder Adobe InDesign.

4. Vorteile und Herausforderungen bei KI-gestützten Kinderbüchern

4.1. Vorteile der KI-Nutzung

Zeitersparnis:

Du kannst in wenigen Stunden Illustrationen erstellen, die früher Wochen gedauert hätten.

Kosteneffizienz:

KI eliminiert die Notwendigkeit, einen teuren Illustrator zu engagieren.

Kreative Vielfalt:

Mit KI kannst du verschiedene Stile und Ansätze ausprobieren, ohne dich festlegen zu müssen.

4.2. Herausforderungen und Lösungen

Mangel an emotionaler Tiefe:

KI-Illustrationen können manchmal leblos wirken. Füge Details und Anpassungen hinzu, um dies auszugleichen.

Urheberrechtsfragen:

Stelle sicher, dass die Nutzung der KI-Tools rechtlich abgesichert ist.

Eingeschränkte Individualität:

Passe generierte Bilder an, um eine persönliche Note einzubringen.

5. Zusammenfassung: Der Weg zum eigenen Kinderbuch

Mit der Unterstützung von KI kannst du ein Kinderbuch von der Idee bis zur fertigen Veröffentlichung entwickeln – selbst ohne künstlerisches Talent. Ob du Charaktere entwirfst, Layouts erstellst oder Text und Bild harmonisch zusammenfügst: Die Kombination aus Kreativität und KI bietet unzählige Möglichkeiten. Starte mit kleinen Projekten und lasse deine Werke wachsen, um Kinder und Eltern gleichermaßen zu begeistern!

(7) Fallstricke und ethische Überlegungen

Das Arbeiten mit KI im Design eröffnet kreative und wirtschaftliche Möglichkeiten, birgt jedoch auch Herausforderungen und ethische Dilemmata. Dieser Abschnitt beleuchtet die rechtlichen, ethischen und qualitativen Aspekte, die beim Einsatz von KI-Tools berücksichtigt werden müssen. Mit einer klaren Strategie und einem bewussten Umgang kannst du Fallstricke vermeiden und gleichzeitig sicherstellen, dass dein Design nicht nur funktional, sondern auch ethisch vertretbar ist.

1. Das rechtliche Fundament von KI-generierten Inhalten

KI-Tools wie DALL-E, MidJourney und Stable Diffusion generieren Inhalte auf Basis großer Datenmengen, die sie während ihres Trainings gelernt haben. Doch wem gehören die Ergebnisse – und sind sie wirklich frei nutzbar?

Urheberrechtliche Grauzonen

1. Die Rolle der Trainingsdaten:

KI-Systeme werden oft mit urheberrechtlich geschütztem Material trainiert. Wenn ein generiertes Design dem Original ähnelt, könnte dies rechtliche Probleme aufwerfen.

Beispiel: Wenn eine KI ein Bild erstellt, das zufällig einem bekannten Künstlerstil gleicht, könnte dies als Verletzung der Urheberrechte gewertet werden.

2. Eigentum am Output:

Bei einigen Plattformen behält der Anbieter das Recht an den generierten Inhalten. Prüfe die Nutzungsbedingungen der Tools, bevor du sie einsetzt.

Tools wie DALL-E bieten oft kommerzielle Nutzungsrechte, solange bestimmte Regeln eingehalten werden.

Tipps zur Absicherung:

1. Nutzungsbedingungen lesen:

Vergewissere dich, welche Rechte du an den erstellten Designs hast.

2. Rechtsfreie Plattformen wählen:

Verwende Tools, die speziell für kommerzielle Nutzungen lizenziert sind.

3. Eindeutigkeit schaffen:

Bearbeite generierte Designs manuell, um den persönlichen Input zu erhöhen und rechtliche Risiken zu minimieren.

2. Das menschliche Element: Warum Korrekturen und persönliche Eingriffe nötig sind

Warum KI allein nicht ausreicht

Während KI beeindruckende Ergebnisse liefert, fehlt ihr oft das intuitive Verständnis von Kontext, Emotionen und kulturellen Nuancen. Designs, die ausschließlich auf KI-Outputs basieren, wirken häufig generisch oder sogar unangemessen.

Probleme von KI-generierten Designs:

1. Mangelnde kulturelle Sensibilität:

KI kann unbeabsichtigt Inhalte generieren, die in bestimmten Kulturen als unpassend oder beleidigend wahrgenommen werden.

Beispiel: Symbole oder Farbkombinationen können in verschiedenen Ländern unterschiedliche Bedeutungen haben.

2. Flache Ästhetik:

Ohne menschlichen Eingriff wirken viele KI-Designs emotionslos und unpersönlich.

3. Fehlerhafte Ergebnisse:

KI kann Details falsch interpretieren, z. B. bei anatomischen Merkmalen von Charakteren oder Proportionen in Illustrationen.

Die Bedeutung persönlicher Anpassungen

1. Kreativität und Intuition:

Der Mensch bringt eine Tiefe und Kreativität ein, die eine KI nicht replizieren kann.

Bearbeite generierte Designs mit Tools wie Photoshop oder Procreate, um persönliche Akzente zu setzen.

2. Zielgruppenorientierung:

Passe Designs an die spezifischen Erwartungen und Bedürfnisse deiner Zielgruppe an.

3. Fehlerkorrektur:

Überprüfe Details und behebe offensichtliche Fehler, die die KI gemacht haben könnte.

Übung: Einen KI-Output optimieren

1. Generiere ein Design mit einem KI-Tool, z. B. eine Charakterillustration.

2. Analysiere das Design und notiere, was verbessert werden könnte (z. B. Farbwahl, Details, Emotionen).

3. Bearbeite das Design mit einem Grafikprogramm, um es an deine Vision anzupassen.

3. Die richtige Balance finden: KI als Unterstützung, nicht als Ersatz

Wie KI dich unterstützen kann

Die Stärke von KI liegt in ihrer Fähigkeit, repetitive Aufgaben zu automatisieren und kreative Prozesse zu beschleunigen. Allerdings ist sie kein Ersatz für menschliches Know-how und künstlerisches Urteilsvermögen.

Praktische Einsatzmöglichkeiten von KI:

1. Ideengenerierung:

Nutze KI, um verschiedene Stilrichtungen auszuprobieren oder neue Ansätze zu entdecken.

2. Effizienzsteigerung:

KI kann die Grundlage für Designs schaffen, die du dann weiter verfeinerst.

3. Ergänzende Aufgaben:

Verwende KI für kleinere Projekte, während du dich auf komplexere Designs konzentrierst.

Wo du vorsichtig sein solltest

1. Komplexität und Individualität:

KI hat Schwierigkeiten, komplexe emotionale oder kulturelle Nuancen zu verstehen. Verlasse dich nicht ausschließlich auf automatisierte Outputs.

2. Qualität und Konsistenz:

Eine KI kann dir zwar in Sekunden mehrere Entwürfe liefern, aber deren Qualität ist nicht immer gleichbleibend.

3. Authentizität:

Designs, die vollständig auf KI basieren, können als

unoriginell wahrgenommen werden.

Strategien für eine gelungene Balance:

1. Definiere klare Aufgaben:

Nutze KI für spezifische Aufgaben wie die Erstellung von Rohentwürfen oder Farbpaletten.

2. Arbeite iterativ:

Sieh KI-Outputs als Basis, die du schrittweise verfeinerst.

3. Bewahre deine persönliche Handschrift:

Integriere eigene Ideen und kreative Entscheidungen in den Prozess.

4. Ethik im Design: Fairness und Verantwortung

Transparenz gegenüber Kunden und Nutzern

Wenn du Designs für Kunden oder die Öffentlichkeit erstellst, solltest du transparent sein, wie und in welchem Umfang KI-Tools verwendet wurden. Dies baut Vertrauen auf und vermeidet Missverständnisse.

Solltest du KI-Nutzung offenlegen?

1. Für private Projekte:

In der Regel musst du nicht offenlegen, ob du KI verwendet hast. Die Qualität des Designs ist entscheidend.

2. Für kommerzielle Projekte:

Wenn du Designs verkaufst oder für Kunden arbeitest, solltest du klären, ob die Nutzung von KI ein Problem darstellt.

3. Für öffentliche Werke:

Bei Büchern, die KI-generierte Cover oder Illustrationen enthalten, kann ein Hinweis im Impressum sinnvoll sein.

Fairness im Umgang mit KI

1. Vermeidung von Abhängigkeit:

Setze KI ein, um Prozesse zu verbessern, aber entwickle weiterhin eigene Fähigkeiten.

2. Anerkennung menschlicher Beiträge:

Wenn du mit einem Team arbeitest, betone die Zusammenarbeit zwischen Mensch und KI.

3. Verantwortung übernehmen:

Prüfe Designs sorgfältig, bevor sie veröffentlicht oder verkauft werden.

5. Fazit: Die Zukunft des Designs mit KI

Das Arbeiten mit KI im Design ist eine spannende Möglichkeit, Kreativität und Effizienz zu verbinden. Doch es erfordert ein bewusstes Vorgehen, um die Fallstricke zu umgehen. Durch eine ausgewogene Nutzung von KI, ergänzt durch persönliches Engagement und ethische Überlegungen, kannst du Designs erstellen, die nicht nur ästhetisch ansprechend, sondern auch nachhaltig und fair sind.

Mache KI zu einem wertvollen Werkzeug, aber behalte die Kontrolle über deinen kreativen Prozess. So bleibt deine Arbeit einzigartig und relevant, selbst in einer zunehmend automatisierten Welt.

Abschließende Worte zu: Design und visuelle Kreativität mit KI

Das Zusammenspiel aus kreativer Vision und technologischer

Unterstützung eröffnet Designerinnen und Designern heute Möglichkeiten, die vor wenigen Jahren noch undenkbar waren. KI hat das Potenzial, deine Designprozesse schneller, präziser und vielseitiger zu machen. Dennoch bleibt der menschliche Input unersetzlich: Deine Ideen, deine Anpassungen und deine persönliche Handschrift.

FOTOS ERSTELLEN UND VERKAUFEN

Die Welt der visuellen Inhalte neu definieren

In einer Welt, in der visuelle Inhalte zunehmend gefragt sind, eröffnen KI-gestützte Technologien neue Möglichkeiten, hochwertige Bilder ohne professionelle Ausrüstung oder teure Software zu erstellen. Dieses Kapitel zeigt dir, wie du mit KI-generierten Bildern auf Plattformen Geld verdienen kannst, welche ethischen und rechtlichen Aspekte dabei zu beachten sind und wie du das Potenzial dieses Marktes optimal ausschöpfst.

Was dich in diesem Kapitel erwartet:

Abschnitt 1: Einführung in KI-generierte Bilder

Abschnitt 2: Bilder für Stockfoto-Plattformen erstellen

Abschnitt 3: Plattformen für den Verkauf von KI-generierten Bildern

Abschnitt 4: Strategien für die Monetarisierung

Abschnitt 5: Ethik und rechtliche Fragen

Abschnitt 6: Erfolgsgeschichten und Inspiration

(1) Einführung in KI-generierte Bilder

Die digitale Revolution hat die Art und Weise, wie wir Kunst schaffen, grundlegend verändert. Mit künstlicher Intelligenz (KI) können heute beeindruckende Bilder erstellt werden, die zuvor nur talentierten Künstlern mit jahrelanger Erfahrung vorbehalten waren. In diesem Abschnitt gehen wir darauf ein, wie KI Bilder erzeugt, welche Tools dir zur Verfügung stehen und für welche Einsatzbereiche sie besonders geeignet sind. Dabei wirst du sehen, wie diese Technologien nicht nur die Kreativbranche verändern, sondern auch enorme Einkommensmöglichkeiten bieten.

Wie eine KI Bilder erstellt

Künstliche Intelligenz verwendet sogenannte neuronale Netze, um aus einfachen Textanweisungen oder bereits existierenden Bildern visuelle Inhalte zu generieren. Diese Netzwerke, oft als Generative Adversarial Networks (GANs) bezeichnet, bestehen aus zwei Komponenten: einem Generator und einem Diskriminator.

1. Der Generator:

Der Generator erstellt neue Bilder basierend auf den eingegebenen Daten oder Anweisungen. Er versucht dabei, realistisch wirkende Inhalte zu erzeugen, die sich an den gelernten Mustern orientieren.

2. Der Diskriminator:

Der Diskriminator überprüft die erzeugten Bilder und entscheidet, ob sie „echt" oder „künstlich" sind. Durch diesen Prozess werden die Ergebnisse stetig optimiert.

Je mehr Daten das KI-Modell erhält, desto besser kann es neue Inhalte erstellen. Modelle wie Stable Diffusion, MidJourney oder DALL-E wurden mit Millionen von Bildern trainiert, wodurch sie in der Lage sind, komplexe und beeindruckende Kunstwerke in Sekundenschnelle zu erzeugen.

Vorstellung von KI-Tools

Es gibt mittlerweile zahlreiche Tools, die sich auf die Generierung von Bildern spezialisiert haben. Hier stellen wir die drei führenden Anbieter vor, die sich in ihrer Technologie und den Anwendungsbereichen unterscheiden:

1. DALL-E

Entwickler: OpenAI

Funktionsweise: DALL-E basiert auf einer Kombination aus GPT-Modellen (für die Textverarbeitung) und visuellen Daten, um Bilder aus detaillierten Textbeschreibungen zu erstellen.

Anwendungsbereiche:

Surreale Kunstwerke: DALL-E eignet sich hervorragend für kreative Projekte, bei denen ungewöhnliche Kombinationen oder Fantasie-Szenen gefragt sind.

E-Commerce: Erstelle Produktbilder oder Konzeptgrafiken.

Bildungsinhalte: Visualisierungen von abstrakten Konzepten oder historischen Szenarien.

Besonderheiten: Benutzer können mit präzisen Textanweisungen experimentieren, z. B.: „Ein futuristisches Stadtbild bei Nacht, beleuchtet von Neonlichtern".

2. MidJourney

Entwickler: MidJourney Lab

Funktionsweise: MidJourney ist ein KI-Tool, das auf künstlerische und atmosphärische Bilder spezialisiert ist. Es wird über Discord betrieben, was eine interaktive und gemeinschaftsbasierte Nutzung ermöglicht.

Anwendungsbereiche:

Fantasy- und Science-Fiction-Projekte: Ideal für Buchcover, Poster oder Spiele.

Künstlerische Inspiration: Konzeptskizzen oder visuelle Stimmungen für größere Projekte.

Social Media: Einzigartige und auffällige Posts, die Aufmerksamkeit erregen.

Besonderheiten: MidJourney ist besonders bekannt für seine stimmungsvolle Ästhetik und beeindruckenden Licht- und Schattenspiele.

3.Stable Diffusion

Entwickler: Stability AI

Funktionsweise: Stable Diffusion ist ein Open-Source-Modell, das sowohl lokal auf deinem Computer als auch über externe Dienste verwendet werden kann. Es bietet eine enorme Flexibilität, da es anpassbar ist und Plugins wie Photoshop-Add-ons unterstützt.

Anwendungsbereiche:

Porträts und Charakterdesign: Erstelle realistische oder stilisierte Darstellungen.

Hintergrundbilder: Hochwertige Hintergründe für Spiele, Filme oder Präsentationen.

Marketing: Anpassbare Grafiken für Kampagnen oder Branding.

Besonderheiten: Dank seiner Open-Source-Natur können Benutzer eigene Modelle trainieren und spezifische Ergebnisse erzielen.

Beispiele für Einsatzbereiche

Die Vielseitigkeit von KI-generierten Bildern bietet zahlreiche Anwendungsbereiche. Egal ob für den persönlichen oder professionellen Gebrauch – mit der richtigen Strategie kannst du diese Technologie nutzen, um beeindruckende Inhalte zu erstellen und sogar Geld zu verdienen. Im Folgenden betrachten wir einige der beliebtesten Einsatzbereiche:

- 1. Landschaftsbilder

- **Warum sie gefragt sind:**

Landschaftsbilder haben eine universelle Anziehungskraft und eignen sich für alles, von Wanddekorationen bis hin zu Hintergrundbildern für digitale Geräte.

- **Anwendungsbeispiele:**

- Erstelle mit KI realistische Landschaften, z. B. schneebedeckte Berge, tropische Strände oder futuristische Städte.

- Generiere einzigartige Szenen für Reiseblogs, Websites oder Grußkarten.

- **KI-Potential:**

Ein einfacher Prompt wie: „Ein nebliger Wald bei Sonnenaufgang mit goldenen Lichtstrahlen" kann ein atemberaubendes Bild generieren, das professionellen Fotografien Konkurrenz macht.

- 2. Abstrakte Kunst

- **Warum sie gefragt ist:**

Abstrakte Kunst wird häufig für Inneneinrichtungen, Poster oder visuelle Hintergründe verwendet. Sie hat eine zeitlose Ästhetik, die bei einer breiten Zielgruppe Anklang findet.

- **Anwendungsbeispiele:**

-- Experimentiere mit Farben, Formen und Texturen, um einmalige Designs zu erstellen.

-- Entwickle eine Kollektion von abstrakten Kunstwerken, die du auf Plattformen wie Etsy oder Creative Market verkaufen kannst.

- **KI-Potential:**

Prompts wie „Abstrakte Farbstreifen in Pastelltönen mit sanften Übergängen" können beeindruckende und vielseitige Designs erzeugen.

- 3. Porträts und Charakterdesign

- Warum sie gefragt sind:

Porträts werden in der Werbebranche, im Gaming oder für Buchillustrationen benötigt. Sie können auch als personalisierte Geschenke verwendet werden.

- Anwendungsbeispiele:

-- Charakterdesign für Videospiele, Comics oder Animationen.

-- Porträts für Social-Media-Profile oder Marketingkampagnen.

- KI-Potential:

Ein Prompt wie „Ein realistisches Porträt einer jungen Frau mit lockigem Haar und einem grünen Kleid, im Stil der Renaissance" kann detaillierte und beeindruckende Ergebnisse liefern.

- 4. Produkt- und Konzeptfotografie

- Warum sie gefragt ist:

Produktbilder sind ein wesentlicher Bestandteil des E-Commerce. Sie müssen ansprechend und professionell wirken, um Käufer zu überzeugen.

- Anwendungsbeispiele:

-- Erstelle Konzeptbilder für neue Produkte oder Prototypen.

-- Generiere visuelle Mockups für Marketingkampagnen.

- KI-Potential:

Mit Prompts wie „Ein minimalistisches Design eines modernen Smartphones auf einem weißen Hintergrund" können hochwertige Produktbilder erstellt werden.

Fazit

Die Fähigkeit, mit KI beeindruckende Bilder zu erstellen, öffnet Türen zu einer Vielzahl von kreativen und kommerziellen Möglichkeiten. Ob für Stockfoto-Plattformen, persönliche Projekte oder die Unterstützung von Unternehmen – KI-Tools sind mächtige Verbündete.

Warum KI-generierte Bilder im Trend liegen

Die digitale Transformation hat eine Vielzahl neuer Möglichkeiten eröffnet, und KI-generierte Bilder stehen an vorderster Front dieser Bewegung. Sie kombinieren kreative Freiheit, Effizienz und Zugänglichkeit, wodurch sie sowohl für professionelle Designer als auch für Hobbyisten zu einem unverzichtbaren Werkzeug geworden sind. In diesem Abschnitt beleuchten wir die Faktoren, die den aktuellen Trend zu KI-generierten Bildern erklären: die steigende Nachfrage nach kreativen und individuellen Inhalten sowie die Kosteneffizienz und Flexibilität gegenüber herkömmlichen Methoden.

1. Die steigende Nachfrage nach einzigartigen und kreativen Bildern

Die visuelle Welt entwickelt sich ständig weiter, und mit ihr steigen die Erwartungen von Unternehmen, Konsumenten und Künstlern. Bilder sind allgegenwärtig: in sozialen Medien, auf Websites, in Werbung, Spielen und Apps. Die schiere Menge an visuellen Inhalten, die täglich produziert wird, hat die Nachfrage nach einzigartigen und qualitativ hochwertigen Bildern in die Höhe getrieben.

1.1. Einzigartigkeit als Wettbewerbsvorteil

In einem überfluteten Markt ist Originalität wichtiger denn je. Generische Bilder oder häufig verwendete Stockfotos haben an Anziehungskraft verloren, da Konsumenten und Unternehmen zunehmend nach individuellen Inhalten suchen. Mit KI können Bilder erzeugt werden, die nicht nur innovativ, sondern auch perfekt auf spezifische Anforderungen zugeschnitten sind.

- Beispiel aus der Praxis:

Ein Unternehmen, das nachhaltige Mode bewirbt, kann mit KI einzigartige Szenarien erstellen, wie etwa ein Modell in einer futuristischen, von Pflanzen bewachsenen Stadt. Solche Bilder können mit herkömmlichen Stockfoto-Plattformen kaum realisiert werden.

- Vorteil für Künstler und Designer:

Künstler können ihre kreative Vision erweitern, indem sie KI verwenden, um experimentelle Kunstwerke zu schaffen. Designer wiederum können Projekte schneller abschließen und gleichzeitig einzigartige Ergebnisse liefern.

1.2. Personalisierung wird immer wichtiger

Die Ära der Massenkommunikation hat sich hin zu personalisierten Inhalten entwickelt. Unternehmen möchten Botschaften und visuelle Darstellungen anbieten, die spezifische Zielgruppen ansprechen. KI ist in der Lage, personalisierte Bilder zu generieren, die auf individuellen Vorlieben, kulturellen Assoziationen oder Trends basieren.

Anwendungsbeispiele:

> **Marketing:** Marken können Werbung erstellen, die speziell auf unterschiedliche Altersgruppen, Kulturen oder Regionen zugeschnitten ist.
>
> **E-Commerce:** Online-Händler können Produkte in maßgeschneiderten Szenarien präsentieren, die auf die Zielkunden abgestimmt sind.

1.3. Erfüllung der hohen Ansprüche von Social Media

Social Media hat die Bedeutung visueller Inhalte revolutioniert. Plattformen wie Instagram, Pinterest oder TikTok erfordern ständig frischen, ansprechenden Content. KI-generierte Bilder bieten hier enorme Vorteile:

> **- Trends schnell aufgreifen:**
>
> Mit KI können Marken oder Influencer schnell auf virale Trends reagieren, indem sie passgenaue Inhalte erstellen.
>
> **Beispiel:** Ein plötzlich populärer Hashtag wie #UrbanFantasy könnte durch KI-generierte Bilder ergänzt werden, die zu diesem Thema passen.
>
> **- Visuelle Konsistenz:**
>
> KI kann helfen, Markenästhetik konsistent zu halten, indem sie visuelle Leitlinien wie Farben, Stile und Bildkomposition beibehält.

2. Kosteneffizienz und Flexibilität gegenüber traditionellen Methoden

Traditionelle Bildproduktion – sei es durch Fotografie oder manuelles Design – ist oft zeitaufwendig und teuer. KI hat diese Hürden drastisch gesenkt und damit den Zugang zur Bildproduktion demokratisiert.

2.1. Geringere Produktionskosten

Das Erstellen professioneller Bilder kann erhebliche Kosten verursachen. Fotografen, Models, Studioausrüstung und Postproduktion summieren sich schnell. KI ersetzt viele dieser Komponenten, ohne dabei Kompromisse bei der Qualität einzugehen.

Kostenersparnis im Detail:

-- **1. Studioaufnahmen:** Ein hochwertiges Fotoshooting kann mehrere tausend Euro kosten. KI hingegen kann vergleichbare Bilder für einen Bruchteil des Preises erstellen.

-- **2. Designsoftware:** Statt in teure Softwarelizenzen zu investieren, können viele KI-Tools kostenlos oder zu niedrigen Abonnementpreisen genutzt werden.

Beispiel: Ein Startup benötigt Bilder für seine neue Produktlinie. Anstatt ein Fotografenteam zu engagieren, kann das Unternehmen mit KI mehrere Bilder erzeugen und direkt verwenden, was sowohl Zeit als auch Geld spart.

2.2. Schnelligkeit und Effizienz

Traditionelle Bildproduktionen sind nicht nur kostspielig, sondern auch zeitintensiv. Von der Planung über die Durchführung bis hin zur Nachbearbeitung können Wochen vergehen. KI verkürzt diesen Prozess erheblich:

- **Automatisierte Generierung:** Bilder können oft innerhalb weniger Minuten erstellt werden.

- **Iterative Optimierung:** Anpassungen, die bei traditionellen Methoden viel Aufwand bedeuten, können durch einfache Eingaben wie das Ändern eines Prompts vorgenommen werden.

Praxisbeispiel: Ein Content-Creator benötigt innerhalb eines Tages eine

Serie von zehn verschiedenen Bildern für einen Blogartikel.

2.3. Flexibilität in der Nutzung

Ein weiterer Vorteil von KI-generierten Bildern ist ihre unglaubliche Flexibilität. Sie ermöglichen es, spezifische Anforderungen zu erfüllen, die mit traditionellen Methoden schwer oder gar nicht umsetzbar wären.

- **Skalierbarkeit:**

Einmal erstellte KI-Modelle können leicht angepasst und für verschiedene Projekte verwendet werden.

Beispiel: Eine Marketingkampagne benötigt dieselbe visuelle Ästhetik für mehrere Produkte. KI-Tools können diese Konsistenz problemlos gewährleisten.

- **Kreativer Spielraum:**

Die Kombination aus Textanweisungen und KI-generierten Bildern eröffnet Designern eine nahezu unbegrenzte Bandbreite an Möglichkeiten.

Beispiel: Ein Künstler möchte eine futuristische Welt darstellen, in der Gebäude aus Pflanzen bestehen. Mit KI können diese Ideen visualisiert werden, ohne einen professionellen 3D-Designer engagieren zu müssen.

Herausforderungen und zukünftige Entwicklungen

Obwohl die Vorteile von KI-generierten Bildern offensichtlich sind, gibt es auch Herausforderungen, die es zu berücksichtigen gilt. Dazu gehören ethische und rechtliche Fragen, die wir später in diesem Kapitel ausführlich behandeln werden.

Gleichzeitig bietet die rasante Entwicklung der KI-Technologie aufregende

Perspektiven:

- **Verbesserte Realitätsnähe:**

KI wird zunehmend besser darin, realistische Details darzustellen, was sie noch nützlicher für professionelle Anwendungen macht.

- **Integration in andere Technologien:**

Mit der Kombination von KI und Augmented Reality (AR) oder Virtual Reality (VR) eröffnen sich völlig neue Möglichkeiten für immersive Erlebnisse.

- **Zugänglichkeit für Laien:**

In Zukunft könnten KI-Tools so benutzerfreundlich werden, dass sie von jedem, unabhängig von technischen Kenntnissen, effektiv genutzt werden können.

Was Käufer suchen: Beliebte Themen und erfolgreiche Nischen

Der Erfolg von KI-generierten Bildern hängt nicht nur von der Qualität der erstellten Inhalte ab, sondern auch davon, ob sie den Bedürfnissen und Wünschen der Zielgruppe entsprechen. In diesem Abschnitt betrachten wir, wonach Käufer suchen, welche Themen besonders gefragt sind und wie du durch das Erkennen von Trends und Nischen deinen Verkaufserfolg maximieren kannst.

1. Beliebte Themen für Bilder

Ob auf Stockfoto-Plattformen, in der Werbung oder im Social-Media-Bereich: Käufer suchen Bilder, die ihre Botschaften und Bedürfnisse unterstützen. Zu den beliebtesten Themen gehören Natur, Technologie, Menschen und abstrakte Designs. Jedes dieser Themen hat spezifische Anwendungsbereiche, die wir hier detailliert beleuchten.

1.1. Natur: Die zeitlose Faszination

Naturbilder gehören zu den gefragtesten Kategorien auf Stockfoto-Plattformen. Sie strahlen Ruhe, Authentizität und Schönheit aus und finden Einsatz in einer Vielzahl von Bereichen, darunter Tourismus, Wellness, Umweltorganisationen und Lifestyle-Marken.

- Warum Natur so beliebt ist:

Naturbilder schaffen emotionale Verbindungen. Sie transportieren Botschaften von Nachhaltigkeit, Erholung und Abenteuer und sind damit ideal für Kampagnen, die diese Werte vermitteln wollen.

- KI-Anwendung:

KI-Tools wie DALL-E oder Stable Diffusion können atemberaubende Landschaften erstellen – von tropischen Stränden über verschneite Bergketten bis hin zu surrealen Welten, die mit traditionellen Mitteln kaum realisierbar wären.

- Erfolgstipp:

Experimentiere mit ungewöhnlichen Perspektiven oder Farbstimmungen, um einzigartige Naturbilder zu erstellen. Ein Sonnenaufgang in Neonfarben oder ein dichter Dschungel mit futuristischen Elementen können Käufer anziehen, die etwas Neues suchen.

1.2. Technologie: Der Blick in die Zukunft

Technologie ist ein dominierendes Thema in der modernen Welt. Bilder, die futuristische Geräte, abstrakte Darstellungen von Daten oder technische Innovationen zeigen, sind besonders gefragt.

- Warum Technologie-Bilder wichtig sind:

Sie verkörpern Fortschritt, Innovation und Modernität – Werte, die Unternehmen in Bereichen wie Fintech, Softwareentwicklung, Start-ups und Wissenschaft gerne kommunizieren.

- KI-Anwendung:

Mit KI können detaillierte Illustrationen von Robotern, künstlicher Intelligenz, virtuellen Welten oder digitalen Netzwerken erstellt werden. Diese Bilder können nicht nur realistisch, sondern auch künstlerisch und visionär sein.

- Erfolgstipp:

Konzentriere dich auf aktuelle Technologietrends wie künstliche Intelligenz, Blockchain oder Virtual Reality. Bilder, die diese Themen visuell ansprechend darstellen, haben ein hohes Verkaufspotenzial.

1.3. Menschen: Authentizität und Emotionen

Bilder von Menschen sind ein unverzichtbarer Bestandteil vieler Werbekampagnen und Inhalte. Sie vermitteln Emotionen, schaffen Identifikation und machen Botschaften greifbar.

- Herausforderungen bei traditionellen Methoden:

Die Erstellung authentischer und diverser Bilder von Menschen kann kostspielig und aufwendig sein. KI bietet hier eine flexible und kostengünstige Alternative.

- KI-Anwendung:

KI-Tools können Porträts, Gruppenszenen oder emotionale Momente mit beeindruckendem Realismus erzeugen. Sie ermöglichen auch die Darstellung von Diversität und Inklusivität, indem sie Menschen unterschiedlicher Ethnien, Altersgruppen und Hintergründe darstellen.

- Erfolgstipp:

Experimentiere mit authentischen Szenarien wie Alltagsmomenten, beruflichen Kontexten oder kulturellen Feierlichkeiten. Käufer schätzen Bilder, die echte Geschichten erzählen.

1.4. Abstraktes: Kreativität ohne Grenzen

Abstrakte Kunstwerke sind besonders beliebt in der Innenausstattung, bei künstlerischen Projekten und in kreativen Branchen wie Mode oder Grafikdesign.

- Warum abstrakte Bilder gefragt sind:

Sie bieten Raum für Interpretationen und können vielfältig eingesetzt werden, von minimalistischen Designs bis hin zu komplexen Kompositionen.

- KI-Anwendung:

KI ist prädestiniert dafür, abstrakte Designs zu erzeugen, die aus Formen, Farben und Texturen bestehen. Solche Bilder können modern, futuristisch oder zeitlos wirken.

- Erfolgstipp:

Experimentiere mit kontrastreichen Farben, geometrischen Mustern oder surrealen Elementen. Abstrakte Bilder, die Aufmerksamkeit erregen, haben ein großes Potenzial für den Verkauf.

2. Trends und Nischen mit Potenzial

Neben den allgemein beliebten Themen gibt es spezifische Trends und Nischen, die besonders profitabel sein können. Diese zu identifizieren und gezielt anzusprechen, kann den Unterschied zwischen mäßigem und großem Erfolg ausmachen.

2.1. Nachhaltigkeit und Umwelt

Der Fokus auf Nachhaltigkeit hat in den letzten Jahren stark zugenommen. Bilder, die Themen wie erneuerbare Energien, Recycling oder umweltfreundliche Produkte darstellen, sind sehr gefragt.

Beispiele für gefragte Inhalte:

    1. Windkraftanlagen vor einem Sonnenuntergang.

    2. Menschen, die wiederverwendbare Produkte benutzen.

3. Abstrakte Darstellungen von grünen Technologien.

Erfolgstipp:

Nutze KI, um visuell ansprechende Darstellungen von nachhaltigen Konzepten zu entwickeln. Surreale Darstellungen einer „grünen Zukunft" können besonders anziehend wirken.

2.2. Wellness und mentale Gesundheit

Mit dem wachsenden Bewusstsein für mentale Gesundheit steigt die Nachfrage nach Bildern, die Ruhe, Ausgeglichenheit und Selbstfürsorge vermitteln.

Anwendungsbereiche:

Diese Bilder werden häufig in Blogs, Artikeln und Werbung für Wellnessprodukte oder Selbsthilfeprogramme verwendet.

Beispiele für gefragte Inhalte:

1. Meditierende Menschen in natürlichen Umgebungen.

2. Minimalistische Darstellungen von Ruhe und Frieden, etwa ein Ozean bei Sonnenuntergang.

3. Illustrationen, die Achtsamkeit und Selbstfürsorge symbolisieren.

2.3. Retro- und Nostalgie-Trends

Retro-Designs und nostalgische Bilder sind in der Mode-, Musik- und Unterhaltungsbranche äußerst populär. Sie erinnern an vergangene Zeiten und lösen bei den Betrachtern Emotionen aus.

Beliebte Stile:

1. Bilder im 80er-Jahre-Stil mit Neonfarben und futuristischem Flair.

2.Schwarz-Weiß-Fotografien mit Vintage-Ästhetik.

Erfolgstipp:

Nutze KI, um nostalgische Designs zu kreieren, die authentisch wirken, aber gleichzeitig modern interpretiert werden können.

2.4. Popkultur und Memes

In der Ära von Social Media sind Bilder, die auf aktuelle Popkultur-Trends oder virale Themen anspielen, extrem beliebt. Diese Nische erfordert Kreativität und Schnelligkeit, da Trends oft nur von kurzer Dauer sind.

Beispiele:

1.Parodien auf bekannte Szenen aus Filmen oder Serien.

2.Lustige Abwandlungen aktueller Ereignisse oder Memes.

Erfolgstipp:

Halte dich über aktuelle Trends auf dem Laufenden und nutze KI, um schnell ansprechende Inhalte zu generieren.

2.5. Fantasy und Sci-Fi

Die Nachfrage nach fantastischen Welten und futuristischen Szenarien wächst, insbesondere in den Bereichen Gaming, Bücher und Filme. Fantasy- und Sci-Fi-Bilder ermöglichen es Käufern, ihre Zielgruppen in andere Welten zu entführen.

Beispiele für gefragte Inhalte:

1.Drachen, magische Landschaften und mittelalterliche Burgen.

2.Raumschiffe, außerirdische Welten und kybernetische

Städte.

Erfolgstipp:

Nutze KI, um detaillierte und beeindruckende Welten zu erschaffen, die mit herkömmlichen Mitteln schwer zu realisieren sind.

3. Wie du Trends erkennst und nutzt

Der Schlüssel zum Erfolg liegt darin, Trends frühzeitig zu erkennen und darauf zu reagieren. Hier sind einige Strategien, wie du dies effektiv umsetzen kannst:

3.1. Recherche und Analyse

Stockfoto-Plattformen:

Analysiere die Bestseller-Kategorien auf Plattformen wie Shutterstock oder Adobe Stock. Diese Listen geben dir einen Überblick über aktuelle Vorlieben der Käufer.

- Social Media:

Plattformen wie Instagram oder Pinterest sind hervorragende Quellen, um herauszufinden, welche ästhetischen Trends und Themen gerade angesagt sind.

- Google Trends:

Überprüfe, welche Suchanfragen zu Themen oder Bildern häufig sind, um ein Gefühl für aktuelle Nachfrage zu bekommen.

3.2. Experimentieren und Feedback einholen

Teste verschiedene Ansätze, indem du mehrere Stile und Themen erstellst. Lade sie auf Plattformen hoch und analysiere, welche am meisten Aufmerksamkeit generieren. Kundenbewertungen oder Downloadzahlen sind wertvolle Indikatoren.

3.3. Flexibilität bewahren

Der Markt für visuelle Inhalte ist dynamisch. Was heute beliebt ist, könnte morgen irrelevant sein. Halte dich bereit, schnell neue Themen aufzugreifen und anzupassen.

(2) Bilder für Stockfoto-Plattformen erstellen

Was macht ein gutes Stockfoto aus?

Stockfoto-Plattformen wie Shutterstock, Adobe Stock und Getty Images sind die Marktplätze der visuellen Welt. Fotografen, Künstler und neuerdings auch KI-Nutzer können hier Bilder hochladen und mit den Lizenzgebühren Geld verdienen. Doch nicht jedes Bild verkauft sich gleich gut. Ein erfolgreiches Stockfoto zeichnet sich durch Qualität, Originalität und Vielseitigkeit aus. In diesem Abschnitt betrachten wir, was ein gutes Stockfoto ausmacht und welche Themen auf diesen Plattformen besonders gut ankommen.

1.1. Qualität: Der erste Schlüssel zum Erfolg

Die Qualität eines Bildes ist der erste und wichtigste Faktor, den Käufer auf Stockfoto-Plattformen bewerten. Unternehmen, Blogger und Marketingprofis verwenden Stockfotos, um ihre Inhalte aufzuwerten. Ein verschwommenes, schlecht beleuchtetes oder wenig ansprechendes Bild wird selten heruntergeladen – unabhängig vom Motiv.

1.1. Technische Exzellenz

Stockfoto-Plattformen haben strenge technische Anforderungen, die jedes hochgeladene Bild erfüllen muss. Ein KI-generiertes Bild, das diese Standards nicht einhält, wird entweder abgelehnt oder bleibt in der Masse unterdurchschnittlicher Inhalte unbemerkt.

- Auflösung:

Hochauflösende Bilder (mindestens 4K) sind erforderlich, um den Anforderungen professioneller Anwendungen gerecht zu werden. KI-Tools wie DALL-E oder Stable Diffusion können Bilder in beeindruckender Schärfe generieren. Achte jedoch darauf, dass die Bildqualität bei der

Generierung und Verarbeitung nicht leidet.

- Farbbalance und Belichtung:

Stockfotos sollten natürlich wirken. Vermeide übertriebene Kontraste oder künstliche Farben, die nicht realistisch erscheinen.

- Bildkomposition:

Eine durchdachte Bildkomposition sorgt für visuelle Harmonie. Nutze die Drittelregel, um Motive ausgewogen zu positionieren, und vermeide unnötige Ablenkungen im Hintergrund.

- Fehler in KI-Bildern:

Überprüfe KI-generierte Bilder sorgfältig auf Fehler wie verzerrte Gesichter, unnatürliche Schatten oder anatomisch inkorrekte Details, die potenzielle Käufer abschrecken könnten.

1.2. Anpassungsfähigkeit

Ein gutes Stockfoto ist vielseitig einsetzbar. Es sollte genügend Raum für Anpassungen bieten, etwa für das Hinzufügen von Texten oder Logos.

- Negativer Raum:

Bilder mit „leerem" Bereich bieten Platz für Marketingbotschaften. Ein Geschäftsmann vor einem unscharfen Hintergrund oder eine weitläufige Landschaft sind ideale Beispiele.

- Neutrale Ästhetik:

Verzichte auf extrem spezifische Stilrichtungen, die den Einsatzbereich des Bildes einschränken könnten. Käufer bevorzugen oft universelle Designs.

1.3. Realismus und Authentizität

Während abstrakte oder künstlerische Bilder auf bestimmten Plattformen gut abschneiden können, dominiert der Bedarf an realistischen und authentischen Darstellungen. Käufer suchen Bilder, die echte Geschichten erzählen oder alltägliche Szenen abbilden.

- Authentische Details:

Ein Bild von einer Person, die an einem Laptop arbeitet, wirkt glaubwürdiger, wenn es kleine Details enthält – etwa eine Tasse Kaffee oder **eine unordentliche Schreibtischoberfläche.**

- KI-Nutzen:

KI kann sowohl hyperrealistische Szenen als auch surrealistische Kunstwerke erschaffen. Achte darauf, je nach Plattform und Zielgruppe den richtigen Stil zu wählen.

Originalität: Sich in der Masse abheben

Täglich werden tausende neue Bilder auf Stockfoto-Plattformen hochgeladen. Um in dieser Flut nicht unterzugehen, ist Originalität entscheidend. Käufer suchen nach einzigartigen Motiven, die sie nicht schon dutzendfach gesehen haben.

1. Kreative Perspektiven

Ein frischer Blickwinkel kann den Unterschied machen. Anstatt ein alltägliches Motiv wie einen Sonnenuntergang einfach frontal abzulichten, könnte ein KI-generiertes Bild das gleiche Szenario aus der Vogelperspektive oder mit ungewöhnlichen Farbpaletten darstellen.

1.1. Experimente mit Stilen:

Nutze KI-Tools, um verschiedene visuelle Stile auszuprobieren – von Vintage-Looks bis hin zu futuristischen Szenarien.

1.2. Vermeide Klischees:

Ein generisches Bild von einem Handschlag mag nützlich sein, aber kreative Variationen (z. B. ein Handschlag zwischen einer Roboterhand und einer menschlichen Hand) können den Unterschied machen.

2. Themen, die eine Geschichte erzählen

Ein gutes Stockfoto spricht Emotionen an oder erzählt eine Geschichte. Käufer suchen nicht nur nach „schönen Bildern", sondern nach visuellen Erzählungen.

- Beispiele:

- Ein verregneter Tag in einer Stadt mit Menschen, die sich unter Regenschirmen drängen.

- Ein einsamer Wanderer, der auf einem Berggipfel steht und den Sonnenaufgang beobachtet.

Tipp:

KI kann bei der Erschaffung solcher Szenarien helfen, indem sie die gewünschten Elemente harmonisch kombiniert und realistisch darstellt.

Seltene Nischen bedienen

Ein Bereich, der oft übersehen wird, ist die Nachfrage nach Bildern in Nischenkategorien. Käufer in spezialisierten Branchen suchen oft vergeblich nach hochwertigen Bildern, die ihren Bedürfnissen entsprechen.

- Beispiele für Nischen:

1. Medizinische Szenen, etwa Operationssäle oder technische Darstellungen von Organen.

2. Ethnisch und kulturell diverse Szenen, die verschiedene Gemeinschaften repräsentieren.

3. Seltene Tiere oder Pflanzen, die in der realen Welt schwer zu fotografieren sind.

- KI als Werkzeug:

Dank der unbegrenzten kreativen Möglichkeiten von KI kannst du diese

Nischen bedienen, ohne physisch an schwierigen oder entfernten Orten sein zu müssen.

Vielseitigkeit: Bilder, die verschiedene Bedürfnisse bedienen

Ein weiteres wichtiges Merkmal erfolgreicher Stockfotos ist ihre Vielseitigkeit. Käufer schätzen Bilder, die sie in unterschiedlichen Kontexten verwenden können, sei es für soziale Medien, Präsentationen, Websites oder Druckmedien.

1. Universelle Themen

Bilder zu universellen Themen wie Liebe, Freundschaft, Erfolg und Freiheit sind immer gefragt. Diese Motive sprechen breite Zielgruppen an und sind in verschiedenen Branchen einsetzbar.

- Beispiele:

- Zwei Menschen, die sich die Hand reichen (Freundschaft).
- Eine Gruppe von Personen, die gemeinsam ein Ziel feiern (Erfolg).

2. Anpassung an verschiedene Branchen

Ein gutes Stockfoto sollte für mehrere Branchen relevant sein. Ein Bild von Menschen, die in einem Büro arbeiten, kann für die Themen „Teamarbeit", „Produktivität" oder „Innovation" verwendet werden.

3. Zeitlosigkeit vs. Aktualität

Während zeitlose Bilder über Jahre hinweg gefragt bleiben, können Bilder, die aktuelle Trends aufgreifen, kurzfristig höhere Verkaufszahlen erzielen.

- Zeitlose Beispiele:

Landschaften, emotionale Momente, traditionelle Feiertage.

- Aktuelle Trends:

Themen wie „Remote-Arbeit", „nachhaltige Energie" oder „virtuelle Realität".

2. Themen, die gut ankommen

Ein Blick auf die Bestseller-Kategorien der führenden Stockfoto-Plattformen gibt Aufschluss darüber, welche Themen besonders gut ankommen. Hier sind einige Beispiele, die regelmäßig hohe Verkaufszahlen erzielen:

2.1. Geschäft und Beruf

- Beliebte Motive:

- Menschen, die an Meetings teilnehmen oder am Schreibtisch arbeiten.

- Szenen aus Start-ups, etwa kreative Brainstormings oder lockere Arbeitsatmosphären.

- Warum diese Themen beliebt sind:

Geschäftsbilder werden in der Unternehmenskommunikation, für Präsentationen und Marketingmaterialien verwendet.

2.2. Reisen und Abenteuer

- Beliebte Motive:

- Landschaften, etwa Strände, Berge und Wälder.

- Menschen, die Sehenswürdigkeiten erkunden oder Abenteuer erleben.

- Warum diese Themen beliebt sind:

Reisebilder wecken Fernweh und sind ideal für die Tourismusbranche oder Lifestyle-Blogs.

2.3. Alltagsszenen

- Beliebte Motive:

- Menschen bei alltäglichen Aktivitäten wie Kochen, Einkaufen oder Sport.

- Familiäre Szenen, etwa Kinder, die spielen, oder Eltern, die mit ihren Kindern Zeit verbringen.

- Warum diese Themen beliebt sind:

Alltagsszenen sind authentisch und relatable, was sie für viele Zwecke nützlich macht.

Praktische Tipps für KI-generierte Inhalte

Mit der Verbreitung von KI-Tools wie DALL-E, MidJourney und Stable Diffusion können selbst Anfänger beeindruckende visuelle Inhalte erstellen. Allerdings reicht es oft nicht aus, die KI „einfach machen zu lassen". Um hochwertige, marktfähige Bilder für Stockfoto-Plattformen zu generieren, ist eine strategische Herangehensweise erforderlich. Hier erfährst du, wie du mit optimierten Prompts, gezielter Nachbearbeitung und praktischen Beispielen das Beste aus KI-generierten Bildern herausholen kannst.

1. Optimierung der Prompts – Der Schlüssel zu spezifischen Ergebnissen

Ein KI-Bildgenerator ist nur so gut wie die Anweisungen, die du ihm gibst. Diese Anweisungen, auch als „Prompts" bezeichnet, entscheiden maßgeblich über die Qualität, den Stil und die Relevanz des generierten Inhalts. Die Kunst liegt darin, klare, detaillierte und kreative Prompts zu formulieren, die die KI in die gewünschte Richtung lenken.

1.1. Was ist ein Prompt?

Ein Prompt ist eine textbasierte Beschreibung, die der KI mitteilt, was für ein Bild erstellt werden soll. Es kann so einfach wie „Eine Katze auf einem Baum" oder so komplex wie „Eine futuristische Stadtlandschaft bei Sonnenuntergang, inspiriert von Cyberpunk, mit Neonlichtern und fliegenden Autos" sein. Die Details des Prompts beeinflussen das Ergebnis erheblich.

1.2. Bestandteile eines effektiven Prompts

Ein effektiver Prompt enthält mehrere Schlüsselinformationen, um der KI klare Richtlinien zu geben:

> **1.Motiv:** Beschreibe genau, was das Bild zeigen soll. Beispiel: „Ein moderner Konferenzraum mit Glaswänden und einem großen Tisch in der Mitte."
>
> **2.Stil:** Gib an, in welchem Stil das Bild erstellt werden soll. Beispiel: „Minimalistisch", „Fotorealistisch", „Illustrativ".
>
> **3.Farbpalette:** Bestimme die Farbgebung. Beispiel: „In warmen, neutralen Tönen gehalten" oder „mit lebendigen, kontrastreichen Farben".
>
> **4.Komposition:** Beschreibe die Perspektive oder Anordnung. Beispiel: „Aus der Vogelperspektive", „Close-up", „Weitwinkelansicht".
>
> **5.Zusätzliche Details:** Füge spezifische Elemente hinzu, um das Bild einzigartig zu machen. Beispiel: „Menschen, die an ihren Laptops arbeiten, mit Pflanzen im Hintergrund."

1.3. Beispiele für effektive Prompts

Hier sind einige Beispiele, wie Prompts angepasst werden können, um spezifische und hochwertige Ergebnisse zu erzielen:

- Allgemein:

„Ein wunderschöner Strand bei Sonnenuntergang, mit Palmen und ruhigem Wasser im Hintergrund, fotorealistischer Stil."

- Für Stockfotos:

„Eine moderne Büro-Szene mit minimalistischem Design, Menschen in professioneller Kleidung, die zusammenarbeiten, fotografischer Stil."

- Abstrakt:

„Eine abstrakte Darstellung von Zeit, mit schmelzenden Uhren und fließenden Farben, inspiriert von Salvador Dalí."

- Nischenorientiert:

„Eine Ärztin, die einem Patienten Röntgenbilder erklärt, in einem gut beleuchteten medizinischen Raum, neutraler Stil."

1.4. Iteratives Vorgehen

Selbst bei sorgfältig formulierten Prompts können die Ergebnisse manchmal nicht ganz den Erwartungen entsprechen. Hier hilft ein iterativer Ansatz:

> 1. **Ergebnisse überprüfen:** Analysiere die generierten Bilder und notiere, was verbessert werden könnte (z. B. Beleuchtung, Details, Farben).
>
> 2. **Prompt anpassen:** Ergänze oder präzisiere die Anweisungen. Beispiel: „Füge mehr Pflanzen hinzu" oder „Beleuchtung sollte natürlicher wirken".
>
> 3. **Erneut generieren:** Wiederhole den Vorgang, bis das gewünschte Ergebnis erzielt wird.

2. Nachbearbeitung: Den letzten Schliff geben

Auch wenn KI-Tools beeindruckende Ergebnisse liefern können, ist eine Nachbearbeitung oft notwendig, um die Bilder zu verfeinern und professionell aussehen zu lassen. Hier kommen Programme wie Photoshop oder Canva ins Spiel.

2.1. Warum Nachbearbeitung wichtig ist

Verbesserung der Qualität: Kleine Details wie Lichtreflexe, Schatten oder Schärfe können das Gesamtbild erheblich aufwerten.

1. **Fehlerkorrektur:** KI-generierte Bilder enthalten manchmal Verzerrungen oder Anomalien, die korrigiert werden müssen, z. B. asymmetrische Gesichter oder unnatürliche Formen.

2. **Individualisierung:** Eine Nachbearbeitung ermöglicht es dir, die Bilder an spezifische Anforderungen oder Kundenwünsche anzupassen.

2.2. Tools für die Bildbearbeitung

Hier sind einige der besten Werkzeuge für die Nachbearbeitung von KI-generierten Bildern:

- **Adobe Photoshop:**

Die professionelle Wahl für detaillierte Bildbearbeitungen. Funktionen wie Ebenen, Retusche-Werkzeuge und Farbkorrekturen machen es ideal für hochwertige Ergebnisse.

- **Canva:**

Eine benutzerfreundliche Plattform für schnelle Anpassungen. Perfekt, um Text, Rahmen oder Filter hinzuzufügen, ohne technisches Know-how.

- **GIMP:**

Eine kostenlose Alternative zu Photoshop mit einer Vielzahl von Bearbeitungsfunktionen.

- **Affinity Photo:**

Ein erschwingliches Tool für professionelle Bearbeitungen, das Photoshop ähnelt.

2.3. Schritte zur Nachbearbeitung

- Grundlegende Korrekturen:

   1.**Schärfen:** Entferne Unschärfe, um das Bild knackig und professionell wirken zu lassen.

   2.**Farbanpassungen:** Passe die Sättigung, den Kontrast und die Helligkeit an, um das Bild ansprechender zu machen.

- Details optimieren:

   1.Entferne kleine Fehler wie verzerrte Objekte oder Artefakte.

   2.Füge realistische Details hinzu, z. B. Schatten, Lichtquellen oder Texturen.

- Personalisieren:

   1.Platziere Logos, Text oder andere Designelemente, um das Bild für spezifische Anwendungen zu nutzen.

   2.Erstelle Varianten des gleichen Bildes, um unterschiedliche Zielgruppen anzusprechen.

2.4. Kombination von KI-Tools und Nachbearbeitung

Die besten Ergebnisse erzielst du, wenn du KI und Bearbeitungsprogramme in Kombination nutzt:

   1.**KI als Grundlage:** Nutze Tools wie DALL-E oder MidJourney, um den kreativen Rohstoff zu erstellen.

   2.**Manuelle Veredelung:** Bearbeite das Bild in Photoshop oder Canva, um es zu perfektionieren.

3. Tipps für die Produktion marktfähiger Bilder

Neben der Optimierung von Prompts und der Nachbearbeitung gibt es weitere bewährte Strategien, um marktfähige Bilder zu erstellen:

3.1. Experimentiere mit Stilen

Stockfoto-Plattformen haben eine breite Zielgruppe. Experimentiere mit verschiedenen Stilen und Ästhetiken, um herauszufinden, was sich am besten verkauft.

> **1. Fotorealismus:** Perfekt für Geschäftsanwendungen oder professionelle Präsentationen.
>
> **2. Künstlerische Ansätze:** Gut geeignet für Kreativprojekte oder Nischenmärkte.
>
> **3. Minimalismus:** Beliebt bei modernen Designs und Blogs.

3.2. Bleibe auf dem Laufenden mit Trends

Der Markt für Stockfotos verändert sich ständig. Beobachte die Bestseller auf Plattformen wie Shutterstock, um herauszufinden, welche Themen und Stile gerade gefragt sind.

3.3. Erstelle Variationen

Lade nicht nur ein Bild hoch, sondern mehrere Varianten desselben Themas. Ändere die Perspektive, die Farbpalette oder die Komposition, um Käufern mehr Auswahl zu bieten.

3.4. Baue eine Bibliothek auf

Je größer dein Portfolio auf einer Plattform ist, desto höher ist die Wahrscheinlichkeit, dass Käufer auf deine Bilder stoßen. Plane, regelmäßig neue Inhalte hochzuladen, um sichtbar zu bleiben.

Wichtige Stockfoto-Plattformen und ihre BesonderheitenStockfoto-Plattformen im Überblick

Der Verkauf von Bildern auf Stockfoto-Plattformen ist eine der effektivsten Möglichkeiten, mit visuellen Inhalten Geld zu verdienen. Dank KI-Tools kannst du mit minimalem Aufwand hochwertige Bilder erstellen, die auf Plattformen wie Shutterstock, Adobe Stock und iStock erfolgreich verkauft werden können. Doch welche Plattformen akzeptieren KI-generierte Inhalte, und wie funktionieren Provisionen? In diesem Abschnitt werfen wir einen genauen Blick auf die führenden Anbieter und geben dir praktische Tipps, um deine Erfolgschancen zu maximieren.

1. Wichtige Stockfoto-Plattformen und ihre Besonderheiten

1.1. Shutterstock

--- 1.Marktführerschaft:

Shutterstock gehört zu den bekanntesten Plattformen und zieht Millionen von Kunden aus aller Welt an, darunter Unternehmen, Agenturen und Privatpersonen.

--- 2.Akzeptanz von KI-Inhalten:

Seit Kurzem akzeptiert Shutterstock KI-generierte Bilder. Die Plattform arbeitet sogar mit OpenAI zusammen, um KI-generierte Inhalte in ihr Angebot zu integrieren.

--- 3.Provisionen:

Shutterstock zahlt zwischen 15 % und 40 % Provision, abhängig von deinem Gesamteinkommen auf der Plattform. Je mehr du verkaufst, desto höher dein Anteil.

--- 4.Beliebte Themen:

Bilder in den Kategorien „Business", „Technologie" und „Lifestyle" verkaufen sich besonders gut.

1.2. Adobe Stock

--- 1.Hohe Qualitätsstandards:

Adobe Stock ist bekannt für seine strengen Richtlinien und die hohe Qualität seiner Inhalte. Die Plattform zieht Kunden an, die bereit sind, für

Premium-Bilder mehr zu zahlen.

--- 2.KI-Inhalte:

Adobe Stock akzeptiert KI-generierte Bilder, setzt aber voraus, dass diese klar als KI-generiert gekennzeichnet sind.

--- 3.Provisionen:

Die Plattform bietet eine der höchsten Provisionen in der Branche – bis zu 33 % pro Verkauf.

Tipp:

Adobe-Produkte wie Photoshop können nahtlos mit Adobe Stock verbunden werden, was die Integration erleichtert.

1.3. iStock (Getty Images)

--- 1.Exklusivität:

iStock ist eine Tochtergesellschaft von Getty Images und bietet sowohl exklusive als auch nicht-exklusive Inhalte an.

--- 2.KI-Bilder:

Getty Images war lange zögerlich, KI-Bilder zuzulassen, akzeptiert sie aber mittlerweile, solange sie den Richtlinien entsprechen.

--- 3.Provisionen:

Exklusive Inhalte können bis zu 45 % Provision bringen, während nicht-exklusive Inhalte bei etwa 15 % liegen.

--- 4.Stil:

Kunden auf iStock suchen häufig nach hochwertigen, professionellen Bildern für den Einsatz in der Werbung.

1.4. Dreamstime

--- 1.Einsteigerfreundlich:

Dreamstime ist ideal für Anfänger, da die Anforderungen an eingereichte

Inhalte weniger streng sind.

--- 2.KI-Inhalte:

Die Plattform akzeptiert KI-generierte Bilder, sofern diese technisch einwandfrei sind.

--- 3.Provisionen:

Die Einnahmen beginnen bei 25 % und können auf bis zu 60 % steigen, wenn dein Portfolio wächst.

--- 4.Beliebte Nischen:

Natur, Reise und Architektur sind besonders gefragt.

1.5. Depositphotos

--- 1.Breite Zielgruppe:

Depositphotos richtet sich sowohl an preisbewusste Käufer als auch an professionelle Anwender.

--- 2.KI-Inhalte:

KI-Bilder werden akzeptiert, jedoch mit klaren Regeln zur Transparenz.

--- 3.Provisionen:

Die Einnahmen beginnen bei 34 % und steigen mit der Anzahl deiner Verkäufe.

Tipp:

Die Plattform bevorzugt vielseitige Bilder, die in verschiedenen Kontexten verwendet werden können.

1.6. Pond5

--- 1.Vielfalt:

Pond5 bietet neben Bildern auch Videos, Musik und Soundeffekte an. Wenn du mehrere Medienformate erstellen kannst, ist diese Plattform eine interessante Option.

--- 2.KI-Inhalte:

Pond5 ist offen für KI-generierte Inhalte, solange die Qualität stimmt.

--- 3.Provisionen:

Die Einnahmen liegen bei etwa 50 %, was über dem Branchendurchschnitt liegt.

--- 4.Nische:

Künstlerische und abstrakte Bilder haben hier eine größere Chance auf Erfolg.

1.7. Alamy

--- 1.Hohe Vergütung:

Alamy ist bekannt dafür, seinen Anbietern bis zu 50 % der Einnahmen zu zahlen, was es zu einer attraktiven Option macht.

--- 2.KI-Bilder:

Die Plattform akzeptiert KI-Inhalte, erwartet jedoch, dass diese deutlich als KI-generiert gekennzeichnet sind.

--- 3.Stärken:

Alamy hat eine internationale Zielgruppe, die nach einzigartigen und kreativen Bildern sucht.

2.Auswahl der richtigen Plattform

Die Wahl der Plattform hängt von deinen Zielen und der Art deiner Bilder ab. Hier einige Überlegungen:

1.Qualität:

Wenn du Premium-Inhalte erstellst, sind Plattformen wie

Adobe Stock oder iStock ideal.

2. Menge:

Plattformen wie Shutterstock und Dreamstime sind besser geeignet, wenn du ein großes Portfolio hast.

3. Flexibilität:

Für Nischeninhalte oder experimentelle Arbeiten könnten Alamy oder Pond5 die bessere Wahl sein.

Übung: Thematische Bilder für Stockfoto-Plattformen erstellen

Eine der besten Möglichkeiten, um in den Verkauf von KI-generierten Bildern einzusteigen, ist es, direkt mit praktischen Übungen zu beginnen. Hier ist eine Übung, um 10 thematische Bilder zu erstellen, die sich gut auf Stockfoto-Plattformen verkaufen lassen.

Schritt 1: Wähle deine Themen

Wähle aus den Kategorien, die auf den Plattformen besonders gefragt sind. Beispiele:

1. Reise:

Ein atemberaubender Sonnenuntergang über einer exotischen Insel.

2. Business:

Eine Gruppe von Menschen in einem modernen Büro, die an einem Brainstorming teilnehmen.

3. Technologie:

Ein futuristischer Serverraum mit blauen LED-Lichtern.

4. Gesundheit:

Ein Arzt, der einem Patienten etwas auf einem Tablet erklärt.

Schritt 2: Erstelle die Bilder mit KI

Nutze ein KI-Tool wie DALL-E oder MidJourney und formuliere präzise Prompts:

1. Reise:

„Ein malerischer Strand bei Sonnenuntergang, mit sanften Wellen und Palmen, fotorealistischer Stil."

2. Business:

„Ein moderner Konferenzraum, Menschen in professioneller Kleidung arbeiten zusammen, minimalistische Ästhetik."

3. Technologie:

„Ein roboterhafter Arm in einer hochmodernen Produktionsanlage, mit Fokus auf Präzision und Innovation."

Schritt 3: Nachbearbeitung

Verfeinere die Bilder mit einem Bildbearbeitungsprogramm:

    1. Passe die Helligkeit und den Kontrast an.

    2. Entferne Unregelmäßigkeiten oder Verzerrungen.

    3. Füge Text oder andere Designelemente hinzu, wenn nötig.

Schritt 4: Lade die Bilder hoch

1. Kategorisierung:

Weise jedem Bild die richtige Kategorie und relevante Schlagwörter zu. Beispiele: „Strand, Sonnenuntergang, Reise" oder „Technologie, Roboter, Innovation."

2. Beschreibung:

Schreibe ansprechende Beschreibungen, die den Inhalt des Bildes prägnant zusammenfassen.

Fazit

Der Markt für KI-generierte Bilder wächst rasant, und mit der richtigen Strategie kannst du davon profitieren. Indem du dich auf Qualität, Relevanz und Originalität konzentrierst, schaffst du Inhalte, die auf Stockfoto-Plattformen gefragt sind. Nutze die Übungen und Plattformen, um deine Fähigkeiten zu erweitern und ein profitables Portfolio aufzubauen. Mit Zeit und Engagement kannst du eine stetige Einnahmequelle aus deinen kreativen Arbeiten entwickeln.

(3) Plattformen für den Verkauf von KI-generierten Bildern

Der Verkauf von KI-generierten Bildern ist eine spannende Möglichkeit, Kreativität und Technologie zu vereinen, um ein profitables Geschäft aufzubauen. Die Wahl der richtigen Plattform, das Verständnis für Zielgruppen und die Entwicklung einer überzeugenden Präsentation sind entscheidende Faktoren für den Erfolg. In diesem Abschnitt vergleichen wir verschiedene Plattformen, zeigen, wie du dein Portfolio optimierst, und diskutieren alternative Vertriebskanäle, die dein Geschäft ergänzen können.

1. Vergleich der Plattformen

Der Markt für digitale Inhalte ist vielfältig, und jede Plattform bietet ihre eigenen Vor- und Nachteile. Von spezialisierten Marktplätzen bis hin zu universellen Verkaufsplattformen – hier sind einige der besten Optionen für den Verkauf von KI-generierten Bildern.

1.1. Etsy – Der Markt für Kreatives

Zielgruppe:

- Etsy zieht kreative und designbewusste Käufer an, die oft nach einzigartigen, personalisierten oder künstlerischen Inhalten suchen.

Beispiele: Digitale Poster, Wandbilder, Grußkarten.

Vorteile:

- **Hohe Benutzerfreundlichkeit:** Einfaches Einrichten eines Shops.

- **Hohe Nachfrage** nach einzigartigen Designs.

- Möglichkeit, **personalisierte Produkte** anzubieten.

Nachteile:

- **Starke Konkurrenz:** Viele Verkäufer bieten ähnliche Produkte an.

- **Gebühren:** Eine Listungsgebühr von 0,20 $ pro Artikel plus 6,5 % Verkaufsprovision.

Strategie:

- Optimiere deine Shop-Seite mit ansprechenden Bannern und einer professionellen Beschreibung.

- Nutze KI-generierte Bilder, um trendige und thematische Kollektionen zu erstellen, z. B. „Minimalistische Naturposter" oder „Abstrakte Kunst für Büros."

1.2. Creative Market – Der digitale Marktplatz

Zielgruppe:

- Designer, Marketer und Unternehmer, die nach hochwertigen digitalen Assets suchen.

Beispiele: Texturen, Mockups, Icons, Stockfotos.

Vorteile:

- **Professionelles Publikum:** Kunden sind bereit, für Qualität zu zahlen.

- **Breites Produktspektrum:** Von Bildern bis hin zu kompletten Design-Vorlagen.

- **Skalierbarkeit:** Du kannst Bündel (Bundles) verkaufen, um den Umsatz zu steigern.

Nachteile:

- **Strenge Qualitätsanforderungen:** Nicht jedes Produkt wird akzeptiert.
- **Konkurrenz:** Nur die besten Inhalte werden hervorgehoben.

Strategie:

- Erstelle Themenpakete, die mehrere Designs zusammenfassen, z. B. „Social-Media-Design-Bundle."
- Achte darauf, dass deine Bilder vielseitig und in mehreren Kontexten einsetzbar sind.

1.3. ArtStation – Für Künstler und Designer

Zielgruppe:

- Künstler, Illustratoren und Kreative, die Wert auf hochwertige, originelle Kunstwerke legen.

Beispiele: Konzeptkunst, digitale Malerei, 3D-Modelle.

Vorteile:

- **Spezialisierter Markt** für digitale Kunst.
- Möglichkeit, **exklusive und hochpreisige Werke** anzubieten.
- **Community-Fokus:** Du kannst mit anderen Künstlern in Kontakt treten.

Nachteile:

- **Eingeschränkte Zielgruppe:** Nicht ideal für allgemeine Stockfotos.
- **Hohe Erwartungen** an Qualität und Originalität.

Strategie:

- Nutze ArtStation, um dein Portfolio als Künstler zu präsentieren.
- Verkaufe limitierte Editionen oder personalisierte Kunstwerke.

1.4. Society6 und Redbubble – On-Demand-Produkte

Zielgruppe:

- Verbraucher, die nach bedruckten Produkten wie T-Shirts, Tassen, oder Wandbildern suchen.

Beispiele: Designs für Poster, Kleidung, Wohnaccessoires.

Vorteile:

- **Keine Lagerhaltung:** Die Plattformen übernehmen Produktion und Versand.

- **Vielfältige Produkte:** Du kannst deine Designs auf verschiedene Artikel anwenden.

Nachteile:

- **Niedrige Margen:** Pro Verkauf bleibt nur ein kleiner Gewinn.

- **Begrenzte Kontrolle:** Du bist auf die Plattform angewiesen.

Strategie:

- Nutze KI, um Designs zu erstellen, die sich gut auf physischen Produkten machen.

- Fokus auf Trends wie Retro-Designs oder Minimalismus.

1.5. Shutterstock und Adobe Stock – Für professionelle Stockfotos

Zielgruppe:

- Unternehmen und Fachleute, die nach Stockfotos für Werbung, Websites oder Präsentationen suchen.

Beispiele: Geschäftsszenen, Naturaufnahmen, abstrakte Hintergründe.

Vorteile:

- **Breites Publikum:** Von kleinen Unternehmen bis hin zu globalen Marken.

- **Hohe Nachfrage** nach spezifischen Themen.

Nachteile:

- **Starke Konkurrenz:** Viele Anbieter haben bereits umfangreiche Portfolios.

- **Provisionsstruktur:** Einnahmen variieren stark je nach Plattform.

Strategie:

- Nutze spezifische Prompts, um einzigartige und marktfähige Inhalte zu erstellen.

- Achte auf Trends wie Nachhaltigkeit oder Diversity.

2. Wie du dich auf den Plattformen präsentierst

Um auf Plattformen erfolgreich zu sein, brauchst du mehr als nur hochwertige Bilder. Deine Präsentation und Auffindbarkeit spielen eine entscheidende Rolle.

2.1. Erstellung eines attraktiven Portfolios

Dein Portfolio ist dein Schaufenster – es muss die besten Aspekte deiner Arbeit zeigen.

Qualität vor Quantität:

Zeige lieber eine kleine Auswahl deiner besten Arbeiten, anstatt zu viele mittelmäßige Inhalte.

- **Beispiel:** Stelle 10 bis 20 hochwertige Designs aus verschiedenen Kategorien zusammen.

Themenvielfalt:

- Biete eine breite Palette an Themen an, um unterschiedliche Zielgruppen anzusprechen.

- **Beispiele:** „Abstrakte Kunst", „Naturfotografie", „Technologie-Illustrationen."

Professionelle Darstellung:

- Nutze klare, ansprechende Vorschauen für deine Bilder. Beschrifte sie mit kurzen, prägnanten Titeln.

2.2. Keywords und Beschreibungen optimieren

Keywords und Beschreibungen sind entscheidend, damit deine Bilder gefunden werden.

2.2.1 Keyword-Recherche:

Verwende Tools wie Google Trends oder Ahrefs, um herauszufinden, wonach potenzielle Käufer suchen.

Beispiele: „minimalistisches Design", „futuristischer Hintergrund", „grüner Wald."

2.2.2 Beschreibung:

Schreibe detaillierte, aber prägnante Beschreibungen, die das Bild und seinen möglichen Einsatz erklären.

Beispiel: „Ein abstrakter Hintergrund mit geometrischen Formen, ideal für Präsentationen oder Poster."

2.2.3. Hashtags:

Auf Plattformen wie Instagram und Pinterest sind relevante Hashtags entscheidend. Wähle eine Mischung aus beliebten und spezifischen Hashtags.

Beispiele: #DigitalArt, #KIKunst, #StockFotos.

3. Alternative Vertriebskanäle

Neben Plattformen gibt es alternative Wege, deine KI-generierten Bilder zu verkaufen. Diese Optionen geben dir mehr Kontrolle und oft auch höhere Einnahmen.

3.1. Eigene Website oder Shop

Eine eigene Website ermöglicht dir, deine Marke zu stärken und direkt mit Kunden zu interagieren.

Vorteile:

- Keine Plattformgebühren.

- Volle Kontrolle über Preisgestaltung und Design.

Anforderungen:

- Du benötigst eine professionelle Website mit einem klaren Layout und einer einfachen Navigation.

- Tools wie Shopify oder WooCommerce können dir helfen, einen Online-Shop einzurichten.

Strategie:

- Biete exklusive Inhalte an, die nur über deine Website erhältlich sind.

- Füge einen Blog hinzu, um deine Arbeit zu präsentieren und Suchmaschinen-Traffic zu generieren.

3.2. Soziale Medien

Soziale Plattformen wie Instagram, Pinterest und Behance eignen sich hervorragend, um deine Arbeit zu bewerben und direkt zu verkaufen.

3.2.1. Instagram:

- Nutze visuelle Inhalte, um eine Community aufzubauen.

- Schalte Anzeigen, um deine Bilder gezielt zu bewerben.

3.2.2. Pinterest:

- Erstelle Pinnwände für verschiedene Kategorien wie „Reise", „Abstrakte Kunst" oder „Minimalismus."

- Nutze den „Shop"-Button, um Nutzer direkt zu deiner Verkaufsseite zu führen.

3.2.3. Behance:

- Ideal für Künstler und Designer, um ein professionelles Portfolio zu erstellen.

- Vernetze dich mit potenziellen Kunden und Auftraggebern.

3.3. Direkter Kundenkontakt

Neben Plattformen und sozialen Medien kannst du deine Bilder direkt an Kunden verkaufen.

3.3.1. Freelancing-Plattformen:

- Websites wie Fiverr oder Upwork ermöglichen es dir, individuelle Aufträge anzunehmen.

- **Beispiel:** Ein Kunde sucht ein maßgeschneidertes Design für ein Buchcover.

3.3.2. Networking:

- Trete in Kontakt mit lokalen Unternehmen, die an personalisierten Designs interessiert sein könnten, z. B. Restaurants, die Menüdesigns benötigen.

Praxisbeispiel: Schritt-für-Schritt-Anleitung zum Hochladen und Optimieren eines KI-generierten Bildes

Der erfolgreiche Verkauf eines KI-generierten Bildes beginnt nicht nur mit der Erstellung, sondern auch mit der optimalen Präsentation auf einer Plattform. Hier ist eine praktische Schritt-für-Schritt-Anleitung, die dir zeigt, wie du ein Bild auf einer Plattform wie Etsy, Shutterstock oder Creative Market hochlädst und optimierst.

Schritt 1: Bild erstellen

Nutze ein KI-Tool wie DALL-E, MidJourney oder Stable Diffusion, um dein Bild zu generieren.

1. Prompt-Optimierung:

- Formuliere deinen Prompt so, dass er klar, spezifisch und zielgerichtet ist.

- **Beispiel:** „Erstelle eine minimalistische Stadtlandschaft bei Sonnenuntergang, mit Fokus auf Pastellfarben und moderner Architektur."

2. Qualitätscheck:

- Lade das generierte Bild herunter und prüfe es auf mögliche Fehler, wie unnatürliche Übergänge, Verzerrungen oder unvollständige Details.

3. Bildbearbeitung:

- Verwende Tools wie Photoshop oder Canva, um das Bild zu verfeinern.

- Passe die Helligkeit und den Kontrast an.

- Entferne eventuelle KI-Artefakte oder füge Elemente hinzu, die das Bild interessanter machen.

- Speichere das Bild in einem geeigneten Format, z. B. JPEG oder PNG, je nach Plattformanforderung.

Schritt 2: Plattform auswählen und Account erstellen

Wähle eine Plattform, die zu deinem Zielmarkt passt.

1. **Etsy:** Für kreative und künstlerische Designs.

2. **Shutterstock:** Für Stockfotos mit kommerziellem Nutzen.

3. **Creative Market:** Für vielseitige, hochwertige digitale Inhalte.

- Registriere dich und richte ein Verkäuferkonto ein. Folge dabei den Plattformrichtlinien, z. B. zur Verifikation deines Kontos oder zur Festlegung der Auszahlungsmethoden.

Schritt 3: Bild hochladen

Jede Plattform hat spezifische Anforderungen für das Hochladen von Bildern. Hier sind allgemeine Schritte:

1. Kategorie auswählen:

- Ordne dein Bild einer passenden Kategorie zu, z. B. „Abstrakte Kunst", „Natur" oder „Geschäft."

2. Dateigröße und Format prüfen:

- Stelle sicher, dass das Bild den Plattformanforderungen entspricht. Typische Vorgaben:

- Auflösung: Mindestens 300 DPI (dots per inch) für Druckqualität.

- Größe: Je nach Plattform.

3. Upload:

- Lade das Bild hoch und stelle sicher, dass es richtig angezeigt wird.

Schritt 4: Optimale Beschreibung und Keywords erstellen

Die Beschreibung und Keywords sind entscheidend, damit Käufer dein Bild finden können.

1. Titel:

- Wähle einen aussagekräftigen, aber prägnanten Titel.
- Beispiel: „Minimalistische Stadtlandschaft – Moderne Architektur bei Sonnenuntergang."

2. Beschreibung:

- Beschreibe dein Bild, seine Einsatzmöglichkeiten und die Zielgruppe.
- Beispiel:

  „Dieses minimalistische Design zeigt eine Stadtlandschaft bei Sonnenuntergang in zarten Pastelltönen. Perfekt geeignet für Wanddekoration, Poster oder als Hintergrundbild für Präsentationen."

3. Keywords:

- Füge relevante Schlagwörter hinzu, die Käufer verwenden könnten. Nutze Tools wie Google Trends oder Ahrefs, um nach beliebten Suchbegriffen zu suchen.

- Beispiele für Keywords:

  „minimalistische Architektur"

  „Stadtlandschaft Poster"

  „Pastellfarben Kunstwerk."

Schritt 5: Preis festlegen

Bestimme den Preis basierend auf der Plattform und dem Wert deines Bildes.

1. Etsy:

- Digitale Downloads kosten oft zwischen 5 $ und 50 $, abhängig von der Exklusivität des Designs.

2. Shutterstock:

- Hier erhältst du in der Regel Provisionen pro Download, abhängig von der Lizenzierung.

3. Creative Market:

- Pakete oder Einzelbilder können zwischen 10 $ und 100 $ kosten.

4. Strategie:

- Biete Einführungspreise an, um erste Verkäufe zu generieren.

Teste verschiedene Preispunkte und beobachte, was funktioniert.

Schritt 6: Visuelle Vorschauen und Mockups erstellen

Zeige dein Bild in Aktion, um potenzielle Käufer zu inspirieren.

Mockups verwenden:

- Nutze Programme wie Canva oder Placeit, um dein Bild in einem Kontext darzustellen.

- Beispiele:

    1. Dein Poster in einem Wohnzimmer.

    2. Dein Design auf einer Visitenkarte oder einem Notebook.

    3. Hochwertige Vorschaubilder:

    - Stelle sicher, dass deine Vorschaubilder ansprechend und gut beleuchtet sind. Diese Bilder sind der erste Eindruck, den potenzielle Käufer von deinem Produkt bekommen.

Schritt 7: Veröffentlichung und Promotion

Nach dem Hochladen kannst du dein Bild aktiv bewerben.

1. Plattforminterne Tools:

- Nutze bezahlte Promotionen oder Werbeaktionen der Plattform.

- **Beispiel:** Etsy bietet Verkäufern die Möglichkeit, Anzeigen zu schalten, um mehr Sichtbarkeit zu erhalten.

2. Social Media:

- Teile dein Bild auf Plattformen wie Instagram, Pinterest oder Facebook. Füge relevante Hashtags und einen Link zu deiner Verkaufsseite hinzu.

- **Beispiele:**

#DigitalArt

#KIKunst

#StockFoto.

3. Community-Einbindung:

- Trete Online-Communities bei, die sich mit digitaler Kunst beschäftigen. Teile deine Arbeit und hole dir Feedback.

Schritt 8: Kontinuierliche Optimierung

1. Analyse:

- Überwache deine Verkäufe und prüfe, welche Bilder besonders gut ankommen.

- **Frage:** Gibt es Muster in den Themen, Farben oder Stilen?

2. Anpassung:

- Optimiere deine Beschreibungen und Keywords basierend auf der Performance deiner Inhalte.

3. Neue Inhalte erstellen:

- Lade regelmäßig neue Bilder hoch, um dein Portfolio aktuell und interessant zu halten.

Zusammenfassung des Praxisbeispiels

Der Prozess des Hochladens und Optimierens von KI-generierten Bildern mag zunächst komplex wirken, doch mit den richtigen Tools und Strategien kannst du eine solide Grundlage für den Erfolg schaffen. Durch die Kombination aus hochwertigen Inhalten, sorgfältiger Präsentation und gezielter Promotion kannst du auf Plattformen wie Etsy, Shutterstock oder Creative Market nachhaltig Verkäufe generieren. Teste verschiedene Ansätze, um herauszufinden, was für dich am besten funktioniert, und baue dein Portfolio stetig aus.

Fazit

Ein starkes Portfolio, ansprechende Beschreibungen, präzise Keywords und ein gut durchdachtes Preisgestaltungssystem sind essenziell, um auf diesen Plattformen hervorzuheben und potenzielle Käufer zu gewinnen. Zudem solltest du die Bedeutung der kontinuierlichen Optimierung und Anpassung deiner Inhalte an die neuesten Trends und Bedürfnisse des Marktes nicht unterschätzen.

Neben etablierten Plattformen bieten auch soziale Netzwerke wie Instagram oder Pinterest sowie eine eigene Website oder ein Webshop hervorragende Vertriebskanäle. Diese Kanäle ermöglichen es dir, eine persönliche Marke aufzubauen und deine Werke direkt an eine treue Community zu verkaufen.

(4) Strategien für die Monetarisierung von KI-generierten Bildern

Die Monetarisierung von KI-generierten Bildern bietet nicht nur kreative Möglichkeiten, sondern auch eine vielversprechende Einkommensquelle. Es gibt verschiedene Wege, wie du aus deinen Kunstwerken Geld machen kannst – vom einmaligen Verkauf bis hin zu wiederholten Lizenzverkäufen und der Diversifikation deiner Einnahmequellen. In diesem Abschnitt gehen wir auf die wichtigsten Strategien ein, die dir helfen können, ein nachhaltiges und profitables Geschäft mit deinen KI-generierten Bildern aufzubauen.

1. Einmalige Verkäufe vs. Lizenzmodelle

Die Wahl zwischen einmaligen Verkäufen und Lizenzmodellen ist entscheidend für die Monetarisierung deiner KI-generierten Bilder. Beide Modelle haben ihre eigenen Vor- und Nachteile, und je nachdem, welche Art von Arbeiten du produzierst, ist es wichtig, zu verstehen, wie du diese am besten vermarkten und verkaufen kannst.

Vorteile von Lizenzmodellen

Ein Lizenzmodell bietet dir die Möglichkeit, ein Bild oder Design mehrfach zu verkaufen, was zu wiederholten Einnahmen führen kann. Lizenzierung bedeutet, dass du den Käufern nicht die Rechte an deinem Bild überträgst, sondern ihnen lediglich das Recht gibst, das Bild für bestimmte Zwecke zu nutzen. Das kann in verschiedenen Formen geschehen – von der kommerziellen Nutzung über Marketingmaterialien bis hin zu Produktverpackungen.

Die größten Vorteile von Lizenzmodellen sind:

1. **Passives Einkommen:** Lizenzverkäufe bieten ein passives Einkommenspotenzial, da du einmal ein Bild erstellst und es dann immer wieder verkaufen kannst. Solange das Bild auf einer Plattform oder in deinem Shop verfügbar ist, hast du die Möglichkeit, erneut damit Geld zu verdienen.

2. **Höhere Erträge:** Im Vergleich zu einmaligen Verkäufen bieten Lizenzverkäufe oft höhere Erträge. Insbesondere bei exklusiven Lizenzen, bei denen der Käufer für die alleinige Nutzung eines Bildes zahlt, können die Einnahmen beträchtlich sein.

3. **Verlängerte Lebensdauer der Bilder:** Bilder, die unter einem Lizenzmodell verkauft werden, bleiben länger relevant,

da sie kontinuierlich verwendet werden können – sei es in der Werbung, auf Websites oder in sozialen Medien. Das erhöht die Chance auf wiederholte Verkäufe über längere Zeiträume.

Plattformen, die Lizenzverkäufe unterstützen

Es gibt zahlreiche Plattformen, die Lizenzverkäufe von digitalen Inhalten, einschließlich KI-generierter Bilder, ermöglichen. Diese Plattformen bieten dir die Möglichkeit, deine Werke mit einer breiten Zielgruppe zu teilen und deine Einnahmen aus wiederholten Lizenzverkäufen zu steigern. Zu den bekanntesten gehören:

1. Shutterstock: Eine der größten und bekanntesten Stockfoto-Plattformen, die Lizenzmodelle für Bilder anbietet. Hier kannst du deine Bilder hochladen und für kommerzielle Nutzung lizenzieren. Shutterstock bietet verschiedene Lizenzarten, von Standard- bis hin zu erweiterten Lizenzen.

2. Adobe Stock: Adobe Stock bietet ebenfalls eine umfassende Plattform für Stockfotos und Grafikdesigns, bei der du deine Werke hochladen und für Lizenzkäufe verkaufen kannst. Adobe Stock bietet eine benutzerfreundliche Schnittstelle und ermöglicht es dir, deine KI-generierten Bilder an einem prominenten Ort auf der Plattform zu platzieren.

3. iStock: iStock von Getty Images ist eine weitere beliebte Plattform, auf der du Lizenzverkäufe für deine Bilder erzielen kannst. Auch hier gibt es verschiedene Lizenzmodelle, die es dir ermöglichen, deine Werke kommerziell zu verkaufen und Einnahmen zu generieren.

4. Alamy: Alamy ist eine der weltweit größten Bildagenturen und bietet ebenfalls Lizenzoptionen für Fotografen und Designer. Die Plattform ist bekannt für ihre hohen Lizenzgebühren und bietet eine Vielzahl von lizenzierbaren Inhalten.

5. Depositphotos: Depositphotos bietet eine flexible

Lizenzierung für Stockfotos und Illustrationen und ermöglicht es dir, deine KI-generierten Bilder sowohl auf einer nicht-exklusiven als auch exklusiven Basis zu verkaufen.

Diese Plattformen ermöglichen es dir, deine Bilder zu lizensieren und nicht nur einmalige Verkäufe zu erzielen, sondern auch wiederkehrende Einnahmen durch wiederholte Käufe und Lizenzierungen zu erhalten.

1.2. Einmalige Verkäufe

Im Gegensatz zum Lizenzmodell führt der einmalige Verkauf von KI-generierten Bildern zu einem einmaligen Ertrag. Bei diesem Modell überträgt der Käufer sämtliche Rechte an den Bildern, wodurch der Verkaufspreis in der Regel höher liegt, aber es gibt keine Möglichkeit für wiederkehrende Einnahmen.

Vorteile von einmaligen Verkäufen sind:

Schnelle Einnahmen: Einmalige Verkäufe ermöglichen es dir, sofort Geld zu verdienen, ohne darauf warten zu müssen, dass ein Bild erneut verkauft wird. Das kann dir besonders zu Beginn ein gutes Einkommen verschaffen.

Volle Rechteübertragung: Du gibst dem Käufer alle Rechte an deinem Bild, sodass er das Bild für beliebige Zwecke verwenden kann. Das kann für Käufer von Interesse sein, die eine vollständige Kontrolle über die Nutzung und Verbreitung des Bildes wünschen.

Höhere Kontrolle über den Preis: Bei einmaligen Verkäufen kannst du den Preis selbst festlegen, was dir ermöglicht, gezielt mit höherpreisigen Produkten oder exklusiven Designs Einnahmen zu erzielen.

Jedoch sind einmalige Verkäufe in der Regel nicht nachhaltig und bieten kein langfristiges passives Einkommen. Sie sind eine gute Möglichkeit, schnell Einnahmen zu generieren, bieten jedoch keine Garantie auf wiederholte Einkünfte.

2. Diversifikation der Einnahmequellen

Die Diversifikation deiner Einnahmequellen ist eine der besten Strategien, um dein Einkommen langfristig zu stabilisieren und auszubauen. Es ist nicht ratsam, sich auf nur eine einzige Einkommensquelle zu verlassen – egal, ob das nun Lizenzverkäufe, einmalige Verkäufe oder Freelancing ist. Stattdessen solltest du verschiedene Wege kombinieren, um dein Geschäft auf mehrere Standbeine zu stellen.

Verschiedene Bildkategorien und Themen erstellen

Eine der einfachsten Methoden zur Diversifikation besteht darin, verschiedene Bildkategorien und Themen zu erstellen. Wenn du dich nur auf ein Thema oder einen Stil konzentrierst, könntest du auf langfristige Sicht Marktanteile verlieren, da sich die Nachfrage ständig ändert. Deshalb ist es eine gute Idee, deine Inhalte auf mehrere Nischen auszurichten und in verschiedenen Kategorien zu arbeiten.

Beispielhafte Kategorien, die gut ankommen, sind:

Business und Technologie: Diese Kategorie bietet ein großes Marktpotenzial, da Unternehmen ständig nach visuellen Inhalten suchen, die ihre Marken und Produkte repräsentieren. Bilder von Technologie, Büroszenen oder digitalen Geräten sind oft gefragt.

Reisen und Natur: Bilder von Landschaften, Naturaufnahmen und Reisezielen sind ebenfalls sehr beliebt und werden auf vielen Stockfoto-Plattformen gesucht.

Gesundheit und Fitness: Diese Kategorie ist besonders populär bei Unternehmen, die in den Bereichen Gesundheitswesen, Wellness und Fitness tätig sind.

Abstrakte und künstlerische Designs: Wenn du künstlerische KI-generierte Designs schaffst, kannst du diese in Nischen wie abstrakte Kunst, Design und kreative Illustrationen verkaufen.

Lifestyle und Alltagsszenen: Alltagsszenen, die Menschen bei verschiedenen Aktivitäten zeigen, sind ebenfalls sehr gefragt, besonders wenn sie eine positive und ansprechende Atmosphäre widerspiegeln.

Zusammenarbeit mit Unternehmen oder Content-Erstellern

Ein weiterer wichtiger Schritt zur Diversifikation deiner Einkommensquellen ist die Zusammenarbeit mit Unternehmen oder anderen Content-Erstellern. Zum Beispiel könntest du mit Marketingagenturen oder Content-Agenturen zusammenarbeiten, die regelmäßig nach maßgeschneiderten Bildern für ihre Kunden suchen. Du könntest auch direkt mit Influencern und Bloggern arbeiten, die deine Designs in ihren Social-Media-Kampagnen oder Blogs verwenden möchten.

3.Preisgestaltung

Die Preisgestaltung ist ein kritischer Faktor bei der Monetarisierung deiner KI-generierten Bilder. Sie beeinflusst, wie attraktiv dein Angebot für Käufer ist und wie viel du letztlich verdienen kannst.

Was Käufer bereit sind zu zahlen

Die Preise für digitale Kunstwerke und Bilder hängen stark von der Plattform, der Exklusivität des Bildes und dem Verwendungszweck ab. Generell kann man sagen, dass Bilder auf Stockfoto-Plattformen zwischen $1 und $500 kosten können, abhängig von der Lizenzart und dem Verwendungszweck. Bei exklusiven oder hochwertigen Bildern ist es möglich, Preise von $100 bis $500 und mehr zu erzielen.

Wichtig ist, den Markt gut zu beobachten und den Preis im Einklang mit dem Wettbewerb festzulegen. Plattformen wie Shutterstock oder Adobe Stock haben oft eine Preisstruktur, die auf den Bildgrößen und Lizenzarten basiert, was dir hilft, einen fairen Preis zu finden.

4.Tipps für Wettbewerbsfähigkeit und Gewinnmaximierung

Der Markt für KI-generierte Bilder bietet enorme Chancen, erfordert jedoch gezielte Strategien, um Käufer zu überzeugen und den Umsatz zu maximieren. Hier sind die wichtigsten Ansätze, um deine Wettbewerbsfähigkeit zu steigern:

4.1. Preisoptimierung: Finde den besten Preis für deine Zielgruppe

Die richtige Preisgestaltung ist ein entscheidender Faktor für den Erfolg. Käufer suchen nach einem fairen Verhältnis von Qualität und Preis. Daher lohnt es sich, mit verschiedenen Preisniveaus zu experimentieren.

Strategien für die Preisoptimierung:

1. Vergleichsanalyse: Analysiere die Preise ähnlicher Inhalte auf den Plattformen, auf denen du verkaufst. So erhältst du ein Gefühl dafür, was Käufer bereit sind zu zahlen.

2. A/B-Tests: Lade das gleiche oder ein ähnliches Bild mit unterschiedlichen Preisen hoch, um herauszufinden, welche Preisstufe die besten Ergebnisse liefert.

3. Flexible Preisstruktur: Setze für einfachere oder generische Bilder einen niedrigeren Preis und für detaillierte, komplexe oder exklusive Bilder einen höheren Preis an.

Tipp:

- Betrachte die Nachfrage für bestimmte Kategorien. Bilder, die eine hohe Nachfrage und wenig Wettbewerb haben, können oft zu höheren Preisen angeboten werden.

4.2. Sonderaktionen und Rabatte: Käufer mit attraktiven Angeboten gewinnen

Sonderaktionen und Rabatte sind bewährte Methoden, um Käufer anzuziehen, insbesondere solche, die ein begrenztes Budget haben. Sie steigern nicht nur die Verkaufszahlen, sondern erhöhen auch deine Sichtbarkeit auf Plattformen.

Wie du Sonderaktionen effektiv einsetzt:

1. Zeitlich begrenzte Rabatte: Nutze Aktionen wie "20 % Rabatt für die nächsten 48 Stunden", um einen Kaufanreiz zu schaffen.

2. Bundles anbieten: Erstelle thematische Pakete, z. B. eine Sammlung von Reisebildern, die zusammen günstiger sind als einzeln.

3. Feiertagsaktionen: Plane Sonderaktionen zu saisonalen Ereignissen wie Weihnachten oder Black Friday, wenn Käufer eher bereit sind, Geld auszugeben.

Tipp:

- Bewirb Sonderaktionen über Social Media oder E-Mail-Marketing, um mehr potenzielle Käufer zu erreichen.

4.3. Exklusivität: Hochwertige Inhalte zu Premiumpreisen anbieten

Exklusivität schafft einen Mehrwert, der Käufer dazu bewegt, mehr für deine Bilder zu bezahlen. Biete bestimmte Werke nur in begrenzter Stückzahl oder als exklusive Inhalte an.

Vorteile exklusiver Bilder:

1. Höhere Preise: Exklusive Inhalte können zu deutlich höheren Preisen angeboten werden, da sie einzigartig sind.

2. Markenimage stärken: Exklusivität steigert den wahrgenommenen Wert deiner Marke und zieht Kunden an, die bereit sind, für besondere Werke mehr zu zahlen.

3. Weniger Wettbewerb: Exklusive Bilder stehen nicht im direkten Wettbewerb mit anderen, da sie nicht auf mehreren Plattformen verkauft werden.

Wie du Exklusivität umsetzt:

1. Markiere Bilder als „exklusiv" oder „nur limitiert verfügbar".

2. Biete individuelle Designs für Unternehmen oder Content-

Ersteller an, die maßgeschneiderte Inhalte suchen.

Tipp:

- Plattformen wie Creative Market oder Etsy eignen sich besonders gut für den Verkauf exklusiver Inhalte, da Käufer dort oft nach individuellen und hochwertigen Werken suchen.

4.4. Aktualisiere und passe dein Portfolio regelmäßig an

Der Geschmack der Käufer und die Nachfrage nach bestimmten Themen ändern sich ständig. Ein aktuelles Portfolio erhöht deine Chancen, relevante Inhalte anzubieten, die Käufer anziehen.

Wie du dein Portfolio aktuell hältst:

1.**Trendanalysen:** Achte auf saisonale und branchenspezifische Trends, z. B. Sommerbilder im Frühling oder technologische Themen, wenn neue Gadgets auf den Markt kommen.

2.**Leistung bewerten:** Analysiere, welche deiner Bilder gut verkaufen, und erstelle ähnliche Inhalte, um die Nachfrage zu bedienen.

3.**Veraltete Bilder erneuern:** Überarbeite ältere Inhalte mit modernen Elementen, verbessere die Qualität oder passe sie an aktuelle Designstandards an.

Tipp:

- Lade regelmäßig neue Werke hoch, um aktiv auf Plattformen zu bleiben. Viele Algorithmen bevorzugen Künstler, die kontinuierlich Inhalte hinzufügen.

4.5. Fokussiere dich auf Qualität und Originalität

Die Qualität deiner Bilder ist der Schlüssel zu langfristigem Erfolg. Käufer suchen nach visuellen Inhalten, die nicht nur ästhetisch ansprechend, sondern auch technisch einwandfrei und kreativ sind.

Merkmale hochwertiger Bilder:

1. Technische Perfektion: Achte darauf, dass deine Bilder keine Fehler enthalten, wie unscharfe Kanten, Artefakte oder unrealistische Elemente. KI-generierte Bilder sollten bei Bedarf nachbearbeitet werden, um kleine Mängel zu beheben.

2. Kreative Ansätze: Schaffe einzigartige und innovative Designs, die sich von der Masse abheben. Vermeide es, Trends blind zu kopieren – entwickle deinen eigenen Stil.

5. Praktische Tipps zur Qualitätsverbesserung:

5.1. Post-Processing: Nutze Bildbearbeitungsprogramme wie Photoshop, Lightroom oder Canva, um Farben, Kontraste und Details zu optimieren.

5.2. Testläufe: Zeige deine Bilder einer kleinen Gruppe potenzieller Käufer oder Bekannter, um Feedback zu erhalten, bevor du sie hochlädst.

5.3. Nischeninhalte: Erstelle Bilder für spezifische, wenig besetzte Märkte, wie z. B. abstrakte Kunst für Büros oder futuristische Konzepte.

Tipp:

Qualität und Originalität sind auch bei KI-generierten Inhalten entscheidend. Investiere Zeit in die Verbesserung und Verfeinerung deiner Werke, um sie auf einem professionellen Niveau zu präsentieren.

Fazit:

Die Monetarisierung von KI-generierten Bildern ist ein vielversprechender Weg, um mit kreativem Design Geld zu verdienen. Durch die Wahl des richtigen Geschäftsmodells – ob einmaliger Verkauf oder Lizenzierung – und der Nutzung von verschiedenen Plattformen und Vertriebskanälen kannst du stabile

(5) Ethik und rechtliche Fragen

Mit der Verbreitung KI-generierter Inhalte wächst auch die Bedeutung ethischer und rechtlicher Überlegungen. Da KI-Technologien sowohl kreative Möglichkeiten als auch Herausforderungen mit sich bringen, ist ein bewusster Umgang mit diesen Fragen essenziell, um rechtliche Risiken zu minimieren und das Vertrauen von Käufern zu gewinnen.

1. Urheberrechte bei KI-generierten Bildern

1.1. Wem gehören die Rechte an den erstellten Bildern?

Urheberrechte sind ein zentraler Aspekt bei der Erstellung und dem Verkauf von KI-generierten Bildern. Anders als bei traditionell erstellten Werken, die automatisch dem Schöpfer gehören, gibt es bei KI-generierten Inhalten rechtliche Grauzonen.

> **1. Urheberrecht des Nutzers:** In den meisten Fällen gilt, dass die Person, die die KI nutzt und die Eingaben (Prompts) erstellt, als Urheber angesehen wird. Dies ist jedoch von den jeweiligen Nutzungsbedingungen der KI-Plattform abhängig.

> **2. Eigentum des Anbieters:** Einige Plattformen, die KI-Tools bereitstellen, wie z. B. DALL-E oder MidJourney, behalten sich das Recht vor, die durch ihre Tools erstellten Inhalte zu nutzen oder gar zu vermarkten.

> **3. Bedingungen prüfen:** Nutzer müssen die Lizenzvereinbarungen der Tools sorgfältig lesen, um sicherzustellen, dass sie das exklusive Recht haben, die generierten Inhalte zu verkaufen oder zu nutzen.

1.2. Unterschiede zwischen Open-Source- und proprietären KI-Tools

Der Ursprung des verwendeten KI-Tools beeinflusst maßgeblich, wie die Rechte an den generierten Bildern verteilt sind.

1. **Open-Source-Tools:** Plattformen wie Stable Diffusion, die auf Open-Source-Modellen basieren, erlauben oft eine größere Freiheit in der Nutzung der Inhalte. Nutzer sind hier häufig alleinige Inhaber der Rechte an den generierten Bildern.

2. **Proprietäre Tools:** Anbieter wie DALL-E oder MidJourney setzen klare Regeln. Hier kann es Einschränkungen geben, z. B. dass Bilder nur unter bestimmten Lizenzbedingungen kommerziell genutzt werden dürfen.

Tipp:

- Es ist ratsam, KI-Tools mit offenen Lizenzen zu bevorzugen, wenn man langfristig vollständige Kontrolle über die erstellten Inhalte behalten möchte.

2.Transparenz gegenüber Käufern

2.1. Sollte man angeben, dass Bilder KI-generiert sind?

Die Frage der Transparenz ist nicht nur eine ethische, sondern kann auch kaufentscheidend sein. Einige Käufer legen Wert auf die Herkunft der Bilder, während andere eher auf die Ästhetik als auf den Schaffensprozess achten.

Gründe für Transparenz:

1. **Vertrauensaufbau:** Ehrliche Kommunikation schafft Glaubwürdigkeit und langfristige Kundenbindungen.

2. **Einzigartigkeit betonen:** KI-generierte Bilder haben oft kreative und unkonventionelle Aspekte, die sie von traditionellen Bildern abheben.

3. **Rechtliche Sicherheit:** Durch Offenlegung vermeidet man Missverständnisse oder mögliche rechtliche Auseinandersetzungen.

Mögliche Nachteile:

- Einige Käufer könnten KI-generierten Bildern skeptisch gegenüberstehen und manuell erstellte Werke bevorzugen.

2.2. Vorteile einer ehrlichen Kommunikation

Die Offenlegung der Verwendung von KI kann auch als Marketingstrategie genutzt werden. Beispielsweise könnte man den innovativen Charakter der eigenen Arbeit hervorheben oder die Geschwindigkeit betonen, mit der man qualitativ hochwertige Inhalte liefern kann.

3. Regulatorische Herausforderungen

3.1. Gesetzliche Entwicklungen rund um KI-Inhalte

Die Gesetzgebung rund um KI-generierte Inhalte entwickelt sich weltweit unterschiedlich schnell. Es gibt bereits Diskussionen und erste Regelungen, die darauf abzielen, klare Grenzen und Verantwortlichkeiten für die Nutzung von KI zu setzen.

Aktuelle Trends:

1. **EU-Richtlinien:** Die Europäische Union arbeitet an Regelungen, um die Transparenz und Verantwortlichkeit bei KI-Inhalten zu erhöhen, insbesondere im Hinblick auf geistiges Eigentum.

2. **US-amerikanisches Recht:** In den USA gab es bisher mehrere Gerichtsverfahren, die sich mit der Frage beschäftigten, ob KI-generierte Inhalte urheberrechtlich geschützt werden können.

3. **Internationale Unterschiede:** In vielen Ländern gibt es noch keine spezifischen Regelungen für KI-generierte Inhalte, was für internationale Verkäufer zu Unsicherheiten führen kann.

3.2. Wie man rechtliche Risiken minimiert und sich absichert

Best Practices:

1. Dokumentation: Halte alle Schritte im Erstellungsprozess fest, einschließlich der Prompts und der verwendeten Tools. Dies kann im Falle eines Rechtsstreits als Beweis dienen.

2. Lizenzen sicherstellen: Stelle sicher, dass du die Rechte an den KI-generierten Bildern besitzt und die Lizenzbedingungen der verwendeten Plattformen erfüllst.

3. Rechtliche Beratung: Konsultiere einen Fachanwalt für Urheberrecht, um sicherzustellen, dass deine Werke rechtlich abgesichert sind.

Präventive Maßnahmen:

- Verwende möglichst Open-Source-Tools, um rechtliche Unsicherheiten zu minimieren.

- Stelle sicher, dass keine urheberrechtlich geschützten Elemente in deinen generierten Bildern enthalten sind, insbesondere wenn die KI auf bestehenden Daten trainiert wurde.

(6) Erfolgsgeschichten und Inspiration

Das Arbeiten mit KI im Bereich Fotografie und Design ist mehr als nur ein technisches Experiment – es ist eine Bewegung, die Künstler, Fotografen und Designer auf der ganzen Welt inspiriert hat. Dieser Abschnitt widmet sich beeindruckenden Erfolgsgeschichten und praxisorientierten Tipps, die dir helfen können, deinen eigenen Weg zu gehen und die Potenziale der KI-Technologie voll auszuschöpfen.

1. Erfolgsgeschichten von Künstlern, die KI-Technologie nutzen

a) Der Erfolg von Karen X. Cheng: Kreativität trifft auf KI

Karen X. Cheng ist ein bekanntes Beispiel für eine Designerin, die KI in ihrer Arbeit meisterhaft einsetzt. Sie nutzt Tools wie DALL-E und MidJourney, um interaktive Designs und Illustrationen zu erstellen, die virale Aufmerksamkeit erregen. Ihre KI-generierten Kunstwerke haben es nicht nur in große Galerien geschafft, sondern auch Unternehmen dazu inspiriert, mit ihr zusammenzuarbeiten.

b) Case Study: Abstrakte Kunst von Martin Gomez

Martin Gomez, ein Künstler aus Spanien, hat sich darauf spezialisiert, KI für die Erstellung abstrakter Kunstwerke zu verwenden. Indem er Stable Diffusion nutzt, entwirft er farbenfrohe, komplexe Muster, die er auf Etsy als Kunstdrucke verkauft. Innerhalb von zwei Jahren hat er ein passives Einkommen von über 50.000 € generiert.

c) Das Team hinter Stockify Pro

Dieses Duo aus Fotograf und Programmierer entwickelte eine Methode, um mit KI optimierte Stockfotos in Massen zu erstellen. Ihr Portfolio, das sie auf Shutterstock und Adobe Stock hochgeladen haben, enthält Bilder von Geschäftsszenen, Technik und Reisen. Die automatisierte Erstellung und das gezielte Hochladen machten sie zu einem der Top-Verkäufer in ihrer Nische.

2. Welche Strategien sie eingesetzt haben, um den Markt zu erobern

a) Nischenfindung und Spezialisierung

Ein gemeinsames Merkmal erfolgreicher KI-Künstler ist, dass sie eine spezifische Nische gefunden haben, in der sie sich behaupten können. Beispiele sind:

1. Minimalistische Illustrationen für Business-Präsentationen.

2. Futuristische und dystopische Stadtlandschaften für Sci-Fi-Fans.

3. Naturfotografie mit surrealen Elementen.

b) Marktplatzstrategie

Erfolgreiche Künstler und Fotografen nutzen mehrere Plattformen, um ihre Sichtbarkeit zu erhöhen. Sie optimieren ihre Keywords, um ihre Inhalte auf Plattformen wie Shutterstock oder Creative Market leicht auffindbar zu machen.

c) Kollaborationen

Die Zusammenarbeit mit Unternehmen, Content-Erstellern und anderen Künstlern hat sich als äußerst lukrativ erwiesen. Ein Beispiel ist die Partnerschaft zwischen Künstlern, die KI-gestützte Bilder entwerfen, und Autoren, die Buchcover suchen.

3.Tipps aus der Praxis

3.1. Wie man mit Experimenten und Feedback das Beste aus KI-Tools herausholt

a) Experimentieren mit Prompts

Die Qualität der KI-generierten Bilder hängt stark von den Eingaben (Prompts) ab. Erfolgreiche Künstler experimentieren ständig mit verschiedenen Befehlen, um einzigartige Ergebnisse zu erzielen.

> **Beispiel:** Statt „ein Strand bei Sonnenuntergang" verwenden sie detailliertere Prompts wie „goldener Sonnenuntergang über einem verlassenen tropischen Strand, palmengesäumt, mit surrealem rosa Himmel und leuchtendem Wasser".

b) Feedback nutzen

Das Feedback von Käufern und anderen Künstlern ist Gold wert. Nutze es, um deine Designs kontinuierlich zu verbessern. Viele erfolgreiche Künstler laden ihre Werke auf sozialen Plattformen wie Instagram hoch und fragen aktiv nach Meinungen.

c) Tests mit unterschiedlichen Tools

Erfahrene Designer verwenden oft eine Kombination aus KI-Tools wie DALL-E, MidJourney und Photoshop. So schöpfen sie das Beste aus den Funktionen der jeweiligen Programme.

3.2. Inspiration durch erfolgreiche Projekte und kreative Ansätze

a) Virale Social-Media-Kampagnen

Ein herausragendes Beispiel ist ein Fotograf, der mit KI eine Serie von „nicht existierenden Landschaften" erstellte. Diese Bilder wirkten so realistisch, dass sie auf Instagram millionenfach geteilt wurden. Die dadurch entstandene Aufmerksamkeit brachte ihm nicht nur Verkäufe, sondern auch Anfragen für exklusive Projekte.

b) Themenspezifische Kollektionen

Viele Künstler erstellen Kollektionen zu einem bestimmten Thema, etwa „Retro-Zukunft", „Postapokalyptische Welten" oder „Romantische Blumenfelder". Diese thematischen Sammlungen verkaufen sich oft besser als einzelne Bilder, da Käufer gezielt nach Konsistenz suchen.

c) Exklusive Inhalte für Kunden

Eine weitere Strategie besteht darin, exklusive Inhalte zu erstellen. Ein Designer bietet beispielsweise maßgeschneiderte Porträts an, die KI-gestützt generiert und anschließend manuell verfeinert werden. Diese Methode ermöglicht ihm, seine Preise deutlich zu erhöhen.

4.Praktische Lektionen aus den Erfolgsgeschichten

1. **Bleibe flexibel:** KI-Technologie entwickelt sich ständig weiter. Lerne neue Tools und Funktionen kennen, um am Puls der Zeit zu bleiben.

2. **Investiere in Weiterbildung:** Viele erfolgreiche Künstler absolvieren regelmäßig Kurse oder Tutorials, um ihre Fähigkeiten mit KI-Tools zu verbessern.

3. **Netzwerke aktiv:** Trete Online-Communities bei, die sich mit KI-gestützter Kunst befassen. Hier kannst du wertvolle Kontakte knüpfen und Inspiration sammeln.

Fazit

Die Erfolgsgeschichten und Strategien von Künstlern und Designern, die KI-Technologie nutzen, zeigen eindrucksvoll, wie revolutionär und profitabel dieser Ansatz sein kann. Mit einer klaren Nische, kontinuierlicher Verbesserung und einem Gespür für die Bedürfnisse der Zielgruppe kannst auch du KI nutzen, um dich erfolgreich im Markt zu positionieren. Lasse dich von den Geschichten inspirieren, experimentiere mit neuen Techniken und baue deine eigene Erfolgsgeschichte.

Abschlussgedanken

KI hat die Welt der Fotografie und des Designs revolutioniert und bietet dir die Möglichkeit, mit innovativen Ansätzen ein Einkommen zu erzielen. Indem du Kreativität mit moderner Technologie kombinierst, kannst du einzigartige Inhalte erstellen, die sich auf dem Markt behaupten. Dieser Bereich ist voller Potenzial – und mit den richtigen Strategien kannst du ihn für dich erschließen.

YOUTUBE CONTENT MIT K.I. ERSTELLEN

Das Wachstum von YouTube bietet enorme Möglichkeiten, ein globales Publikum zu erreichen und Einnahmen zu generieren. In diesem Kapitel lernen wir, wie künstliche Intelligenz (KI) die Videoerstellung revolutioniert, vom Brainstorming über die Produktion bis hin zur Monetarisierung.

Was dich in diesem Kapitel erwartet:

Abschnitt 1: Inspiration und Ideenfindung – Die Grundlage für erfolgreichen Content

Abschnitt 2: Skripterstellung mit KI

Abschnitt 3: Sprecherstimmen und Animationen – KI als Produktionshelfer

Abschnitt 4: Videoschnitt und Optimierung – Schneller Workflow mit KI

Abschnitt 5: Monetarisierung von YouTube-Content

Abschnitt 6: Praxisbeispiel – Ein vollständiger Workflow

(1) Inspiration und Ideenfindung – Die Grundlage für erfolgreichen Content

Die Erstellung von erfolgreichen YouTube-Videos beginnt mit der richtigen Idee. In einer Welt, in der täglich Millionen von Videos hochgeladen werden, kann es herausfordernd sein, originelle und relevante Themen zu finden. Glücklicherweise erleichtert der Einsatz von KI-Tools diesen Prozess erheblich. Von der Analyse aktueller Trends bis zur Identifikation der Vorlieben deiner Zielgruppe helfen KI-gestützte Werkzeuge, Content-Ideen zu entwickeln, die sowohl kreativ als auch datenbasiert sind.

1. Wie KI Videoideen generieren kann

KI-Technologie hat die Art und Weise revolutioniert, wie wir Inspiration für kreative Projekte finden. Tools wie ChatGPT, Jasper, und spezialisierte Plattformen wie VidIQ sind wertvolle Helfer, um frische und interessante Videoideen zu entwickeln. Mit ihrer Fähigkeit, riesige Datenmengen zu analysieren und nutzbare Einblicke zu liefern, helfen diese Tools Content-Erstellern dabei, Videos zu erstellen, die nicht nur kreativ, sondern auch zielgerichtet und ansprechend sind.

1.1. Trendanalyse: Aktuelle und relevante Themen finden

Ein zentraler Aspekt der Videoideenfindung ist die Analyse von Trends. Trends können saisonal, themenbasiert oder durch virale Ereignisse getrieben sein. KI-Tools sind in der Lage, diese Trends in Echtzeit zu erkennen und Vorschläge basierend auf Suchvolumen, Popularität und Relevanz zu machen.

Wie KI-Trendanalyse funktioniert:

- **Plattformen wie VidIQ** analysieren, welche Themen und Keywords auf YouTube aktuell im Trend liegen.

Sie bewerten die Konkurrenz und geben Einblicke, wie schwierig es ist, mit einem bestimmten Thema zu ranken.

- **Tools wie Google Trends** ermöglichen es, saisonale Muster zu erkennen und vorherzusagen, welche Themen in den kommenden Wochen und Monaten relevant sein könnten.

Beispiele für Trendanalyse mit KI:

1.Fitness-Nische im Winter: Frage ein KI-Tool nach „Videoideen für eine Fitness-Nische im Winter", und es liefert Vorschläge wie:

„5 Übungen, um über die Feiertage fit zu bleiben."

„Die besten Winter-Superfoods."

„Wie du trotz Kälte im Freien trainieren kannst."

2.Technologie-Themen: Gib ein, „Was sind die besten Tech-Gadgets für 2024?" und erhalte Vorschläge wie:

„Top 5 Gadgets, die du 2024 haben musst."

„Vergleich: Die besten Smartphones unter 500 Euro."

Die Rolle von Keywords in der Ideenfindung

Ein weiterer Vorteil von KI-Tools ist ihre Fähigkeit, Keywords zu analysieren, die häufig gesucht werden. Diese Keywords können als Grundlage für Videoideen dienen.

- VidIQ und TubeBuddy: Diese Tools bieten eine detaillierte Keyword-Analyse. Sie zeigen dir, wie oft ein Keyword gesucht wird, wie viel Konkurrenz es gibt und wie hoch die Wahrscheinlichkeit ist, damit zu ranken.

- Anwendung: Erstelle Videoideen, die auf Keywords basieren, die sowohl ein hohes Suchvolumen als auch eine geringe Konkurrenz aufweisen.

Vorteile der KI-basierten Videoideenfindung

1. Zeitersparnis: Statt manuell nach Ideen zu suchen, liefert die KI Vorschläge in Sekunden.

2. Datenbasierte Entscheidungen: Du kannst sicherstellen, dass deine Themen eine Nachfrage haben.

3. Kreative Inspiration: Selbst wenn du dich in einer kreativen Blockade befindest, helfen die Vorschläge der KI, neue Ansätze zu finden.

2. Zielgruppenanalyse und Optimierung

Eine großartige Videoidee ist nur dann erfolgreich, wenn sie die richtige Zielgruppe anspricht. KI hilft dir, deine Zielgruppe besser zu verstehen und Inhalte zu erstellen, die deren Interessen und Bedürfnisse erfüllen.

Wie KI Zielgruppen analysiert

KI-Tools können demografische Daten, Interessen und Verhaltensmuster deiner Zuschauer analysieren. Sie nutzen dabei Daten aus Plattformen wie YouTube Analytics und Social-Media Plattformen.

Tool-Tipps für die Zielgruppenanalyse:

1. VidIQ: Analysiert, welche Art von Content bei deiner Zielgruppe besonders gut ankommt.

2. TubeBuddy: Liefert detaillierte Einblicke in die demografischen Daten deiner Abonnenten.

3. Google Analytics: Hilft dabei, externe Traffic-Quellen zu analysieren, die zu deinem Kanal führen.

Anwendung der Zielgruppenanalyse

1. Demografie verstehen: Analysiere, aus welchen Ländern deine Zuschauer kommen, welches Alter sie haben und welches Geschlecht dominiert. Dies hilft dir, Themen, Sprache und Präsentationsstil anzupassen.

2. Interessen analysieren: Welche Videos haben in der Vergangenheit die höchste Engagement-Rate erzielt? Welche Themen sind bei deinen Abonnenten besonders beliebt?

3. Verhalten beobachten: Wann sind deine Zuschauer online? Welche Geräte nutzen sie? Diese Daten helfen, den besten Veröffentlichungszeitpunkt zu bestimmen.

Optimierung deiner Inhalte basierend auf Zielgruppenanalyse

Sprache und Ton anpassen: Sprich deine Zuschauer auf eine Weise an, die sie anspricht. Ein jüngeres Publikum könnte informelle Sprache bevorzugen, während ein älteres Publikum einen professionellen Ton schätzt.

1. Content-Stil variieren: Wenn deine Zielgruppe visuell orientiert ist, könnte ein animiertes Video besser funktionieren als ein reines Talking-Head-Video.

2. Themen gezielt wählen: Erstelle Inhalte, die den spezifischen Bedürfnissen deiner Zielgruppe entsprechen, z. B. „Wie finde ich günstige Reiseangebote?" für budgetorientierte Reisende.

3. Brainstorming für Content-Serien

Einzelne Videos können viral gehen, aber Serienformate schaffen langfristige Zuschauerbindung. Serien ermöglichen es dir, tief in ein Thema einzutauchen und bieten den Zuschauern einen Grund, immer wieder zurückzukehren.

Warum Serienformate effektiv sind

1. Zuschauerbindung: Serien motivieren Zuschauer, deinen Kanal zu abonnieren und regelmäßig zurückzukehren.

2. Content-Pipeline: Mit einer gut geplanten Serie hast du automatisch eine Roadmap für zukünftige Inhalte.

3. Markenbildung: Serien helfen dabei, eine klare Identität für deinen Kanal aufzubauen.

Wie KI bei der Planung von Serien hilft

KI-Tools wie ChatGPT und Jasper können dir helfen, Themenfolgen zu entwickeln und eine kohärente Struktur für deine Serie zu erstellen.

Beispiel für eine Themenserie:

Thema: Einstieg in die Fotografie.

Struktur:

1. Einführung: „Was du als Anfänger in der Fotografie wissen musst."

2. Technik: „Die besten Kameras für Einsteiger."

3. Praxis: „5 einfache Übungen, um deine Fotografie zu verbessern."

4. Bearbeitung: „Einführung in Lightroom und Photoshop."

5. Spezialisierung: „Wie du als Landschaftsfotograf erfolgreich wirst."

Erstellung von Episoden mit rotem Faden

Eine Serie sollte einen klaren roten Faden haben. KI hilft dir, jede Episode logisch mit der nächsten zu verknüpfen.

Beispiel: Wenn du eine Serie über gesunde Ernährung erstellst, könnte Episode 1 eine Einführung in Ernährungskonzepte sein, Episode 2 eine Einkaufsliste für Anfänger und Episode 3 einfache Rezepte.

Promotionsstrategien für Serien

1. Teaser und Trailer: Nutze KI, um einen kurzen Teaser zu erstellen, der die Zuschauer auf die kommende Serie neugierig macht.

2. Playlisten erstellen: Gruppiere die Videos einer Serie in Playlisten, um die Navigation für Zuschauer zu erleichtern.

3. Cross-Promotion: Verweise in jedem Video auf die nächste Episode und ermutige Zuschauer, die gesamte Serie anzusehen.

Fazit

Die Ideenfindung und Planung für YouTube-Videos ist der erste Schritt zu einem erfolgreichen Kanal. Mit der Unterstützung von KI wird dieser Prozess nicht nur effizienter, sondern auch präziser. Durch die Kombination aus Trendanalyse, Zielgruppenoptimierung und Serienformaten kannst du Content erstellen, der deine Zuschauer begeistert und langfristige Erfolge sicherstellt. Egal, ob du gerade erst anfängst oder deinen bestehenden Kanal optimieren möchtest – KI ist dein Schlüssel zu kreativen und datenbasierten Videoideen.

(2) Skripterstellung mit KI

Die Erstellung von Skripten ist ein entscheidender Schritt bei der Produktion erfolgreicher YouTube-Videos. Ein gut durchdachtes Skript sorgt für Struktur, Klarheit und bietet eine klare Botschaft für die Zuschauer. KI-Tools wie ChatGPT, Copy.ai oder Jasper haben diesen Prozess revolutioniert, indem sie zeitaufwändige Schritte automatisieren und gleichzeitig Raum für Kreativität lassen. In diesem Abschnitt werden wir detailliert auf die Nutzung von KI zur Skripterstellung eingehen, die Möglichkeiten für verschiedene Videoformate beleuchten und zeigen, wie du durch kreative Anpassungen das Beste aus den generierten Texten herausholen kannst.

1. Automatisierte Skripte für jede Nische

Mit KI-gestützten Tools kannst du innerhalb weniger Minuten vollständige Skripte für Videos erstellen. Diese Tools analysieren die von dir eingegebenen Informationen, verstehen den Kontext und generieren strukturierte Inhalte, die speziell auf deine Bedürfnisse zugeschnitten sind.

1.1. Wie funktionieren automatisierte Skripte?

Die Tools verwenden fortschrittliche Sprachmodelle, um aus Stichworten, Themen oder kurzen Anweisungen komplette Skripte zu entwickeln. Dabei achten sie auf die Struktur, den Ton und die Zielgruppe des Videos.

1.2. Vorteile der KI-Skripterstellung:

    1. Zeitersparnis: Ein Prozess, der früher Stunden dauerte, wird auf wenige Minuten reduziert.

    2. Strukturierte Inhalte: KI stellt sicher, dass dein Skript logisch aufgebaut ist, mit klarer Einleitung, Hauptteil und Schluss.

    3. Anpassungsfähigkeit: Die Tools können auf unterschiedliche Themen, Stile und Zielgruppen zugeschnitten werden.

1.3. Beispielprozess für die Skripterstellung

1. Thema eingeben: Wähle ein Thema für dein Video, z. B. „Gesunde Ernährung für Anfänger".

2. Anweisung formulieren: Gib eine klare Anweisung ein, z. B.: „Erstelle ein YouTube-Skript über gesunde Ernährung für Anfänger."

3. Ergebnis prüfen: Die KI liefert dir ein strukturiertes Skript, das in der Regel folgende Elemente enthält:

- **Einleitung:** Ein interessanter Einstieg, der die Aufmerksamkeit der Zuschauer weckt.

- **Hauptinhalt:** Klar gegliederte Abschnitte mit relevanten Informationen.

- **Call-to-Action (CTA):** Ein Aufruf, z. B. „Abonniere meinen Kanal für mehr Tipps zur Ernährung!"

4. Feinschliff: Passe das Skript an, um sicherzustellen, dass es deinen Ton, deine Marke und deinen Stil widerspiegelt.

1.5. Praktisches Beispiel: Gesunde Ernährung

1. Eingabe: „Erstelle ein 5-Minuten-Skript über die Grundlagen gesunder Ernährung."

2. KI-Ausgabe:

2.1. Einleitung: „Willkommen zu unserem heutigen Video! Heute sprechen wir über die Grundlagen gesunder Ernährung und wie du einfach starten kannst."

2.2. Hauptinhalt:

1. „Vermeide verarbeitete Lebensmittel und setze auf frische Zutaten."

2. „Plane deine Mahlzeiten im Voraus, um gesunde Entscheidungen zu treffen."

3. „Trinke ausreichend Wasser – eine einfache, aber oft vergessene Regel."

2.3. Schluss: „Wenn dir diese Tipps gefallen haben, lass uns ein Like da und abonniere für mehr."

Feinschliff des Skripts

Die generierten Inhalte sind eine solide Grundlage, aber oft generisch. Verleihe dem Text Persönlichkeit, indem du:

1. Eine ansprechende Sprache nutzt, die zur Zielgruppe passt.

2. Eigene Erfahrungen und Beispiele hinzufügst.

3. Humor oder Emotionen einbaust, um eine stärkere Verbindung zu schaffen.

2. Skripte für unterschiedliche Formate

YouTube bietet eine Vielzahl von Formaten, und jedes Format erfordert einen spezifischen Ansatz bei der Skripterstellung. KI-Tools können diese Anforderungen erfüllen und passende Skripte für Tutorials, Erklärvideos und Unterhaltungsvideos liefern.

2.1. Tutorials

Tutorials gehören zu den beliebtesten Formaten auf YouTube. Zuschauer suchen nach Schritt-für-Schritt-Anleitungen, die leicht verständlich sind.

Beispiel-Thema: „Wie erstelle ich eine perfekte Morgenroutine?"

KI-Skript-Output:

1. Einleitung: „Hast du Schwierigkeiten, deinen Tag produktiv zu beginnen? Heute zeige ich dir, wie du mit einer einfachen Morgenroutine starten kannst."

2. Schritte:

    2.1. „Starte mit einem Glas Wasser, um deinen Körper zu rehydrieren."

    2.2. „Nimm dir 10 Minuten Zeit für Meditation oder Atemübungen."

    2.3. „Plane deinen Tag mit einer To-Do-Liste."

3. CTA: „Probiere diese Tipps aus und teile deine Erfahrungen in den Kommentaren!"

2.2. Erklärvideos

Erklärvideos dienen dazu, komplexe Themen einfach und verständlich darzustellen.

1. Beispiel-Thema: „Was ist Blockchain-Technologie?"

2. KI-Skript-Output:

    2.1. Einleitung: „Blockchain – ein Begriff, den jeder kennt, aber nur wenige verstehen. In diesem Video erkläre ich dir, was Blockchain ist und wie sie funktioniert."

    2.2. Hauptinhalt:

    - „Blockchain ist eine Art digitales Hauptbuch."

    - „Sie besteht aus einer Kette von Blöcken, die Informationen enthalten."

    - „Die Technologie ist sicher, transparent und dezentralisiert."

2.3. Schluss: „Wenn du mehr über Blockchain wissen möchtest, schau dir unser nächstes Video an!"

2.3. Entertainment

Unterhaltungsvideos erfordern kreative Skripte, die die Zuschauer fesseln.

1. Beispiel-Thema: „10 lustige Dinge, die nur Katzenbesitzer verstehen."

2. KI-Skript-Output:

2.1. Einleitung: „Wenn du eine Katze hast, wirst du diese lustigen Momente definitiv kennen."

2.2. Hauptinhalt:

- „Das ständige Miauen, wenn du in die Küche gehst."

- „Katzen, die um 3 Uhr morgens den Wahnsinn bekommen."

- „Die unerschütterliche Liebe zu jedem Karton, der ins Haus kommt."

2.3. Schluss: „Welche dieser Momente hast du erlebt? Lass es mich in den Kommentaren wissen!"

3. Kreative Akzente durch KI

Obwohl KI fantastische Skripte erstellt, können sie manchmal generisch wirken. Kreative Anpassungen sind entscheidend, um deine Inhalte einzigartig und authentisch zu machen. Hier kommen spezialisierte Funktionen und Tools ins Spiel.

3.1. KI mit Stiloptionen nutzen

Die meisten KI-Tools bieten die Möglichkeit, den Stil und Ton des Skripts anzupassen. Dies kann entscheidend sein, um deine Marke zu repräsentieren.

3.2. Stiloptionen in ChatGPT oder Jasper:

1. **Humorvoll:** Perfekt für Entertainment- oder Lifestyle-Videos.

2. **Seriös:** Ideal für Bildungs- oder Erklärvideos.

3. **Inspirierend:** Geeignet für Motivations- oder Coaching-Videos.

3.3. Beispiel-Thema: „Wie steigere ich meine Produktivität?"

1. **Humorvolle Version:** „Steh früher auf – ja, das klingt furchtbar, aber es funktioniert!"

2. **Seriöse Version:** „Beginne deinen Tag mit einer klaren Planung, um Prioritäten zu setzen."

3. **Inspirierende Version:** „Jeder Tag ist eine neue Chance, das Beste aus dir herauszuholen."

4. Kreative Tools für visuelle Unterstützung

Neben Text-Skripten können KI-Tools wie Jasper Art visuelle Konzepte generieren, die deine Skripte ergänzen. Dies hilft dabei, Ideen für Animationen oder Szenen zu entwickeln, die deine Inhalte bereichern.

4.1. Eigenen Stil einbringen

1. **Persönliche Erfahrungen teilen:** Ergänze KI-Skripte mit Anekdoten oder Meinungen.

2. **Wortwahl anpassen:** Verwende Wörter und Ausdrücke, die zu deinem Markenimage passen.

3. **Visuelle und auditive Elemente integrieren:** Plane Übergänge, Grafiken und Soundeffekte in deinem Skript ein.

Fazit

Die Skripterstellung mit KI bietet eine unglaubliche Effizienz und Flexibilität, die es dir ermöglicht, hochwertigen Content schneller zu produzieren. Egal, ob du Tutorials, Erklärvideos oder Unterhaltungsvideos erstellst, KI kann dir helfen, den Prozess zu optimieren und deine Inhalte zu verbessern. Wichtig ist, die generierten Inhalte kreativ zu verfeinern und sie an deine Marke anzupassen. Mit der richtigen Mischung aus Automatisierung und persönlichem Touch wirst du in der Lage sein, einzigartige und ansprechende YouTube-Videos zu erstellen.

(3) Sprecherstimmen und Animationen – KI als Produktionshelfer

Die Produktion eines professionellen YouTube-Videos erfordert mehr als nur gutes Bildmaterial und ein durchdachtes Skript. Sprecherstimmen, Animationen und passende Soundeffekte sind entscheidende Elemente, um Zuschauer zu fesseln und deine Botschaft überzeugend zu vermitteln. Dank moderner KI-Technologien können selbst Einsteiger diese Aspekte mit minimalem Aufwand umsetzen. In diesem Abschnitt werden wir detailliert auf die Nutzung von KI-Sprecherstimmen, Animationen und Soundeffekten eingehen und zeigen, wie diese Tools deine Content-Produktion auf das nächste Level heben können.

1. KI-Sprecherstimmen: Die Stimme deines Videos

Warum KI-Sprecherstimmen?

Eine klare und ansprechende Sprecherstimme ist ein unverzichtbarer Bestandteil professioneller Videos. Nicht jeder hat die Möglichkeit oder das Equipment, eigene Voice-overs aufzunehmen. Hier kommen KI-basierte Tools wie ElevenLabs, Synthesia oder Replica Studios ins Spiel. Diese Technologien ermöglichen es, hochwertige, natürlich klingende Sprecherstimmen zu generieren, die auf Knopfdruck verfügbar sind.

1.2. Vorteile von KI-Sprecherstimmen

1. Zeitersparnis und Kostenreduktion

- Kein langwieriges Einsprechen oder teures Studio-Equipment erforderlich.

- Sofortige Ergebnisse ohne die Notwendigkeit, professionelle Sprecher zu engagieren.

2. Internationale Reichweite

- Viele Tools bieten Stimmen in verschiedenen Sprachen und Akzenten.

- Dies ermöglicht es, dein Publikum weltweit anzusprechen, ohne selbst mehrere Sprachen sprechen zu müssen.

3. Flexibilität bei Stil und Ton

- Wähle den Stil, der zu deinem Inhalt passt: freundlich, ernst, professionell oder humorvoll.

- Stimmen können angepasst werden, um Emotionen oder Betonungen zu erzeugen.

1.3. Wie funktioniert es in der Praxis?

Der Einsatz von KI-Sprecherstimmen ist dank moderner Tools nicht nur effizient, sondern auch überraschend einfach. Im Folgenden zeige ich dir, wie der Prozess abläuft, welche Tools du nutzen kannst, und gebe ein detailliertes Praxisbeispiel, das dir den Workflow verdeutlicht.

1.4. Schritt-für-Schritt-Anleitung für KI-Sprecherstimmen

1. Wahl des passenden Tools

Bevor du mit der Erstellung einer KI-Sprecherstimme beginnst, solltest du das richtige Tool für deine Anforderungen auswählen. Hier eine Übersicht über einige der besten verfügbaren Plattformen:

1. ElevenLabs

Hervorragend geeignet für natürlich klingende Stimmen und flexible Anpassungen. Ideal für mehrsprachige Inhalte und unterschiedliche Stile (z. B. ernst, freundlich, inspirierend).

2. Synthesia

Bietet sowohl Sprecherstimmen als auch visuelle Avatare. Besonders praktisch, wenn du auch eine animierte Person benötigst, die deinen Text präsentiert.

3. Replica Studios

Ein Tool, das sich auf realistische und emotionsreiche Sprecherstimmen spezialisiert hat. Es bietet spezielle Stimmen für kreative Projekte wie Games oder Animationen.

4. NaturalReader

Fokus auf einfache Handhabung und hohe Qualität. Perfekt für Anfänger, die eine klare und unkomplizierte Lösung suchen.

5. Descript

Neben KI-Sprecherstimmen auch ein leistungsstarker Editor für Audio und Video. Praktisch, wenn du mehrere Bearbeitungsaufgaben in einem Tool erledigen möchtest.

2. Vorbereitung deines Skripts

Ein gut durchdachtes Skript ist die Grundlage für jede erfolgreiche Sprecherstimme.

Beachte dabei folgende Punkte:

1. **Klarheit und Struktur:** Schreibe kurze, prägnante Sätze, die leicht verständlich sind.

2. **Ton und Stil:** Überlege, ob der Ton deiner Sprecherstimme freundlich, seriös, motivierend oder humorvoll sein soll.

3. **Anpassung an das Publikum:** Passe die Sprache und den Inhalt an die Zielgruppe an (z. B. lockerer Ton für Lifestyle-Videos, professioneller Ton für Geschäftspräsentationen).

3. Import des Skripts ins Tool

Sobald dein Skript fertig ist, kannst du es in das KI-Tool hochladen. Die meisten Plattformen bieten eine intuitive Benutzeroberfläche, in der du das Skript entweder direkt einfügen oder als Datei hochladen kannst.

4. Auswahl der Stimme

Hier liegt der Schlüssel zur Individualisierung:

1. Wähle aus einer Vielzahl von Stimmen, basierend auf Geschlecht, Sprache, Akzent und Stil.

2. Viele Tools bieten auch Vorschauen, mit denen du die Stimme anhören kannst, bevor du sie nutzt.

3. Beispielsweise kannst du bei ElevenLabs zwischen Stimmen wie „neutrale Geschäftsstimme", „freundlicher Berater" oder „inspirierender Motivationsredner" wählen.

5. Feinanpassung der Stimme

1. Tonfall und Emotionen: Passe an, wie emotional die Stimme sein soll (z. B. begeistert, neutral, ernst).

2. Geschwindigkeit: Justiere die Sprechgeschwindigkeit – langsam für erklärende Inhalte, schneller für energische Themen.

3. Betonung und Pausen: Setze gezielt Pausen oder Betonungen, um wichtige Punkte hervorzuheben.

6. Export des fertigen Audios

Nach der Anpassung kannst du das generierte Voice-over als Audio-Datei (z. B. MP3 oder WAV) herunterladen. Dieses lässt sich nahtlos in Videoschnittprogramme wie Adobe Premiere Pro, Final Cut Pro oder DaVinci Resolve einfügen.

1.5. Detailliertes Praxisbeispiel

1. Projekt: Erklärvideo über „Die Vorteile erneuerbarer Energien"

Angenommen, du möchtest ein Video erstellen, das die Vorteile von erneuerbaren Energien erläutert. Hier ist eine detaillierte Beschreibung, wie der Workflow mit ElevenLabs aussehen könnte:

1. Skript erstellen

Textbeispiel:

„Hallo und willkommen zu unserem Video über erneuerbare Energien. Heute erklären wir, warum Solar-, Wind- und Wasserkraft die Zukunft der Energieversorgung sind. Lassen Sie uns gemeinsam die Vorteile entdecken!"

2. Upload in ElevenLabs

2.1. Öffne ElevenLabs und klicke auf „Neues Projekt".

2.2. Kopiere dein Skript und füge es in das Textfeld ein.

3. Stimme auswählen

3.1. Wähle eine weibliche Stimme mit einem professionellen und neutralen Ton, die das Thema seriös präsentiert.

3.2. Sprache: Deutsch.

3.3. Optional: Wähle zusätzlich eine zweite Stimme (z. B. männlich), um den Dialog aufzulockern.

4. Stimme anpassen

4.1. Passe den Tonfall an: Wähle „freundlich und inspirierend", um das Thema motivierend zu gestalten.

4.2. Justiere die Geschwindigkeit: Wähle eine moderate Geschwindigkeit, um den Zuhörern genügend Zeit zu geben, die Informationen zu verarbeiten.

4.3. Setze gezielt Pausen nach wichtigen Aussagen wie „erneuerbare Energien sind die Zukunft der Energieversorgung".

5. Audio exportieren

5.1. Nach der Vorschau und eventuellen Korrekturen klicke auf „Exportieren".

5.2. Lade die Datei als MP3 herunter.

6. Integration ins Video

6.1. Importiere die Datei in ein Videoschnittprogramm wie Adobe Premiere Pro.

6.2. Synchronisiere das Voice-over mit deinen visuellen Elementen, z. B. Animationen oder Diagrammen zu den erneuerbaren Energien.

1.6. Weitere Tools und Anwendungen

1. Synthesia für Avatare

Wenn du zusätzlich einen visuellen Sprecher benötigst, kannst du das fertige Skript in Synthesia hochladen. Wähle einen Avatar, der die Audioaufnahme synchron vorträgt, und exportiere ein vollständiges Video.

2. Descript für Bearbeitung

Mit Descript kannst du kleine Fehler in der Audioaufnahme korrigieren, ohne das gesamte Voice-over neu generieren zu müssen. Zudem lassen sich dort Transkripte erstellen und anpassen.

3. Repurpose.io für Mehrfachverwendung

Nutze das Audio in anderen Formaten, z. B. als Podcast oder Kurzclips für soziale Medien.

1.7. Tipps für eine professionelle Umsetzung

1. Teste verschiedene Stimmen: Unterschiedliche Stimmen können unterschiedliche Zielgruppen besser ansprechen.

2. Nutze mehrere Sprachen: Wenn du ein internationales Publikum erreichen möchtest, wähle zusätzlich englische, französische oder spanische Stimmen.

3. Iterativer Prozess: Überprüfe die generierten Audios und passe bei Bedarf Geschwindigkeit, Ton und Pausen an.

4. Kombination mit menschlichem Input: Ergänze KI-generierte Sprecher mit echten Stimmen, um eine authentische Note zu erzeugen.

Durch diesen klar strukturierten Workflow kannst du mit minimalem Aufwand professionelle Sprecherstimmen erstellen, die deinem YouTube-Content einen enormen Mehrwert verleihen. Die Kombination aus verschiedenen KI-Tools und einer detaillierten Anpassung macht den Prozess nicht nur einfach, sondern auch flexibel genug, um eine Vielzahl von Projekten abzudecken.

2. Animationen und Avatare: KI-basierte visuelle Präsentation

Ein weiterer innovativer Einsatz von KI liegt in der Erstellung von Animationen und virtuellen Moderatoren. Tools wie Synthesia bieten dir die Möglichkeit, Avatare zu erstellen, die deine Skripte präsentieren können. Diese sind besonders nützlich für Erklärvideos, Tutorials oder Produktpräsentationen.

2.1. Virtuelle Moderatoren mit Synthesia

Synthesia ermöglicht es, KI-generierte Avatare zu nutzen, die deine Texte nicht nur vortragen, sondern dies auch mit realistischer Mimik und Gestik tun.

- Einsatzmöglichkeiten:

    1. Erklärvideos: Avatare können komplexe Themen leicht verständlich erklären.

    2. Produktpräsentationen: Stelle dein Produkt mit einem virtuellen Moderator vor.

    3. E-Learning: Nutze Avatare, um Schulungsvideos oder Tutorials zu erstellen.

    Vorteile:

    1. Du benötigst keine professionelle Kamera oder Beleuchtung, da der Avatar die gesamte Präsentation übernimmt.

    2. Die Videos wirken professionell und sind in wenigen Minuten erstellt.

3. Avatare können in verschiedenen Sprachen sprechen, was dir hilft, internationale Zielgruppen zu erreichen.

- Beispiel: Erstellung eines Erklärvideos

Projekt: Video über „Wie funktioniert KI im Alltag?"

- Umsetzung mit Synthesia:

Schritt 1: Lade das Skript hoch, das den Text enthält.

Schritt 2: Wähle einen Avatar, z. B. einen seriösen männlichen Charakter im Anzug.

Schritt 3: Passe die Sprache und den Ton an, z. B. Englisch mit britischem Akzent.

Schritt 4: Synthesia generiert das Video mit dem Avatar, der das Skript vorträgt.

Schritt 5: Lade das fertige Video herunter und bearbeite es bei Bedarf weiter.

2.2. Animationen für individuelle Projekte

Neben virtuellen Moderatoren kannst du auch Animationen erstellen, um deine Inhalte ansprechender zu gestalten. KI-Tools wie Doodly oder Animoto helfen dir, animierte Videos zu erstellen, die deine Botschaft visuell unterstreichen.

Beispiele für Animationen:

1. Diagramme oder Infografiken für Datenvisualisierungen.

2. Animierte Charaktere, die Handlungen oder Abläufe nachstellen.

3. Übergänge und Effekte, die deinen Content dynamischer machen.

2.3. Tipps für den Einsatz von Animationen und Avataren

1. Kombiniere realistische Avatare mit Animationen: Dies sorgt für eine abwechslungsreiche und ansprechende Präsentation.

2. Halte es einfach: Zu viele Animationen können ablenken. Nutze sie gezielt, um Inhalte zu verdeutlichen.

3. Teste verschiedene Designs: Passe die Animationen an deine Markenfarben und deinen Stil an.

3. Hintergrundmusik und Soundeffekte: Die emotionale Ebene deines Videos

Musik und Soundeffekte spielen eine entscheidende Rolle, um die Atmosphäre deines Videos zu gestalten. Sie können Emotionen verstärken, die Zuschauerbindung erhöhen und deinem Content einen professionellen Touch verleihen.

3.1. Musik mit KI auswählen

Plattformen wie Epidemic Sound, Artlist und AudioJungle bieten KI-gestützte Suchfunktionen, die dir dabei helfen, den perfekten Soundtrack für dein Video zu finden. Durch die Analyse deines Inhalts schlagen sie Musikstücke vor, die thematisch und emotional passen.

Vorteile:

1. Musikstücke sind lizenzfrei, sodass du keine rechtlichen Probleme bekommst.

2. Die KI bietet eine präzise Auswahl basierend auf Stimmung, Tempo und Genre.

3. Viele Plattformen bieten auch Soundeffekte für spezifische Szenen, z. B. Klickgeräusche oder Naturklänge.

Beispiel: Auswahl eines Soundtracks

Projekt: Fitnessvideo mit motivierendem Inhalt.

Umsetzung mit Epidemic Sound:

Schritt 1: Lade einen Ausschnitt deines Videos hoch.

Schritt 2: Epidemic Sound analysiert das Material und schlägt dynamische Tracks vor, die zur Thematik passen.

Schritt 3: Wähle einen treibenden Beat, der die Zuschauer zum Mitmachen animiert.

Schritt 4: Passe die Lautstärke an, sodass die Musik den Sprecher nicht übertönt.

3.2. Soundeffekte für mehr Immersion

Soundeffekte können subtil eingesetzt werden, um Aktionen oder Szenen zu verstärken.

Beispiele:

1. Klickgeräusche bei der Bedienung eines Geräts.

2. Naturklänge wie Vogelgezwitscher oder Wasserrauschen in Outdoor-Szenen.

3. Applaus oder Jubel, um Erfolge zu betonen.

Tipps für die Nutzung von Musik und Soundeffekten

1. Halte die Balance: Musik sollte die Stimme nicht überlagern. Passe die Lautstärke entsprechend an.

2. Wähle konsistente Musik: Der Stil sollte zu deinem Branding passen und die Zuschauer nicht irritieren.

3. Nutze Variationen: Verwende unterschiedliche Musikstücke für Einleitung, Hauptteil und Schluss, um Dynamik zu erzeugen.

Fazit

Die Nutzung von KI für Sprecherstimmen, Animationen und Sounddesign eröffnet beeindruckende Möglichkeiten, um qualitativ hochwertige Videos zu produzieren. Mit Tools wie ElevenLabs, Synthesia und Epidemic Sound kannst du die Produktionszeit drastisch reduzieren und gleichzeitig Inhalte erstellen, die professionell und ansprechend sind. Der Schlüssel zum Erfolg liegt darin, diese Technologien kreativ einzusetzen und regelmäßig zu testen, wie sie am besten zu deinem Content passen. Indem du KI als Produktionshelfer nutzt, kannst du die Qualität deiner Videos steigern und gleichzeitig Ressourcen sparen.

(4) Videoschnitt und Optimierung – Schneller Workflow mit KI

Der Videoschnitt ist ein zentraler Bestandteil des Content-Erstellungsprozesses und beeinflusst maßgeblich die Qualität und die Attraktivität deines Endprodukts. KI-gestützte Tools revolutionieren diesen Schritt, indem sie repetitive Aufgaben automatisieren und dir dabei helfen, beeindruckende Ergebnisse in kürzerer Zeit zu erzielen. In diesem Abschnitt schauen wir uns detailliert an, wie du KI für den Videoschnitt, die Erstellung von Thumbnails und Untertitel nutzen kannst, um einen effizienten und professionellen Workflow aufzubauen.

1. Automatisierter Videoschnitt

1.1. Die Vorteile des KI-gestützten Videoschnitts

Traditioneller Videoschnitt kann zeitaufwändig sein, insbesondere wenn du umfangreiches Material sichtest und entscheidest, welche Teile verwendet werden sollen. KI-Tools wie Runway ML, Adobe Premiere Pro (KI-Funktionen) und Magisto bieten innovative Lösungen, um den Videoschnitt zu beschleunigen.

1.2. Funktionen der KI-gestützten Videoschnitttools:

1. Automatische Szenenerkennung

Die KI analysiert dein Videomaterial und erkennt automatisch Szenenwechsel. Dies spart dir Stunden, die du sonst für das manuelle Durchsehen des Materials benötigen würdest.

2. Schnittvorschläge

KI-Tools schlagen auf Basis von visuellen und akustischen Daten die besten Schnitte vor.

- **Beispiel:** In einem Interview-Video markiert die KI besonders emotionale oder spannende Momente.

3. Entfernung von Pausen oder Füllwörtern

Tools wie Descript identifizieren Füllwörter wie „ähm" oder längere Pausen und entfernen diese automatisch.

4. Einsatz von Effekten

Farbkorrekturen, Übergänge und Soundeffekte können ebenfalls automatisiert vorgeschlagen und eingefügt werden.

1.2. Beispiel: Best-of-Formate mit KI erstellen

Ein beliebtes Format auf Plattformen wie YouTube sind „Best-of"-Zusammenstellungen, z. B. die besten Momente aus Interviews, Reaktionen oder Gaming-Streams. Mit KI-Tools kannst du diese Formate schnell und effizient umsetzen.

Workflow für ein Best-of-Video:

1. **Material sammeln:** Sammle mehrere Stunden Rohmaterial, z. B. aus Interviews oder Streams.

2. Analyse: Lade das Material in ein KI-Tool wie Runway ML. Die KI analysiert das Video und markiert Highlights, basierend auf Tonhöhe, Lautstärke und Gesichtsausdrücken.

3. Schnittvorschläge: Die KI schlägt vor, welche Clips am relevantesten sind.

4. Zusammenstellung: Kombiniere die Clips zu einem durchgehenden Video. Füge Übergänge hinzu, die von der KI automatisch vorgeschlagen werden.

5. Export: Das Tool rendert dein Video in hoher Qualität und macht es bereit für den Upload.

1.3. Empfohlene Tools für den Videoschnitt

1. Runway ML: Besonders geeignet für visuelle Kreativität und Szenenanalyse.

2. Adobe Premiere Pro (Sensei KI): Kombiniert professionelle Schnittfunktionen mit intelligenter KI-Unterstützung.

3. Magisto: Ideal für Anfänger, da es Videos automatisch basierend auf Stil und Thema schneidet.

4. Descript: Perfekt, um Audios und Videos zu bearbeiten, Füllwörter zu entfernen und Transkripte zu generieren.

2. Erstellung von Thumbnails

Thumbnails sind das Erste, was Zuschauer von deinem Video sehen, und entscheiden oft über den Erfolg deines Inhalts. KI-Tools wie Canva, Photoshop (KI-Funktionen) und Crello erleichtern die Erstellung von ansprechenden Thumbnails.

2.1. Warum Thumbnails so wichtig sind

1. **Erste Impression:** Ein hochwertiges Thumbnail kann die Klickrate (Click-Through-Rate, CTR) deutlich steigern.

2. **SEO-Wirkung:** YouTube bevorzugt Videos mit hohen Klick- und Verweildauerraten, was durch ein gutes Thumbnail unterstützt wird.

2.2. Wie KI-Tools Thumbnails optimieren

1. **Vorlagenbasierte Designs:** Tools wie Canva bieten vorgefertigte Templates, die auf erfolgreiche Designs basieren.

2. **Automatische Bildauswahl:** KI erkennt die besten Frames aus deinem Video, z. B. ausdrucksstarke Gesichtsausdrücke oder actionreiche Szenen.

3. **Textplatzierung:** Die KI schlägt ideale Positionen für Texte vor, um die Lesbarkeit zu maximieren.

4. **Farbanalyse:** Farbpaletten werden automatisch optimiert, um Aufmerksamkeit zu erzeugen.

2.3. Praxis-Tipp: A/B-Testing von Thumbnails

Erstelle mehrere Versionen eines Thumbnails und teste, welches die beste Klickrate erzielt. Tools wie TubeBuddy ermöglichen dir, verschiedene Thumbnails für das gleiche Video zu testen und die Ergebnisse zu analysieren.

2.4. Empfohlene Tools für Thumbnails

1. **Canva:** Benutzerfreundlich und ideal für Anfänger, mit vielen Vorlagen und Designvorschlägen.

2. Photoshop (KI): Für Profis, die individuelle Designs erstellen möchten, mit KI-Unterstützung für Bildoptimierungen.

3. Crello: Ähnlich wie Canva, aber mit stärkerem Fokus auf Animationen und bewegte Elemente.

4. Fotor: Automatische Bildbearbeitung und Effekte speziell für Social-Media-Designs.

3. Automatisierte Untertitel

Untertitel sind essenziell für die Barrierefreiheit und Reichweite deines Videos, insbesondere in internationalen Märkten. KI-Tools wie Rev, Kapwing oder Otter.ai bieten schnelle und präzise Lösungen.

3.1. Warum Untertitel wichtig sind

1. Barrierefreiheit: Untertitel machen deinen Content auch für hörgeschädigte Menschen zugänglich.

2. Internationale Reichweite: Übersetzte Untertitel ermöglichen es dir, ein globales Publikum zu erreichen.

3. Bessere Verweildauer: Viele Zuschauer schauen Videos ohne Ton, z. B. auf Social-Media-Plattformen. Untertitel sorgen dafür, dass sie trotzdem den Inhalt erfassen.

Wie KI-Tools Untertitel generieren

1. Automatische Transkription: Lade dein Video in ein Tool wie Rev oder Kapwing. Die KI analysiert die Audiospur und erstellt ein Texttranskript.

2. Zeitstempel: Die KI synchronisiert automatisch die gesprochenen Worte mit den entsprechenden Videosequenzen.

3.Bearbeitung: Überprüfe die generierten Untertitel auf Genauigkeit. Einige Tools wie Otter.ai ermöglichen es dir, direkt im Editor Änderungen vorzunehmen.

4.Export: Exportiere die Untertitel als SRT-Datei oder brenne sie direkt ins Video ein.

3.2.Praxisbeispiel: Untertitel für ein Tutorial-Video

1.Hochladen: Lade dein Tutorial-Video in Kapwing.

2.Transkription: Die KI erstellt innerhalb weniger Minuten einen vollständigen Untertiteltext.

3.Bearbeitung: Passe Begriffe oder Namen an, die eventuell falsch transkribiert wurden.

4.Export: Lade die Untertitel als SRT-Datei herunter und füge sie in dein Video ein, oder wähle die Option „Hardcoded", um sie dauerhaft einzubrennen.

3.3.Empfohlene Tools für Untertitel

1.Rev: Präzise Untertitel und Übersetzungen, ideal für professionelle Projekte.

2.Kapwing: All-in-One-Tool für Videoschnitt und Untertitelbearbeitung.

3.Otter.ai: Besonders gut für Live-Transkriptionen und Echtzeit-Bearbeitungen.

4.YouTube Studio: Bietet kostenlose automatische Untertitel mit der Möglichkeit zur Bearbeitung.

Fazit: Optimierung durch KI

Der Einsatz von KI-gestützten Tools für Videoschnitt, Thumbnails und Untertitel verschafft dir nicht nur einen Wettbewerbsvorteil, sondern spart auch enorm viel Zeit. Egal, ob du Anfänger oder Profi bist, mit der richtigen Kombination aus Tools und Strategien kannst du deinen Workflow optimieren und beeindruckenden Content erstellen, der sowohl optisch als auch inhaltlich überzeugt. Nutze die Flexibilität und Präzision der KI, um dich auf das Wesentliche zu konzentrieren: kreative Inhalte, die deine Zielgruppe begeistern.

(5) *Monetarisierung von YouTube-Content*

Der Erfolg auf YouTube liegt nicht nur in der Erstellung hochwertiger Videos, sondern auch in der Fähigkeit, diese Inhalte zu monetarisieren. YouTube bietet eine Vielzahl an Einnahmequellen, die von Werbeeinnahmen über Sponsoring bis hin zu Crowdfunding reichen. In diesem Abschnitt erfährst du detailliert, wie du mit deinem Content Geld verdienen kannst und welche Strategien sich besonders für Anfänger und Fortgeschrittene eignen.

1. Einnahmequellen verstehen

Monetarisierung ist das Herzstück des YouTube-Erfolgs. Um Einnahmen zu generieren, musst du die verschiedenen verfügbaren Methoden und deren Funktionsweise verstehen. Dieser Abschnitt erklärt dir detailliert, wie jede Einnahmequelle funktioniert, was du dafür benötigst und welche Strategien am besten geeignet sind.

1.1. Werbeeinnahmen: Die Basis der YouTube-Monetarisierung

Werbung ist eine der bekanntesten und häufigsten Einnahmequellen auf YouTube. Sobald dein Kanal für das YouTube-Partnerprogramm (YPP) zugelassen ist, kannst du Anzeigen in deinen Videos schalten lassen.

Die Einnahmen basieren auf zwei Hauptfaktoren: CPM (Cost per Mille) und CPC (Cost per Click).

- CPM (Cost per Mille): Dies ist der Betrag, den du pro 1.000 Aufrufe erhältst, bei denen eine Anzeige geschaltet wird. CPM variiert stark je nach Branche, Region und Zielgruppe. Themen wie Finanzen oder Technologie haben oft höhere CPM-Werte.

- CPC (Cost per Click): Hier verdienst du Geld, wenn Zuschauer auf eine Anzeige klicken. CPC ist meist niedriger als CPM, aber dennoch eine zusätzliche Einnahmequelle.

1.2. Was du benötigst, um mit Werbeeinnahmen zu starten:

1. Mindestens 1.000 Abonnenten und 4.000 Stunden Wiedergabezeit in den letzten 12 Monaten.

2. Einen Kanal, der den YouTube-Richtlinien entspricht, z. B. in Bezug auf Copyright und Community-Richtlinien.

3. Aktiviertes YouTube-Partnerprogramm (YPP).

Vorteile von Werbeeinnahmen:

1. Automatisch und passiv, sobald du die Anforderungen erfüllst.

2. Gut für Kanäle mit hohem Traffic und regelmäßigen Uploads.

Herausforderungen:

1. Geringe Einnahmen, wenn deine Zuschauerzahl oder CPM niedrig ist.

2. Starke Abhängigkeit von YouTubes Algorithmus und Monetarisierungsrichtlinien.

1.3. Sponsoring: Markenpartnerschaften nutzen

Sponsoring ist eine hervorragende Möglichkeit, hohe Einnahmen zu erzielen, insbesondere wenn dein Kanal eine engagierte und definierte Zielgruppe hat. Marken zahlen dir, um ihre Produkte oder Dienstleistungen in deinen Videos zu bewerben.

Wie Sponsoring funktioniert:

1. Markenansprache: Entweder wendest du dich direkt an Unternehmen, oder sie kontaktieren dich. Plattformen wie Grapevine, FameBit oder Upfluence helfen, Marken mit YouTubern zu verbinden.

2. Vertragliche Vereinbarung: Du erhältst eine Vergütung für die Integration des Produkts in dein Video. Dies kann in Form eines einmaligen Honorars oder einer Umsatzbeteiligung erfolgen.

Arten von Sponsoring:

1. Produktplatzierung: Du zeigst oder erwähnst ein Produkt in deinem Video.

2. Vollständige Übernahme: Das gesamte Video wird von einer Marke gesponsert.

3. Rabattcodes: Du erhältst Provisionen basierend auf Verkäufen, die durch deinen Rabattcode generiert werden.

Vorteile:

1. Potenziell hohe Einnahmen, unabhängig von YouTubes Richtlinien.

2. Individuell an deinen Kanal und deine Zielgruppe anpassbar.

Tipp:

Erstelle ein Medien-Kit, das Statistiken wie Abonnentenzahlen, Engagement-Raten und Zielgruppenanalysen enthält. Tools wie Hunter.io helfen dir, Kontakte zu Marken zu finden.

1.4. Mitgliedschaften: Exklusive Inhalte für treue Fans

Mitgliedschaften bieten eine Möglichkeit, deine engsten Fans zu binden und gleichzeitig wiederkehrende Einnahmen zu erzielen. Zuschauer können gegen eine monatliche Gebühr exklusive Inhalte oder Vorteile erhalten.

Wie Mitgliedschaften funktionieren:

1. Aktiviere die Mitgliedschaftsfunktion in deinem YouTube-Kanal (verfügbar für YPP-Mitglieder).

2. Lege verschiedene Preisstufen fest, z. B. 3 €, 5 € oder 10 € pro Monat.

3. Biete exklusive Inhalte wie Live-Chats, spezielle Videos oder Rabatte an.

Beispiele für exklusive Inhalte:

1. „Behind-the-Scenes"-Material.

2. Exklusive Tutorials oder Workshops.

3. Persönliche Interaktionen, z. B. Q&A-Sessions.

Vorteile:

1. Planbare und wiederkehrende Einnahmen.

2. Aufbau einer engen Community von Unterstützern.

Tipp:

Nutze Tools wie Patreon, um Mitgliedschaften auch außerhalb von YouTube zu verwalten. Patreon ermöglicht es dir, Inhalte zu monetarisieren, ohne von YouTubes Richtlinien abhängig zu sein.

2. Strategien für Sponsoren

Eine erfolgreiche Partnerschaft mit Sponsoren erfordert Planung, Präsentation und die Fähigkeit, den Mehrwert deines Kanals zu kommunizieren. Hier sind Schritte und Strategien, um Sponsoren effektiv anzusprechen.

2.1. Die richtigen Sponsoren finden

1. Zielgerichtete Suche:

- Nutze Tools wie Hunter.io oder LinkedIn, um Kontakte zu relevanten Marken zu finden.

- Suche nach Unternehmen, die ähnliche Zielgruppen haben wie dein Kanal.

- Beachte, dass kleinere Marken oft eher bereit sind, mit Mikro-Influencern zusammenzuarbeiten.

2. Analyse deiner Zielgruppe:

- Marken interessieren sich für deine Zuschauer, nicht nur für die Abonnentenzahl. Verwende YouTube Analytics oder Tools wie Noxinfluencer, um demografische Daten, Interessen und Engagement zu ermitteln.

2.2. Ein überzeugendes Medien-Kit erstellen

Ein Medien-Kit ist deine Visitenkarte für Sponsoren.

Es sollte professionell und prägnant gestaltet sein und Folgendes enthalten:

1. **Statistiken:** Abonnenten, durchschnittliche Views, Engagement-Rate.

2. **Zielgruppe:** Demografische Daten, Interessen, geografische Reichweite.

3. **Beispielprojekte:** Früheres Sponsoring oder erfolgreiche Videos.

4. **Deine Angebote:** Wie du Produkte oder Dienstleistungen in deinen Content integrieren kannst.

2.3. Verhandlungstipps

1. **Realistische Preisvorstellungen:** Verlange für dein Sponsoring abhängig von deinen Views und deinem Engagement. Beispiel: Ein Kanal mit 50.000 Views pro Video kann zwischen 500 und 1.500 € pro Integration verlangen.

2. **Flexibilität:** Biete verschiedene Pakete an, z. B. Produktplatzierungen, exklusive Erwähnungen oder dedizierte Videos.

3. **Langfristige Partnerschaften:** Langfristige Verträge sind oft finanziell attraktiver und sparen Zeit bei der Sponsorensuche.

3. Nutzung von Affiliate-Marketing

Affiliate-Marketing ist eine einfache Möglichkeit, Einnahmen zu generieren, indem du Produkte oder Dienstleistungen empfiehlst und für jeden Verkauf Provisionen erhältst.

3.1. Wie Affiliate-Marketing funktioniert

1. Melde dich bei einem Affiliate-Programm an, z. B. Amazon Associates, CJ Affiliate oder ShareASale.

2. Erhalte einen individuellen Tracking-Link für Produkte, die du in deinem Video erwähnst.

3. Füge diesen Link in die Videobeschreibung ein.

4. Erhalte eine Provision für jeden Kauf, der über deinen Link erfolgt.

3.2. Strategien für effektives Affiliate-Marketing

1. **Authentizität:** Empfehle nur Produkte, die du wirklich kennst und schätzt. Zuschauer bemerken schnell, wenn deine Empfehlungen nicht glaubwürdig sind.

2. **Produkt-Demonstration:** Zeige, wie ein Produkt verwendet wird, und erkläre dessen Vorteile.

3. **Platzierung der Links:** Erwähne in deinem Video, dass die Links in der Beschreibung zu finden sind. Nutze Tools wie Bitly, um Links zu verkürzen und klickbarer zu machen.

4. Crowdfunding und Fanunterstützung

Crowdfunding-Plattformen wie Patreon, Buy Me a Coffee oder Ko-fi ermöglichen es deinen Zuschauern, dich direkt zu unterstützen. Diese Methode eignet sich besonders für Creator mit einer engagierten Community.

4.1. Wie Crowdfunding funktioniert

1. **Registrierung:** Erstelle ein Konto bei einer Crowdfunding-Plattform.

2. Anreize bieten: Biete Unterstützern exklusive Inhalte, Dankeschön-Videos oder Erwähnungen an.

3. Integration: Erwähne in deinen Videos, wie Zuschauer dich unterstützen können.

4.2. Strategien für Crowdfunding

1. Regelmäßige Inhalte: Stelle sicher, dass Unterstützer regelmäßig exklusive Inhalte erhalten.

2. Transparenz: Teile deinen Unterstützern mit, wie ihre Beiträge verwendet werden, z. B. für die Verbesserung der Videoproduktion.

3. Engagement: Bedanke dich öffentlich bei Unterstützern, um deren Loyalität zu stärken.

Fazit

Die Monetarisierung von YouTube-Content bietet zahlreiche Möglichkeiten, Einkommen zu generieren. Von Werbeeinnahmen über Sponsoring bis hin zu Crowdfunding: Jede Methode hat ihre Vorteile und erfordert unterschiedliche Strategien. Entscheidend ist, dass du deine Zielgruppe verstehst und glaubwürdige, hochwertige Inhalte lieferst. Nutze KI-Tools, um deine Monetarisierungsstrategie zu optimieren und deinen Kanal nachhaltig zu finanzieren.

(6) Praxisbeispiel – Ein vollständiger Workflow

Der Erfolg auf YouTube hängt nicht nur von einzelnen Schritten wie der Ideenfindung oder der Videoproduktion ab, sondern von einem nahtlosen Workflow, der Kreativität, Effizienz und Monetarisierung vereint. In diesem Abschnitt zeigen wir dir in einem detaillierten Praxisbeispiel, wie du mit Hilfe von KI-Tools ein vollständiges Video erstellen kannst – von der Idee bis zur Monetarisierung.

Dieses Beispiel richtet sich auch an Anfänger und erklärt jeden Schritt verständlich.

1. Ideenfindung – Die Grundlage eines erfolgreichen Videos

Die Ideenfindung ist der erste und wichtigste Schritt. Mit Tools wie ChatGPT, Jasper, oder VidIQ kannst du nicht nur kreative Themen für deine Nische entwickeln, sondern auch aktuelle Trends identifizieren.

Hier gehen wir Schritt für Schritt vor:

1. Tool-Einsatz: ChatGPT

- Angenommen, deine Nische ist „Minimalismus im Alltag". Du möchtest 10 Videoideen generieren.

2. Eingabe:

- Gib in ChatGPT folgendes ein:

- „Erstelle eine Liste mit 10 kreativen Videoideen für die Nische ‚Minimalismus im Alltag'."

3. Ergebnis:

ChatGPT liefert Ideen wie:

- „5 Dinge, die Minimalisten niemals kaufen."

- „Minimalistische Organisationstipps für dein Zuhause."

- „Wie du deine Garderobe minimalistisch gestaltest."

Vorteile:

1. Spart Zeit beim Brainstorming.

2. Liefert Ideen, die du auf Trends abstimmen kannst.

3. Trendanalyse mit VidIQ

4. Nutze VidIQ, um herauszufinden, welche Themen in deiner Nische aktuell gefragt sind:

- Gib Suchbegriffe wie „Minimalismus" oder „Organisationstipps" ein.

- Analysiere die Schlagwort-Bewertungen und finde Videos mit hoher Nachfrage und geringem Wettbewerb.

2. Skripterstellung – Klare Struktur und ansprechender Inhalt

Ein gutes Skript ist der Schlüssel zu einem professionellen Video. Es hilft dir, deine Gedanken zu strukturieren und sicherzustellen, dass du deine Botschaft klar und prägnant übermittelst.

Tool-Einsatz: Jasper

Für das Video „5 minimalistische Organisationstipps" kannst du Jasper verwenden.

1. Eingabe:

    1.1. Thema: „Erstelle ein YouTube-Skript für ein Video mit dem Titel ‚5 minimalistische Organisationstipps'."

    1.2. Zusatz: „Der Stil sollte freundlich und informativ sein."

2. Ergebnis:

Jasper erstellt ein Skript mit:

    2.1. Einleitung: „Willkommen zurück auf meinem Kanal! Heute zeige ich euch 5 einfache Tipps, wie ihr euer Zuhause minimalistisch organisieren könnt."

    2.2. Hauptteil:

- **Tipp 1:** „Sortiere nach Kategorien, nicht nach Räumen."

- **Tipp 2:** „Verwende durchsichtige Boxen für Kleinkram."

    2.3. Abschluss: „Danke fürs Zuschauen! Vergesst nicht, ein Like dazulassen und meinen Kanal zu abonnieren."

Vorteile:

    1. Spart Zeit und liefert eine klare Struktur.

2. Einfach anpassbar an deinen Stil oder deine Marke.

Zusatz-Tipp:

- Experimentiere mit verschiedenen Stilen, z. B. humorvoll, ernst oder kreativ, um das Skript einzigartig zu machen.

3. Aufnahme – Sprecherstimmen und Animationen mit KI

In diesem Schritt erzeugst du das audiovisuelle Material für dein Video. KI-Tools wie ElevenLabs, Synthesia und Pictory helfen dir dabei, hochwertige Inhalte zu erstellen, ohne dass du selbst vor der Kamera stehen musst.

3.1. Sprecherstimmen mit ElevenLabs

Wenn du keine eigene Stimme aufnehmen möchtest, bietet ElevenLabs natürlich klingende Sprecherstimmen in verschiedenen Sprachen und Stilen.

Schritte:

1. Lade das Skript hoch.

1.1. Wähle die gewünschte Stimme (z. B. „freundlich und motivierend").

1.2. Lade die generierte Audiodatei herunter.

2. Vorteile:

1. Spart Zeit und sorgt für professionelle Ergebnisse.

2. Perfekt für internationale Zielgruppen durch mehrsprachige Optionen.

3.2. Animationen mit Synthesia

Für visuelle Inhalte kannst du Synthesia nutzen, um Avatare zu erstellen, die dein Skript vortragen.

Schritte:

1. Lade das Skript und die Sprecherstimme hoch.

    1.1. Wähle einen Avatar, der deine Zielgruppe anspricht.

    1.2. Passe den Hintergrund und die Animationen an.

2. Beispiel:

    - Erstelle einen virtuellen Moderator, der die „minimalistischen Organisationstipps" vorstellt.

Vorteile:

    1. Ideal für Erklärvideos oder Tutorials.

    2. Kostengünstige Alternative zu einem Kamerateam.

4. Schnitt – Bearbeitung mit KI für Geschwindigkeit und Präzision

Ein gut geschnittenes Video ist entscheidend für den Erfolg auf YouTube. Mit modernen KI-Tools wie Runway ML, Descript und Adobe Premiere Pro kannst du den Bearbeitungsprozess erheblich vereinfachen.

Videoschnitt mit Runway ML

1. Automatisierte Szenenerkennung:

    1.1. Lade das Video und die Audiodatei hoch.

    1.2. Nutze die automatische Szenenerkennung, um unnötige Pausen oder Füllwörter zu entfernen.

2. Effekte hinzufügen:

    - Füge Übergänge, Farbkorrekturen und visuelle Effekte hinzu.

    - **Beispiel:** Verwende sanfte Übergänge zwischen den einzelnen Tipps.

Untertitel mit Descript

Untertitel verbessern die Zugänglichkeit und das Engagement.

Mit Descript kannst du Untertitel automatisch generieren:

   1. Lade die Audiodatei hoch.

   2. Generiere die Untertitel.

   3. Passe Schriftart und Farbe an das Design deines Videos an.

Hintergrundmusik und Soundeffekte

Plattformen wie Epidemic Sound oder Artlist bieten KI-gestützte Musikempfehlungen:

   1. Suche nach Musik, die zu deinem Thema passt (z. B. „ruhig und motivierend").

   2. Lade die Musik herunter und füge sie deinem Video hinzu.

5. Monetarisierung – Einnahmen generieren

Sobald dein Video fertig ist, geht es darum, daraus Einnahmen zu generieren. Hier sind die Schritte, um dein Video profitabel zu machen.

1. Werbung aktivieren

Schritte:

   1. Stelle sicher, dass dein Kanal die Anforderungen des YouTube-Partnerprogramms erfüllt.

   2. Lade das Video hoch und aktiviere die Monetarisierung.

   3. Wähle Anzeigentypen (z. B. Pre-Roll oder Mid-Roll).

Tipp:

- Lange Videos (über 8 Minuten) bieten mehr Platz für Mid-Roll-Anzeigen und damit höhere Einnahmen.

2. Affiliate-Links hinzufügen

Beispiel:

In einem Video über minimalistische Organisation kannst du Boxen oder Regale empfehlen.

1. Registriere dich bei Amazon Associates.

2. Verlinke die Produkte in der Videobeschreibung.

3. Erwähne die Links im Video, um Zuschauer zum Klicken zu animieren.

Sponsoren ansprechen

Praxisbeispiel:

1. Kontaktiere eine Marke für Aufbewahrungssysteme.

2. Biete eine Produktplatzierung im nächsten Video an.

3. Verhandle ein Sponsoring in Form von Geld oder kostenlosen Produkten.

Zusätzliche Einnahmen durch Crowdfunding

Plattformen:

Nutze Patreon oder Buy Me a Coffee, um Unterstützer zu gewinnen.

Strategie:

- Biete exklusive Inhalte wie „Behind-the-Scenes"-Videos oder Rabatte für Unterstützer an.

Zusammenfassung des Workflows

In diesem Beispiel haben wir gezeigt, wie du ein Video von der Ideenfindung bis zur Monetarisierung erstellst. Mit den richtigen Tools und Strategien kannst du den gesamten Prozess effizient gestalten und gleichzeitig professionelle Ergebnisse erzielen. Die Kombination von KI-gestützten Tools wie ChatGPT, ElevenLabs und Runway ML macht es selbst Anfängern möglich, hochwertigen Content zu produzieren und erfolgreich auf YouTube zu monetarisieren.

Abschließende Worte - „YouTube-Content mit KI erstellen"

Mit der Unterstützung von KI wird die Erstellung von YouTube-Content effizienter, kreativer und profitabler. Von der Ideenfindung bis zur Monetarisierung bietet die Technologie zahlreiche Werkzeuge, um in der wettbewerbsintensiven Welt von YouTube erfolgreich zu sein. Jetzt liegt es an dir, diese Tools zu nutzen und deinen eigenen Kanal zu einem Erfolg zu machen.

MUSIK ERSTELLEN MIT K.I.

Die Welt der Musikproduktion hat sich durch den Einsatz von Künstlicher Intelligenz (KI) revolutioniert. Heute können sogar Menschen ohne musikalische Vorkenntnisse mit KI-Tools beeindruckende Kompositionen erstellen. Dieses Kapitel erklärt, wie KI-Musik funktioniert, wo und wie du sie einsetzen kannst, und welche Strategien dir helfen, Musik erfolgreich zu monetarisieren.

Was dich in diesem Kapitel erwartet:

Abschnitt 1: Grundlagen der KI-Musikproduktion

Abschnitt 2: Die besten KI-Tools zur Musikproduktion

Abschnitt 3: Wie funktioniert die KI-Komposition in der Praxis?

Abschnitt 4: Einsatzmöglichkeiten von KI-generierter Musik

Abschnitt 5: Monetarisierung von KI-Musik

Abschnitt 6: Praxisbeispiel – Ein Workflow zur KI-Musikproduktion

(1) Grundlagen der KI-Musikproduktion

Die Musikproduktion ist ein Bereich, der seit jeher stark von Innovationen geprägt ist. Mit der Einführung von KI (Künstliche Intelligenz) hat sich eine neue Dimension eröffnet, die nicht nur die Art und Weise verändert, wie Musik komponiert und produziert wird, sondern auch den Zugang zur Musikproduktion demokratisiert. In diesem Abschnitt gehen wir detailliert darauf ein, wie KI Musik erstellt, welche Technologien dahinterstecken und welche zentralen Funktionen KI-gestützter Musiktools in der Praxis bieten.

1 Einführung: Wie KI Musik erstellt

1.1 Was ist KI-gestützte Musik?

KI-gestützte Musikproduktion bezeichnet die Verwendung von Algorithmen und Machine-Learning-Modellen, um Musik zu komponieren, zu arrangieren und zu produzieren. KI kann dabei helfen, musikalische Muster zu analysieren, neue Melodien zu generieren oder bestehende Kompositionen zu verbessern.

KI-generierte Musik basiert auf großen Datensätzen, die aus Tausenden von Songs bestehen. Diese Songs werden analysiert, um Muster, Harmonien, Rhythmen und Stilmerkmale zu erkennen. Auf Basis dieser Analyse kann die KI Musikstücke erstellen, die stilistisch ähnlich oder komplett neuartig sind.

1.2 Die Technologien hinter KI-Musik

Machine Learning (ML): Algorithmen lernen aus vorhandenen Musikstücken und erkennen Strukturen wie Akkordfolgen, Melodien oder Rhythmen. Dieses Wissen wird genutzt, um neue Kompositionen zu erstellen.

> **Deep Learning:** Fortgeschrittenere ML-Modelle wie neuronale Netze sind in der Lage, komplexere Musikstücke zu komponieren. Sie werden oft in Tools wie AIVA oder Soundraw verwendet.

Natural Language Processing (NLP): Wird bei KI-Tools eingesetzt, um Benutzeranweisungen wie „Erstelle ein ruhiges Klavierstück" oder „Generiere eine epische Filmsoundtrack-Melodie" in musikalische Kompositionen zu übersetzen.

Generative Adversarial Networks (GANs): Diese Technologie, bei der zwei neuronale Netze zusammenarbeiten, wird genutzt, um besonders kreative Musikstücke zu generieren. Eines der Netze erstellt ein Musikstück, während das andere bewertet, ob das Ergebnis „musikalisch sinnvoll" ist.

2 Wie funktioniert die Erstellung von KI-Musik in der Praxis?

2.1 Datenanalyse und Mustererkennung

Die KI analysiert eine Vielzahl von Musikstücken aus unterschiedlichen Genres. Dabei identifiziert sie:

Harmonie und Melodie: Die Beziehung zwischen Noten und wie diese eine musikalische Aussage formen.

Rhythmik: Die zeitliche Struktur der Musik, z. B. Taktarten und Schlagmuster.

Instrumentierung: Welche Instrumente verwendet werden und wie sie zusammenwirken.

Dynamik: Variationen in Lautstärke und Ausdruck.

2.2 Generierung neuer Musik

Auf Basis der analysierten Daten erstellt die KI neue Musikstücke, die entweder spezifischen Vorgaben entsprechen oder kreativ aus den erlernten Mustern schöpfen. Der Prozess kann wie folgt aussehen:

1. Der Benutzer wählt Parameter wie Genre, Stimmung oder Tempo.

2. Die KI erzeugt ein Stück, das den Vorgaben entspricht.

3. Optional können Feineinstellungen vorgenommen werden, um das Ergebnis zu verfeinern.

3. Überblick über die wichtigsten Funktionen von KI-Tools in der Musikproduktion

KI-Musiktools bieten eine Vielzahl von Funktionen, die von der Ideenfindung bis zur Produktion reichen. Hier sind die wichtigsten Features, die diese Tools auszeichnen:

3.1 Automatische Komposition

KI-Tools wie Soundraw, AIVA und Amper Music ermöglichen es, komplette Musikstücke mit nur wenigen Klicks zu generieren.

Beispiel:

1. Der Benutzer wählt ein Genre wie „elektronische Musik" oder „klassische Musik" aus.

2. Die KI generiert eine Melodie, Rhythmik und Begleitung passend zu den Vorgaben.

3.2 Anpassung von Stimmungen und Genres

Mit KI kann man die Stimmung und den Stil eines Musikstücks einfach ändern.

Funktionen:

1. Ändere die Stimmung von „fröhlich" zu „melancholisch".

2. Transformiere ein Pop-Stück in ein Jazz-Arrangement.

3.3 Instrumentierung und Orchestrierung

KI-Tools können eine vollständige Instrumentierung vornehmen, ohne dass der Benutzer ein Musikexperte sein muss.

Beispiele:

1. Die KI fügt Streicher hinzu, um einem Stück mehr Tiefe zu verleihen.

2. Eine Basslinie oder Schlagzeugbegleitung wird automatisch hinzugefügt, um das Stück zu vervollständigen.

3.4 Loops und Arrangements

KI-Tools wie Boomy sind besonders nützlich für die Erstellung von Loops oder Beats, die in modernen Musikrichtungen wie Hip-Hop oder EDM verwendet werden.

Anwendung:

Ein Benutzer erstellt einen 4-Takt-Loop, den die KI dann zu einem vollständigen Track ausbaut.

3.5 Mixing und Mastering

Neben der Komposition bieten viele KI-Tools auch Unterstützung beim Mixing und Mastering.

Features:

1. Automatische Anpassung von Lautstärke, Equalizer und Kompression.

2. Soundoptimierung für verschiedene Plattformen wie Spotify oder YouTube.

4 Vorteile der KI-Musikproduktion

Die Integration von KI in die Musikproduktion bietet zahlreiche Vorteile:

4.1. Zeitersparnis

Komplexe Aufgaben wie die Komposition, Orchestrierung oder das Arrangieren von Musikstücken, die normalerweise Stunden oder Tage dauern, können in Minuten erledigt werden.

4.2. Kostenersparnis

Traditionelle Musikproduktion erfordert oft teure Studios, Instrumente und Musiker. KI-Tools bieten eine kostengünstige Alternative, insbesondere für kleine Projekte.

4.3. Kreative Vielfalt

Die KI kann einzigartige Kombinationen von Stilen, Genres und Instrumentierungen erstellen, die ein Mensch möglicherweise nicht in Betracht ziehen würde.

4.4. Benutzerfreundlichkeit

Die meisten KI-Tools sind so konzipiert, dass sie auch für Anfänger zugänglich sind. Ohne musikalische Vorkenntnisse kann jeder qualitativ hochwertige Musik erstellen.

5. Herausforderungen und Grenzen

Trotz der vielen Vorteile gibt es auch einige Herausforderungen:

5.1. Künstliche Begrenztheit

KI generiert oft Musik, die generisch oder vorhersehbar ist. Es fehlt die Tiefe und Emotionalität, die menschliche Kompositionen oft auszeichnet.

5.2. Urheberrechtsfragen

Wem gehört die Musik, die von einer KI erstellt wurde? Diese Frage ist rechtlich oft nicht eindeutig geklärt.

5.3. Ethische Überlegungen

Sollten KI-Tools die menschliche Kreativität ersetzen? Einige Kritiker befürchten, dass der Einsatz von KI in der Musikproduktion traditionelle Künstler verdrängen könnte.

Fazit

Die KI-Musikproduktion ist ein spannendes und wachsendes Feld, das sowohl Anfängern als auch Profis neue Möglichkeiten bietet. Die Technologien hinter KI-gestützter Musik sind beeindruckend und ermöglichen eine schnelle und kostengünstige Erstellung von qualitativ hochwertiger Musik. Trotz einiger Herausforderungen und ethischer Fragen bietet KI das Potenzial, die Musiklandschaft nachhaltig zu verändern. In den nächsten Abschnitten werden wir uns genauer mit den Tools und ihren spezifischen Einsatzmöglichkeiten beschäftigen, um dir den Einstieg in die KI-Musikproduktion zu erleichtern.

(2) Die besten KI-Tools zur Musikproduktion

Die Zahl der verfügbaren KI-gestützten Musikproduktionsplattformen wächst stetig. Jede dieser Plattformen bietet spezifische Funktionen, die sich für unterschiedliche Zwecke und Nutzergruppen eignen. In diesem Abschnitt werden die führenden Tools Soundraw, Amper Music, AIVA und Boomy detailliert beschrieben. Zusätzlich bietet ein Vergleich Leitlinien dazu, welche Plattform für welche Anwendung am besten geeignet ist.

1. Soundraw

1.1. Überblick

Soundraw ist ein leistungsfähiges KI-Tool, das sich auf die schnelle Erstellung hochwertiger und individuell anpassbarer Musik spezialisiert hat. Es richtet sich vor allem an Content-Ersteller wie YouTuber, Podcaster und Webentwickler.

1.2.. Funktionen

- **Genre- und Stimmungsauswahl:** Benutzer können aus einer breiten Palette an Genres (z. B. Pop, Rock, Elektronik) und Stimmungen (z. B. fröhlich, melancholisch) wählen.

- **Anpassbare Tracks:** Soundraw bietet die Möglichkeit, erzeugte Tracks in Echtzeit anzupassen, indem man Instrumente hinzufügt, entfernt oder Lautstärken anpasst.

- **Loop-basierte Komposition:** Tracks werden als Loops erstellt, die leicht in Videos oder Präsentationen integriert werden können.

1.3. Stärken

Intuitive Bedienung: Auch für Anfänger geeignet, da die Benutzeroberfläche sehr einfach zu verstehen ist.

Schnelligkeit: Innerhalb weniger Minuten lassen sich vollständig lizenzierte Tracks erstellen.

Kompatibilität: Ideal für schnelle Projekte wie YouTube-Videos oder Werbeanzeigen.

1.4. Schwächen

Eingeschränkte musikalische Tiefe: Für komplexere Arrangements oder orchestrale Werke ist Soundraw weniger geeignet.

Keine Möglichkeit, individuelle Melodien einzugeben.

1.5. Beispiele für den Einsatz

YouTube: Erstellung von Hintergrundmusik für Tutorials oder Vlogs.

Podcasts: Anpassung von Stücken für Intro- oder Outro-Musik.

Werbung: Schnelle Produktion von Musik für Online-Kampagnen.

2.2 Amper Music

2.1. Überblick

Amper Music ist eine KI-gestützte Plattform, die sich durch ihre Vielseitigkeit auszeichnet. Das Tool richtet sich sowohl an Anfänger als auch an erfahrene Musiker und ist besonders für die Erstellung maßgeschneiderter Tracks geeignet.

2.2. Funktionen

- **Genre- und Instrumentenauswahl:** Benutzer können spezifische Instrumente und Stilrichtungen auswählen, um ihre Kompositionen zu individualisieren.

- **Anpassung von Struktur und Länge:** Tracks können in ihrer Länge und Struktur verändert werden, um sie exakt auf Projekte zuzuschneiden.

- **Integration von MIDI-Daten:** Fortgeschrittene Benutzer können MIDI-Daten hochladen und die KI als unterstützendes Tool nutzen.

2.3. Stärken

Flexibilität: Die Möglichkeit, Tracks vollständig anzupassen, macht Amper Music besonders für kreative Projekte attraktiv.

Hochwertige Sounds: Die generierten Musikstücke klingen professionell und eignen sich für Film, Fernsehen und Werbung.

Benutzerfreundlich: Eine klare Benutzeroberfläche erleichtert die Navigation.

2.4. Schwächen

Kosten: Die Premium-Funktionen sind vergleichsweise teuer.

Einarbeitungszeit: Für absolute Anfänger ist die Vielzahl an Anpassungsmöglichkeiten überwältigend.

2.5. Beispiele für den Einsatz

Film und Fernsehen: Erstellung von Filmmusik oder Trailern.

Unternehmensvideos: Hintergrundmusik für Präsentationen oder Imagefilme.

Indie-Games: Komposition atmosphärischer Soundtracks für Videospiele.

3. AIVA (Artificial Intelligence Virtual Artist)

3.1. Überblick

AIVA ist eines der fortschrittlichsten KI-Musiktools auf dem Markt und wurde speziell für die Komposition komplexer und orchestraler Werke entwickelt. Das Tool wird häufig in der Filmindustrie, bei Videospielen und für klassische Musikprojekte eingesetzt.

3.2. Funktionen

- **Orchestrale Kompositionen:** AIVA ist spezialisiert auf symphonische Werke und kann komplexe Arrangements mit verschiedenen Instrumentengruppen erstellen.

- **KI-Assistierter Workflow:** Nutzer können selbst komponieren und die KI zur Unterstützung oder Inspiration einsetzen.

- **Genrevielfalt:** Neben klassischer Musik unterstützt AIVA auch moderne Genres wie Jazz oder Ambient.

3.3. Stärken

Musikalische Tiefe: Besonders geeignet für anspruchsvolle Projekte, die ein hohes Maß an musikalischem Detail erfordern.

Flexibilität: Benutzer können Notenblätter exportieren und in anderer Musiksoftware weiterbearbeiten.

Professionelle Qualität: Die generierten Stücke klingen wie von erfahrenen Komponisten geschrieben.

3.4. Schwächen

Komplexität: Für Anfänger könnte die Bedienung anspruchsvoll sein.

Kosten: Die Premium-Version ist teuer, richtet sich jedoch an professionelle Anwender.

3.5. Beispiele für den Einsatz

Filmmusik: Erstellung von emotionaler Hintergrundmusik für dramatische Szenen.

Videospiele: Komposition von Soundtracks, die die Immersion der Spieler erhöhen.

Klassische Konzerte: Unterstützung bei der Komposition von symphonischen Werken.

4. Boomy

4.1. Überblick

Boomy ist eine KI-Plattform, die sich auf die Erstellung von Musiktracks für den Massenmarkt spezialisiert hat. Das Tool ermöglicht es, Musikstücke in Sekundenschnelle zu generieren und sie direkt auf Streaming-Plattformen zu veröffentlichen.

4.2. Funktionen

- **Automatische Track-Erstellung:** Mit wenigen Klicks können komplette Songs in verschiedenen Genres wie Pop, EDM oder Lo-Fi generiert werden.

- **Monetarisierung:** Nutzer können ihre Tracks direkt auf Plattformen wie Spotify oder Apple Music hochladen und Einnahmen erzielen.

- **Anpassung:** Die generierten Stücke können nachträglich bearbeitet werden, z. B. durch Hinzufügen oder Entfernen von Instrumenten.

4.3. Stärken

Einfache Monetarisierung: Boomy bietet eine direkte Integration in Streaming-Plattformen.

Zugänglichkeit: Keine musikalischen Vorkenntnisse erforderlich.

Schnelligkeit: Tracks werden in Sekunden erstellt.

4.4. Schwächen

Begrenzte Komplexität: Für anspruchsvolle Projekte ist Boomy nicht geeignet.

Standardisierung: Die generierten Stücke können sich stilistisch ähneln.

4.5. Beispiele für den Einsatz

Streaming: Veröffentlichung von Tracks, um passives Einkommen zu generieren.

Social Media: Erstellung von Hintergrundmusik für Instagram- oder TikTok-Videos.

Gaming: Verwendung von Loops für Indie-Projekte.

5. Vergleich der Plattformen

Plattform	Zielgruppe	Stärken	Schwächen	Beste Einsatzbereiche
Soundraw	Content-Ersteller, Anfänger	Einfachheit, Schnelligkeit	Eingeschränkte Tiefe	YouTube, Podcasts, Werbung
Amper Music	Kreative, Unternehmen	Flexibilität, professionelle Qualität	Kosten, Einarbeitungszeit	Film, Werbung, Unternehmensvideos
AIVA	Profis, Musiker, Komponisten	Musikalische Tiefe, Vielseitigkeit	Komplexität, Kosten	Filmmusik, klassische Werke
Boomy	Anfänger, Hobbyisten	Monetarisierung, Benutzerfreundlichkeit	Begrenzte Komplexität	Streaming, Social Media

Fazit

Jedes der vorgestellten KI-Tools zur Musikproduktion bietet einzigartige Vorteile und richtet sich an unterschiedliche Zielgruppen. Soundraw und Boomy sind ideal für Einsteiger, die schnelle Ergebnisse erzielen möchten, während Amper Music und AIVA eher für anspruchsvolle Projekte und erfahrene Nutzer geeignet sind. Die Wahl des richtigen Tools hängt stark von den individuellen Anforderungen, dem Budget und den kreativen Zielen ab. Mit diesen Werkzeugen steht sowohl Anfängern als auch Profis eine beeindruckende Palette an Möglichkeiten zur Verfügung, um die Welt der

Musikproduktion zu erkunden.

(3) Wie funktioniert die KI-Komposition in der Praxis?

Die Nutzung von KI-Tools zur Musikkomposition mag auf den ersten Blick komplex erscheinen, ist jedoch erstaunlich intuitiv, wenn die Abläufe erst einmal verstanden werden. In diesem Abschnitt erklären wir die praktische Anwendung der KI-Komposition Schritt für Schritt und beschreiben, wie man von der ersten Idee bis zum fertigen Track kommt. Mit Beispielen, detaillierten Anleitungen und praxisnahen Tipps ist dieser Abschnitt sowohl für Anfänger als auch für fortgeschrittene Nutzer geeignet.

1. Eingabe deiner Anforderungen

Der erste Schritt in der KI-Komposition ist die Definition der musikalischen Anforderungen. Eine klare Eingabe ist entscheidend, damit die KI ein Ergebnis liefert, das deinen Erwartungen entspricht.

1.1. Wahl des Genres

Die meisten KI-Musiktools bieten eine breite Palette an Genres, die als Grundlage für die Komposition dienen. Von klassischen Stilen wie Jazz und Klassik bis hin zu modernen Genres wie Elektronik, Lo-Fi oder Pop – hier kannst du den Rahmen für den gewünschten Sound setzen.

Beispiele für Genres:

Jazz: Für elegante, improvisierte Klänge, ideal für gehobene Veranstaltungen oder entspannende Hintergrundmusik.

Elektronisch: Perfekt für energiegeladene Projekte wie Fitnessvideos oder Videospiele.

Ambient: Gut geeignet für meditative oder atmosphärische Inhalte wie Yoga-Sessions oder Sci-Fi-Projekte.

1.2. Definierung der Stimmung

Neben dem Genre ist die Stimmung (engl. mood) ein wichtiger Faktor, der den Charakter des Musikstücks bestimmt. Die Stimmung beeinflusst, ob ein Track ruhig und melancholisch oder fröhlich und energetisch wirkt.

Typische Stimmungskategorien:

Melancholisch: Geeignet für emotionale Szenen in Filmen oder introspektive Projekte.

Aufmunternd: Ideal für Werbekampagnen, die eine positive Botschaft vermitteln.

Dramatisch: Perfekt für spannende Trailer oder actiongeladene Szenen.

1.3. Praxisbeispiel für die Eingabe

Angenommen, du möchtest Musik für ein Erklärvideo erstellen:

Genre: Elektronisch.

Stimmung: Aufmunternd und freundlich.

Zusätzliche Anforderungen: Dauer von etwa 3 Minuten, keine störenden Gesangselemente.

Mit diesen Angaben generiert die KI ein passendes Musikstück, das deinen Vorgaben entspricht.

2. Generierung

Nach der Eingabe deiner Anforderungen übernimmt die KI den kreativen Prozess. Dieser Schritt ist das Herzstück der KI-Musikproduktion, in dem Algorithmen Millionen von Musikstücken analysieren und auf dieser Basis ein neues, einzigartiges Werk erschaffen.

2.1. Wie die KI arbeitet

Die KI greift auf riesige Datenbanken mit Musikstücken und deren Metadaten zurück. Diese Datenbanken enthalten Informationen zu:

Musikalischen Strukturen: Melodien, Harmonien und Rhythmen.

Instrumentierung: Welche Instrumente in bestimmten Genres oder Stimmungen typisch sind.

Stilistik: Wie verschiedene Genres aufgebaut sind und welche Variationen sie bieten.

- Basierend auf diesen Daten generiert die KI:

Einzigartige Melodien: Keine exakte Kopie vorhandener Werke, sondern eine Kombination von Elementen.

Harmonie und Rhythmus: Passend zur gewählten Stimmung und dem Genre.

Dynamik: Variationen in Lautstärke und Tempo, die dem Track Leben einhauchen.

2.2. Dauer der Generierung

Je nach Tool dauert die Generierung eines Musikstücks meist nur wenige Sekunden bis Minuten. Während einige Plattformen sofort Ergebnisse liefern, lassen andere eine Vorschau des Tracks abspielen, bevor die endgültige Version erstellt wird.

2.3. Praxisbeispiel für die Generierung

Du nutzt Soundraw, um einen Track zu erstellen:

1. **Wähle das Genre** „Ambient" und die Stimmung „entspannend".

2. Gib eine gewünschte **Tracklänge** von 4 Minuten an.

3. **Die KI generiert** in wenigen Sekunden eine Vorschau des Stücks, das du anhören und bewerten kannst.

3. Bearbeitung

Sobald der erste Entwurf vorliegt, hast du die Möglichkeit, den Track individuell anzupassen. Die meisten KI-Musiktools bieten intuitive Schnittstellen, mit denen du Änderungen vornehmen kannst, um das Musikstück optimal auf dein Projekt abzustimmen.

3.1. Anpassung von Tempo und Dynamik

Tempo: Beschleunige oder verlangsame den Track, um ihn besser an deine Videogeschwindigkeit anzupassen.

Dynamik: Passe die Lautstärke bestimmter Instrumente an, um den Fokus auf bestimmte Melodien oder Rhythmen zu legen.

3.2. Instrumentierung

Einige Plattformen erlauben es, einzelne Instrumente auszutauschen oder hinzuzufügen. Beispielsweise kannst du ein Klavier durch eine Gitarre ersetzen oder zusätzliche Streicher hinzufügen.

3.3. Struktur des Tracks

Verändere die Struktur des Musikstücks:

Intro und Outro: Verlängere oder kürze die Einleitung oder den Abschluss.

Loops: Wiederhole bestimmte Abschnitte, um den Track zu verlängern.

Breakdowns: Füge Momente der Stille oder reduzierte Arrangements ein, um Spannung aufzubauen.

3.4. Praxisbeispiel für die Bearbeitung

Angenommen, die KI hat einen elektronischen Track erstellt, der dir gefällt, aber du möchtest einige Anpassungen vornehmen:

Tempo: Verlangsamen auf 90 BPM, um einen entspannteren Rhythmus zu schaffen.

Instrumentierung: Ersetze das synthetische Schlagzeug durch ein akustisches, um den Klang organischer zu machen.

Struktur: Füge einen längeren Break im Mittelteil hinzu, um den Zuhörern Zeit zum Reflektieren zu geben.

4. Export

Nachdem die Musik erstellt und bearbeitet wurde, kannst du den Track exportieren. Dieser Schritt stellt sicher, dass du die Datei in einem Format erhältst, das für dein Projekt geeignet ist.

4.1. Auswahl des Dateiformats

Die meisten Tools bieten folgende Formate:

MP3: Ideal für kleinere Dateien und schnelle Projekte.

WAV: Höhere Qualität, geeignet für professionelle Produktionen.

MIDI: Wenn du die Melodien in einer anderen Software weiter bearbeiten möchtest.

4.2. Nutzungslizenzen

Die exportierte Musik ist oft mit einer Lizenz versehen, die ihre Nutzung regelt. Achte darauf, die Lizenzbestimmungen zu überprüfen, insbesondere wenn du die Musik kommerziell nutzen möchtest.

Lizenzarten:

Royalty-Free: Du zahlst einmal und kannst die Musik unbegrenzt verwenden.

Exklusive Lizenz: Der Track wird nur an dich verkauft und darf von anderen nicht genutzt werden.

4.3. Praxisbeispiel für den Export

Angenommen, du hast einen Track mit Amper Music erstellt:

1. Wähle das Format WAV für höchste Audioqualität.

2. Lade die Datei herunter und füge sie in dein Videobearbeitungsprogramm ein.

3. Überprüfe die Lizenz, um sicherzustellen, dass sie für deinen kommerziellen YouTube-Kanal geeignet ist.

5 Tipps für den erfolgreichen Einsatz von KI-Musik

Teste verschiedene Tools: Jedes Tool hat seine Stärken und Schwächen. Experimentiere, um das passende für deine Projekte zu finden.

Nutze Vorlagen: Viele Plattformen bieten Vorlagen, die die Eingabe von Anforderungen erleichtern.

Kombiniere manuelle und KI-gestützte Produktion: Nutze die KI, um den kreativen Prozess zu beschleunigen, und füge manuelle Bearbeitungen hinzu, um die Musik zu personalisieren.

Vermeide übermäßige Bearbeitung: Zu viele Anpassungen können die Balance des Tracks stören. Setze Änderungen gezielt ein.

Fazit

Die KI-Komposition in der Praxis ist ein einfacher, aber vielseitiger Prozess, der sowohl Anfängern als auch Profis eine enorme kreative Freiheit bietet. Von der Eingabe klar definierter Anforderungen über die schnelle Generierung eines Tracks bis hin zu detaillierten Anpassungen und dem finalen Export ist jeder Schritt darauf ausgelegt, qualitativ hochwertige Musik mit minimalem Aufwand zu erstellen. Mit der richtigen Kombination aus KI-Tools und menschlicher Kreativität eröffnen sich völlig neue Möglichkeiten in der Musikproduktion.

(4) Einsatzmöglichkeiten von KI-generierter Musik

Die Verwendung von KI-generierter Musik hat in den letzten Jahren erheblich zugenommen und verändert, wie Musik in verschiedenen kreativen und kommerziellen Bereichen eingesetzt wird. Ob Werbung, Podcasts, Spiele oder YouTube-Videos – KI-Musik bietet vielseitige Lösungen, die sowohl kosteneffizient als auch zeitsparend sind. In diesem Abschnitt beleuchten wir die wichtigsten Anwendungsbereiche, die Vorteile von KI-Musik gegenüber traditioneller Musikproduktion und wie sie den kreativen Workflow bereichern kann.

1. Verwendung in verschiedenen Bereichen

Die Bandbreite der Anwendungen für KI-generierte Musik ist enorm. Dank ihrer Flexibilität und Anpassungsfähigkeit wird KI-Musik in unterschiedlichen Medienformaten verwendet, um Inhalte zu bereichern und Zielgruppen zu erreichen.

1.1. Werbung

In der Werbebranche spielt Musik eine zentrale Rolle, um Emotionen hervorzurufen und die Botschaft eines Produkts zu verstärken. Mit KI-Tools können Werbetreibende maßgeschneiderte Tracks erstellen, die perfekt zu den Anforderungen einer Kampagne passen.

Wie KI-Musik in der Werbung verwendet wird:

1. **Jingles:** Kurze, einprägsame Melodien, die Marken oder Produkte unvergesslich machen.

2. **Hintergrundmusik:** Dezente Musik, die visuelle Inhalte ergänzt, ohne sie zu überlagern.

3. **Dynamische Anpassung:** Musik, die sich in Echtzeit an verschiedene Werbeformate oder Plattformen (z. B. Instagram oder TV) anpassen lässt.

Vorteile:

1. **Zeitersparnis:** Anstatt wochenlang mit Komponisten und Studios zusammenzuarbeiten, kann ein Werbejingle in wenigen Stunden erstellt werden.

2. **Budgetfreundlich:** KI-Musik kostet deutlich weniger als die traditionelle Beauftragung von Musikern und Produzenten.

3. **Flexibilität:** Werbetreibende können mehrere Variationen eines Tracks generieren und testen, um die beste Wirkung zu erzielen.

Beispiel: Eine Firma möchte einen 15-sekündigen Werbespot für ein neues Sportgetränk erstellen. Mit einem Tool wie Soundraw wählt sie ein „energetisches" Genre, passt das Tempo an und exportiert innerhalb von Minuten einen optimierten Track.

1.2. Podcasts

Musik ist ein Schlüsselelement in Podcasts, um die Atmosphäre zu unterstreichen, Übergänge zu gestalten oder das Markenimage zu stärken. KI-Musiktools bieten Podcastern die Möglichkeit, individualisierte Soundtracks zu erstellen, die ihren Content aufwerten.

Typische Anwendungen:

1. **Intro und Outro:** Wiedererkennbare Melodien, die den Podcast einrahmen.

2. **Hintergrundmusik:** Dezente Begleitung von Dialogen oder erzählerischen Passagen.

3. **Themenspezifische Musik:** Musik, die speziell auf die Thematik des Podcasts abgestimmt ist, z. B. beruhigende Töne für Wellness-Inhalte oder dynamische Klänge für Technologie-Themen.

Vorteile:

1. **Individualität:** Podcaster können Musik verwenden, die speziell für ihre Marke oder Show erstellt wurde.

2. **Günstige Lizenzmodelle:** Viele KI-Musiktools bieten erschwingliche oder sogar kostenlose Lizenzen an, die sich ideal für kleinere Podcasts eignen.

3. **Anpassung:** Die Tracks können in Länge und Stil perfekt auf den Podcast zugeschnitten werden.

Beispiel: Ein Wellness-Podcast benötigt entspannende Hintergrundmusik für eine Folge über Meditation. Mit AIVA erstellt der Podcaster innerhalb weniger Minuten eine sanfte, ambient-basierte Melodie, die den Hörer in die richtige Stimmung versetzt.

1.3. Spiele

In der Spieleentwicklung ist Musik entscheidend, um Immersion und Emotionen zu erzeugen. KI-generierte Musik ermöglicht es Entwicklern, hochwertige und dynamische Soundtracks zu erstellen, ohne auf teure Produktionsressourcen angewiesen zu sein.

Einsatzbereiche:

1. **Hintergrundmusik:** Für verschiedene Levels oder Welten.

2. **Situationsabhängige Musik:** Tracks, die sich an Ereignisse im Spiel anpassen (z. B. Kampf, Erkundung, Sieg).

3. **Soundeffekte:** Kurze musikalische Phrasen für Aktionen wie das Öffnen einer Schatztruhe oder das Erreichen eines Meilensteins.

Vorteile:

1. **Skalierbarkeit:** Entwickler können Musik für kleine Indie-Spiele oder große AAA-Titel generieren.

2. **Dynamische Anpassung:** KI-Musiktools können nahtlos an die wechselnden Anforderungen eines Spiels angepasst werden.

3. **Kostenersparnis:** Statt ganze Soundtracks bei Komponisten zu beauftragen, können Entwickler mit KI-Tools schnell und effizient qualitativ hochwertige Musik erstellen.

Beispiel: Ein Indie-Entwickler arbeitet an einem Puzzle-Spiel mit mystischem Thema. Mit Boomy generiert er mehrere Tracks in einem „träumerischen" Genre, die verschiedene Stimmungen und Schwierigkeitsgrade des Spiels repräsentieren.

1.4. YouTube-Videos und andere Medien

Musik spielt eine wesentliche Rolle in Videos auf Plattformen wie YouTube, TikTok oder Instagram. Sie verstärkt die emotionale Wirkung und hält die Aufmerksamkeit der Zuschauer. KI-Musiktools bieten YouTubern und Content-Erstellern eine kostengünstige und flexible Möglichkeit, einzigartige Soundtracks für ihre Videos zu erstellen.

Anwendungen in Videos:

1. **Vlogs:** Stimmungsvolle Musik, die den persönlichen Stil des Erstellers widerspiegelt.

2. **Erklärvideos:** Dezente Tracks, die den Fokus auf den Inhalt lenken.

3. **Reisevideos:** Epische oder entspannende Musik, die Landschaftsaufnahmen ergänzt.

Vorteile:

1. **Geringer Aufwand:** Kein mühsames Suchen nach lizenzfreier Musik oder langwierige Bearbeitung.

2. **Schnelligkeit:** Tracks können in Minuten generiert und direkt ins Video integriert werden.

3. **Flexibilität:** Verschiedene Versionen des Tracks können getestet werden, um die beste Wirkung zu erzielen.

Beispiel: Ein YouTuber erstellt ein Erklärvideo über nachhaltige Ernährung. Mit Amper Music wählt er eine „leichte akustische" Stimmung, die den sachlichen, aber freundlichen Ton des Videos unterstützt.

2. Vorteile von KI-Musik gegenüber traditioneller Musikproduktion

Die Wahl zwischen KI-generierter Musik und traditioneller Musikproduktion hängt von den individuellen Anforderungen und Ressourcen ab. Dennoch bietet KI-Musik einige bedeutende Vorteile, die sie für viele Projekte besonders attraktiv machen.

2.1. Kosteneffizienz

- **Traditionelle Musikproduktion:** Die Beauftragung eines Komponisten oder die Nutzung eines Tonstudios kann schnell mehrere Tausend Euro kosten, insbesondere für maßgeschneiderte Tracks.

- **KI-Musik:** Die meisten Tools arbeiten auf Basis von Abonnements oder Pay-per-Use-Modellen, die erheblich günstiger sind. Einzelne Tracks sind oft für unter 50 Euro erhältlich.

2.2. Geschwindigkeit

- **Traditionelle Produktion:** Die Erstellung eines Tracks kann Wochen bis Monate dauern, besonders wenn viele Revisionen erforderlich sind.

- **KI-Musik:** Tracks werden in wenigen Minuten generiert, was ideal für Projekte mit engen Deadlines ist.

2.3. Flexibilität

- **Traditionelle Produktion:** Änderungen oder Anpassungen erfordern zusätzliche Kosten und Zeit.

- **KI-Musik:** Tracks können jederzeit angepasst oder neu generiert werden, ohne zusätzliche Kosten zu verursachen.

2.4. Zugang zu unendlicher Kreativität

- **Traditionelle Produktion:** Die Kreativität eines einzelnen Komponisten ist begrenzt.

- **KI-Musik:** Algorithmen können nahezu unendlich viele Variationen eines Tracks erstellen, wodurch einzigartige und originelle Kompositionen entstehen.

2.5. Demokratisierung der Musikproduktion

KI-Musiktools machen professionelle Musikproduktion zugänglich für alle, unabhängig von musikalischen Fähigkeiten oder technischem Wissen. Dies ist besonders wertvoll für:

    Kleine Unternehmen.

    Indie-Entwickler.

    Hobbykünstler.

Fazit

KI-generierte Musik revolutioniert die Art und Weise, wie Musik in Werbung, Podcasts, Spielen, Videos und anderen Medien verwendet wird. Dank ihrer Kosteneffizienz, Geschwindigkeit und Flexibilität bietet sie eine praktikable Alternative zur traditionellen Musikproduktion. Durch ihre vielfältigen Einsatzmöglichkeiten eröffnet sie Kreativen und Unternehmen neue Wege, ihre Inhalte emotional und professionell zu gestalten, ohne dabei große Budgets oder komplexe Ressourcen zu benötigen. KI-Musik ist mehr als nur ein Werkzeug – sie ist ein Katalysator für kreative Innovation in der digitalen Welt.

(5) Monetarisierung von KI-Musik

KI-generierte Musik hat nicht nur das Potenzial, kreative Prozesse zu revolutionieren, sondern auch eine lukrative Einnahmequelle zu sein. Dank moderner Plattformen und flexibler Vertriebsmöglichkeiten können Musiker, Produzenten und Content-Ersteller ihre Werke effektiv monetarisieren. In diesem Abschnitt werden verschiedene Einnahmequellen detailliert erläutert, von Verkaufsplattformen bis hin zu Streaming-Strategien. Zudem werden bewährte Tipps und Strategien vorgestellt, um den Umsatz zu maximieren.

1. Verschiedene Einnahmequellen für KI-Musik

Die Monetarisierung von KI-generierter Musik bietet diverse Ansätze. Je nach Zielgruppe und Plattform können verschiedene Einnahmequellen genutzt werden.

1.1. Verkauf über Plattformen

Eine der einfachsten und effektivsten Möglichkeiten, KI-Musik zu monetarisieren, ist der Verkauf über lizenzbasierte Plattformen. Hier können Musiker ihre Tracks hochladen und Interessenten wie Videoproduzenten, Spieleentwickler oder Werbefirmen kaufen Lizenzen zur Nutzung der Musik.

Beliebte Plattformen:

1. AudioJungle:

- Bietet eine riesige Auswahl an Musik für verschiedene Genres.
- Ideal für Content-Ersteller, die lizenzfreie Musik suchen.
- Einnahmen durch Einmalverkäufe oder Abonnements.

2. Pond5:

- Spezialisiert auf Medieninhalte, einschließlich Musik, Soundeffekte und Videos.
- Ermöglicht es Künstlern, selbst den Preis für ihre Tracks festzulegen.

3. Artlist:

- Fokussiert auf hochwertige Musik für Filmemacher und Content-Ersteller.
- Monetarisierung durch eine faire Lizenzgebühr.

4. Epidemic Sound:

- Bietet eine breite Palette von Musik für YouTuber und Streamer.
- Künstler erhalten eine feste Gebühr sowie Anteile aus Abonnement-Einnahmen.

Vorteile des Verkaufs über Plattformen:

1. Reichweite: Plattformen bieten Zugang zu einer globalen Zielgruppe.

2. Passive Einnahmen: Ein einmal hochgeladener Track kann wiederholt verkauft werden.

3. Einfache Abwicklung: Plattformen kümmern sich um Lizenzverträge, Bezahlungen und Distribution.

Tipp für Einsteiger:

Beginne mit Plattformen wie AudioJungle, die eine einfache Benutzeroberfläche haben und viele Genres abdecken. Lade mehrere Tracks hoch, um deine Chancen auf Verkäufe zu erhöhen.

1.2. Streaming auf Spotify und anderen Plattformen

Eine weitere Einnahmequelle ist das Streaming von KI-generierter Musik auf Plattformen wie Spotify, Apple Music oder Amazon Music. Hier verdienen Künstler Geld durch die Anzahl der Streams.

Vorgehensweise:

1. Erstelle ein Album mit deinen Tracks.

2. Nutze Plattformen wie DistroKid, TuneCore oder CD Baby, um deine Musik auf Streaming-Diensten zu veröffentlichen.

3. Optimiere Titel, Beschreibungen und Keywords, um in Suchergebnissen gefunden zu werden.

Vorteile des Streamings:

1. Passive Einnahmen: Verdiene Geld, während deine Musik im Hintergrund gespielt wird.

2. Markenbildung: Baue dir eine Identität als KI-Musiker auf.

3. Globale Verfügbarkeit: Erreiche Hörer weltweit.

Wichtige Hinweise:

1. Streaming-Einnahmen sind pro Stream relativ gering. Es ist daher wichtig, eine große Anzahl von Tracks zu veröffentlichen und regelmäßig neuen Content bereitzustellen.

2. Nutze Playlists, um deine Musik sichtbarer zu machen. Viele Hörer entdecken neue Musik über kuratierte Playlists.

Beispiel: Ein Künstler erstellt mit einem KI-Tool wie AIVA entspannende Ambient-Musik und lädt diese als Album auf Spotify hoch. Die Tracks werden in Wellness- und Meditations-Playlists integriert, was kontinuierliche Einnahmen generiert.

1.3. Direkter Verkauf an Kunden

Der direkte Verkauf von Musik an Kunden wie Werbeagenturen, Spieleentwickler oder Podcaster kann besonders profitabel sein. Hierbei wird die Musik entweder exklusiv verkauft oder als Lizenzmodell angeboten.

Schritte zum direkten Verkauf:

1. Portfolio erstellen: Präsentiere deine besten Tracks auf einer professionellen Webseite oder einem Portfolio.

2. Zielkunden identifizieren: Fokussiere dich auf Kunden in Branchen wie Werbung, Videoproduktion oder Spieleentwicklung.

3. Kontaktaufnahme: Nutze Plattformen wie LinkedIn oder spezialisiere dich auf Freelancer-Marktplätze wie Fiverr oder Upwork.

4. Vertragsmodelle festlegen: Biete verschiedene Lizenzmodelle an, z. B. für einmalige Nutzung oder exklusive Rechte.

Vorteile des direkten Verkaufs:

1. Höhere Einnahmen: Direkte Verkäufe können im Vergleich zu Plattformen höhere Margen erzielen.

2. Flexibilität: Kunden können spezifische Anforderungen stellen, die du mit KI-Tools leicht umsetzen kannst.

3. Kundentreue: Langfristige Beziehungen zu Kunden können stabile Einnahmequellen schaffen.

Beispiel: Ein Videoproduzent sucht nach maßgeschneiderter Musik für eine Dokumentation. Du nutzt ein Tool wie Amper Music, um den Track basierend auf den Anforderungen des Kunden zu erstellen und verkaufst die Lizenz für 500 Euro.

2. Tipps und Strategien für eine erfolgreiche Monetarisierung

Die Monetarisierung von KI-Musik erfordert mehr als nur das Hochladen von Tracks. Um langfristig erfolgreich zu sein, sind Planung, Marketing und kontinuierliche Optimierung entscheidend.

2.1. Breites Portfolio aufbauen

Je mehr Musik du anbietest, desto höher sind deine Chancen auf Verkäufe oder Streams. Arbeite daran, ein vielseitiges Portfolio zu erstellen:

Genres: Biete Tracks in verschiedenen Genres wie Pop, Jazz, Ambient, und Elektronik an.

Längen: Erstelle Musik in unterschiedlichen Längen (z. B. kurze Intros, 3-Minuten-Tracks, Loops).

Varianten: Generiere Variationen eines Tracks, um den unterschiedlichen Anforderungen von Kunden gerecht zu werden.

Tipp: Nutze KI-Tools wie Soundraw oder Boomy, um effizient mehrere Variationen eines Tracks zu erstellen.

2.2. Zielgruppenfokussierung

Identifiziere deine Zielgruppe und passe deine Musik an deren Bedürfnisse an.

Beispielsweise:

1. **Werbung:** Fokus auf kurze, einprägsame Jingles.

2. **Spiele:** Loop-basierte Musik, die sich nahtlos wiederholt.

3. **Podcasts:** Hintergrundmusik, die Gespräche nicht überlagert.

Verwende Plattformen wie Google Trends oder VidIQ, um populäre Themen und Genres zu identifizieren.

2.3. Marketingstrategien

Effektives Marketing kann den Unterschied zwischen mäßigem und großem Erfolg ausmachen.

Online-Marketing:

- Nutze Social Media (Instagram, TikTok, Twitter), um auf deine Musik aufmerksam zu machen.

- Teile Demos und Behind-the-Scenes-Clips, um potenzielle Käufer anzusprechen.

Content-Marketing:

Erstelle Blogbeiträge oder YouTube-Videos über die Erstellung von KI-Musik, um dein Wissen zu demonstrieren und Kunden zu gewinnen.

SEO-Optimierung:

Optimiere die Beschreibungen und Tags deiner Tracks auf Plattformen wie AudioJungle, um besser gefunden zu werden.

2.4. Qualitätskontrolle und Feedback

Auch wenn KI-Tools leistungsfähig sind, ist menschliches Eingreifen entscheidend. Überprüfe alle generierten Tracks auf:

- **Klangqualität:** Achte auf saubere Übergänge und professionelle Abmischung.

- **Passgenauigkeit:** Stelle sicher, dass der Track zur Zielgruppe und zum Projekt passt.

Tipp: Bitte Freunde, Kollegen oder potenzielle Kunden um Feedback, um deine Tracks zu verbessern.

2.5. Exklusivität anbieten

Ein exklusiver Track kann höhere Einnahmen generieren als ein allgemein verfügbarer. Überlege, eine begrenzte Anzahl von Lizenzen für deine Musik anzubieten oder vollständige Exklusivrechte zu verkaufen.

Beispiel: Ein Werbeunternehmen möchte einen exklusiven Track für eine internationale Kampagne. Biete einen maßgeschneiderten Track an und verhandle einen höheren Preis.

2.6. Netzwerkaufbau

Ein starkes Netzwerk kann den Zugang zu neuen Kunden und Projekten erleichtern:

1. **Trete Foren und Communities** bei, die sich mit Musikproduktion oder KI-Technologie beschäftigen.
2. **Besuche Messen oder Konferenzen**, z. B. für Musik oder digitale Kreativtechnologien.

Fazit

Die Monetarisierung von KI-generierter Musik bietet immense Möglichkeiten, sowohl für professionelle Musiker als auch für Einsteiger. Von Plattformen wie AudioJungle bis hin zum direkten Verkauf an Kunden – mit einer klugen Strategie und der richtigen Nutzung von KI-Tools können kreative Köpfe eine stetige Einnahmequelle aufbauen. Wichtig sind ein vielfältiges Portfolio, zielgerichtetes Marketing und die Bereitschaft, kontinuierlich zu lernen und zu experimentieren. KI-Musik ist nicht nur ein kreatives Werkzeug, sondern auch eine Chance, in einem wachsenden Markt erfolgreich Fuß zu fassen.

(6) Praxisbeispiel – Ein Workflow zur KI-Musikproduktion

Die Produktion und Monetarisierung von KI-generierter Musik ist eine spannende Möglichkeit, kreative Prozesse zu automatisieren und Einnahmen zu generieren. In diesem Abschnitt wird ein vollständiger Workflow vorgestellt, der von der Ideenfindung über die Komposition und Bearbeitung bis hin zum Verkauf reicht. Mit einer detaillierten Schritt-für-Schritt-Anleitung, praktischen Tipps und Hinweisen zu häufigen Fehlern wird dieser Abschnitt besonders für Anfänger zugänglich gestaltet.

1. Ideenfindung: Den Grundstein legen

Die Ideenfindung ist der erste Schritt jeder erfolgreichen Musikproduktion. Hier werden grundlegende Parameter wie Genre, Stimmung und Zweck der Musik festgelegt.

1.1. Zielsetzung klären

Bevor du beginnst, überlege, wofür die Musik verwendet werden soll:

- Soll sie in einem Werbespot laufen?

- Benötigt ein YouTuber Hintergrundmusik für Videos?

- Oder möchtest du einen Track für Gaming-Projekte erstellen?

Beispiel:

Du entscheidest dich, Musik für ein meditatives YouTube-Video zu erstellen. Die Anforderungen sind:

1. **Genre:** Ambient.

2. **Stimmung:** Beruhigend und entspannend.

3. **Länge:** 5 Minuten.

1.2. Tools zur Ideenfindung nutzen

KI-Tools wie ChatGPT, Soundraw, oder AIVA können dir helfen, erste Vorschläge zu entwickeln.

ChatGPT: Frage nach Vorschlägen wie „Welches Musikgenre passt zu einem entspannten YouTube-Video?" oder „Gib mir 5 Ideen für Ambient-Musik."

Soundraw: Teste verschiedene Stimmungen und Einstellungen direkt im Tool.

Praxis-Tipp:

Erstelle eine einfache Mindmap, um deine Ideen zu strukturieren. Nutze Begriffe wie Genre, Stimmung, Instrumentierung und Zweck.

2. Komposition: Die Musik zum Leben erwecken

2.1. Auswahl des Tools

Je nach deinen Bedürfnissen wählst du ein passendes KI-Tool:

- **AIVA:** Ideal für orchestrale oder emotionale Kompositionen.

- **Soundraw:** Perfekt für moderne und elektronische Tracks.

- **Boomy:** Für schnelle, vorgefertigte Tracks mit geringem Aufwand.

2.2. Schritt-für-Schritt-Komposition

1. Genre und Stimmung wählen:

- Wähle „Ambient" als Genre und „beruhigend" als Stimmung.

- Lege die Länge fest, z. B. 5 Minuten.

2. Struktur definieren:

- Plane die Abschnitte: Intro (ruhig), Hauptteil (melodisch), Outro (sanft ausklingen).

- Nutze die voreingestellten Templates der KI, um Zeit zu sparen.

3. KI generiert den Track:

- Die KI erstellt einen ersten Entwurf basierend auf deinen Eingaben.

- Iteration und Feinschliff:

4. Gefällt dir ein Abschnitt nicht, kannst du ihn mithilfe der KI anpassen.

- Ändere Tempo, Instrumente oder Melodieverläufe nach deinen Vorstellungen.

Praxis-Beispiel:

Du nutzt AIVA, um einen beruhigenden Track zu erstellen. Nach Eingabe der Anforderungen liefert die KI einen ersten Entwurf mit Klavier- und Streicherklängen. Der Hauptteil ist dir jedoch zu repetitiv, also änderst du das Tempo und fügst dezente Synthesizer-Klänge hinzu.

3. Bearbeitung: Professionelle Qualität sichern

Nach der Komposition folgt die Bearbeitung. Hier wird der Track optimiert, um professionell und hochwertig zu klingen.

3.1. Verwendung von Bearbeitungstools

KI-gestützte DAWs (Digital Audio Workstations) wie Logic Pro, Ableton Live, oder spezialisierte Plattformen wie Runway ML bieten zahlreiche **Bearbeitungsmöglichkeiten:**

- **Mixing und Mastering:** Passe Lautstärke, Equalizer und Effekte an.

- **Instrumentierung:** Ergänze zusätzliche Instrumente, falls nötig.

- **Loop-Erstellung:** Erstelle Loops für Tracks, die in Spielen oder Videos verwendet werden sollen.

3.2. Optimierung des Tracks

　1.**Übergänge verbessern:**

　- Nutze Tools wie Ozone von iZotope, um weiche Übergänge zwischen den Abschnitten zu erzeugen.

　- Stelle sicher, dass keine abrupten Wechsel die Harmonie stören.

　2.**Hintergrundgeräusche hinzufügen:**

　- Für Ambient-Musik sind dezente Geräusche wie Wasserplätschern oder Vogelzwitschern oft passend.

　- Tools wie Epidemic Sound oder Freesound bieten lizenzfreie Geräusche.

3. Länge anpassen:

- Schneide den Track, um ihn an spezifische Anforderungen anzupassen.

Praxis-Tipp:

Exportiere den Track in verschiedenen Versionen, z. B. einmal mit voller Länge und einmal als 30-Sekunden-Clip, um ihn vielseitiger einsetzen zu können.

4. Verkauf und Monetarisierung: Geld verdienen

Nachdem der Track fertig ist, folgt die Monetarisierung. Hier sind die wichtigsten Schritte:

4.1. Wahl der Plattform

Je nach Zielgruppe und Track kannst du unterschiedliche Plattformen nutzen:

- **AudioJungle:** Für kommerzielle Musikprojekte.

- **Spotify:** Für Streaming-Einnahmen.

- **Patreon:** Um von Fans direkte Unterstützung zu erhalten.

4.2. Track hochladen

1. Registriere dich auf der gewünschten Plattform.

2. Lade den Track mit einer passenden Beschreibung und Tags hoch.

3. Setze einen angemessenen Preis oder aktiviere Streaming-Einnahmen.

4.3. Vermarktung

- Teile den Track auf Social Media, um ihn bekannter zu machen.

- Erstelle kurze Videoclips, die den Track in Aktion zeigen.

- Nutze Plattformen wie TikTok, um virale Aufmerksamkeit zu generieren.

5. Praktische Tipps und häufige Fehler vermeiden

5.2. Tipps für einen erfolgreichen Workflow

1. Kenne deine Zielgruppe: Produziere Musik, die eine klare Zielgruppe anspricht.

2. Experimentiere: Probiere verschiedene Genres und Tools aus, um deinen Stil zu finden.

3. Kontinuität: Veröffentliche regelmäßig neue Musik, um relevant zu bleiben.

5.2. Häufige Fehler und wie du sie vermeidest

1. Fehler: Zu generische Tracks.

Lösung: Passe die KI-Generierung manuell an, um Einzigartigkeit zu gewährleisten.

2. Fehler: Schlechte Vermarktung.

Lösung: Investiere Zeit in Social-Media-Marketing und optimiere Beschreibungen auf Verkaufsplattformen.

3. Fehler: Unzureichende Bearbeitung.

Lösung: Nutze professionelle Tools, um Klangqualität und Übergänge zu verbessern.

Abschließende Worte

Die KI-Musikproduktion hat die Art und Weise revolutioniert, wie Musik erstellt und monetarisiert wird. Sie bietet sowohl Einsteigern als auch Profis die Möglichkeit, kreative Werke effizient und kostengünstig zu erstellen. Mit den richtigen Tools und Strategien kann jeder, unabhängig von musikalischer Erfahrung, in diesem Bereich erfolgreich sein. Ob als Hobby oder als professionelle Einkommensquelle – die Möglichkeiten sind nahezu unbegrenzt. Nutze diesen Leitfaden als Basis, experimentiere und entdecke, wie du deine eigene musikalische Handschrift mit KI zum Ausdruck bringen kannst.

PROGRAMMIEREN MIT K.I.

Dieses Kapitel beleuchtet, wie KI-gestützte Tools wie ChatGPT und GitHub Copilot die Programmierung revolutionieren. Von der Automatisierung einfacher Code-Aufgaben bis zur Unterstützung komplexer Softwareprojekte ermöglichen diese Technologien, Zeit zu sparen und die Produktivität zu steigern. Zudem wird detailliert gezeigt, wie sich diese neuen Möglichkeiten monetarisieren lassen, sei es durch Freelancing, den Verkauf von Apps oder die Entwicklung maßgeschneiderter Lösungen.

Was dich in diesem Kapitel erwartet:

Abschnitt 1: Die Rolle von KI in der Programmierung

Abschnitt 2: Die besten KI-Tools für Programmierer

Abschnitt 3: Praxisbeispiele für KI-gestützte Softwareprojekte

Abschnitt 4: Monetarisierungsmöglichkeiten

Abschnitt 5: Praktische Tipps und Strategien

Abschnitt 6: Praxisbeispiel – Ein Workflow mit KI

(1) Die Rolle von KI in der Programmierung

Die Integration künstlicher Intelligenz (KI) in die Welt der Softwareentwicklung revolutioniert die Art und Weise, wie Entwickler arbeiten, Probleme lösen und Projekte umsetzen. KI-gestütztes Programmieren bietet nicht nur Effizienzgewinne, sondern auch eine Demokratisierung des Programmierens, indem es auch Anfängern Zugang zu hochwertigen Tools ermöglicht. Dieser Abschnitt zeigt, wie KI den Softwareentwicklungsprozess verändert, und illustriert anhand praktischer Beispiele, welche Bereiche besonders profitieren.

1. Einführung in KI-gestütztes Programmieren

1.1. Wie KI den Softwareentwicklungsprozess verändert

Traditionell war die Programmierung ein manueller und oft fehleranfälliger Prozess, der Zeit, Geduld und eine steile Lernkurve erforderte. KI hat jedoch begonnen, viele dieser Hürden abzubauen, indem sie den Entwicklern Werkzeuge an die Hand gibt, die:

> **Wiederholende Aufgaben automatisieren:** KI kann sich wiederholende Prozesse wie das Schreiben boilerplate Codes oder das Setzen von Formatierungen übernehmen, sodass Entwickler mehr Zeit für kreative und strategische Aufgaben haben.
>
> **Code schneller generieren:** Entwickler können komplexe Funktionen oder sogar ganze Module mit nur wenigen Eingaben erstellen, indem sie KI-Modelle wie GitHub Copilot oder ChatGPT nutzen.
>
> **Fehler proaktiv erkennen und beheben:** KI-Tools bieten intelligente Vorschläge zur Optimierung von Code, noch bevor der Entwickler auf Probleme stößt.
>
> **Zugang zu Wissen erleichtern:** KI-gestützte Lösungen können Programmierfragen beantworten, Konzepte erklären und sogar Tutorials generieren, wodurch sie als ständiger Mentor agieren.

1.2. Vorteile von KI-gestütztem Programmieren

1. Zeitersparnis: KI-Tools ermöglichen es, komplexe Codeblöcke in wenigen Sekunden zu schreiben, was zuvor Stunden oder Tage gedauert hätte.

2. Fehlerreduktion: Die automatische Fehlererkennung und Optimierung verbessert die Qualität des Codes erheblich.

3. Produktivitätssteigerung: Entwickler können sich stärker auf das Design, die Logik und die Architektur eines Projekts konzentrieren, während KI die mechanischen Aufgaben übernimmt.

4. Zugänglichkeit: Auch Anfänger können mit KI Unterstützung bei der Lösung komplexer Probleme erhalten, ohne tiefgreifendes Vorwissen.

5. Skalierbarkeit: Teams können mit KI-Tools Projekte schneller abschließen und effizienter arbeiten, was die Markteinführung beschleunigt.

2. Beispiele für den Einsatz

2.1. Automatische Code-Vervollständigung

Eine der sichtbarsten Auswirkungen von KI auf die Programmierung ist die Einführung von Tools, die den Code in Echtzeit vervollständigen. Dies geht weit über einfache Textvorschläge hinaus und beinhaltet die Fähigkeit, den Kontext des Projekts zu verstehen und ganze Logikstrukturen vorzuschlagen.

Beispiel: GitHub Copilot

- GitHub Copilot ist ein KI-gestütztes Werkzeug, das mithilfe von OpenAI Codex automatisch Codezeilen oder sogar vollständige Funktionen vorschlägt. Es analysiert, was ein Entwickler gerade schreibt, und bietet:

- Syntax- und Strukturvorschläge basierend auf den verwendeten Programmiersprachen.

- Integration von Best Practices und Designmustern.

- Lösungen für wiederkehrende Probleme, wie z. B. das Parsen von JSON-Daten oder die Implementierung einer RESTful API.

Praxisfall: Ein Entwickler arbeitet an einer E-Commerce-Website und benötigt eine Funktion, um den Gesamtwert eines Warenkorbs zu berechnen. GitHub Copilot kann direkt eine passende Funktion vorschlagen, einschließlich der Berücksichtigung von Rabatten oder Steuern.

2.2. Debugging und Code-Optimierung

Das Debugging ist oft ein langwieriger und frustrierender Prozess, der viel Zeit in Anspruch nehmen kann. Hier glänzt die KI durch ihre Fähigkeit, Fehler zu erkennen, Lösungen vorzuschlagen und den Code zu optimieren.

Beispiel 1: ChatGPT für Debugging

- Mit ChatGPT können Entwickler problematischen Code einfach eingeben und um Hilfe bitten. Die KI bietet:

- Analyse des Codes und Identifizierung von Fehlern.

- Vorschläge zur Optimierung der Logik.

- Schritt-für-Schritt-Erklärungen, wie die Fehler behoben werden können.

Praxisfall: Ein Entwickler schreibt ein Python-Skript zur Datenverarbeitung und erhält eine Fehlermeldung. Statt lange nach der Ursache zu suchen, kopiert er den Code in ChatGPT und erhält eine Erklärung sowie eine überarbeitete Version des Codes.

Beispiel 2: SonarQube

- SonarQube ist ein Tool, das mithilfe von KI die Codequalität analysiert.

- Es identifiziert:

1. Sicherheitslücken.

2. Probleme mit der Performance.

3. Verstöße gegen Coding-Standards. Dieses Tool wird häufig in großen Projekten verwendet, um sicherzustellen, dass der Code wartbar und skalierbar bleibt.

2.3. Dokumentationserstellung

Eine oft unterschätzte, aber äußerst wichtige Aufgabe in der Programmierung ist die Dokumentation. Viele Entwickler empfinden sie als lästig, weshalb sie häufig vernachlässigt wird. KI-Tools können diesen Prozess jedoch automatisieren.

Beispiel: Tools wie Doxygen und Natural Language Processing (NLP)

Diese Tools erstellen automatisch detaillierte Dokumentationen basierend auf dem Code. Funktionen, Klassen und Variablen werden erläutert, und der Entwickler kann Kommentare in natürlicher Sprache hinzufügen, die automatisch formatiert werden.

Praxisfall: Ein Entwickler erstellt eine neue Bibliothek für maschinelles Lernen. Statt die Dokumentation manuell zu schreiben, verwendet er Doxygen, das automatisch API-Beschreibungen generiert und die Dokumentation in HTML oder PDF exportiert.

3. Zukunftsaussichten für KI in der Programmierung

Die Beispiele zeigen, dass KI bereits heute einen erheblichen Einfluss auf die Programmierung hat. Doch die Entwicklung steht erst am Anfang.

Künftig könnten KI-Tools:

- Projektmanagement integrieren, indem sie Aufgaben priorisieren und Zeitpläne erstellen.

- Vollständige Anwendungen erstellen, basierend auf einer einfachen Beschreibung der Anforderungen.

- Intelligente Zusammenarbeit fördern, indem sie Teams Vorschläge machen, wie Code effizienter geschrieben oder besser integriert werden kann.

Die Rolle des Programmierers wird sich dadurch nicht ersetzen lassen, sondern weiterentwickeln: hin zu einem kreativen Problemlöser, der die Möglichkeiten der KI optimal nutzt.

(2) Die besten KI-Tools für Programmierer

Mit der Einführung von KI-gestützten Tools in der Softwareentwicklung hat sich die Art und Weise, wie Programmierer arbeiten, grundlegend verändert. Diese Tools sind nicht nur für erfahrene Entwickler von Vorteil, sondern erleichtern auch Anfängern den Einstieg in die Programmierung. Hier beleuchten wir die besten verfügbaren KI-Tools für Programmierer, deren Funktionsweise und Anwendungsmöglichkeiten.

1. ChatGPT – Vielseitiger Helfer für Programmierer

ChatGPT von OpenAI ist ein mächtiges Tool, das Programmierern in unterschiedlichen Bereichen unterstützt. Es basiert auf einem Sprachmodell, das natürliche Sprache versteht und generiert. Dies macht es ideal für Aufgaben, die über das reine Programmieren hinausgehen.

1.1. Erstellung von Code-Snippets und Algorithmen

Einer der Hauptvorteile von ChatGPT ist die Fähigkeit, Code-Snippets und Algorithmen basierend auf einfachen textlichen Anweisungen zu erstellen.

Beispiel: Ein Entwickler benötigt eine Funktion in Python, um eine Liste von Zahlen zu sortieren und Duplikate zu entfernen.

Mit der Eingabe „Erstelle eine Python-Funktion, die eine Liste sortiert und Duplikate entfernt" generiert ChatGPT direkt einen passenden Code.

Codebeispiel von ChatGPT:

```python
def sort_and_remove_duplicates(numbers):
    return sorted(set(numbers))

# Beispielnutzung
numbers = [4, 2, 5, 2, 3, 4, 1]
result = sort_and_remove_duplicates(numbers)
print(result)  # Ausgabe: [1, 2, 3, 4, 5]
```

1.2. Erklärung von Konzepten und Fehlerbehebung

ChatGPT ist besonders hilfreich, wenn es darum geht, komplexe Konzepte zu erklären oder Fehler zu identifizieren.

- **Praxisfall:** Ein Anfänger versucht, eine rekursive Funktion zu schreiben, aber sein Code verursacht eine Endlosschleife. Er kopiert den Code in ChatGPT, das den Fehler identifiziert und erklärt, wie er behoben werden kann.

- **Beispiel für eine Anfrage:** "Warum funktioniert meine rekursive Funktion in Python nicht? Hier ist der Code: ..."

ChatGPT liefert eine detaillierte Analyse, erläutert die Ursache (z. B. eine fehlende Abbruchbedingung) und schlägt eine korrigierte Version vor.

2. GitHub Copilot – Der Co-Pilot für Entwickler

GitHub Copilot, entwickelt von OpenAI und GitHub, ist eines der bahnbrechendsten Tools für Entwickler. Es integriert sich nahtlos in

Entwicklungsumgebungen (IDEs) wie Visual Studio Code und unterstützt Programmierer, indem es Code-Vorschläge in Echtzeit liefert.

2.1. Automatisches Vorschlagen von Code

GitHub Copilot analysiert den Kontext des Codes, an dem der Entwickler arbeitet, und schlägt automatisch passende Codefragmente vor. Dabei bezieht es sich auf Millionen von öffentlich zugänglichen Code-Bibliotheken, um optimale Vorschläge zu generieren.

Beispiel für automatische Vorschläge: Ein Entwickler schreibt eine RESTful API in Node.js.

Nach der Eingabe von „app.get('/users', ..." ergänzt Copilot automatisch den vollständigen Code für den Endpunkt:

```javascript
app.get('/users', (req, res) => {
    // Beispiel-Daten
    const users = [
        { id: 1, name: 'Alice' },
        { id: 2, name: 'Bob' }
    ];
    res.json(users);
});
```

2.2. Unterstützung bei der Entwicklung in verschiedenen Programmiersprachen

GitHub Copilot ist vielseitig und unterstützt eine Vielzahl von Programmiersprachen, darunter Python, JavaScript, C++, Go und Ruby. Es eignet sich gleichermaßen für Webentwicklung, maschinelles Lernen und Backend-Entwicklung.

Praxisfall: Ein Entwickler arbeitet an einem Projekt, das eine Bildklassifikation mit Python und TensorFlow umfasst.

1. Copilot bietet:

- Vorschläge für die Modellarchitektur.

- Code zur Datenvorbereitung und Bildvorverarbeitung.

- Hilfestellung bei der Implementierung von Trainings- und Evaluationsschritten.

2. Nachteile und Grenzen:

- Manchmal schlägt Copilot fehlerhaften oder ineffizienten Code vor, insbesondere in spezifischen oder ungewöhnlichen Anwendungsfällen.

- Entwickler müssen die Vorschläge überprüfen, um sicherzustellen, dass sie sicher und optimal sind.

3. Weitere leistungsstarke KI-Tools

Neben ChatGPT und GitHub Copilot gibt es zahlreiche andere KI-Tools, die speziell für Programmierer entwickelt wurden. Hier sind zwei der herausragenden Optionen:

3.1. Tabnine – KI-gestützte Code-Vervollständigung

Tabnine ist ein auf maschinellem Lernen basierendes Tool, das ebenfalls Code-Vorschläge liefert. Es hebt sich durch seine Anpassbarkeit und Integration in verschiedene IDEs hervor.

1. Funktionen:

- Unterstützt mehr als 20 Programmiersprachen, darunter Python, Java, C# und TypeScript.

- Kann auf Projektdaten trainiert werden, um projektspezifische Vorschläge zu liefern.

- Lokal installierbar, was den Datenschutz erhöht.

2. Vorteile:

- Schnelle und präzise Vorschläge.

- Lokales Training ermöglicht eine bessere Anpassung an individuelle Projekte.

Praxisfall: Ein Entwickler arbeitet an einer komplexen Software und benötigt konsistenten Code für sich wiederholende Aufgaben wie Logging oder Validierung. Tabnine schlägt basierend auf dem bestehenden Code effiziente Lösungen vor.

3.2. CodeT5 – Unterstützung für maschinelles Lernen und Data Science

CodeT5 ist ein KI-Modell, das speziell für die Programmierung entwickelt wurde und auf Transformer-Architekturen basiert. Es eignet sich besonders für maschinelles Lernen und Data-Science-Projekte.

1. Funktionen:

- Unterstützt Aufgaben wie Code-Generierung, Code-Kommentierung und Übersetzung zwischen Programmiersprachen.

- Kann großen Code analysieren und Vorschläge zur Optimierung machen.

2. Vorteile:

- Ideal für Entwickler, die mit Big Data und ML-Projekten arbeiten.

- Unterstützt Sprachen wie Python, Java und C++.

Praxisfall: Ein Data-Scientist arbeitet an einem ML-Modell zur Vorhersage von Aktienkursen.

3. CodeT5 hilft bei:

- Der Generierung von Code für Datenbereinigung und Feature-Engineering.

- Vorschlägen für Hyperparameter-Tuning.

- Der Dokumentation der Arbeitsschritte.

3.3. Vergleich der Tools – Welche Plattform eignet sich für welchen Zweck?

Tool	Beste Eignung	Vorteile	Einschränkungen
ChatGPT	Allgemeine Unterstützung, Debugging	Vielseitig, leicht zugänglich	Eingeschränkte Integration in IDEs
GitHub Copilot	Echtzeit-Coding-Unterstützung	Nahtlose IDE-Integration, breites Sprachenspektrum	Kann ineffizienten Code vorschlagen
Tabnine	Projektangepasste Code-Vervollständigung	Anpassbar, lokal trainierbar	Weniger mächtig in nicht unterstützten Sprachen
CodeT5	Machine Learning, Data Science	Unterstützung komplexer Aufgaben	Eingeschränkte Sprachunterstützung

Zusammenfassung

Die Wahl des richtigen KI-Tools hängt von den spezifischen Anforderungen des Projekts ab. Während ChatGPT für allgemeine Unterstützung und Debugging ideal ist, glänzt GitHub Copilot in der Echtzeit-Entwicklung. Tabnine und CodeT5 sind besonders für spezialisierte Anwendungen wie projektspezifische Anpassungen und Data Science geeignet. Unabhängig davon, welches Tool man wählt, bieten KI-Tools eine enorme Unterstützung bei der Programmierung und ermöglichen es Entwicklern, effizienter und kreativer zu arbeiten.

(3) Praxisbeispiele für KI-gestützte Softwareprojekte

KI-Tools haben sich als unverzichtbare Werkzeuge für die

Softwareentwicklung etabliert. Sie ermöglichen es Entwicklern, komplexe Projekte schneller und effizienter umzusetzen.

In diesem Abschnitt betrachten wir praxisnahe Beispiele für KI-gestützte Softwareprojekte, die in verschiedenen Anwendungsbereichen umgesetzt werden können.

1. Webentwicklung mit KI-Tools

Webentwicklung ist eines der häufigsten Anwendungsfelder für KI in der Programmierung. KI-Tools wie ChatGPT und GitHub Copilot erleichtern die Entwicklung sowohl von Frontend- als auch von Backend-Funktionen.

1.1.Erstellung einer einfachen Website mit HTML/CSS

KI-Tools können dabei helfen, eine vollständige Website zu entwickeln, indem sie den Code für das Design und die Struktur der Seite generieren. Entwickler können durch natürliche Spracheingabe schnelle Ergebnisse erzielen.

> **Beispiel:** Portfolio-Website Ein Freelancer möchte eine persönliche Portfolio-Website erstellen, um seine Arbeit zu präsentieren.
>
> **Schritt 1:** Der Entwickler gibt eine Anfrage wie „Erstelle eine HTML-Seite mit einem Header, einem Abschnitt für Projekte und einem Footer" in ChatGPT ein.
>
> **Schritt 2:** ChatGPT generiert den Basiscode.
>
> **Schritt 3:** Der Code kann direkt angepasst und erweitert werden, um Bilder, Links oder interaktive Funktionen hinzuzufügen.

1.2.Integration von Backend-Funktionen

Backend-Entwicklung erfordert oft komplexere Logik, aber auch hier können KI-Tools unterstützen, z. B. durch die Erstellung von APIs oder Datenbankanbindungen.

> **Beispiel:** Kontaktformular mit Node.js

Schritt 1: Der Entwickler fordert eine einfache API für ein Kontaktformular an: „Erstelle eine RESTful API für ein Kontaktformular mit Node.js und Express".

Schritt 2: KI generiert den Code:

(.........Javascript_Code_Start..................)

```javascript
const express = require('express');
const bodyParser = require('body-parser');
const app = express();
app.use(bodyParser.json());
app.post('/contact', (req, res) => {
  const { name, email, message } = req.body;
  // Logik zur Verarbeitung der Daten
  res.send({ success: true, message: 'Nachricht erhalten!' });
});


app.listen(3000, () => {
  console.log('Server läuft auf Port 3000');
});
```

(.........Javascript_Code_Ende...........)

Schritt 3: Der Code wird getestet und mit einer Datenbankanbindung ergänzt, um Nachrichten zu speichern.

2. App-Entwicklung mit KI-Unterstützung

Die Entwicklung mobiler Apps ist ein Bereich, in dem KI-Tools eine erhebliche Produktivitätssteigerung ermöglichen. Entwickler können sowohl für Android als auch für iOS effizienter arbeiten.

Design und Implementierung einer mobilen App

KI-Tools wie GitHub Copilot oder FlutterFlow (eine Plattform zur visuellen App-Erstellung) können helfen, funktionale und ästhetische Apps zu entwickeln.

Beispiel: To-Do-App Eine To-Do-App ist ein klassisches Projekt, das sich leicht erweitern lässt.

Schritt 1: Der Entwickler beschreibt das gewünschte Design und die Funktionen: „Erstelle eine To-Do-App mit einer Benutzeroberfläche und einer Funktion zum Hinzufügen und Löschen von Aufgaben."

Schritt 2: GitHub Copilot generiert den Code für eine App mit React Native.

Schritt 3: Der Entwickler führt Tests auf Emulatoren durch, um die Funktionalität sicherzustellen, und optimiert die App nach Bedarf.

3. Automatisierung von Aufgaben

KI-Tools eignen sich hervorragend für die Automatisierung repetitiver Aufgaben, die normalerweise zeitaufwändig sind. Dies ist besonders in Bereichen wie Datenmanagement und Berichterstellung nützlich.

Entwicklung eines Automatisierungsskripts

Beispiel: Datensortierung Ein Unternehmen benötigt ein Skript, das große Datenmengen aus einer CSV-Datei sortiert und doppelte Einträge entfernt.

Schritt 1: Der Entwickler beschreibt die Aufgabe: „Erstelle ein Python-Skript, das eine CSV-Datei einliest, sortiert und Duplikate entfernt."

Schritt 2: ChatGPT generiert den Code:

(................Python_Code_Start..........................)

......siehe nächste Seite:

```python
import pandas as pd
def process_csv(file_path, output_path):
    # CSV-Datei einlesen
    df = pd.read_csv(file_path)
    # Sortieren und Duplikate entfernen
    df = df.drop_duplicates().sort_values(by=df.columns[0])
    # Verarbeitete Datei speichern
    df.to_csv(output_path, index=False)
    print("Datei erfolgreich verarbeitet.")
# Beispielnutzung
process_csv('input.csv', 'output.csv')
```

(................Python_Code_Ende.........................)

Schritt 3: Der Entwickler passt das Skript an spezifische Anforderungen an, wie z. B. Filterregeln oder zusätzliche Berechnungen.

4. Künstliche Intelligenz und Maschinelles Lernen

KI-Tools unterstützen Entwickler auch bei der Erstellung und Optimierung von maschinellen Lernmodellen.

Erstellung eines KI-Modells

Beispiel: Bildklassifikationsmodell Ein Entwickler möchte ein Modell erstellen, das Katzen- und Hundebilder unterscheidet.

Schritt 1: Der Entwickler verwendet Tools wie TensorFlow und Hugging Face Transformers für das Modelltraining.

Schritt 2: ChatGPT unterstützt bei der Code-Generierung

Schritt 3: Nach dem Training wird das Modell evaluiert und für die Bereitstellung optimiert.

5. Erstellung eines Chatbots mit KI

Erstellung eines Chatbots mit KIChatbots sind heutzutage ein weit verbreitetes Hilfsmittel, um die Kommunikation mit Nutzern zu automatisieren. Sie werden für eine Vielzahl von Anwendungsbereichen genutzt, von der Kundenbetreuung bis hin zur Unterhaltung. KI-Tools wie ChatGPT, Dialogflow oder Microsoft Bot Framework ermöglichen es, Chatbots schnell zu erstellen, die menschenähnliche Gespräche führen können.

Beispiel: Einen einfachen Chatbot erstellen

In diesem Beispiel zeigt ein Entwickler, wie er mit KI-Tools einen einfachen Chatbot erstellt, der Fragen zu den Produkten eines Unternehmens beantwortet. Der Chatbot kann auf häufig gestellte Fragen reagieren und einfache Anfragen zu Produkten und Dienstleistungen beantworten.

Schritt 1: Anforderung des Chatbots

Der Entwickler möchte einen Chatbot für eine fiktive Firma, die Smart Home Produkte verkauft. Der Chatbot soll Fragen wie „Was kostet das Smart Light?" oder „Welche Funktionen hat der Thermostat?" beantworten können. Der Entwickler gibt an, was der Chatbot können soll.

Beispiel-Prompt für ChatGPT:

„Erstelle einen einfachen Chatbot, der auf häufig gestellte Fragen zu unseren Produkten wie 'Smart Light' und 'Smart Thermostat' antwortet. Der Chatbot soll mit einer JSON-API kommunizieren, um Produktinformationen abzurufen."

Schritt 2: Generierung des Codes durch KI

Das KI-Tool, in diesem Fall ChatGPT, generiert den

benötigten Code, um einen einfachen Chatbot zu erstellen, der mit einer API kommuniziert.

Schritt 3: Anpassen und Testen des Chatbots

Nachdem der Code generiert wurde, kann der Entwickler den Chatbot weiter anpassen, um auf spezifische Anfragen zu reagieren und die API so zu konfigurieren, dass sie aktuelle Informationen zu den Produkten liefert. Der Chatbot wird auf einem Server gehostet, und die API kommuniziert mit einer Datenbank, die die Produktinformationen enthält.

Schritt 4: Bereitstellung und Integration

Der Chatbot kann jetzt auf einer Website oder in einer App integriert werden, um mit Nutzern zu interagieren. Zum Beispiel könnte der Chatbot in einen Kundenservice-Chat auf der Website eingebaut werden, um Anfragen zu beantworten und einfache Interaktionen zu ermöglichen.

5.2. Erweiterte Möglichkeiten mit KI:

1. Intelligente Antworten mit maschinellem Lernen:

Für fortgeschrittenere Chatbots, die nicht nur auf vordefinierte Fragen reagieren, sondern auch neue, unbekannte Fragen verstehen sollen, kann maschinelles Lernen genutzt werden. KI-gestützte Plattformen wie Dialogflow oder Rasa bieten vorgefertigte Modelle, die den Chatbot kontinuierlich verbessern, indem sie aus jeder Interaktion lernen. Der Chatbot könnte durch das Training mit realen Daten immer präzisere Antworten liefern.

2. Sprachverarbeitung für bessere Nutzerinteraktion:

Mit fortschrittlicher natürlicher Sprachverarbeitung (NLP), die in Tools wie ChatGPT und Google Dialogflow integriert ist, können Chatbots auf komplexere, unstrukturierte Anfragen reagieren und die Absichten des Nutzers erkennen. Ein Chatbot, der NLP verwendet, kann auch sprachliche Nuancen und Variationen verstehen, was die Benutzererfahrung erheblich verbessert.

3. Integration in Messaging-Apps:

Ein Chatbot kann leicht in Messaging-Plattformen wie Facebook Messenger, WhatsApp oder Slack integriert werden, um eine breite Nutzerbasis zu erreichen. Mit Tools wie ManyChat oder Tars ist es möglich, solche Chatbots ohne umfangreiche Programmierkenntnisse zu erstellen und zu implementieren.

Zusammenfassung

Die Praxisbeispiele zeigen, dass KI-Tools in nahezu jedem Bereich der Softwareentwicklung Mehrwert bieten. Egal ob bei der Webentwicklung, App-Programmierung, Automatisierung, im Bereich maschinelles Lernen, oder bei der Erstellung eines Chatbots – KI hilft, Projekte schneller und präziser umzusetzen. Solche Werkzeuge sind nicht nur für Profis, sondern auch für Anfänger von unschätzbarem Wert, da sie die Komplexität der Programmierung reduzieren und kreative Ideen fördern.

(4) Monetarisierungsmöglichkeiten

Die Nutzung von KI-Tools für Programmierung bietet nicht nur kreative und effiziente Möglichkeiten zur Softwareentwicklung, sondern auch zahlreiche Ansätze, um diese Fähigkeiten zu monetarisieren. Egal, ob als Freelancer, App-Entwickler oder Anbieter von spezialisierten Softwarelösungen – mit den richtigen Strategien und Werkzeugen kann jeder Entwickler von seinen Fähigkeiten profitieren. In diesem Abschnitt werden wir die wichtigsten Einnahmequellen im Detail betrachten.

1. Monetarisierung von Chatbots und KI-Lösungen

Die Entwicklung und der Einsatz von Chatbots und KI-gestützten Softwarelösungen bieten vielfältige Monetarisierungsmöglichkeiten, da diese Technologien in immer mehr Bereichen der Wirtschaft und des Alltags Anwendung finden. Für Entwickler und Unternehmen bieten sich dadurch neue Einnahmequellen, die sowohl auf kurzfristige Gewinne als auch auf langfristige Geschäftsmodelle ausgelegt werden können.

1. Chatbots für Unternehmen

1.1. Verkauf von Produkten oder Dienstleistungen direkt über den Chatbot

Einer der häufigsten Ansätze ist die direkte Integration eines Verkaufsprozesses in den Chatbot. Dies funktioniert gut für Unternehmen, die Produkte oder Dienstleistungen anbieten und diese direkt über den Chatbot verkaufen möchten.

Beispiele:

E-Commerce-Chatbots: Ein Chatbot kann als Verkaufsassistent fungieren, der Kunden bei der Produktauswahl hilft, Empfehlungen gibt und den Kaufprozess abwickelt. Zum Beispiel könnte der Chatbot auf einer E-Commerce-Website Produkte empfehlen, basierend auf den Vorlieben des Nutzers, und den Nutzer dann durch den Checkout-Prozess führen.

> **Buchungsdienste:** Ein Chatbot für Hotels, Reisen oder Dienstleistungen kann den Nutzern ermöglichen, Buchungen direkt zu tätigen und Zahlungen zu verarbeiten.

Monetarisierungsstrategie:

> **1.Direkter Verkauf:** Der Chatbot wird als Verkaufsplattform genutzt. Unternehmen verdienen durch den Verkauf von Produkten oder Dienstleistungen direkt über den Chatbot.

> **2.Affiliate-Marketing:** Wenn der Chatbot Produkte empfiehlt, die über Partner-Links gekauft werden, erhält der Bot-Betreiber eine Provision für jeden abgeschlossenen Verkauf.

1.2. Lead-Generierung und Verkauf

Ein Chatbot kann auch dazu verwendet werden, qualifizierte Leads zu generieren. Ein Lead ist ein potenzieller Kunde, der an einem Produkt oder einer Dienstleistung interessiert ist. Der Chatbot kann Informationen von Nutzern sammeln, wie z. B. ihre Kontaktdaten oder Interessen, und diese an das Verkaufsteam weiterleiten.

Beispiele:

Automatisierte Anfragen: Der Chatbot kann die Fragen der Nutzer beantworten und sie dann bitten, ihre E-Mail-Adresse oder Telefonnummer anzugeben, um weiterführende Informationen zu erhalten.

Lead-Nurturing: Der Chatbot kann auch automatisierte Nachrichten senden, um das Interesse des Leads aufrechtzuerhalten, ihn zu qualifizieren und mit weiteren Verkaufsstrategien zu unterstützen.

Monetarisierungsstrategie:

1. Lead-Verkäufe: Unternehmen verkaufen die gesammelten Leads an Dritte, die an den spezifischen Daten interessiert sind, z. B. Finanzunternehmen oder Immobilienmakler.

2. Abonnement-basierte Lead-Generierung: Unternehmen könnten für den Zugriff auf eine regelmäßige Flut von qualifizierten Leads eine monatliche Gebühr verlangen.

1.3. Werbung und gesponserte Inhalte

Ähnlich wie bei mobilen Apps oder Webseiten, können auch Chatbots mit Werbung und gesponserten Inhalten monetarisiert werden. Werbung kann direkt im Chatbot angezeigt werden, oder der Chatbot kann Empfehlungen für bestimmte Produkte und Dienstleistungen aussprechen.

Beispiele:

1. Bannerwerbung: Ein Chatbot könnte im Verlauf des Gesprächs kleine Werbebanner oder gesponserte Nachrichten anzeigen.

2. Gesponserte Produkte oder Empfehlungen: Wenn der Chatbot Empfehlungen für Produkte oder Dienstleistungen abgibt, können diese von Drittunternehmen gesponsert werden.

Monetarisierungsstrategie:

1. Kosten pro Klick (CPC): Der Betreiber des Chatbots erhält eine Gebühr jedes Mal, wenn ein Nutzer auf die Werbung oder den gesponserten Link klickt.

2. Kosten pro tausend Impressionen (CPM): Für die Anzeige von Werbung erhält der Betreiber des Chatbots eine

Vergütung basierend auf der Anzahl der Anzeigen, die dem Nutzer gezeigt werden.

1.4. Abonnement-Modell

Ein weiteres Modell ist das Abonnement-Modell, bei dem Nutzer oder Unternehmen eine regelmäßige Gebühr zahlen, um Zugang zu den Funktionen des Chatbots zu erhalten. Dies eignet sich besonders für Chatbots, die Mehrwertdienste bieten, wie personalisierte Beratung, umfangreiche Datenanalyse oder kontinuierliche Hilfe.

Beispiele:

>1.**Premium-Support-Chatbots:** Ein Unternehmen könnte einen Chatbot anbieten, der kostenlose Basis-Support-Dienste leistet, aber für erweiterte Funktionen wie technische Unterstützung oder personalisierte Beratung eine Gebühr verlangen.

>2.**Wissen-basierte Chatbots:** Chatbots, die ständig aktuelle Informationen oder personalisierte Daten liefern, könnten über ein Abo-Modell monetarisiert werden.

Monetarisierungsstrategie:

>**Monatliche oder jährliche Abonnements:** Nutzer zahlen für die fortgesetzte Nutzung des Chatbots. Zum Beispiel könnten sie für den Zugriff auf Premium-Funktionen oder für exklusive Inhalte bezahlen.

1.5. Zahlung pro Interaktion (Pay-per-Interaction)

Ein Modell, das bei bestimmten Arten von Dienstleistungen funktioniert, ist die Monetarisierung pro Interaktion. Dabei wird dem Nutzer eine Gebühr für jede Interaktion mit dem Chatbot in Rechnung gestellt, z. B. für jeden detaillierten Beratungsvorgang oder jede Frage, die über die Basismöglichkeiten hinausgeht.

Beispiel:

Beratung: Ein Finanzberater-Chatbot könnte einfache Informationen kostenlos bieten, aber für detaillierte, maßgeschneiderte Beratung eine Gebühr pro Sitzung verlangen.

Monetarisierungsstrategie:

Pay-per-Use: Der Nutzer zahlt jedes Mal, wenn er den Chatbot für eine spezifische Funktion oder Interaktion verwendet.

1.6. KI-gestützte Dienstleistungen und Beratungsdienste

Chatbots, die auf spezialisierten KI-Modellen basieren, können als Plattform für maßgeschneiderte Beratung und spezialisierte Dienstleistungen dienen. Diese können für bestimmte Branchen und Geschäftsbedürfnisse entwickelt werden, z. B. Finanzberatung, Gesundheitsberatung oder rechtliche Beratung.

Beispiel:

Finanz-Chatbot: Ein Chatbot könnte personalisierte Finanzberatung bieten und den Nutzern helfen, ihre Investitionen zu überwachen oder ihre Ausgaben zu verwalten. Ein solcher Chatbot könnte durch Beratungsgebühren oder über Partnerschaften mit Finanzdienstleistern monetarisiert werden.

Monetarisierungsstrategie:

1. Beratungsgebühren: Der Betreiber des Chatbots erhebt eine Gebühr für die Bereitstellung von spezialisierten Beratungstools oder maßgeschneiderten Empfehlungen.

2. Partnerprogramme: Der Chatbot könnte Produkte oder Dienstleistungen von Partnern empfehlen und eine Provision für jeden Verkauf erhalten.

1.7. Spenden und Crowdfunding

Wenn der Chatbot in einer gemeinnützigen oder sozialen Initiative eingesetzt wird, kann er auch durch Spenden oder Crowdfunding finanziert werden. Der Chatbot könnte beispielsweise dazu verwendet werden, Benutzer für wohltätige Zwecke zu sensibilisieren oder um Spenden zu sammeln.

Beispiel:

Charity-Chatbot: Ein Chatbot, der für eine Wohltätigkeitsorganisation arbeitet, könnte Benutzer über Projekte und Spendenmöglichkeiten informieren und sie dazu ermutigen, Spenden zu leisten.

Monetarisierungsstrategie:

1.Spenden: Der Chatbot kann eine direkte Spendenfunktion integrieren und den Nutzern ermöglichen, mit einem Klick Spenden zu tätigen.

2.Crowdfunding: Der Chatbot kann in die Crowdfunding-Kampagne integriert werden und regelmäßig Nutzer ansprechen, die Spenden für ein Projekt tätigen können.

1.8. Verkauf von Chatbot-Lösungen an Unternehmen

Ein weiteres Monetarisierungsmodell ist der Verkauf von Chatbot-Lösungen an Unternehmen. Wenn du selbst einen Chatbot entwickelt hast, kannst du die Technologie an Unternehmen weiterverkaufen oder sie als Lizenz zur Nutzung anbieten.

Beispiel:

Chatbot-Software für den Kundensupport: Ein Entwickler kann einen allgemeinen Chatbot für den Kundensupport erstellen und Unternehmen verkaufen, die ihre Kundeninteraktionen automatisieren möchten.

Monetarisierungsstrategie:

1.Lizenzgebühren: Unternehmen zahlen eine Lizenzgebühr für den Einsatz des Chatbots in ihrem Betrieb.

2. White-Label-Lösungen: Der Chatbot wird als White-Label-Produkt verkauft, das Unternehmen dann an ihre eigenen Bedürfnisse anpassen können.

2. Freelancing: Dienstleistungen auf Plattformen anbieten

2.1. Freelancing-Plattformen

Freelancing ist eine der einfachsten Möglichkeiten, mit Programmierkenntnissen Geld zu verdienen. Plattformen wie Upwork, Fiverr und Toptal bieten Entwicklern Zugang zu einer weltweiten Kundschaft.

Upwork:

- Upwork ist eine der größten Plattformen für Freiberufler. Entwickler können Projekte finden, die von einfachen Skriptlösungen bis hin zu komplexen Softwareanwendungen reichen.

Vorteile: Flexibilität, große Kundendatenbank, viele Projektarten.

Beispiele: „Erstelle eine benutzerdefinierte API", „Debugge meinen bestehenden Code", „Automatisiere einen Geschäftsprozess."

Fiverr:

- Fiverr bietet eine gute Plattform für kleine, spezialisierte Dienstleistungen, die als „Gigs" bezeichnet werden.

Beispiele für Gigs: „Ich erstelle eine KI-gestützte Webanwendung", „Ich automatisiere Excel-Arbeiten mit Python."

Toptal:

- Toptal richtet sich an hochqualifizierte Entwickler. Der Bewerbungsprozess ist anspruchsvoll, aber die Vergütung und

Projekte sind entsprechend hochwertig.

Beispiele: Softwareentwicklung für Startups, Beratung bei der KI-Integration.

2.2. Individuelle Kundenlösungen

Neben Plattformen gibt es auch Möglichkeiten, direkt mit Kunden zu arbeiten. Dies umfasst:

1. Kundenspezifische Automatisierung:

- Erstellung von Skripten zur Prozessoptimierung, z. B. für Buchhaltung, Datenanalyse oder Marketing.

- **Beispiel:** Ein Kunde benötigt ein Python-Skript, das automatisch Berichte aus Excel-Daten generiert.

2. Maßgeschneiderte Webentwicklung:

- Aufbau einer personalisierten Website oder eines interaktiven Dashboards für Unternehmen.

2.3. Strategien für Erfolg

1. Profil optimieren: Präsentiere deine Fähigkeiten und Projekte klar und ansprechend.

2. Portfolio erstellen: Zeige deine vergangene Projekte und deren Ergebnisse.

3. Kundenservice: Biete zuverlässige Kommunikation und schnelle Anpassungen an den Bedürfnissen des Kunden.

3. App-Verkäufe: Entwicklung und Vertrieb mobiler Anwendungen

3.1. Apps als Produkte

Die Entwicklung und der Verkauf von Apps ist ein lukratives Geschäftsmodell. Mit KI-Unterstützung wird dieser Prozess effizienter, da Aufgaben wie Code-Generierung, Design und sogar Marktanalysen beschleunigt werden können.

Google Play Store:

- Der Android-Markt ist riesig und bietet Zugang zu einer breiten Nutzerbasis. Entwickler können Apps kostenlos oder gegen eine Gebühr anbieten.

- **Beispiel:** Eine Fitness-App mit KI-gestützter Datenanalyse, die Nutzern personalisierte Workouts vorschlägt.

Apple App Store:

- Der iOS-Markt ist bekannt für hohe Einnahmen pro Nutzer. Entwickler müssen jedoch die Apple-Richtlinien und die jährliche Gebühr von 99 USD beachten.

- **Beispiel:** Eine minimalistische Kalender-App mit KI-gesteuerten Erinnerungsfunktionen.

3.2. Schritt-für-Schritt-Anleitung zur App-Monetarisierung

Schritt 1. Ideenfindung:

-Verwende Tools wie ChatGPT, um Ideen zu generieren: „Welche App-Konzepte sind derzeit beliebt?"

- **Beispiel:** „Erstelle eine App für Eltern, die den Schlafrhythmus ihrer Babys überwacht."

Schritt 2. Entwicklung:

-Nutze GitHub Copilot oder FlutterFlow, um die App schnell zu entwickeln.

- **Beispiel:** Mit FlutterFlow kann man die Benutzeroberfläche einer App visuell gestalten und Code generieren lassen.

Schritt 3. Monetarisierungsstrategien:

1. Einmalige Käufe: Nutzer zahlen einmal für die App.

2. Abonnements: Regelmäßige Einnahmen durch monatliche oder jährliche Gebühren.

3. Freemium-Modell: Basisfunktionen sind kostenlos, Premium-Funktionen kostenpflichtig.

4. In-App-Werbung: Anzeigen generieren Einnahmen, ohne dass Nutzer bezahlen müssen.

Schritt 4. Marketing und Veröffentlichung:

- Optimiere deine App-Seite im Store mit ansprechenden Screenshots, einer prägnanten Beschreibung und guten Bewertungen.

- Nutze Social Media und Influencer-Marketing, um Reichweite zu erzielen.

3.3. Vorteile von KI-gestützter App-Entwicklung

Zeiteffizienz: Schnelle Entwicklung dank KI-Unterstützung.

Kostenersparnis: Reduzierte Notwendigkeit für große Entwicklungsteams.

Innovationen: Nutzung von KI-Funktionen wie Sprachverarbeitung oder Bilderkennung, um einzigartige Apps zu erstellen.

4. Maßgeschneiderte Lösungen für Unternehmen

Unternehmen benötigen oft spezialisierte Softwarelösungen, um ihre internen Prozesse zu optimieren oder neue Produkte zu entwickeln. Mit KI können Entwickler hochwertige, maßgeschneiderte Produkte anbieten.

4.1. Spezialisierte Softwarelösungen

Anwendungsbeispiele:

1. **Automatisierung:** Skripte zur Automatisierung von Aufgaben wie Bestandsverwaltung oder Datenanalyse.

2. **Datenvisualisierung:** Erstellung interaktiver Dashboards für Unternehmensdaten.

3. **AI-Integration:** Einbindung von maschinellem Lernen in bestehende Systeme, z. B. für Vorhersageanalysen.

Beispiel: Automatisiertes Reporting-Tool

- Ein Unternehmen benötigt ein Tool, das automatisch Verkaufsdaten analysiert und wöchentliche Berichte erstellt.

- Entwickler erstellen ein Python-Tool, das Daten aus einer Datenbank abruft, analysiert und visualisiert.

4.2. Beratung und Integration von KI

Unternehmen suchen zunehmend nach Experten, die sie bei der Integration von KI in ihre Geschäftsprozesse unterstützen.

Schritte:

1. Analyse der Geschäftsanforderungen.

2. Identifikation von Prozessen, die mit KI optimiert werden können.

3. Entwicklung und Implementierung der Lösung.

Beispiel: Chatbot für den Kundensupport

- Ein Unternehmen möchte die Kundenzufriedenheit steigern, indem es einen Chatbot integriert. Der Entwickler nutzt Tools wie Dialogflow oder Rasa, um einen KI-gestützten Chatbot zu erstellen, der Kundenanfragen beantwortet.

4.3. Langfristige Kundenbeziehungen

Entwickler, die maßgeschneiderte Lösungen anbieten, haben oft die Möglichkeit, langfristige Partnerschaften mit ihren Kunden aufzubauen. Dies führt zu stabilen Einnahmen und wiederholten Aufträgen.

5. Tipps für eine erfolgreiche Monetarisierung

5.1. Marktforschung:

- Verstehe, welche Technologien und Lösungen derzeit nachgefragt sind.

- Nutze KI-Tools wie ChatGPT, um potenzielle Trends zu analysieren: „Welche Softwarelösungen werden 2024 gefragt sein?"

5.2. Preisgestaltung:

- Setze Preise, die Ihre Expertise widerspiegeln, aber auch für Kunden attraktiv sind.

- Verwende das „Wert-basierte Preismodell", bei dem die Kosten auf dem Nutzen für den Kunden basieren.

5.3. Effiziente Tools nutzen:

- Verwende Tools wie GitHub Copilot und Tabnine, um die Entwicklungszeit zu verkürzen.

- Setze Projektmanagement-Tools wie Asana oder Trello ein, um Kundenprojekte effizient zu verwalten.

5.4. Networking:

- Baue ein Netzwerk auf, indem du an Konferenzen, Meetups

und Online-Foren teilnimmst.

- Nutze LinkedIn, um potenzielle Kunden und Partner anzusprechen.

Zusammenfassung

Die Monetarisierung von KI-gestützter Programmierung bietet vielfältige Möglichkeiten, von Chatbots über Freelancing und App-Verkäufe bis hin zur Entwicklung maßgeschneiderter Lösungen für Unternehmen. Mit der richtigen Kombination aus Fachwissen, Tools und strategischem Marketing können Entwickler nicht nur ihre Projekte erfolgreich umsetzen, sondern auch ein nachhaltiges Einkommen generieren. KI eröffnet dabei neue Türen, die sowohl für erfahrene Programmierer als auch für Anfänger attraktiv sind.

(5) Praktische Tipps und Strategien

Dieser Abschnitt bietet dir konkrete Ratschläge, wie du KI-Tools effektiv nutzt, typische Fallstricke vermeidest und deine Monetarisierungsstrategie optimierst. Der Fokus liegt darauf, dir praktische Ansätze und bewährte Methoden an die Hand zu geben, um das volle Potenzial deiner KI-gestützten Programmierung auszuschöpfen.

1. Wie du KI-Tools effektiv einsetzt

KI-Tools wie ChatGPT, GitHub Copilot oder Tabnine sind leistungsstarke Werkzeuge, die dir die Arbeit erleichtern können. Doch der Schlüssel zu ihrem Erfolg liegt darin, sie gezielt und strategisch zu nutzen. Hier sind einige Ansätze, die dir helfen, das Beste aus diesen Tools herauszuholen:

1.1. Richtiges Prompting und Eingaben

Der Erfolg deiner Arbeit mit KI steht und fällt mit den Eingaben, die du machst. Mit den richtigen Prompts kannst du präzisere und nützlichere Ergebnisse erzielen.

1. Sei spezifisch und klar:

- Statt „Schreibe Code für eine Website" solltest du schreiben: „Erstelle eine HTML- und CSS-Vorlage für eine Landing Page mit einem Header, einem Call-to-Action-Button und einem Footer."

- **Beispiel für ChatGPT:** „Erkläre den Unterschied zwischen synchronem und asynchronem JavaScript und zeige ein Codebeispiel."

2.Teile große Aufgaben in kleine Abschnitte:

- Wenn du eine komplexe Anwendung entwickelst, fordere die KI auf, dir einzelne Module oder Funktionen zu erstellen, z. B.: „Schreibe eine Funktion in Python, die eine JSON-Datei liest und die Daten in einer SQL-Datenbank speichert."

3.Teste und verfeinere:

Wenn das Ergebnis nicht deinen Erwartungen entspricht, passe deinen Prompt an. Ein iterativer Ansatz führt oft zu besseren Resultaten.

1.2.Kombination von Tools für optimale Ergebnisse

Selten reicht ein einziges KI-Tool aus, um eine Aufgabe vollständig zu erledigen. Du kannst mehrere Tools miteinander kombinieren, um den Workflow effizienter zu gestalten:

1.Code-Generierung und Debugging:

- Nutze GitHub Copilot, um Code zu schreiben, und ChatGPT, um diesen zu debuggen oder Dokumentationen zu erstellen.

- **Beispiel:** Lass Copilot eine Python-Funktion generieren und frage ChatGPT: „Finde potenzielle Fehler in diesem Code."

2. Datenvisualisierung:

- Verwende Tabnine, um Diagramm- und Visualisierungsskripte in Python zu schreiben, und ergänze diese mit Tools wie Matplotlib oder Seaborn.

3. Projektmanagement und Kommunikation:

- Kombiniere Asana oder Trello für die Organisation deiner Projekte mit KI-gestützten Tools wie Notion AI, um automatisch Statusberichte oder Projektdokumentationen zu erstellen.

1.3. Praktisches Beispiel für Tool-Kombinationen

Angenommen, du entwickelst eine App:

1. **GitHub Copilot:** Erstellt den grundlegenden Code für die App.

2. **ChatGPT:** Hilft dir, die Funktionen zu dokumentieren und Fehler zu beheben.

3. **Canva oder Figma:** Entwirft das App-Design.

4. **Firebase:** Integriert die Backend-Funktionalitäten.

2. Häufige Fehler vermeiden

Auch wenn KI-Tools leistungsfähig sind, können sie auch zu Problemen führen, wenn du sie nicht korrekt einsetzt. Hier sind einige häufige Fehler, die du vermeiden solltest:

2.1. Übermäßige Abhängigkeit von KI

Es ist verlockend, sich vollständig auf KI zu verlassen, doch das birgt Risiken:

1. Verstehen statt Blindes Vertrauen:

- KI kann fehlerhaften oder ineffizienten Code generieren. Überprüfe immer die Logik und Funktionalität, bevor du den Code in ein Projekt integrierst.

2. Selbstlernen fördern:

- Nutze die KI, um schwierige Konzepte zu verstehen, aber lerne die Grundlagen eigenständig. Beispiel: Wenn dir ChatGPT bei der Erstellung eines Algorithmus hilft, recherchiere, wie und warum er funktioniert.

2.2. Mangelnde Kontrolle über generierten Code

1. Code Review durchführen:

- Analysiere den generierten Code auf Sicherheitslücken, Redundanzen und Performance-Probleme. Tools wie SonarQube können dir dabei helfen.

2. Keine Code-Komplexität zulassen:

- KI neigt dazu, zu „überentwickeln". Versuche, den Code möglichst schlank und effizient zu halten.

2.3. Beispiel für einen vermeidbaren Fehler

Du lässt die KI eine Datenbankverbindung schreiben, ohne Sicherheitsmechanismen zu implementieren. Später entdeckt ein Hacker eine SQL-Injection-Lücke. Der Grund: Du hast die KI-Ergebnisse nicht überprüft. Vermeide solche Szenarien, indem du alle Eingaben und Sicherheitsaspekte selbst validierst.

3. Sichere Monetarisierung

Die Monetarisierung deiner Arbeit ist ein wichtiger Schritt, aber er erfordert einen strategischen Ansatz. Hier erfährst du, wie du Einnahmen maximierst und Risiken minimierst.

3.1. Verträge für Freelancing

Wenn du als Freelancer arbeitest, ist ein gut ausgearbeiteter Vertrag unerlässlich. Er schützt dich und den Kunden gleichermaßen.

Wichtige Vertragsinhalte:

1. Leistungsbeschreibung:

- Definiere genau, was geliefert wird: Umfang, Funktionen, Fristen.

2. Zahlungsbedingungen:

- Lege fest, wie und wann die Bezahlung erfolgt. Beispiel: „50 % vor Beginn, 50 % nach Abnahme."

3. Eigentumsrechte:

- Kläre, wer die Rechte am Code besitzt. Manche Kunden verlangen exklusive Nutzungsrechte, während du möglicherweise den Code wiederverwenden möchtest.

Tipp: Nutze Tools wie DocuSign, um digitale Verträge schnell und rechtsverbindlich zu unterzeichnen.

3.2. Optimierung von Einnahmen durch App-Marketing

Wenn du Apps verkaufst, ist eine durchdachte Marketingstrategie entscheidend. Hier sind einige Ansätze, um den Umsatz zu steigern:

1. App Store Optimization (ASO):

- Optimiere den Namen, die Beschreibung und die Keywords deiner App, um in den Suchergebnissen der Stores höher zu ranken.

- Tools wie App Radar oder Sensor Tower helfen dir, die richtigen Keywords zu finden.

2. Social Media Marketing:

- Nutze Plattformen wie Instagram, TikTok oder YouTube, um deine App zu bewerben.

- Erstelle kurze Videos, die die Funktionen deiner App zeigen, und schalte gezielte Anzeigen.

3. Partnerschaften und Influencer:

- Arbeite mit Influencern zusammen, die deine Zielgruppe ansprechen.

- **Beispiel:** Eine Fitness-App könnte von einem bekannten Personal Trainer auf Instagram beworben werden.

4. Rabatte und Sonderaktionen:

- Biete zeitlich begrenzte Angebote an, um die Downloadzahlen zu erhöhen.

5. Nutzerbindung:

- Entwickle Strategien, um Nutzer langfristig an deine App zu binden. Push-Benachrichtigungen, Gamification-Elemente und regelmäßige Updates sind dafür hilfreich.

Zusammenfassung

Der effektive Einsatz von KI-Tools, die Vermeidung typischer Fehler und eine sichere Monetarisierung sind entscheidend für den Erfolg in der KI-gestützten Programmierung. Mit gezielten Eingaben, einer Kombination aus verschiedenen Tools und einer klaren Monetarisierungsstrategie kannst du nicht nur bessere Ergebnisse erzielen, sondern auch langfristig stabile Einnahmen generieren. Denke daran, dass die Kontrolle über den generierten Code, Transparenz in Verträgen und kluge Marketingmaßnahmen der Schlüssel zu deinem Erfolg sind.

(6) Praxisbeispiel – Ein Workflow mit KI

In diesem Abschnitt lernst du Schritt für Schritt, wie du ein Softwareprojekt mit Unterstützung von KI-Tools realisieren kannst – von der Idee bis zur Monetarisierung. Zusätzlich erhältst du praktische Hinweise, um Stolpersteine zu vermeiden, und einen motivierenden Ausblick auf die Möglichkeiten, die dir KI eröffnet.

1. Schritt-für-Schritt-Anleitung

1.1 Projektidee entwickeln

Am Anfang jedes Projekts steht eine gute Idee. Die KI kann dir dabei helfen, deine Gedanken zu strukturieren und kreative Ansätze zu entwickeln.

1.Ideenfindung mit ChatGPT:

- **Beginne mit einer einfachen Frage:** „Welche Softwareanwendungen könnten bei [Thema deiner Wahl] nützlich sein?"

- **Beispiel:** Wenn du dich für Gesundheit interessierst, frage: „Welche Arten von Apps könnten Menschen helfen, ihre Fitnessziele zu erreichen?"

- **ChatGPT liefert dir Vorschläge wie:**

- Ein Kalorienzähler.

- Eine App für personalisierte Workout-Pläne.

- Ein Mood-Tracker zur Überwachung der mentalen Gesundheit.

2.Bewertung und Verfeinerung:

- Diskutiere die Ideen mit ChatGPT, um die Umsetzbarkeit zu analysieren: „Wie könnte eine Kalorienzähler-App funktionieren? Welche Funktionen wären wichtig?"

- Verfeinere die Idee: Entscheide dich für spezifische Features, wie etwa Barcode-Scanning, Rezeptvorschläge oder eine Verbindung zu Smartwatches.

4. Projektziel setzen:

- Definiere dein Ziel: „Ich möchte eine einfache Kalorienzähler-App erstellen, die Nährwertangaben aus einer Datenbank zieht und eine Wochenübersicht bietet."

1.2 Code mit Hilfe von ChatGPT und GitHub Copilot erstellen

Jetzt geht es an die Umsetzung. KI-Tools wie ChatGPT und GitHub Copilot können dir viel Arbeit abnehmen – vom Schreiben des ersten Codes bis hin zur Implementierung komplexer Funktionen.

1. Grundstruktur erstellen:

- Frage ChatGPT: „Schreibe die Grundstruktur für eine Kalorienzähler-App mit einer Benutzeroberfläche in Python (z. B. mit Tkinter)."

- Die KI gibt dir einen Einstieg in die Programmierung, beispielsweise:

```python
import tkinter as tk

def main():
    root = tk.Tk()
    root.title("Kalorienzähler")
    # Weitere UI-Komponenten hier einfügen
    root.mainloop()

if __name__ == "__main__":
    main()
```

ervollständigung mit GitHub Copilot:

- Öffne deinen Code-Editor (z. B. Visual Studio Code) und aktiviere GitHub Copilot.

- Während du den Code schreibst, schlägt dir Copilot vor, wie du weitermachen kannst:

--------- Automatische Erstellung von Funktionen.

-------- Vervollständigung von Datenbankaufrufen.

-------- Verbesserung von Algorithmen.

3. Zusammenarbeit der Tools:

- Nutze ChatGPT, um Probleme zu lösen, die Copilot nicht korrekt versteht. Beispiel: „Warum funktioniert meine Verbindung zur SQLite-Datenbank nicht?"

- Lass dir von ChatGPT auch Code für spezifische Funktionen schreiben, z. B.: „Schreibe eine Funktion, die mithilfe eines Barcodes die Kalorien eines Lebensmittels aus einer Datenbank ausliest."

1.3 Debugging und Testing

Fehler im Code sind unvermeidlich, aber KI-Tools können dir helfen, sie schnell zu finden und zu beheben.

1. Fehlersuche mit ChatGPT:

- Kopiere problematischen Code und frage: „Ich erhalte einen Fehler beim Ausführen dieses Codes. Kannst du mir helfen?"

- ChatGPT identifiziert häufig die Ursache des Problems und bietet eine Lösung.

2. Automatisierte Tests:

- Generiere Unit-Tests mit GitHub Copilot. Beispiel: „Schreibe Unit-Tests für eine Funktion, die Kalorien summiert."

```python
import unittest
from app import sum_calories

class TestCalorieFunctions(unittest.TestCase):
    def test_sum_calories(self):
        self.assertEqual(sum_calories([100, 200, 300]), 600)
        self.assertEqual(sum_calories([]), 0)

if __name__ == "__main__":
    unittest.main()
```

- Die Tests könnten so aussehen:

3. Benutzerfreundlichkeit testen:

- Erstelle ein einfaches Feedback-System in der App, damit Tester Verbesserungsvorschläge machen können.

- Du kannst ChatGPT bitten, ein Formular oder eine E-Mail-Versandfunktion zu erstellen, um das Feedback einzuholen.

1.4 Monetarisierung des Endprodukts

Sobald dein Projekt fertig ist, kannst du dich der Monetarisierung widmen. Dafür gibt es verschiedene Ansätze:

- **Veröffentlichung in App Stores:**

- Lade deine App in den Google Play Store oder Apple App Store hoch.

- Frage ChatGPT: „Welche Richtlinien muss ich beachten, um meine App im Play Store zu veröffentlichen?"

-Die KI liefert dir Checklisten, beispielsweise zur Datenschutzrichtlinie, Altersfreigabe und Monetarisierungsstrategie.

- **Freemium-Modell implementieren:**

- Biete eine kostenlose Basisversion an und erweitere sie durch kostenpflichtige Premium-Funktionen, z. B.:

-------------------- Zugriff auf eine größere Lebensmittel-Datenbank.

-------------------- Individuelle Ernährungspläne.

- **Direkter Verkauf an Unternehmen:**

- Präsentiere deine App potenziellen Geschäftspartnern, z. B. Fitnessstudios oder Ernährungsberatern, die sie als Zusatzdienst anbieten könnten.

2. Praktische Hinweise und häufige Stolpersteine

2.1. Praktische Hinweise

- **Arbeite iterativ:**

Entwickle das Projekt in kleinen, überschaubaren Schritten. Beginne mit der Kernfunktionalität und erweitere sie dann.

Nutze KI-Tools, um jeden Schritt zu unterstützen, aber teste die Ergebnisse regelmäßig.

- **Sichere deine Arbeit:**

Speichere deinen Code in einem Versionskontrollsystem wie GitHub. Das schützt dich vor Datenverlust und erleichtert die Zusammenarbeit.

- **Bleibe flexibel:**

Lass dich nicht von einer Idee blockieren, die nicht funktioniert. Mit der Hilfe von KI kannst du alternative Ansätze schnell ausprobieren.

2.2. Häufige Stolpersteine

- **Unklare Anforderungen:**

Wenn du nicht genau weißt, was du erreichen möchtest, liefert die KI oft unbrauchbare Ergebnisse. Investiere Zeit in die Definition deines Projekts.

- **Vertrauen auf falsche Ergebnisse:**

KI ist nicht fehlerfrei. Manchmal generiert sie Code, der zwar logisch aussieht, aber in der Praxis nicht funktioniert. Teste immer gründlich.

- **Technische Schulden:**

Vermeide, schnellen, aber unsauberen Code zu übernehmen. Refaktoriere deinen Code regelmäßig, um langfristige Probleme zu vermeiden.

Abschließende Worte

Die Möglichkeiten, die KI in der Programmierung bietet, sind immens. Mit Tools wie ChatGPT und GitHub Copilot kannst du deine Ideen schneller umsetzen, Fehler vermeiden und deine Effizienz steigern. Wichtig ist jedoch, dass du diese Technologien als Unterstützung nutzt und nicht als Ersatz für dein eigenes Verständnis.

Nutze diese Tools, um deine Fähigkeiten auszubauen und kreative Projekte zu realisieren. Mit der richtigen Kombination aus Technologie, Wissen und einem klaren Ziel kannst du nicht nur beeindruckende Software entwickeln, sondern auch neue Einkommensquellen erschließen. Die Zukunft der Programmierung ist kollaborativ – Mensch und KI, die zusammenarbeiten, eröffnen dir unendliche Möglichkeiten.

MIT K.I. EINE SOCIAL MEDIA PERSON ERSCHAFFEN

Hast du jemals davon geträumt, eine einflussreiche Präsenz auf Social Media zu schaffen, die Tausende – vielleicht sogar Millionen – Menschen erreicht? In der heutigen digitalen Ära ist das nicht nur möglich, sondern mit Hilfe von KI einfacher denn je. Eine Social-Media-Person zu erschaffen, sei es als fiktiver Charakter oder als Verstärkung deiner eigenen Präsenz, eröffnet dir Chancen, die du mit herkömmlichen Methoden kaum in der gleichen Geschwindigkeit und Effizienz realisieren könntest.

In diesem Kapitel zeige ich dir, wie du mit KI-Tools wie ChatGPT, MidJourney, DALL-E und Canva deine Social-Media-Person von Grund auf entwickelst. Du lernst, wie du eine einzigartige Nische findest, ansprechenden Content produzierst und schließlich die Monetarisierung deines Profils vorantreibst. Dabei geht es nicht nur um Technik – du erfährst auch, wie du authentisch bleibst und Vertrauen aufbaust, selbst wenn KI einen Großteil der Arbeit übernimmt. Dieses Kapitel begleitet dich auch durch alle Schritte, angefangen bei der Definition und Gestaltung deiner Persona bis hin zur Erstellung von Content und der Generierung von Einnahmen. Egal, ob du ein Influencer werden, dein eigenes Business auf Social Media repräsentieren oder einfach mit kreativen Inhalten experimentieren möchtest – mit KI hast du ein mächtiges Werkzeug an deiner Seite. Lass uns starten und gemeinsam eine Social-Media-Person erschaffen, die sowohl originell als auch erfolgreich ist!

Was dich in diesem Kapitel erwartet:

Abschnitt 1: Was bedeutet es, eine Social-Media-Person zu erschaffen?

Abschnitt 2. Profil erstellen

Abschnitt 3. Content-Strategie entwickeln

Abschnitt 4. Videos und Fotos

Abschnitt 5. Monetarisierung

Abschnitt 6. Risiken und ethische Überlegungen

(1) Was bedeutet es, eine Social-Media-Person zu erschaffen?

1.

Stell dir vor, du könntest eine Person erschaffen, die auf Social Media genau das repräsentiert, was du vermitteln möchtest – sei es eine fiktive Figur, ein virtueller Influencer oder eine authentische Erweiterung deiner eigenen Identität. Eine Social-Media-Person ist mehr als nur ein Profil. Sie ist eine sorgfältig gestaltete Präsenz, die gezielt auf eine bestimmte Zielgruppe abgestimmt ist. Mit einer klaren Persönlichkeit, einem einzigartigen Stil und einer überzeugenden Botschaft kannst du Menschen ansprechen, inspirieren und binden.

Das Ziel dabei? Deine Inhalte sollen auffallen, in Erinnerung bleiben und langfristig Nutzen bringen – sei es durch Follower-Wachstum, Markenaufbau oder Einnahmen. Ob du eine humorvolle Figur erfindest, die Memes teilt, oder eine seriöse Expertin für ein Fachgebiet präsentierst, bleibt ganz dir überlassen.

1.1. Definition und Ziele einer Social-Media-Person

Eine Social-Media-Person ist ein strategisch aufgebautes Profil, das durch konsequentes Storytelling und eine klare Ausrichtung eine starke Bindung zur Zielgruppe aufbaut.

Diese Persona kann in vielerlei Formen existieren:

- **Echt:** Du selbst bist die Marke und nutzt KI, um deine Inhalte zu optimieren.

- **Fiktiv:** Du erschaffst eine Figur, die unabhängig von dir agiert, aber dennoch deine Botschaft vermittelt.

- **Virtuell:** Mithilfe von KI-Tools wie MidJourney oder DALL-E kannst du sogar digitale Charaktere entwickeln, die komplett erfunden sind, aber real wirken.

Die Ziele können je nach Ausrichtung variieren:

- **Reichweite:** Aufbau einer Community, die deine Inhalte teilt und liked.

- **Markenbildung:** Etablierung einer starken digitalen Präsenz für dein Business.

- **Monetarisierung:** Einnahmen durch Werbung, Sponsoring, Produkte oder Dienstleistungen.

- **Unterhaltung und Engagement:** Menschen mit originellen und ansprechenden Inhalten fesseln.

1.2. Warum ist das heute so relevant?

Social Media ist nicht mehr nur ein Ort, um Bilder zu teilen – es ist ein wirtschaftliches Ökosystem, in dem Kreativität, Technologie und Geschäft aufeinandertreffen. Eine durchdachte Social-Media-Person kann dir helfen, in diesem Umfeld Fuß zu fassen und mit der Kraft der KI komplexe Aufgaben wie Content-Generierung oder Zielgruppenanalyse deutlich zu erleichtern. Die besten Marken und Influencer setzen längst auf KI, um ihre Reichweite zu steigern und ihre Inhalte zu optimieren.

2. Beispiele erfolgreicher Social-Media-Personas

Um dir die Möglichkeiten greifbarer zu machen, lass uns einen Blick auf reale und virtuelle Beispiele werfen, die zeigen, was mit einer gezielt entwickelten Social-Media-Person möglich ist.

2.1. Lil Miquela (Virtueller Influencer)

Lil Miquela ist ein computergenerierter Charakter, der auf Plattformen wie Instagram Millionen von Followern hat. Sie postet über Mode, Lifestyle und Musik und hat sogar Markenpartnerschaften mit großen Unternehmen wie Prada abgeschlossen. Ihre Schöpfer nutzen KI und 3D-Design, um sie lebensecht wirken zu lassen.

Was kannst du lernen?

- Virtuelle Influencer können genauso effektiv sein wie reale Personen, besonders wenn sie in einer Nische agieren.

- Authentizität wird nicht durch den realen Ursprung, sondern durch konsistente Storytelling-Elemente vermittelt.

2.2. Dr. Julia (Wissenschaftskommunikation)

Dr. Julia ist eine echte Wissenschaftlerin, die KI nutzt, um ihre Social-Media-Strategie zu optimieren. Mit Tools wie ChatGPT generiert sie Inhalte, die komplexe Themen leicht verständlich machen. Ihre Postings sind eine Mischung aus Text, Grafiken und Videos, die sie mit Canva und anderen Tools erstellt.

Was kannst du lernen?

- Selbst echte Profile profitieren massiv von KI, um Zeit zu sparen und ihre Inhalte präzise auf die Zielgruppe zuzuschneiden.

- Wissenschaftliche oder informative Inhalte können durch KI zugänglicher und unterhaltsamer werden.

2.3. Nala Cat (Tier-Persona)

Nala Cat ist ein weiteres Beispiel für eine außergewöhnliche Social-Media-Person. Diese Katze hat über vier Millionen Instagram-Follower und nutzt ihren Einfluss für Werbekampagnen und Charity-Aktionen. Ihre „Persönlichkeit" wird durch humorvolle Posts und hochwertige Bilder vermittelt, die oft mit KI-Tools bearbeitet werden.

Was kannst du lernen?

- Auch Tiere oder andere kreative Figuren können als Personas dienen und ein enormes Publikum erreichen.

- Der richtige Einsatz von KI für Bildbearbeitung oder Texterstellung spart Zeit und verfeinert die Inhalte.

3. Warum eine Persona erschaffen?

Der Kern einer erfolgreichen Social-Media-Person ist ihre Fähigkeit, sich von der Masse abzuheben. Im digitalen Raum, wo täglich Millionen neuer Inhalte hochgeladen werden, brauchst du eine klare Identität, die Menschen anspricht.

Eine durchdachte Persona hilft dir dabei, folgende Aspekte zu optimieren:

1. Klarheit deiner Botschaft:

- Mit einer Persona kannst du deine Kommunikation auf einen einheitlichen Ton, Stil und Themenbereich zuschneiden. Das schafft Wiedererkennung und baut Vertrauen auf.

2. Gezielte Zielgruppenansprache:

- Mithilfe von KI kannst du deine Persona genau an die Bedürfnisse deiner Zielgruppe anpassen. Ob du Gamer, Fitnessbegeisterte oder Hobbyköche ansprichst – die Inhalte passen perfekt.

3. Effizienz:

- Mit einer KI-gestützten Social-Media-Person sparst du enorm viel Zeit, da Tools wie ChatGPT oder Canva die Erstellung und Planung von Inhalten übernehmen können.

4. Kreativität fördern:

- KI bietet dir unzählige Inspirationen für neue Inhalte und hilft dir dabei, innovative Formate zu entwickeln, die deine Community begeistern.

5. Weil das Aussehen zählt:

- Social Media ist ein visuell dominierter Raum. Menschen scrollen oft blitzschnell durch Inhalte, und das Aussehen deiner Persona – sei es dein eigenes, das eines virtuellen Avatars oder die Ästhetik deines Profils – entscheidet häufig, ob jemand anhält.

6. Visuelle Perfektion:

- Mithilfe von KI-Tools wie MidJourney oder DALL-E kannst du hochwertige Bilder erstellen, die ästhetisch und auffällig sind.

7. Attraktivität der Inhalte:

- Studien zeigen, dass ansprechende visuelle Inhalte höhere Engagement-Raten haben. Ein schönes Design, harmonische Farben und klare Bildsprache sind entscheidend.

8. Wiedererkennungswert:

- Ein einheitlicher Look und ein konsistenter Stil helfen dir, in der Flut von Posts hervorzustechen.

Die Ästhetik ist nicht alles, aber sie ist oft das erste, was Menschen anzieht.

Wenn du diesen Aspekt geschickt mit authentischen Botschaften und gutem Storytelling kombinierst, hebt sich deine Persona sowohl visuell als auch inhaltlich von der Masse ab.

4. Wie fängst du an?

Der Schlüssel zum Erfolg liegt in einer klaren Planung und Strategie. Beginne mit diesen Schritten:

4.1. Definiere deine Ziele:

- Was möchtest du mit deiner Persona erreichen? Follower-Zuwachs, Monetarisierung, Markenaufbau oder einfach kreative Selbstverwirklichung?

4.2. Wähle eine Nische:

- Deine Persona sollte einen klaren Fokus haben – sei es Mode, Technik, Reisen oder ein anderes Thema. Je spezialisierter du bist, desto eher findest du deine Zielgruppe.

4.3. Nutze die richtigen Tools:

- Tools wie ChatGPT, MidJourney und Canva helfen dir dabei, deine Persona visuell und inhaltlich zu formen. Experimentiere mit verschiedenen Optionen, bis du den Stil findest, der zu dir passt.

4.4. Sei authentisch:

- Auch wenn KI ein großer Teil des Prozesses ist, bleibt deine Persönlichkeit oder Vision entscheidend. Die besten Social-Media-Personas haben eine Seele – sei es durch die Botschaft, die sie vermitteln, oder die Kreativität, die dahintersteht.

Fazit: Die Grundlagen für deine Social-Media-Person

Die Idee, eine Social-Media-Person zu erschaffen, mag zunächst überwältigend wirken, aber mit der Unterstützung von KI-Tools wird der Prozess intuitiv und spannend. Ob du dich selbst ins Zentrum stellst, eine virtuelle Figur erschaffst oder eine kreative Mischung daraus wählst – die Möglichkeiten sind nahezu unbegrenzt.

(2) Profil erstellen

Wenn du ein Social-Media-Profil erfolgreich starten willst, musst du dir zunächst die Grundlagen erarbeiten. Dazu gehört, eine passende Nische auszuwählen, deine Zielgruppe zu definieren und dein Profil so zu gestalten, dass es ansprechend und einzigartig wirkt. Mit der Unterstützung von KI-Tools kannst du diesen Prozess erheblich vereinfachen. Ich werde dir in diesem Abschnitt Schritt für Schritt erklären, wie du das machst – selbst wenn du gerade erst anfängst.

1. Auswahl einer Nische

Die Nische ist das Thema oder der Bereich, auf den du dich mit deinem Social-Media-Profil konzentrieren möchtest. Sie ist entscheidend, weil sie bestimmt, welche Inhalte du postest und welche Zielgruppe du ansprichst. Eine klare Nische hilft dir, dich von der Masse abzuheben.

1.1. Wie finde ich meine Nische?

- Frage dich selbst:

1. Was interessiert dich? (z. B. Mode, Kochen, Fitness, Technologie, Reisen, DIY-Projekte)

2. Was kannst du gut oder worüber möchtest du mehr lernen?

3. Was suchen andere Menschen häufig auf Social Media? (Hier helfen Trendanalysen, auf die wir später eingehen.)

- Beispiel:

- Wenn du gerne kochst und dich gesund ernährst, könnte „Gesunde, schnelle Rezepte für Berufstätige" eine gute Nische sein. Es ist spezifisch, relevant und ansprechend.

1.2. KI-Tools zur Unterstützung bei der Nischenauswahl

1. ChatGPT: Gib einfache Befehle ein, wie „Welche Social-Media-Nischen sind 2024 besonders beliebt?" oder „Welche Nischen eignen sich für einen Anfänger im Bereich Social Media?"

- ChatGPT liefert dir dann eine Liste mit Vorschlägen, die du anpassen kannst.

2. Google Trends: Damit kannst du prüfen, welche Themen aktuell beliebt sind. Du gibst z. B. „Fitness" ein und siehst, ob das Interesse daran zunimmt oder abnimmt.

Tipp:

Wähle eine Nische, die nicht zu breit ist. Statt „Fitness" könntest du „Fitness für Mütter nach der Geburt" wählen – das ist spezialisierter und spricht eine klare Zielgruppe an.

2. Wie KI hilft: Zielgruppenanalyse

Nachdem du deine Nische gewählt hast, musst du herausfinden, wer deine Zielgruppe ist. Die Zielgruppe sind die Menschen, die du mit deinem Profil ansprechen möchtest. Sie bestimmen, wie du kommunizierst, welche Inhalte du postest und wie du dein Profil gestaltest.

2.1. Wie analysiere ich meine Zielgruppe?

   1. Demografie: Alter, Geschlecht, Standort.

   - Beispiel: Für „Fitness für Mütter nach der Geburt" sind deine Zielpersonen wahrscheinlich Frauen zwischen 25 und 40 Jahren.

   2. Interessen: Hobbys, Probleme, Wünsche.

   - Beispiel: Deine Zielgruppe könnte sich für gesunde Ernährung, einfache Workouts und Kinderbetreuung interessieren.

   3. Plattformpräferenzen: Nutzt deine Zielgruppe eher Instagram, TikTok oder Facebook?

2.2. Tools zur Zielgruppenanalyse

1. ChatGPT: Frage ChatGPT direkt: „Wie sieht die Zielgruppe für Fitness für Mütter aus?" Es liefert dir eine detaillierte Beschreibung.

2. VidIQ oder TubeBuddy (für YouTube): Diese Tools analysieren, welche Inhalte in deiner Nische besonders gut ankommen.

3. Facebook Audience Insights: Wenn du vorhast, Facebook oder Instagram zu nutzen, liefert dieses Tool wertvolle Daten über potenzielle Zielgruppen.

2.3. Warum das wichtig ist:

Mit einer klaren Zielgruppenanalyse weißt du genau, wie du deine Inhalte gestalten musst, um Aufmerksamkeit zu gewinnen.

3. Namensfindung mit KI

Ein guter Name ist entscheidend, da er der erste Eindruck ist, den Menschen von deinem Profil bekommen. Er sollte leicht zu merken, einzigartig und passend zur Nische sein.

3.1. Wie finde ich einen passenden Namen?

- Merkmale eines guten Namens:

Kurz und einprägsam: Vermeide lange, komplizierte Namen.

Beschreibend: Dein Name sollte sofort einen Hinweis auf deine Nische geben.

Kreativ: Er sollte sich von anderen abheben.

- Beispiele für Nischen-Namen:

Nische „Gesunde Rezepte": „FitFoodFix", „GreenBitesDaily".

Nische „Mode": „ChicChronicles", „StyleEssentials".

Nische „Fitness für Mütter": „MomMoves", „FitMomsClub".

3.2. KI-Tools für die Namensfindung

- **ChatGPT:** Gib Anfragen wie „Schlage mir kreative Namen für einen Instagram-Account über Fitness für Mütter vor" ein. KI liefert dir direkt Vorschläge.

- **Namensgeneratoren wie Namelix:** Diese Plattform generiert Namen basierend auf deinen Keywords.

Tipp:

Prüfe, ob der Name auf Social-Media-Plattformen und als Domain verfügbar ist, bevor du dich endgültig entscheidest.

4. Design deines Profils

Das visuelle Erscheinungsbild deines Profils spielt eine große Rolle. Es vermittelt Professionalität und sorgt dafür, dass Menschen hängen bleiben, wenn sie deinen Account sehen.

4.1. Profilbild und Banner

1. Profilbild:

- Wenn du eine fiktive Persona erstellst, kannst du mit KI-Tools wie MidJourney oder DALL-E ein individuelles Avatar-Bild generieren.

- Für ein echtes Profil wähle ein hochwertiges Foto oder ein Logo.

2. Banner:

- Plattformen wie Canva bieten Vorlagen, um ansprechende Header-Bilder für YouTube, Facebook oder Twitter zu erstellen.

4.2. Farbschema und Stil

1. Wähle ein konsistentes Farbschema, das zu deiner Nische passt.

- Beispiel: Pastelltöne für Mode oder Food, kräftige Farben für Fitness.

2. Tools wie Coolors.co helfen dir, harmonische Farbschemata zu erstellen.

4.3. Tool-Empfehlungen für Anfänger:

1. Canva: Einfache Plattform für Design mit Vorlagen für Instagram-Posts, YouTube-Thumbnails und mehr.

2. MidJourney/DALL-E: Generiere einzigartige Bilder oder Illustrationen.

3. Pexels/Unsplash: Kostenlose Plattformen für hochwertige Stockfotos.

Tipp:

Dein Design sollte den Wiedererkennungswert erhöhen. Nutze wiederkehrende Elemente wie einheitliche Schriftarten oder Symbole.

5. Praxistipps für den Einstieg

Hier ein Beispiel, wie du mithilfe von KI-Tools ein komplettes Profil erstellen kannst:

Schritt 1: Nische auswählen

- Nutze ChatGPT, um aktuelle Trends und passende Nischen zu recherchieren.

- **Prompt:** „Welche Nischen auf Instagram sind derzeit am beliebtesten?"

Schritt 2: Zielgruppe definieren

- Beschreibe deine Idee und bitte ChatGPT um eine Zielgruppenanalyse.

   - **Prompt:** „Ich möchte ein Profil für Fitness für Mütter starten. Wie sieht die Zielgruppe aus?"

Schritt 3: Namen finden

- Lass ChatGPT oder Namelix Vorschläge machen und wähle den besten Namen aus.

Schritt 4: Profilbild und Design erstellen

- Erstelle ein stilvolles Profilbild mit DALL-E oder MidJourney.

- Gestalte ein ansprechendes Banner in Canva.

Schritt 5: Farbschema und Stil festlegen

- Finde mit Coolors ein Farbthema und wende es in deinen Designs konsequent an.

Warum KI ein Game-Changer ist

KI macht den Einstieg unglaublich einfach – auch für Anfänger. Du brauchst keine Design- oder Marketingkenntnisse, um ein beeindruckendes Social-Media-Profil zu erstellen. Die Tools erledigen die komplizierte Arbeit für dich und geben dir die Freiheit, dich auf das zu konzentrieren, was wirklich zählt: Inhalte und Interaktion.

(3) Content-Strategie entwickeln

Die Entwicklung einer Content-Strategie ist der Schlüssel zum Erfolg, wenn du mit einer Social-Media-Person durchstarten möchtest. In diesem Abschnitt erfährst du, wie du mit KI-Unterstützung Inhalte planst, Hashtags analysierst und effektive Posting-Zeitpläne erstellst. Am Ende wirst du eine Übung durchführen, um 10 Inhalte für eine Woche zu erstellen und anzupassen.

1. Inhalte planen: Post-Ideen generieren und Hashtags analysieren

Die Planung von Inhalten beginnt mit der Frage: „Was interessiert meine Zielgruppe?" Hier kommt die KI ins Spiel. Sie kann dir helfen, kreative und relevante Ideen für Posts zu entwickeln und passende Hashtags zu finden, die die Reichweite deiner Beiträge erhöhen.

1.1. Post-Ideen generieren

Ein guter Social-Media-Post hängt von der Zielgruppe und der Plattform ab. Willst du eine humorvolle Marke aufbauen? Oder geht es eher um professionelle Inhalte? Die KI kann dich dabei unterstützen, indem sie Vorschläge liefert.

Beispiel:

Du möchtest eine Instagram-Person erstellen, die sich auf Fitness-Tipps konzentriert. Du könntest die KI mit folgender Anfrage starten:

„Gib mir 7 kreative Ideen für Fitness-Posts, die auf Instagram gut ankommen. Zielgruppe: junge Erwachsene, die im Alltag fit bleiben wollen."

Mögliche Vorschläge der KI:

„5 einfache Übungen für deinen Arbeitsplatz."

„Gesunde Snack-Ideen für unterwegs."

„So erstellst du eine Morgenroutine für mehr Energie."

„Die besten Fitness-Apps 2024."

„Motivationszitate für dein Workout."

„Kurzes HIIT-Workout für Anfänger."

„Stretching-Tipps nach einem langen Tag."

Nachdem du eine Liste mit Ideen hast, kannst du entscheiden, welche am besten zu deinem Profil passen.

1.2. Hashtags analysieren

Hashtags helfen dir, deine Inhalte einer größeren Zielgruppe zugänglich zu machen. Die KI kann dir helfen, relevante Hashtags für deine Nische zu identifizieren.

Beispiel:

Du kannst die KI bitten:

„Suche 15 beliebte Hashtags für Instagram-Fitness-Posts, die junge Erwachsene ansprechen."

Die KI könnte dir Vorschläge wie diese liefern:

#FitnessMotivation, #WorkoutTips, #HealthyLifestyle, #NoExcuses, #FitForLife, #HomeWorkout, #GymLife, #FitFam, #WellnessJourney, #SelfCareSunday.

Profi-Tipp:

Nicht alle Hashtags müssen riesige Reichweiten haben. Kombiniere beliebte Hashtags mit spezifischen und nischigen Hashtags, um deine Zielgruppe besser zu erreichen.

2. Posting-Zeitpläne und Strategien mithilfe von Tools wie Buffer oder Hootsuite

Neben den Inhalten ist auch das „Wann" entscheidend. Social-Media-Algorithmen belohnen Posts, die zu den richtigen Zeiten veröffentlicht werden. Tools wie Buffer, Hootsuite oder Later helfen dir dabei, einen Zeitplan zu erstellen und deine Posts automatisch zu veröffentlichen.

2.1. Die besten Zeiten zum Posten herausfinden

Jede Plattform hat unterschiedliche Stoßzeiten, an denen die meisten Nutzer online sind. Allgemeine Richtlinien:

Instagram: Früh morgens (6–8 Uhr), mittags (12–14 Uhr) oder abends (18–20 Uhr).

Twitter: Wochentags früh morgens und während der Mittagspause.

LinkedIn: Vor allem wochentags zwischen 7 und 10 Uhr.

Du kannst die KI fragen:

„Wann sollte ich auf Instagram posten, um Fitness-Inhalte an junge Erwachsene zu richten?"

Die KI könnte antworten:

„Junge Erwachsene scrollen oft vor der Arbeit oder während der Pausen durch Instagram. Probiere es um 7:30 Uhr und 18:30 Uhr."

2.2. Einen Zeitplan mit Tools erstellen

Tools wie Buffer oder Hootsuite sind leicht zu bedienen und ermöglichen dir, Inhalte für mehrere Tage oder Wochen vorzubereiten.

So funktioniert es:

1. **Erstelle ein Konto:** Melde dich bei Buffer oder Hootsuite an.

2. **Verbinde dein Profil:** Verbinde deine Social-Media-Konten mit dem Tool.

3. **Erstelle Zeitfenster:** Lege Zeiten fest, zu denen deine Posts veröffentlicht werden sollen.

4. **Lade Inhalte hoch:** Lade deine geplanten Inhalte (z. B. Bilder, Texte, Hashtags) in das Tool hoch.

5. **Automatisiere:** Das Tool übernimmt die Veröffentlichung für dich.

Mit diesen Tools kannst du deine Social-Media-Person effizient managen, auch wenn du wenig Zeit hast.

3. Übung: Lass die KI 10 Inhalte für eine Woche erstellen und passe sie an

Jetzt wird es praktisch! Lass uns eine Übung machen, die dir zeigt, wie einfach es sein kann, Inhalte mit KI zu erstellen und zu planen.

Schritt 1: Erstelle eine Anfrage für die KI

Stelle dir vor, deine Social-Media-Person konzentriert sich auf Motivation und Produktivität.

Frage die KI:

„Erstelle einen 7-Tage-Content-Plan für Instagram, der Motivation und Produktivität in den Fokus stellt. Füge passende Hashtags hinzu."

Die KI könnte dir folgende Inhalte liefern:

Montag: Zitat-Post: „Der Weg zum Erfolg beginnt mit dem ersten Schritt."

- **Hashtags:** #MondayMotivation, #SuccessMindset.

Dienstag: Kurztipp: „Plane deinen Tag mit der 3-Methode: 3 Ziele, 3 Aufgaben, 3 Pausen."

- **Hashtags:** #ProductivityHack, #DailyGoals.

Mittwoch: Karussell-Post: „Die 5 besten Bücher für Motivation und Produktivität."

- **Hashtags:** #ReadToSucceed, #LifeHacks.

Donnerstag: Mini-Video: „So startest du produktiv in den Tag: 5 Minuten Morgenroutine."

- **Hashtags:** #MorningMotivation, #SelfImprovement.

Freitag: Story-Umfrage: „Welches Ziel hast du diese Woche erreicht?"

- **Hashtags:** #WeeklyWins, #GoalGetter.

Samstag: Inspirationsbild: Ein Sonnenaufgang mit dem Text: „Jeder neue Tag ist eine Chance."

- **Hashtags:** #WeekendVibes, #NewBeginnings.

Sonntag: Wochenrückblick: „Was lief gut? Was kann besser werden? Starte vorbereitet in die nächste Woche."

- **Hashtags:** #SundayReflection, #PlanYourWeek.

Schritt 2: Inhalte anpassen

KI-Inhalte sind ein großartiger Startpunkt, aber du solltest sie an deinen Stil und deine Zielgruppe anpassen.

Überlege:

1. Passen die Texte zu deinem Tonfall?

2. Sind die Bilder und Videos konsistent mit deiner Marke?

3. Verwendest du Farben oder Grafiken, die deine Marke widerspiegeln?

Schritt 3: Inhalte planen und hochladen

Sobald deine Inhalte fertig sind, lade sie in ein Planungstool wie Buffer. Setze sie für die besten Zeiten an den jeweiligen Tagen.

3.2. Wichtige Tipps für Anfänger

1. Teste und lerne:

Nicht jeder Post wird ein Hit sein. Analysiere, welche Inhalte gut ankommen, und optimiere deinen Ansatz. Die meisten Plattformen bieten dir Einblicke in die Performance deiner Beiträge (Likes, Shares, Kommentare).

2. Bleib flexibel:

Auch wenn du mit einem Plan arbeitest, solltest du spontan auf Trends oder Ereignisse reagieren können.

3. Engagement ist entscheidend:

Interagiere mit deinen Followern, indem du auf Kommentare antwortest oder Umfragen in den Stories durchführst. Je aktiver du bist, desto schneller wächst deine Community.

4. Konsistenz ist wichtiger als Perfektion:

Lieber regelmäßig posten, auch wenn die Inhalte nicht perfekt sind. Mit der Zeit wirst du besser und effizienter.

Zusammenfassung: Content-Strategie leicht gemacht

Mit den richtigen Tools und einer klaren Planung kannst du auch als Anfänger eine effektive Content-Strategie für deine Social-Media-Person entwickeln. Die KI unterstützt dich bei der Ideenfindung, Hashtag-Analyse und der Erstellung von Inhalten, während Planungstools dir helfen, Zeit zu sparen und professionell zu arbeiten.

Jetzt liegt es an dir, kreativ zu werden und loszulegen! Erstelle deine ersten Posts, nutze die KI als deinen digitalen Assistenten und beobachte, wie dein Profil wächst.

(4) Videos und Fotos

Visuelle Inhalte sind der Schlüssel zu deinem Erfolg auf Social Media. Plattformen wie Instagram, TikTok oder YouTube Shorts leben von ansprechenden Bildern und kurzen, kreativen Videos. Aber keine Sorge: Du musst kein professioneller Fotograf, Filmemacher oder Designer sein, um mitzumischen. KI-Tools können dir helfen, beeindruckende Videoskripte zu erstellen und Fotos oder Avatare zu gestalten, die deine Zielgruppe begeistern. In diesem Abschnitt erkläre ich dir Schritt für Schritt, wie das geht – so einfach, dass du es direkt ausprobieren kannst, auch wenn du gerade erst anfängst.

1. Videoskripte mit KI schreiben lassen

Videos sind die perfekte Möglichkeit, deine Botschaft kreativ zu vermitteln und dein Publikum zu unterhalten. Aber was, wenn dir die Ideen fehlen oder du nicht weißt, wie du ein überzeugendes Skript schreiben sollst? Hier kommt KI ins Spiel. Tools wie ChatGPT können dir dabei helfen, professionelle und kreative Videoskripte zu erstellen.

1.1. Warum ist ein gutes Skript wichtig?

1. Es gibt deinem Video Struktur und einen klaren Ablauf.

2. Es stellt sicher, dass du die Aufmerksamkeit der Zuschauer von Anfang bis Ende hältst.

3. Es hilft dir, deine Botschaft präzise und überzeugend zu vermitteln.

1.2. So erstellst du ein Videoskript mit KI

1. Definiere dein Ziel: Überlege, worum es in deinem Video gehen soll. Soll es informieren, unterhalten oder inspirieren?

- **Beispiel:** Du möchtest ein TikTok-Video zum Thema „Schnelle Tipps für gesunde Ernährung" erstellen.

2. Formuliere einen klaren Prompt für die KI: Verwende ChatGPT, um ein Skript zu erstellen. Du kannst einfach eingeben:

- „Erstelle ein Skript für ein TikTok-Video über 5 schnelle Ernährungstipps für Berufstätige."

- **Oder:** „Schreibe ein lustiges Skript für ein Instagram Reel über Fitness-Mythen."

3. Analysiere das Ergebnis: Die KI liefert dir innerhalb von Sekunden ein Skript. Lies es dir durch und passe es an, falls nötig.

- **Beispiel:** Das Skript könnte mit einer ansprechenden Begrüßung starten, dann die fünf Tipps präsentieren und mit einem Call-to-Action wie „Folge mir für mehr!" enden.

4. Feinschliff:

- Passe die Länge an, je nachdem, wie lang das Video sein soll.

- Stelle sicher, dass der Text zu deinem Stil passt – sei authentisch!

1.3. Praktisches Beispiel für ein Skript:

- **Titel:** „5 schnelle Ernährungstipps für Berufstätige"

- **Skript:**

-**Einleitung (0–5 Sek.):** „Keine Zeit zum Kochen? Hier sind 5 Ernährungstipps, die dir das Leben leichter machen!"

-**Tipp 1 (6–10 Sek.):** „Meal-Prep: Koche am Wochenende vor – spart Zeit und Nerven!"

- **Tipp 2 (11–15 Sek.):** „Snacks: Greif zu Nüssen und Obst statt zu Schokoriegeln."

- **Tipp 3 (16–20 Sek.):** „Wasser nicht vergessen – Dehydrierung macht müde!"

- **Tipp 4 (21–25 Sek.):** „Plane deine Einkäufe – so vermeidest du Junk-Food."

- **Tipp 5 (26–30 Sek.):** „Einfache Rezepte: 10 Minuten Pasta mit Gemüse ist immer eine Lösung!"

- **Abschluss (31–35 Sek.):** „Lust auf mehr Tipps? Folge mir für gesunde und schnelle Ideen!"

2. Erstellung von KI-generierten Bildern oder Avataren

Bilder sind ein entscheidender Teil deines Social-Media-Profils. Sie sorgen dafür, dass Menschen auf deinen Content aufmerksam werden und ihn liken, teilen oder kommentieren. Wenn du keine professionellen Fotos machen kannst, helfen dir KI-Tools, einzigartige Bilder oder sogar virtuelle Avatare zu erstellen.

Warum KI-Bilder nutzen?

- Du sparst Zeit und Geld, da du keine Fotoshootings oder teure Software benötigst.

- Du kannst kreative und außergewöhnliche Designs erstellen, die auffallen.

- Sie ermöglichen dir, visuell einheitliche Inhalte zu gestalten.

2.1. Erstellen von KI-generierten Bildern

Schritt 1. Wähle ein KI-Tool: Die beiden bekanntesten Tools sind MidJourney und DALL-E. Beide können aus einer Beschreibung realistische oder künstlerische Bilder generieren.

Schritt 2. Formuliere deine Eingabe (Prompt): Beschreibe genau, was du möchtest.

- Beispiel für ein Instagram-Bild:

„Eine minimalistische Küche mit einem gesunden Frühstück auf dem Tisch, sonnige Beleuchtung, moderner Stil."

- Beispiel für einen Avatar:

„Ein Avatar einer jungen Frau mit sportlicher Kleidung, einem freundlichen Lächeln und einem neutralen Hintergrund."

Schritt 3. Experimentiere mit den Ergebnissen: KI generiert oft mehrere Vorschläge. Wähle das Bild aus, das dir am besten gefällt, oder passe den Prompt an, um es genauer zu machen.

Schritt 4. Verwende die Bilder: Nutze die generierten Bilder als Posts, Profilbilder oder Highlights für dein Profil. Du kannst sie auch in Canva bearbeiten, um sie weiter anzupassen.

2.2. Praxisbeispiel für einen Instagram-Post:

- Thema: Gesunde Ernährung

- Prompt: „Eine stilvolle Frau, die ein grünes Smoothie-Glas hält, mit einem frischen Obstkorb im Hintergrund, sommerliches Licht."

  - Verwende das Bild mit einem inspirierenden Text wie: „Start your day with a smoothie! ☐ #HealthyLiving"

2.3. Erstellen von Avataren

Ein Avatar kann deine Social-Media-Person verkörpern – ideal, wenn du keine echten Fotos von dir verwenden möchtest oder eine fiktive Persona erstellst.

- So erstellst du einen Avatar:

Schritt 1. Nutze ein Tool wie MidJourney oder Ready Player Me:

- MidJourney/DALL-E: Für künstlerische oder realistische Avatare.

- Ready Player Me: Für interaktive Avatare, die du sogar in Videos verwenden kannst.

Schritt 2. Passe den Stil an:

- Überlege, welcher Stil zu deiner Nische passt.

-Beispiel: Für eine Fitness-Persona kannst du einen sportlichen, dynamischen Avatar erstellen.

Schritt 3. Verwende den Avatar:

- Als Profilbild oder wiederkehrendes Element in deinem Content.

- In Kombination mit KI-generierten Videos oder Animationen.

3. Wie du Videos und Fotos kombinierst

Der Schlüssel zu erfolgreichem Content liegt darin, Videos und Bilder aufeinander abzustimmen. Ein einheitlicher Stil sorgt für Wiedererkennung und Professionalität.

1.1.

Schritt 1: Plane deine Inhalte

- Nutze Tools wie Trello oder Later, um festzulegen, welche Videos und Bilder du posten möchtest.

- Beispiel: Erstelle einen Wochenplan mit 3 TikTok-Videos und 2 Instagram-Bildern.

Schritt 2: Gestalte visuell ansprechende Inhalte

- Verwende ein einheitliches Farbschema, Schriftarten und Filter.

- Tools wie Canva helfen dir, Vorlagen zu erstellen, die du immer wieder nutzen kannst.

Schritt 3: Füge Texte und Hashtags hinzu

- Überlagere deine Bilder oder Videos mit Texten, die deine Botschaft verstärken.

- Beispiel: „Die besten Tipps für gesunde Ernährung!"

- Nutze Hashtag-Analysetools wie Hashtagify, um passende Tags zu finden.

Schritt 4: Teste und optimiere

- Analysiere, welche Inhalte am besten performen. Tools wie Instagram Insights oder TikTok Analytics geben dir wertvolle Einblicke.

1.2. Praktische Tipps für Anfänger

1. Starte mit kleinen Projekten:

- Versuche zunächst, einen einzigen TikTok oder ein Instagram-Bild zu erstellen, bevor du größere Kampagnen planst.

2. Nutze kostenlose Tools:

- Viele der genannten Tools wie Canva oder DALL-E haben kostenlose Versionen, die für den Einstieg ausreichen.

3. Experimentiere mit Stilen:

- Probiere verschiedene Looks und Formate aus, um herauszufinden, was bei deiner Zielgruppe am besten ankommt.

4. Bleibe konsistent:

- Poste regelmäßig und halte dich an deinen Stil – das schafft Wiedererkennung.

Fazit

Mit KI kannst du professionelle Videoskripte schreiben und beeindruckende Bilder oder Avatare erstellen, ohne dass du Vorkenntnisse benötigst. Tools wie ChatGPT, MidJourney und Canva machen den gesamten Prozess einfach und zugänglich. Der Schlüssel liegt darin, diese Inhalte strategisch zu kombinieren und auf deine Zielgruppe zuzuschneiden.

(5) Monetarisierung

Deine Social-Media-Persona ist aufgebaut, deine Inhalte stehen, und jetzt möchtest du mit deinem Aufwand auch Geld verdienen. Monetarisierung klingt nach einem großen Schritt, aber in Wirklichkeit gibt es viele Wege, wie du deinen Social-Media-Kanal in eine Einnahmequelle verwandeln kannst. Ob durch Produkte, Dienstleistungen, Markenkooperationen, Affiliate-Links oder Werbung – in diesem Abschnitt erkläre ich dir Schritt für Schritt, wie du das Beste aus deinem Profil herausholen kannst. Keine Sorge, auch wenn du ein absoluter Anfänger bist, wirst du es leicht verstehen und umsetzen können.

1. Produkte oder Dienstleistungen anbieten

Eine der direktesten Möglichkeiten, mit Social Media Geld zu verdienen, ist der Verkauf eigener Produkte oder Dienstleistungen. Dabei kann es sich um physische Produkte, digitale Güter oder sogar Beratungsangebote handeln.

Schritt 1: Finde ein Produkt oder eine Dienstleistung, die zu dir passt

Überlege, was in deiner Nische sinnvoll ist und was du anbieten könntest.
Beispiele:

- **Mode-Nische:** Verkaufe selbst designte T-Shirts, Taschen oder Schmuck.

- **Fitness-Nische:** Biete personalisierte Trainingspläne oder Ernährungsguides als PDFs an.

- **Kochen-Nische:** Erstelle ein E-Book mit deinen Lieblingsrezepten.

- **Dienstleistungen:** Du kannst Beratungen, Coachings oder Workshops anbieten.

Schritt 2: Erstelle dein Produkt oder deine Dienstleistung

- **Physische Produkte:** Arbeite mit einem Anbieter zusammen, der Produkte produziert und versendet (z. B. Print-on-Demand-Plattformen wie Printful oder Spreadshirt).

- **Digitale Produkte:** Tools wie Canva oder PowerPoint helfen dir, E-Books, Vorlagen oder Arbeitsblätter zu erstellen.

- **Dienstleistungen:** Definiere klare Pakete und Preise, damit potenzielle Kunden verstehen, was sie erwarten können.

Schritt 3: Promotiere dein Angebot

- Erstelle ansprechende Inhalte, die dein Produkt oder deine Dienstleistung zeigen und erklären.

Beispiel: Drehe ein TikTok-Video, in dem du zeigst, wie dein E-Book aussieht, oder poste Vorher-Nachher-Bilder deiner Kunden auf Instagram.

Schritt 4: Verkaufe dein Angebot

- Nutze Plattformen wie Etsy, Gumroad oder Shopify, um deine Produkte zu verkaufen.

- Für Dienstleistungen kannst du über Instagram oder deine E-Mail-Adresse Kontaktmöglichkeiten anbieten.

Tipp: Teste verschiedene Preise und beobachte, wie deine Community darauf reagiert. Manchmal funktioniert ein günstiger Einstiegspreis besser, um Vertrauen aufzubauen.

2. Zusammenarbeit mit Marken

Markenkooperationen sind eine der profitabelsten Möglichkeiten, mit Social Media Geld zu verdienen. Viele Unternehmen suchen nach Influencern oder Content Creators, um ihre Produkte oder Dienstleistungen zu bewerben.

Schritt 1: Werde für Marken interessant

Damit Marken auf dich aufmerksam werden, solltest du eine klare Nische und ein konsistentes Profil haben.

- Poste regelmäßig Inhalte, die zu deiner Nische passen.

- Zeige Engagement: Likes, Kommentare und Shares sind wichtig, um deine Reichweite zu erhöhen.

Schritt 2: Wie du Marken ansprichst

Wenn Marken dich nicht direkt kontaktieren, kannst du den ersten Schritt machen:

- Schreibe eine professionelle Nachricht oder E-Mail an die Marke.

- Beschreibe, warum du ideal bist, um ihr Produkt zu bewerben, und wie deine Zielgruppe aussieht.

- Biete konkrete Ideen an, z. B. ein Instagram-Post mit dem Produkt oder ein TikTok-Video.

Schritt 3: Werde Teil von Plattformen

Es gibt spezielle Plattformen, die Influencer mit Marken verbinden, z. B.:

- **Influencer-Marketing-Plattformen:** AspireIQ, Upfluence oder Reachbird.

- **TikTok Creator Marketplace:** Ideal, wenn du auf TikTok aktiv bist.

Schritt 4: Erstelle authentischen Content

Der Schlüssel zu erfolgreichen Kooperationen ist Authentizität.

- Zeige, wie du das Produkt wirklich verwendest.

- Vermeide übertrieben werbliche Inhalte – sie wirken unglaubwürdig.

Schritt 5: Verhandle faire Preise

Als Anfänger kannst du kleinere Beträge verlangen, aber mit steigender Reichweite und Qualität deiner Inhalte solltest du höhere Preise durchsetzen.

- Beispiel für Preisspannen:

1. **Instagram-Post:** 100–500 € (je nach Reichweite).

2. **TikTok-Video:** 200–1.000 €.

3. **YouTube-Video:** 500–5.000 € oder mehr.

3. Einnahmen durch Affiliate-Links

Affiliate-Marketing ist eine einfache Möglichkeit, Einnahmen zu erzielen, indem du Produkte oder Dienstleistungen empfiehlst. Für jeden Verkauf, der über deinen Affiliate-Link erfolgt, erhältst du eine Provision.

Schritt 1: Melde dich bei Affiliate-Programmen an

Viele Unternehmen bieten eigene Affiliate-Programme an. Alternativ kannst du dich bei Plattformen registrieren, die Affiliate-Programme bündeln:

- Amazon PartnerNet: Perfekt für Anfänger, da es eine breite Produktpalette gibt.

- Digistore24 oder AWIN: Hier findest du digitale Produkte und Dienstleistungen.

- CJ Affiliate oder Rakuten Advertising: Für größere Marken und Unternehmen.

Schritt 2: Wähle passende Produkte

Empfehle nur Produkte, die zu deiner Nische und Zielgruppe passen.

- Beispiel: In der Fitness-Nische könntest du Sportkleidung oder Proteinshakes bewerben.

- Tipp: Teste die Produkte, bevor du sie empfiehlst, damit deine Empfehlungen glaubwürdig sind.

Schritt 3: Promotiere deine Affiliate-Links

Platziere die Links in deinen Social-Media-Beiträgen, Stories oder der Bio.

- **Beispiel:** „Ich liebe diesen Smoothie-Mixer! Hol dir deinen hier: [Link]."
- Nutze Hashtags wie #AffiliateLink, um transparent zu sein.

Schritt 4: Erziele Einnahmen

Du erhältst eine Provision für jeden Kauf, der über deinen Link getätigt wird. Die Provisionen liegen oft zwischen 5–20 % des Verkaufspreises.

Tipp: Analysiere, welche Links die meisten Klicks und Verkäufe generieren, und optimiere deine Strategie entsprechend.

4. Einnahmen durch Werbung

Wenn du eine größere Reichweite aufgebaut hast, kannst du auch durch Werbung auf Plattformen wie YouTube oder TikTok verdienen.

4.1. YouTube: Einnahmen durch Anzeigen

1. Werde Teil des YouTube-Partnerprogramms:

- **Voraussetzungen:** Mindestens 1.000 Abonnenten und 4.000 Stunden Wiedergabezeit in den letzten 12 Monaten.

- Aktiviere die Monetarisierung in deinem YouTube-Studio.

2. Verdiene durch Anzeigen:

- YouTube spielt Anzeigen vor oder während deiner Videos ab, und du erhältst einen Anteil der Einnahmen.

- Der Verdienst hängt von Faktoren wie der Zielgruppe und der Länge deiner Videos ab.

- **Tipp:** Erstelle längere Videos (8 Minuten oder mehr), da hier zusätzliche Anzeigen geschaltet werden können.

4.2. TikTok: Einnahmen durch den Creator Fund

1. Tritt dem TikTok Creator Fund bei:

- Voraussetzungen: Mindestens 10.000 Follower, 100.000 Videoaufrufe in den letzten 30 Tagen und ein Konto in einer unterstützten Region.

2. Verdiene pro 1.000 Aufrufe:

- TikTok zahlt dir einen kleinen Betrag pro 1.000 Aufrufe deiner Videos.

- Zusätzliche Einnahmen kannst du durch Markenkooperationen oder Live-Streams generieren.

4.3. Praktische Tipps für Anfänger

1. Kombiniere verschiedene Einnahmequellen:

- Du kannst Produkte verkaufen, gleichzeitig Affiliate-Links nutzen und mit Marken zusammenarbeiten. Diversifikation sorgt für stabilere Einnahmen.

2. Sei authentisch:

- Dein Publikum merkt schnell, wenn du nur Produkte bewirbst, um Geld zu verdienen. Stehe hinter dem, was du empfiehlst.

3. Bleibe konsistent:

- Monetarisierung braucht Zeit. Poste regelmäßig und arbeite kontinuierlich an deiner Reichweite.

3. Nutze Analysen:

- Plattformen wie Instagram Insights oder YouTube Analytics helfen dir, zu verstehen, was gut ankommt, und deine Strategie anzupassen.

Fazit

Die Monetarisierung deiner Social-Media-Persona ist ein spannender Prozess, der viele Möglichkeiten bietet. Ob durch den Verkauf eigener Produkte, die Zusammenarbeit mit Marken, Affiliate-Links oder Werbung – jede Strategie kann dir helfen, ein Einkommen aufzubauen. Wichtig ist, dass du authentisch bleibst, die Bedürfnisse deiner Zielgruppe verstehst und kontinuierlich an deinem Profil arbeitest.

(6) Risiken und ethische Überlegungen

Die Nutzung von KI zur Erstellung von Social-Media-Inhalten bietet viele Vorteile, aber es gibt auch Risiken und ethische Herausforderungen. Wenn du langfristig erfolgreich sein willst, solltest du dir bewusst machen, wie wichtig Authentizität und Transparenz sind. Menschen folgen dir, weil sie sich mit dir und deinem Content identifizieren. Sobald sie das Gefühl haben, dass etwas unecht oder manipuliert ist, könntest du ihre Aufmerksamkeit und ihr Vertrauen verlieren.

In diesem Abschnitt erkläre ich dir, wie du vermeidest, als „zu künstlich" wahrgenommen zu werden, und wie du deine Inhalte transparent kennzeichnest, um eine ehrliche Beziehung zu deinem Publikum aufzubauen.

1. Authentizität wahren: Der Schlüssel zu nachhaltigem Erfolg

Einer der größten Vorteile sozialer Medien ist, dass sie eine direkte und oft persönliche Verbindung zwischen dir und deinem Publikum ermöglichen. Diese Nähe kannst du nutzen, um eine starke Beziehung zu deinen Followern aufzubauen. Doch wenn du dich zu stark auf KI verlässt, besteht die Gefahr, dass deine Inhalte unecht wirken.

1.1. Was bedeutet Authentizität?

- **Echtheit:** Du bist ehrlich in dem, was du sagst und teilst.

- **Relevanz:** Deine Inhalte spiegeln deine Werte, Interessen und deinen Stil wider.

- **Engagement:** Du interagierst mit deinem Publikum auf eine natürliche und echte Weise.

1.2. Wie du als authentisch wahrgenommen wirst

Hier sind einige praktische Tipps, die dir helfen, authentisch zu bleiben, auch wenn du KI einsetzt:

- Kombiniere KI mit deiner Persönlichkeit

KI kann großartige Inhalte erstellen, aber die persönliche Note musst du hinzufügen.

- Wenn du einen Text von ChatGPT generieren lässt, bearbeite ihn so, dass er deinen Ton und Stil widerspiegelt.

- **Beispiel:** Wenn du normalerweise humorvoll schreibst, füge Witze oder persönliche Anekdoten hinzu.

- Zeige dich selbst (außer du betreibst eine reine KI Persönlichkeit)

Auch wenn KI Avatare oder Bilder erstellen kann, sollten deine Follower wissen, wer du bist.

- Poste gelegentlich echte Fotos oder Videos von dir, um die Verbindung zu stärken.

- Wenn du dich hinter einer rein virtuellen Persona versteckst, könntest du distanziert wirken.

- Erzähle deine Geschichte

Menschen lieben es, Geschichten zu hören, die sie inspirieren oder unterhalten. Erzähle, warum du mit Social Media angefangen hast, welche Herausforderungen du hattest und was dich motiviert. Das schafft Vertrauen und zeigt, dass hinter dem Profil ein echter Mensch steckt.

- Sei ehrlich über den Einsatz von KI

Du musst nicht jedes Mal erwähnen, dass ein Text oder Bild von einer KI erstellt wurde, aber sei ehrlich, wenn es darauf ankommt. Mehr dazu im nächsten Abschnitt.

2. Transparenz: Klare Kennzeichnung von KI-Inhalten

In einer Zeit, in der KI-Inhalte immer häufiger werden, schätzen Menschen Transparenz. Sie möchten wissen, ob sie mit einem Menschen oder einer Maschine interagieren. Das bedeutet nicht, dass du alles preisgeben musst, aber eine ehrliche Kommunikation ist entscheidend.

2.1. Warum Transparenz wichtig ist

- **Vertrauen aufbauen:** Wenn deine Follower merken, dass du ehrlich bist, bleiben sie dir treu.

- **Gesetzliche Anforderungen:** In einigen Ländern gibt es Vorschriften zur Kennzeichnung von KI-Inhalten, insbesondere bei Werbung.

- **Vermeidung von Kritik:** Wenn jemand herausfindet, dass ein Bild oder Text KI-generiert ist und du es nicht erwähnt hast, könnte das deine Glaubwürdigkeit beschädigen.

2.2. Wie du KI-Inhalte kennzeichnest

Es gibt verschiedene Wege, um transparent zu sein, ohne dass es deinen Content unprofessionell wirken lässt:

- Diskrete Hinweise geben

Füge kurze Hinweise in deinen Beiträgen ein, die darauf hinweisen, dass KI verwendet wurde:

- **Beispiel für einen Text:** „Mit Unterstützung von KI erstellt."

- **Beispiel für ein Bild:** „Dieses Bild wurde mit einem KI-Tool generiert."

- Hinter den Kulissen zeigen

Teile Einblicke in deinen kreativen Prozess, um deine Community einzubinden:

- Poste ein Video, in dem du zeigst, wie du ein KI-Bild erstellt hast.

- **Zeige Vorher-Nachher-Bilder:** die KI-Version und wie du sie angepasst hast.

- **Klare Kennzeichnung bei Werbung**

Wenn du KI einsetzt, um Werbeinhalte zu erstellen, solltest du das besonders klar kennzeichnen. In den meisten Ländern gibt es Regeln, die Transparenz bei Werbung vorschreiben.

- **Beispiel:** „Anzeige – Inhalt teilweise mit KI-Tools erstellt."

3. Risiken und Herausforderungen bei der Nutzung von KI

Obwohl KI viele Vorteile hat, gibt es auch Risiken, die du kennen und vermeiden solltest.

3.1. Verlust der persönlichen Note

Wenn du dich zu stark auf KI verlässt, könnten deine Inhalte generisch wirken. Das kann dazu führen, dass dein Publikum das Interesse verliert.

- **Lösung:** Bearbeite KI-Inhalte, um sie persönlicher zu machen, und füge eigene Ideen hinzu.

3.2. Rechtliche Probleme

KI-generierte Inhalte können urheberrechtliche oder datenschutzrechtliche Probleme mit sich bringen.

- **Urheberrecht:** Einige KI-Tools generieren Inhalte basierend auf bestehenden Werken. Stelle sicher, dass du keine geschützten Werke verletzt.

- **Datenschutz:** Sei vorsichtig bei der Verwendung von persönlichen Daten, insbesondere wenn du KI für Zielgruppenanalysen einsetzt.

- **Lösung:** Nutze nur seriöse KI-Tools und überprüfe ihre Nutzungsbedingungen.

3.3. Negative Wahrnehmung

- Einige Menschen könnten KI-generierte Inhalte als „faul" oder „unpersönlich" ansehen.

- **Lösung:** Erkläre, warum du KI nutzt – z. B. um effizienter zu arbeiten oder kreativer zu sein – und betone, dass du trotzdem die Kontrolle über deine Inhalte behältst.

3.4. Übermäßige Abhängigkeit

-Wenn du dich zu stark auf KI verlässt, könntest du deine eigenen Fähigkeiten vernachlässigen.

- **Lösung:** Nutze KI als Unterstützung, aber arbeite kontinuierlich daran, deine eigenen kreativen und technischen Fähigkeiten zu verbessern.

4. Praktische Tipps zur Risikominimierung

Hier sind einige Strategien, um Risiken zu minimieren und ethisch korrekt mit KI zu arbeiten:

4.1. Setze klare Grenzen für den Einsatz von KI

-Definiere für dich selbst, welche Aufgaben KI übernehmen darf und welche du selbst machst.

- **Beispiel:** Lass die KI erste Entwürfe für Texte schreiben, überarbeite diese aber selbst.

- Für visuelle Inhalte kannst du KI-Bilder als Inspiration nutzen und sie mit eigenen Elementen anpassen.

4.2. Überprüfe generierte Inhalte

KI ist nicht perfekt und kann Fehler machen. Es liegt an dir, sicherzustellen, dass die Inhalte korrekt, angemessen und authentisch sind.

- **Text:** Lies jeden generierten Text durch und passe ihn an.

-**Bilder:** Achte darauf, dass KI-Bilder keine Verzerrungen oder Unstimmigkeiten aufweisen.

3. Bleibe informiert

- Die Technologie entwickelt sich schnell weiter, und damit ändern sich auch die ethischen Standards. Halte dich über neue Entwicklungen, Vorschriften und Best Practices auf dem Laufenden.

4.4. Höre auf dein Publikum

-Wenn du Feedback von deinen Followern erhältst, nimm es ernst. Sie können dir helfen, herauszufinden, ob du authentisch rüberkommst oder ob du etwas an deinem Ansatz ändern solltest.

Abschließende Worte

Mit KI eine Social-Media-Person zu erschaffen, ist eine faszinierende Möglichkeit, Kreativität und Technologie zu verbinden. Von der Ideenfindung über die Content-Erstellung bis hin zur Monetarisierung eröffnet dir die Kombination aus KI-Tools und deinem persönlichen Engagement ein völlig neues Spielfeld. Dabei kannst du Prozesse optimieren, schneller hochwertige Inhalte produzieren und sogar Einnahmen generieren – und das alles, ohne ein Experte in Design, Marketing oder Programmierung sein zu müssen.

Doch wie bei jeder Innovation gibt es auch Herausforderungen. Authentizität, Transparenz und ethische Verantwortung sind entscheidend, um dein Publikum langfristig zu erreichen und ihr Vertrauen zu gewinnen. KI ist ein mächtiges Werkzeug, aber es ist genau das: ein Werkzeug. Der wahre Zauber entsteht, wenn du deine Persönlichkeit, Kreativität und Werte einbringst.Die Möglichkeiten sind grenzenlos. Lass dich von den Potenzialen inspirieren, bleibe offen für Neues und lerne unterwegs.

Jetzt liegt es an dir, den ersten Schritt zu machen. Viel Erfolg!

MIT K.I. EINEN ERFOLGREICHEN PODCAST ERSTELLEN UND BETREIBEN

Ein Podcast ist eine großartige Möglichkeit, dein Wissen, deine Ideen und deine Persönlichkeit mit der Welt zu teilen – und gleichzeitig Einnahmen zu generieren. Mithilfe von KI kannst du den gesamten Prozess effizienter gestalten: von der Ideenfindung bis zum automatisierten Betrieb. Dieses Kapitel führt dich Schritt für Schritt durch den Prozess, damit auch Anfänger erfolgreich starten können.

Was dich in diesem Kapitel erwartet:

Abschnitt 1: Die Idee und das Konzept für deinen Podcast

Abschnitt 2: Die Vorbereitung und Produktion

Abschnitt 3: Aufnahme und Bearbeitung

Abschnitt 4: Veröffentlichung und Hosting

Abschnitt 5: Vermarktung und Monetarisierung

Abschnitt 6: Automatisierung und Betrieb

(1) Die Idee und das Konzept für deinen Podcast

Ein Podcast kann eine kraftvolle Möglichkeit sein, um deine Ideen, dein Wissen oder deine Leidenschaft mit der Welt zu teilen. Doch bevor du mit der Aufnahme beginnst, brauchst du eine solide Idee und ein starkes Konzept. Keine Sorge, auch wenn das nach viel Arbeit klingt, kannst du mithilfe von KI diesen Prozess vereinfachen und kreativ gestalten. In diesem Kapitel lernst du, wie du mit Künstlicher Intelligenz (KI) ein Thema findest, einen einprägsamen Titel entwickelst und deine Zielgruppe definierst.

1. Themenfindung mit KI

Der erste Schritt bei der Erstellung deines Podcasts ist die Wahl eines Themas. Dein Thema sollte nicht nur dich begeistern, sondern auch ein klares Zielpublikum ansprechen. Vielleicht hast du schon eine grobe Idee, weißt aber noch nicht, wie du sie konkretisieren kannst. Hier kommt KI ins Spiel.

1.1. Warum ein klares Thema wichtig ist

Fokus: Ein klar definiertes Thema hilft dir, dich auf relevante Inhalte zu konzentrieren.

Zielgruppe: Es macht es leichter, Menschen anzusprechen, die sich für genau dieses Thema interessieren.

Struktur: Ein Thema dient als Leitfaden für deine Episoden.

1.2. Wie KI dir hilft, ein Thema zu finden

KI-Tools wie ChatGPT, Jasper AI oder andere Textgeneratoren sind ideal, um dir bei der Ideenfindung zu helfen. Du kannst der KI einfache Fragen stellen oder Prompts eingeben, um Inspiration zu erhalten.

Beispiel-Prompt:

„Gib mir 5 Ideen für einen Podcast, der sich mit Technik und Geld verdienen beschäftigt."

Ergebnisse könnten sein:

„KI und die Zukunft der Arbeit"

„Technologie trifft Alltag: Wie wir morgen leben werden"

„Von der Idee zum Einkommen: Erfolgsstories mit Technologie"

„Die Welt der Kryptowährungen: Einsteiger-Guide"

„Nachhaltige Technologie: Wie Innovationen den Planeten retten"

1.3. Wie du das richtige Thema auswählst:

Wähle ein Thema, das dich begeistert. Wenn du Leidenschaft für das Thema hast, wird das in deinem Podcast spürbar sein.

1. Überlege, ob du Wissen oder Erfahrungen zu diesem Thema hast oder bereit bist, dich einzuarbeiten.

2. Prüfe, ob es eine Nische ist, die nicht überlaufen ist, aber trotzdem genügend potenzielle Zuhörer hat.

2. Einen kreativen Titel finden

Der Titel deines Podcasts ist das erste, was potenzielle Hörer sehen – und er kann entscheidend sein, ob sie reinhören oder nicht. Ein guter Titel ist:

- **Einprägsam:** Die Leute sollten ihn leicht wiedererkennen und sich merken können.

- **Klar:** Der Titel sollte eine Idee davon vermitteln, worum es in deinem Podcast geht.

- **Einzigartig:** Vermeide Titel, die zu generisch sind oder bereits existieren.

1.2. Wie KI dir bei der Titelwahl hilft

Auch hier kannst du KI nutzen, um kreative Vorschläge zu erhalten.

Beispiel-Prompt:

„Gib mir 5 kreative Titelideen für einen Podcast über Künstliche Intelligenz und Geld verdienen."

Ergebnisse könnten sein:

„Future Money Talks"

„KI und Cash: Die digitale Revolution"

„Code, Coins und Erfolg"

„Die KI-Kompass: Geld verdienen im digitalen Zeitalter"

„AI Ventures: Dein Guide zu künstlicher Intelligenz und Finanzen"

1.3. Tipps zur Auswahl eines Titels:

- **Teste verschiedene Optionen:** Frag Freunde oder Familie, welcher Titel sie anspricht.

- **Suchmaschinen prüfen:** Vergewissere dich, dass der Titel noch nicht von einem anderen Podcast genutzt wird. Tools wie Google oder Apple Podcasts helfen dir dabei.

- **Einfache Sprache:** Vermeide komplizierte Begriffe, die dein Zielpublikum abschrecken könnten.

3. Zielgruppe definieren

Ein erfolgreicher Podcast hat immer eine klar definierte Zielgruppe. Deine Zielgruppe sind die Menschen, die deinen Podcast hören, ihn weiterempfehlen und vielleicht sogar Produkte oder Dienstleistungen kaufen, die du bewirbst.

3.1. Warum die Zielgruppe wichtig ist

- **Relevante Inhalte:** Du kannst gezielt Episoden erstellen, die deine Hörer wirklich interessieren.

- **Gezieltes Marketing:** Es wird einfacher, deine Zielgruppe auf Social Media oder anderen Plattformen zu erreichen.

- **Engagement:** Wenn du die Sprache und Bedürfnisse deiner Zielgruppe verstehst, fühlen sie sich angesprochen und kommen wieder.

3.2. Wie KI dir hilft, deine Zielgruppe zu definieren

Mit KI kannst du deine Zielgruppe analysieren und beschreiben. Die KI kann dir helfen, sogenannte „Personas" zu erstellen – fiktive Profile, die deine typischen Zuhörer repräsentieren.

Beispiel-Prompt:

„Beschreibe die Zielgruppe für einen Podcast über KI und Monetarisierung."

Ergebnisse könnten sein:

- Jonas, 32: Unternehmer, interessiert an neuen Technologien und daran, wie er sein Einkommen diversifizieren kann.

- Lisa, 27: Marketingexpertin, die KI nutzen möchte, um effizienter zu arbeiten.

- Max, 21: Student der Informatik, fasziniert von Kryptowährungen und Blockchain.

3.3. Was du über deine Zielgruppe wissen solltest:

- **Alter:** Wie alt sind deine Hörer?

- **Interessen:** Was interessiert sie am meisten?

- **Herausforderungen:** Welche Probleme oder Fragen haben sie?

- **Plattformen:** Wo sind sie aktiv? (Instagram, LinkedIn, TikTok?)

3.4. Tools, die dir helfen:

- **Google Trends:** Um herauszufinden, welche Themen in deiner Nische beliebt sind.

- **Social-Media-Analysen:** Schau, was in ähnlichen Communities diskutiert wird.

- **KI-gestützte Tools:** Tools wie Jasper AI können Zielgruppen-Texte für Marketingzwecke schreiben.

Fazit

Bevor du mit deinem Podcast startest, solltest du ein klares Thema, einen kreativen Titel und eine definierte Zielgruppe haben. Mithilfe von KI kannst du diese Schritte nicht nur schneller, sondern auch effizienter gestalten. Lass deiner Kreativität freien Lauf, aber stelle sicher, dass deine Ideen auch auf einem soliden Konzept basieren. Mit diesen Grundlagen bist du bestens gerüstet, um in die nächsten Schritte deines Podcast-Abenteuers einzutauchen!

(2) Die Vorbereitung und Produktion

Die Vorbereitung und Produktion sind entscheidend, um einen erfolgreichen Podcast zu erstellen. Es geht nicht nur darum, ein Mikrofon zu haben und loszusprechen – du solltest wissen, welches Equipment du brauchst, wie du deine Stimme einsetzt und wie du Inhalte strukturierst. Keine Sorge: Auch als Anfänger kannst du das meistern, und mit der Unterstützung von KI wird es sogar noch einfacher!

1. Equipment wählen

Bevor du mit der Aufnahme beginnst, brauchst du die richtige Ausrüstung. Aber keine Angst, du musst nicht tief in die Tasche greifen. Es gibt großartige Optionen für jedes Budget, und KI kann dir sogar helfen, die passenden Produkte zu finden.

1.1. Grundlegendes Equipment

Hier sind die wichtigsten Dinge, die du brauchst:

1. Mikrofon:

- Ein Mikrofon ist das wichtigste Werkzeug für einen Podcast.

Empfehlung für Einsteiger:

- Das Blue Yeti ist ein erschwingliches USB-Mikrofon mit guter Qualität. Alternativen sind das Samson Q2U oder das Rode NT-USB Mini.

2. Kopfhörer:

Kopfhörer helfen dir, deine Aufnahmen in guter Qualität zu überprüfen.

Empfehlung: Die Audio-Technica ATH-M20x sind eine gute Wahl für Einsteiger.

3. Popfilter:

Ein Popfilter reduziert störende Geräusche, wie z. B. P-Laute, und verbessert die Tonqualität.

4. Audio-Software:

Audacity: Ein kostenloses Tool für die Bearbeitung.

Descript: Eine KI-gestützte Software, die Audio transkribiert und einfach bearbeitbar macht.

5. Laptop oder PC:

Dein Computer sollte leistungsfähig genug sein, um die Audio-Software reibungslos laufen zu lassen.

1.2. Wie KI dir bei der Equipment-Wahl hilft

Du kannst ChatGPT oder ähnliche Tools nutzen, um Empfehlungen zu erhalten.

Beispiel-Prompt:

„Empfiehl mir ein Podcast-Setup für unter 200 Euro."

Mögliche Ergebnisse:

- **Mikrofon:** Samson Q2U (ca. 80 Euro)

- **Kopfhörer:** OneOdio Pro-10 (ca. 30 Euro)

- **Popfilter:** Aokeo Popfilter (ca. 10 Euro)

- **Software:** Audacity (kostenlos)

Tipp:

Starte mit dem, was du dir leisten kannst. Du kannst später immer noch aufrüsten, wenn dein Podcast wächst.

2. Die perfekte Sprechstimme entwickeln

Deine Stimme ist das wichtigste Instrument in deinem Podcast. Eine klare, angenehme Sprechweise macht es deinen Zuhörern leichter, dir zuzuhören. Hier erfährst du, wie du deine Stimme trainierst und optimierst – sogar mithilfe von KI.

2.1. Stimme trainieren

Einige grundlegende Tipps, um deine Stimme zu verbessern:

- **Langsam sprechen:** Vermeide es, zu schnell zu sprechen. Mach Pausen, um deinen Zuhörern Zeit zu geben, das Gehörte zu verarbeiten.

- **Betonung:** Achte darauf, deine Stimme lebendig zu halten. Monotones Sprechen kann langweilig wirken.

- **Klarheit:** Sprich deutlich und achte darauf, dass du nicht nuschelst.

KI-Tools für Stimmtraining:

Speechelo:

Dieses Tool analysiert deine Stimme und gibt dir Tipps, wie du klarer und überzeugender sprechen kannst.

Adobe Podcast (ehemals Enhance Speech):

Dieses Tool verbessert deine Audioaufnahmen automatisch und kann dir helfen, Störgeräusche zu minimieren.

Tipp:

Übe, indem du dich selbst aufnimmst und die Aufnahme anhörst. KI kann dir dabei Feedback geben, wie du dich verbessern kannst.

2.2. Alternativen zur eigenen Stimme

Du möchtest nicht selbst sprechen? Kein Problem! KI-Stimmen bieten dir eine professionelle Alternative.

KI-Tools für synthetische Stimmen:

ElevenLabs:

- Mit diesem Tool kannst du natürliche, realistische KI-Stimmen erstellen.

- Ideal, wenn du Zeit sparen oder einen einzigartigen Stil schaffen möchtest.

Murf AI:

- Ein weiteres Tool, das hochwertige synthetische Stimmen generiert.

Beispiel-Prompt:

„Erstelle eine KI-Stimme für einen Podcast über KI und Geldverdienen, die seriös, aber sympathisch klingt."

Tipp:

Teste verschiedene Stimmen und wähle eine, die zu deinem Podcast-Thema passt.

3. Inhalte vorbereiten und Skripte erstellen

Der Schlüssel zu einem großartigen Podcast ist eine gute Vorbereitung. Du brauchst nicht alles Wort für Wort vorzuschreiben, aber ein grobes Skript hilft dir, den roten Faden zu behalten und deine Ideen klar zu präsentieren.

3.1. Warum ein Skript wichtig ist

- **Struktur:** Du weißt genau, was du sagen willst, und vermeidest unnötige Abschweifungen.

- **Sicherheit:** Ein Skript gibt dir mehr Selbstvertrauen, besonders wenn du nervös bist.

- **Zeitersparnis:** Gut vorbereitete Inhalte bedeuten weniger Nachbearbeitung.

3.2. Wie KI dir beim Skripten hilft

Mit KI kannst du schnell und einfach hochwertige Skripte erstellen.

Beispiel-Prompt:

„Schreibe ein Podcast-Skript für die erste Episode eines KI- und Geldverdienen-Podcasts. Thema: Wie man KI für passives Einkommen nutzt."

Ergebnis:

-----1.Intro:

„Willkommen bei ‚KI und Cash', dem Podcast, der dir zeigt, wie du Künstliche Intelligenz nutzen kannst, um dein Einkommen zu steigern. In dieser ersten Episode sprechen wir darüber, was passives Einkommen ist und wie du es mit KI-Tools wie ChatGPT oder Jasper AI erzielen kannst."

####2.Hauptteil:

- Was ist passives Einkommen?
- Wie KI dir helfen kann: Beispiele und Tools.
- Erfolgsgeschichten von Menschen, die mit KI Einkommen generiert haben.

####3.Outro:

„Vielen Dank fürs Zuhören! Abonniere unseren Podcast, um keine Episode zu verpassen, und folge uns auf Instagram für tägliche Tipps."

3.3.Erstellen von Show-Notizen mit KI

Show-Notizen sind kurze Zusammenfassungen, die Zuhörer in die Episode einführen. Auch hier kann KI dir helfen.

Beispiel-Prompt:

„Erstelle Show-Notizen für eine Podcast-Episode über ‚Wie man KI für passives Einkommen nutzt'."

Ergebnis:

„In dieser Episode von ‚KI und Cash' erfährst du:

Was passives Einkommen ist.

Wie du KI-Tools wie ChatGPT für deinen Erfolg nutzt.

Praktische Tipps, um mit KI dein Einkommen zu steigern."

Fazit

Die Vorbereitung und Produktion deines Podcasts sind der Schlüssel zu einem professionellen Ergebnis. Mit der richtigen Ausrüstung, einer klaren Stimme und gut durchdachten Inhalten bist du auf dem besten Weg, deine Zuhörer zu begeistern. **Wichtig:** Lass dich nicht entmutigen, wenn du anfangs ein paar Fehler machst.

(3) Aufnahme und Bearbeitung

Die Aufnahme und Bearbeitung deines Podcasts sind entscheidende Schritte, um eine professionelle und ansprechende Qualität zu erzielen. Selbst als Anfänger kannst du diesen Prozess mit den richtigen Tools und Techniken problemlos meistern. Dank KI-gestützter Software wird die Arbeit nicht nur einfacher, sondern auch schneller und effizienter. Lass uns Schritt für Schritt durchgehen, wie du deine erste Aufnahme machst und sie bearbeitest, sodass dein Podcast bereit für die Welt ist.

1. Aufnahme mit KI-gestützten Tools

Die Aufnahme deines Podcasts ist der Moment, in dem all deine Vorbereitung Gestalt annimmt. Hier ist es wichtig, dass du die bestmögliche Klangqualität erzielst, ohne dich mit komplexer Technik zu überfordern.

1.1. Der richtige Ort für die Aufnahme

Bevor du überhaupt ein Mikrofon einschaltest, solltest du den perfekten Ort für deine Aufnahme wählen:

- **Ruhe ist entscheidend:** Wähle einen Raum, der möglichst leise ist. Vermeide Orte mit viel Hintergrundgeräuschen wie Straßenlärm oder summenden Geräten.

- **Minimiere Echo:** Räume mit Teppichen, Vorhängen und Polstermöbeln eignen sich besonders gut, da sie den Schall absorbieren.

1.2. Vorbereitung der Aufnahme

Jetzt, da du deinen Ort hast, geht es an die technischen Schritte:

1. Mikrofon testen: Stell sicher, dass dein Mikrofon richtig angeschlossen ist und die Aufnahme gut klingt.

2. Popfilter verwenden: Ein Popfilter hilft, unangenehme P-Laute zu vermeiden und deine Stimme klarer klingen zu lassen

3.3. Aufnahme mit KI-Tools

Moderne KI-gestützte Software vereinfacht den Aufnahmeprozess enorm. Ein Beispiel ist Descript, eine Software, die sowohl Aufnahme- als auch Bearbeitungsfunktionen bietet.

So gehst du vor:

    1. **Starte die Software:** Öffne ein KI-gestütztes Tool wie Descript oder Adobe Podcast.

    2. **Erstelle ein neues Projekt:** Richte ein neues Projekt für deine Episode ein und benenne es passend (z. B. „Episode 1: Einstieg in KI und Monetarisierung").

    3. **Teste die Aufnahme:** Mach eine kurze Testaufnahme, um die Lautstärke und Klarheit zu überprüfen.

    4. **Nimm die Episode auf:** Sprich dein vorbereitetes Skript ein, aber mach dir keine Sorgen, wenn du kleine Fehler machst – KI-Tools können das später korrigieren.

1.4. Automatische Optimierung mit KI

Nach der Aufnahme kommt die erste Optimierung:

    1. **Störgeräusche entfernen:** Viele Tools wie Adobe Podcast verwenden KI, um Hintergrundgeräusche automatisch zu filtern, wie z. B. Tastaturklicken oder leises Summen.

    2. **Klangqualität verbessern:** KI kann den Ton deiner Stimme ausgleichen und angenehmer klingen lassen, indem Höhen und Tiefen automatisch angepasst werden.

    Beispiel-Prompt für Descript:

    „Optimiere die Aufnahme, entferne Hintergrundgeräusche und gleiche die Lautstärke aus."

2. Bearbeitung leicht gemacht

Nach der Aufnahme ist die Bearbeitung der Schlüssel, um deinen Podcast auf das nächste Level zu bringen. Früher war das ein komplizierter Prozess, aber heute machen KI-Tools alles einfacher und schneller.

2.1. Grundlegende Bearbeitungsschritte

Hier sind die wichtigsten Schritte, die du bei der Bearbeitung durchführen solltest:

- **Unnötige Teile entfernen:** Schneide Pausen, Versprecher oder Füllwörter wie „ähm" und „äh" aus.

- **Lautstärke anpassen:** Sorge dafür, dass die Lautstärke in der gesamten Episode gleichmäßig ist.

- **Hintergrundmusik einfügen:** Musik macht deinen Podcast lebendiger und professioneller.

2.2. Automatische Bearbeitung mit KI

Tools wie Descript und Adobe Podcast können dir viel Arbeit abnehmen:

1. Füllwörter entfernen

- KI kann Füllwörter wie „ähm" automatisch erkennen und löschen, ohne dass du jede Sekunde der Aufnahme manuell durchgehen musst.

- In Descript wird die Transkription deiner Aufnahme angezeigt, und du kannst Füllwörter einfach aus dem Text löschen – die Änderungen werden automatisch in der Audioaufnahme übernommen.

2. Lautstärke ausgleichen

- KI-Software kann die Lautstärke deiner Stimme angleichen, damit sie durchgehend gleichmäßig klingt.

Dies ist besonders wichtig, wenn du während der Aufnahme leiser oder lauter geworden bist.

3. Musik und Soundeffekte hinzufügen

- Nutze lizenzfreie Musik aus Plattformen wie Epidemic Sound oder Pixabay.

- Tools wie Descript ermöglichen es dir, Musik und Soundeffekte direkt in die Aufnahme einzufügen und die Lautstärke anzupassen, damit sie deine Stimme nicht übertönt.

2.3. Intelligente Funktionen nutzen

Moderne KI-Software bietet weitere Funktionen, die dir die Bearbeitung erleichtern:

1. Transkription und Textbearbeitung

- KI kann deine Aufnahme in Text umwandeln, sodass du Änderungen direkt im Text vornehmen kannst.

Beispiel: Wenn du einen Satz ändern möchtest, kannst du ihn einfach neu einsprechen und die KI fügt ihn an die richtige Stelle ein.

2. Effekte und Filter anwenden

- Nutze Tools wie Adobe Audition, um deiner Stimme Effekte hinzuzufügen, z. B. einen warmen Klang oder eine Radiostimme.

- KI kann dir auch helfen, herauszufinden, welche Effekte am besten zu deinem Thema passen.

Beispiel-Prompt:

„Füge einen leichten Hall hinzu, um meine Stimme wärmer klingen zu lassen."

2.4. Schritte für die perfekte Bearbeitung

Hier ist ein Schritt-für-Schritt-Leitfaden für die Bearbeitung:

Schritt 1. Projekt öffnen: Lade deine Aufnahme in die Bearbeitungssoftware hoch.

Schritt 2. Transkription erstellen: Nutze die KI, um die Aufnahme in Text umzuwandeln.

Schritt 3. Fehler korrigieren: Entferne Versprecher und Füllwörter aus der Aufnahme oder dem Text.

Schritt 4. Lautstärke anpassen: Sorge für eine gleichmäßige Lautstärke.

Schritt 5. Musik einfügen: Platziere die Hintergrundmusik am Anfang und Ende oder an passenden Stellen.

Schritt 6. Finalisieren: Speichere die Datei in hoher Qualität, z. B. als MP3.

2.5. Tipps für Anfänger

- **Kleine Schritte machen:** Bearbeite anfangs nur grundlegende Dinge wie Pausen und Versprecher. Mit der Zeit kannst du mehr Effekte und Techniken ausprobieren.

- **Speichere oft:** Verliere nicht deine Arbeit, indem du regelmäßig speicherst.

- **Teste die fertige Episode:** Höre sie dir vor der Veröffentlichung komplett an, um sicherzustellen, dass alles passt.

Fazit

Die Aufnahme und Bearbeitung deines Podcasts mögen anfangs überwältigend wirken, aber mit KI-Tools wie Descript oder Adobe Podcast wird alles viel einfacher. Vom Entfernen von Füllwörtern bis hin zur Verbesserung der Klangqualität kannst du mit nur wenigen Klicks professionelle Ergebnisse erzielen.

(4) Veröffentlichung und Hosting

Du hast deinen Podcast aufgenommen und bearbeitet – großartig! Jetzt ist es an der Zeit, ihn mit der Welt zu teilen. Um das zu erreichen, brauchst du eine Plattform, auf der du deinen Podcast hosten kannst, sowie einen klaren Plan, wann und wie du deine Episoden veröffentlichst. In diesem Kapitel zeige ich dir Schritt für Schritt, wie du die passende Hosting-Plattform auswählst, deinen Podcast hochlädst und einen Veröffentlichungsplan erstellst.

1. Eine Plattform auswählen

Um deinen Podcast an deine Zuhörer zu bringen, benötigst du eine Hosting-Plattform. Sie dient als Heimat für deinen Podcast und verteilt deine Episoden an Plattformen wie Spotify, Apple Podcasts und Google Podcasts.

1.1. Was macht eine Hosting-Plattform?

Eine Hosting-Plattform speichert deine Audiodateien und stellt sie deinen Hörern zur Verfügung. Außerdem bietet sie wichtige Funktionen wie Statistiken, RSS-Feeds und Tools zur Monetarisierung.

1.2. Beliebte Hosting-Plattformen im Vergleich

Hier sind einige der bekanntesten Plattformen, die dir den Einstieg erleichtern:

1. Anchor

- **Kosten:** Kostenlos.

- **Vorteile:** Einfach zu bedienen, bietet kostenlose Hosting-Dienste und verteilt deinen Podcast automatisch an Spotify und andere Plattformen.

- **Für wen geeignet:** Perfekt für Anfänger, die unkompliziert starten möchten.

2. Buzzsprout

- **Kosten:** Kostenlos für die ersten 2 Stunden pro Monat, danach kostenpflichtig.

- **Vorteile:** Sehr benutzerfreundlich, bietet detaillierte Statistiken und Marketingtools.

- **Für wen geeignet:** Ideal, wenn du bereit bist, ein wenig zu investieren und ein professionelleres Tool suchst.

3. Podbean

- **Kosten:** Ab 9 Dollar pro Monat.

- **Vorteile:** Leistungsstark, mit Optionen zur Monetarisierung und einem eigenen App-Player.

- **Für wen geeignet:** Für Podcaster, die langfristig wachsen möchten.

1.3. KI-Hilfe bei der Auswahl

Die Entscheidung für die richtige Plattform kann herausfordernd sein, aber hier kommt KI ins Spiel.

Beispiel-Prompt für ChatGPT:

„Vergleiche Anchor und Buzzsprout für einen Anfänger-Podcast. Fokus: einfache Bedienung und geringe Kosten."

Erwartetes Ergebnis:

- Die KI liefert dir eine übersichtliche Gegenüberstellung, die dir zeigt, welche Plattform am besten zu deinen Anforderungen passt.

1.4. So wählst du die richtige Plattform aus

Berücksichtige bei der Auswahl folgende Fragen:

1. Wie hoch ist dein Budget?

2. Möchtest du einfache Bedienung oder zusätzliche Funktionen wie Monetarisierung?

3. Planst du, langfristig auf deiner Plattform zu bleiben, oder möchtest du flexibel wechseln können?

Tipp: Wenn du unsicher bist, starte mit einer kostenlosen Plattform wie Anchor. Du kannst später immer noch zu einer anderen wechseln, wenn dein Podcast wächst.

2. Veröffentlichungsplan erstellen

Ein regelmäßiger Veröffentlichungsplan ist entscheidend, um deine Hörer zu binden. Podcasts, die unregelmäßig erscheinen, verlieren oft an Publikum. Mit einem klaren Plan kannst du deine Inhalte effizienter erstellen und veröffentlichen.

2.1. Warum ein Plan wichtig ist

- **Konsistenz:** Deine Hörer wissen, wann sie mit neuen Episoden rechnen können.

- **Bessere Organisation:** Du kannst Inhalte im Voraus planen und musst nicht in letzter Minute improvisieren.

- **Höheres Engagement:** Regelmäßige Veröffentlichungen fördern die Loyalität deiner Zuhörer.

2.2. Schritte zum Erstellen eines Veröffentlichungsplans

Schritt 1. Bestimme deinen Rhythmus

Wie oft möchtest du Episoden veröffentlichen? Hier sind einige typische Zeitpläne:

- **Wöchentlich:** Ideal für die meisten Podcasts.

- **Zweiwöchentlich:** Gut, wenn du mehr Zeit für die Vorbereitung brauchst.

- **Monatlich:** Für Podcasts mit aufwendigen Inhalten oder Nischenpublikum.

Tipp: Starte mit einem realistischen Zeitplan, den du langfristig einhalten kannst.

Schritt 2. Inhalte im Voraus planen

- Nutze einen Content-Kalender, um deine Themen und Veröffentlichungsdaten zu organisieren.

- **Themen festlegen:** Plane Themen für die nächsten 4–6 Episoden.

- **Veröffentlichungstermine eintragen:** Notiere, wann jede Episode live gehen soll.

Beispiel-Tools:

- Google Kalender

- Trello

- Notion

Schritt 3. Automatische Planung mit KI-Tools

- Tools wie Buffer oder Hootsuite ermöglichen es dir, Social-Media-Beiträge und andere Ankündigungen im Voraus zu planen.

So funktioniert es:

----1.**Verbinde dein Konto:** Melde dich bei einem Social-Media-Planer wie Buffer an.

----**2.Erstelle Posts:** Nutze KI, um kreative und ansprechende Beiträge zu schreiben.

Beispiel-Prompt:

„Schreibe einen Social-Media-Post für den Start einer neuen Podcast-Episode über KI-gestütztes Geldverdienen."

---------**Ergebnis:**

----------„□ Neue Episode! Entdecke, wie KI dir helfen kann, passives Einkommen zu generieren. Hör jetzt rein: [Link] □□ #Podcast #KI #Geldverdienen"

----**3.Zeitplan festlegen:** Wähle, wann die Beiträge veröffentlicht werden sollen.

Schritt 4. Episoden beschreiben und optimieren

- Die Beschreibung deiner Podcast-Episode ist genauso wichtig wie der Inhalt selbst. Sie entscheidet, ob potenzielle Hörer neugierig werden.

Was gehört in eine gute Beschreibung?

----**1.Titel der Episode:** Muss prägnant und einladend sein.

----**2.Kurze Zusammenfassung:** Beschreibe in 2–3 Sätzen, worum es in der Episode geht.

----**3.Call-to-Action:** Ermutige die Hörer, die Episode zu teilen oder zu abonnieren.

----------**Beispiel:**

----------**Titel:** „Episode 1: Wie KI dein Einkommen revolutionieren kann"

----------**Beschreibung:** „In unserer ersten Episode tauchen wir in die Welt der Künstlichen Intelligenz ein und zeigen dir, wie du mit einfachen Tools passives Einkommen generieren kannst. Bleib dran und abonniere für weitere spannende Insights!"

3. Episode hochladen und veröffentlichen

- Wenn dein Plan steht, ist es an der Zeit, deine Episoden hochzuladen und live zu schalten.

Schritt-für-Schritt-Anleitung:

Schritt 1.Melde dich bei deiner Plattform an: Logge dich in dein Hosting-Konto ein (z. B. Anchor).

Schritt 2.Erstelle eine neue Episode: Lade deine bearbeitete Audiodatei hoch.

Schritt 3.Füge Details hinzu: Titel, Beschreibung, Tags und Kapitelmarken (optional).

Schritt 4.Plane oder veröffentliche:

----------**Sofort:** Die Episode wird direkt verfügbar.

----------**Geplant:** Wähle ein Datum und eine Uhrzeit, zu der sie veröffentlicht werden soll.

Fazit

Die Veröffentlichung deines Podcasts ist der Moment, in dem deine Arbeit das Publikum erreicht. Mit der richtigen Plattform und einem soliden Veröffentlichungsplan kannst du sicherstellen, dass deine Episoden professionell präsentiert werden und deine Zielgruppe regelmäßig begeistert.

Denke daran: Konsistenz ist der Schlüssel. Plane deine Inhalte im Voraus und nutze KI-Tools, um Zeit zu sparen und deine Reichweite zu maximieren.

(5) Vermarktung und Monetarisierung

Du hast nun deinen Podcast aufgenommen, bearbeitet und veröffentlicht – aber wie kannst du sicherstellen, dass er auch gehört wird? Wie kannst du mit deinem Podcast Geld verdienen? In diesem Kapitel gehen wir auf zwei entscheidende Aspekte deines Podcasts ein: Vermarktung und Monetarisierung. Es reicht nicht aus, einfach nur großartige Inhalte zu haben – du musst diese auch effektiv bewerben und Geld damit verdienen können.

Wir werden uns ansehen, wie du deinen Podcast auf sozialen Medien bewirbst, wie du verschiedene Monetarisierungsstrategien einsetzt und wie KI dir dabei helfen kann, diese Prozesse zu automatisieren und zu optimieren. Mach dich bereit, deinen Podcast auf das nächste Level zu bringen!

1. Social Media nutzen

Einer der besten Wege, um deinen Podcast bekannt zu machen und ein treues Publikum aufzubauen, ist die Nutzung von sozialen Medien. Instagram, Twitter, TikTok und andere Plattformen sind ideal, um deinen Podcast zu bewerben und mit deinen Zuhörern zu interagieren. Lass uns nun Schritt für Schritt durchgehen, wie du soziale Medien für deinen Podcast effektiv nutzen kannst.

1.1. Die richtigen Plattformen wählen

Nicht alle sozialen Medien sind gleich. Jede Plattform hat ihre eigenen Stärken und ein bestimmtes Publikum. Es ist wichtig, dass du dich für die Plattformen entscheidest, die am besten zu deinem Podcast passen.

Instagram

Instagram ist eine der visuellsten Plattformen und eignet sich hervorragend, um mit Bildern und kurzen Videos die Aufmerksamkeit auf deinen Podcast zu lenken. Besonders hilfreich sind Instagram-Stories und Posts, um regelmäßig Updates zu geben, Teaser zu teilen und Interaktionen mit deiner Community zu fördern.

Twitter

Twitter ist perfekt für kurze, prägnante Updates und Diskussionen. Du kannst dort regelmäßig über die neuesten Episoden deines Podcasts informieren und mit deinem Publikum in Echtzeit kommunizieren. Hashtags sind auf Twitter sehr wichtig, um die Reichweite zu erhöhen und relevante Themen zu verbinden.

TikTok

TikTok ist eine fantastische Plattform, um kreative, unterhaltsame und virale Inhalte zu erstellen. Auch wenn dein Podcast nicht direkt auf TikTok basiert, kannst du kurze, kreative Clips oder Highlights deiner Episoden teilen, um neue Zuhörer anzulocken.

2.2. Inhalte für Social Media erstellen

Für eine erfolgreiche Social-Media-Strategie musst du regelmäßig Inhalte posten, die für deine Zielgruppe von Interesse sind.

Hier sind einige Ideen für Inhalte, die du auf sozialen Medien teilen kannst:

1. **Teaser-Videos:** Poste kurze, ansprechende Clips aus deinen neuesten Episoden. Diese Videos sollten das Interesse wecken und dazu einladen, die vollständige Episode zu hören.

2. **Behind-the-Scenes-Inhalte:** Zeige deinen Zuhörern, wie du deinen Podcast aufnimmst, bearbeitest oder vorbereitest. Das schafft eine persönlichere Verbindung.

3. **Zitate:** Teile prägnante, interessante oder lustige Zitate aus deinen Episoden, um die Neugier zu wecken.

4. **Umfragen und Fragen:** Interagiere mit deiner Community, indem du sie nach ihrer Meinung fragst oder ihnen die Möglichkeit gibst, Fragen zu stellen, die du in zukünftigen Episoden beantworten kannst.

3.3. KI-Tipp: Visuelle Inhalte mit Canva oder DALL·E erstellen

Visuelle Inhalte sind auf Social Media unerlässlich, um die Aufmerksamkeit der Nutzer zu gewinnen. Tools wie Canva und DALL·E können dir dabei helfen, professionelle Grafiken, Coverbilder und andere visuelle Inhalte zu erstellen.

Canva:

Mit Canva kannst du ganz einfach Poster, Instagram-Stories, Twitter-Posts und mehr gestalten. Canva bietet vorgefertigte Templates, die du einfach anpassen kannst, um deine Podcast-Inhalte optisch ansprechend zu präsentieren.

Hier ein Beispiel für einen Prompt, den du an ChatGPT oder DALL·E richten kannst:

„Erstelle ein Cover-Bild für meinen Podcast ‚Tech Talk', das eine moderne Technik-Landschaft mit einem Mikrofon darstellt."

DALL·E:

DALL·E von OpenAI ist ein leistungsstarkes KI-Tool, das Bilder basierend auf Textbeschreibungen erstellen kann. Zum Beispiel kannst du es verwenden, um einzigartige Visuals zu erstellen, die du in deinen Social-Media-Posts oder auf deiner Website verwenden kannst.

Hier ein Beispiel-Prompt:

„Erstelle ein Bild eines Mikrofon-Designs, das von digitalen Codes umgeben ist, um meinen Podcast über Technologie zu repräsentieren."

Mit diesen Tools kannst du schnell und effektiv visuelle Inhalte für deine Social-Media-Kanäle erstellen und so dein Publikum ansprechen.

2. Monetarisierungsmöglichkeiten

Jetzt kommt der spannende Teil: Wie kannst du mit deinem Podcast Geld verdienen? Es gibt verschiedene Möglichkeiten, deinen Podcast zu monetarisieren. Einige davon erfordern eine gewisse Zuhörerschaft, während andere direkt von dir als Podcaster kommen können.

2.1. Sponsoren gewinnen

Eine der gängigsten Methoden zur Monetarisierung eines Podcasts ist die Partnerschaft mit Sponsoren. Unternehmen oder Marken zahlen dir für die Werbung ihrer Produkte oder Dienstleistungen in deinem Podcast.

So funktioniert's:

- **Zielgruppenanalyse:** Bevor du Sponsoren ansprichst, solltest du wissen, wer deine Zuhörer sind. Tools wie Podtrac oder Chartable helfen dir, detaillierte Analysen über dein Publikum zu erstellen, damit du potenziellen Sponsoren die relevanten Daten präsentieren kannst.

- **Sponsor-Pitches erstellen:** Nutze KI, um ein überzeugendes Sponsoren-Angebot zu erstellen. Ein gutes Angebot sollte Informationen über deine Zielgruppe, die Reichweite und den Mehrwert für den Sponsor enthalten.

Beispiel-Prompt für KI:

„Erstelle einen Sponsorenpitch für einen Podcast über Technologie und KI, der sich an Unternehmer und Technikbegeisterte richtet."

2.2. Crowdfunding

Crowdfunding ist eine großartige Möglichkeit, Unterstützung von deinen treuen Hörern zu erhalten. Plattformen wie Patreon, Buy Me a Coffee oder Kickstarter ermöglichen es deinen Zuhörern, monatlich zu spenden oder dich einmalig zu unterstützen.

Wie du Crowdfunding nutzen kannst:

- **Erstelle Belohnungen:** Biete deinen Zuhörern exklusive Inhalte oder Vorteile an, wie zum Beispiel Zugang zu Bonus-Episoden, Merch oder die Möglichkeit, Fragen in deinem Podcast zu stellen.

- **Kommuniziere klar:** Erkläre in deinem Podcast und auf deinen Social-Media-Kanälen, warum du Crowdfunding betreibst und wie die Zuhörer davon profitieren können.

Beispiel:

„Unterstütze meinen Podcast auf Patreon und erhalte exklusiven Zugang zu Behind-the-Scenes-Inhalten sowie einen persönlichen Shoutout in einer Episode!"

2.3. Werbung schalten

Wenn dein Podcast eine größere Zuhörerschaft hat, kannst du Werbung in deinen Episoden schalten. Hierbei gibt es zwei gängige Methoden:

> **1.Direktwerbung:** Du nimmst Werbung für ein Produkt oder eine Dienstleistung auf, die du während deiner Episode selbst vorträgst.
>
> **2.Programmatic Ads:** Diese Art der Werbung wird über Plattformen wie Midroll oder AdSense automatisch in deinen Podcast integriert.

2.4. KI für Monetarisierung nutzen

KI kann dir nicht nur bei der Erstellung von Inhalten helfen, sondern auch bei der Suche nach Sponsoren und Werbepartnern.

> **So geht's:**
>
> **1.Sponsorensuche:** Du kannst KI verwenden, um potenzielle Sponsoren zu finden, die gut zu deinem Podcast passen. Du gibst einfach die Art deines Podcasts und deiner Zielgruppe ein, und die KI hilft dir, relevante Marken oder Unternehmen zu identifizieren.
>
> **2.Optimierung der Werbung:** Tools wie Adthrive und Podcorn nutzen KI, um die besten Werbeplätze in deinem Podcast zu identifizieren und die Anzeigen so zu schalten, dass sie die größte Wirkung erzielen.

Beispiel-Prompt für KI:

„Finde Sponsoren für einen Podcast über die neuesten Trends in der digitalen Technologie. Die Zielgruppe sind Unternehmer und Technikbegeisterte."

Fazit

Die Vermarktung und Monetarisierung deines Podcasts sind entscheidend, um ihn langfristig erfolgreich zu machen. Nutze Social Media, um deine Hörer zu erreichen und mit ihnen zu interagieren, und setze KI-Tools ein, um visuelle Inhalte zu erstellen und deine Social-Media-Strategie zu optimieren.

Wenn du mit der Monetarisierung deines Podcasts beginnst, gibt es viele Möglichkeiten, darunter Sponsoren, Crowdfunding und Werbung. Nutze auch hier KI, um dir bei der Identifizierung von Sponsoren und Werbepartnern zu helfen. Indem du diese Strategien effektiv kombinierst, kannst du nicht nur ein großes Publikum aufbauen, sondern auch ein Einkommen mit deinem Podcast erzielen.

(6) Automatisierung und Betrieb

Im Laufe der Zeit wirst du feststellen, dass der Betrieb eines Podcasts viel mehr erfordert als nur das Erstellen und Veröffentlichen von Episoden. Neben der Produktion musst du kontinuierlich Inhalte bewerben, mit deiner Community interagieren und sicherstellen, dass alles reibungslos läuft – und das kann schnell überwältigend werden, besonders wenn du als Einzelperson arbeitest.

Hier kommt die Automatisierung ins Spiel, die dir hilft, viele dieser wiederkehrenden Aufgaben zu übernehmen, sodass du dich auf das Wesentliche konzentrieren kannst: großartige Inhalte zu liefern. In diesem Abschnitt erfährst du, wie du mithilfe von Künstlicher Intelligenz (KI) und Automatisierungstools wie Zapier und IFTTT eine Vielzahl von Aufgaben effizient erledigen kannst. Von der Transkription deiner Episoden bis hin zum automatischen Posten in den sozialen Medien und der Verwaltung deiner Community – wir zeigen dir, wie du das alles durch smarte Automatisierung vereinfachen kannst.

Automatisierung mit KI

Die Nutzung von KI in deinem Podcasting-Prozess kann dir helfen, Zeit zu sparen und viele manuelle Aufgaben zu automatisieren. Dies gibt dir die Möglichkeit, dich mehr auf die kreative Seite deines Projekts zu konzentrieren, während KI den Rest übernimmt.

Im Folgenden gehen wir auf einige wichtige Aufgaben ein, die du mithilfe von KI und Automatisierungstools effizienter gestalten kannst.

1. Transkription deiner Episoden

Das Transkribieren von Podcast-Episoden kann eine langwierige und monotone Aufgabe sein. Aber mit KI-gestützten Tools kannst du diese Arbeit automatisch erledigen lassen. Transkripte sind besonders nützlich, wenn du deine Inhalte auf verschiedenen Plattformen wiederverwendest oder deinen Zuhörern eine schriftliche Version deiner Episoden zur Verfügung stellen möchtest.

1.1. Wie KI die Transkription vereinfacht:

Es gibt heute mehrere KI-gestützte Tools, die automatisch Transkripte für deine Audio- oder Videoepisoden erstellen können. Diese Tools arbeiten mit fortschrittlichen Sprach-zu-Text-Technologien, die die gesprochenen Worte erkennen und in Text umwandeln.

1.2. Beispiel-Tools:

Descript: Ein beliebtes Tool für Podcaster, das nicht nur Transkription bietet, sondern auch eine ganze Reihe von Audio- und Video-Bearbeitungsfunktionen umfasst. Descript kann deine Episoden transkribieren und dir ermöglichen, den Text zu bearbeiten, indem du einfach das Audio bearbeitest – eine unglaubliche Zeitersparnis!

Otter.ai: Ein weiteres leistungsstarkes Transkriptionstool, das KI verwendet, um gesprochene Sprache in Text zu konvertieren. Du kannst es verwenden, um Transkripte für deine Episoden zu erstellen und die Textergebnisse auch nach Bedarf zu bearbeiten.

Trint: Ein weiteres Tool, das eine hohe Genauigkeit bei der Transkription bietet und dir hilft, deine Episoden in Textform zu bringen, den du dann weiterverarbeiten und auf deiner Website oder in Social Media verwenden kannst.

1.3. Beispiel-Prompt für KI:

„Transkribiere meine neueste Podcast-Episode über die Auswirkungen von KI auf den Arbeitsmarkt."

Die meisten dieser Tools bieten eine kostenlose Testversion oder ein Abonnement mit kostenpflichtigen Funktionen für größere Projekte. Diese Tools sparen dir viele Stunden Arbeit und bieten eine hohe Genauigkeit, um sicherzustellen, dass deine Transkripte professionell und fehlerfrei sind.

2. Automatisches Posten von Social-Media-Inhalten

Eine der größten Herausforderungen bei der Promotion deines Podcasts ist das regelmäßige Posten in den sozialen Medien. Jeden Tag neue Inhalte zu erstellen, die sowohl informativ als auch unterhaltsam sind, kann überwältigend sein. Aber zum Glück kannst du viele dieser Aufgaben mit Automatisierungstools übernehmen, die dir helfen, deine Social-Media-Präsenz zu steigern, ohne dass du ständig online sein musst.

2.1. Wie KI und Automatisierung dir helfen können:

Mit der richtigen Automatisierungssoftware kannst du Social-Media-Posts im Voraus planen und automatisch veröffentlichen lassen. Du kannst sogar KI-gestützte Tools verwenden, um automatisch Inhalte zu erstellen, die du dann einfach posten kannst. So kannst du sicherstellen, dass du konstant in den sozialen Medien präsent bist, ohne ständig neue Posts erfinden zu müssen.

2.2. Beispiel-Tools:

- **Buffer:** Mit Buffer kannst du Beiträge für Twitter, Facebook, Instagram und andere Plattformen im Voraus planen. Du kannst Postings vorab vorbereiten und das Tool sorgt dafür, dass sie zu den optimalen Zeiten veröffentlicht werden, um mehr Engagement zu erzeugen.

- **Hootsuite:** Ein weiteres führendes Automatisierungstool, das dir hilft, Social-Media-Konten zu verwalten und Beiträge für verschiedene Plattformen zu planen. Hootsuite bietet auch Analysen, damit du deine Social-Media-Strategie kontinuierlich verbessern kannst.

- **Canva:** Obwohl Canva primär ein Design-Tool ist, kannst du es auch nutzen, um Social-Media-Grafiken zu erstellen und sie direkt mit Buffer oder Hootsuite zu verbinden, um sie automatisch zu posten.

2.3. So geht's:

1. Erstelle deine Social-Media-Inhalte: Nutze Canva oder andere Tools, um deine Grafiken, Zitate oder Episodenteaser zu gestalten.

2. Nutze Automatisierungsplattformen: Lade deine Inhalte in Buffer oder Hootsuite hoch und plane, wann sie veröffentlicht werden sollen. Diese Tools erlauben es dir, Beiträge für die nächsten Wochen zu planen, sodass du nicht täglich manuell posten musst.

3. KI-gestützte Texterstellung: Nutze KI wie ChatGPT, um Textinhalte für Social-Media-Beiträge zu generieren, z. B. für Zitate, Episodenvorschauen oder Fragen an dein Publikum.

Beispiel-Prompt für KI:

„Erstelle einen Twitter-Post, um die neueste Episode meines Podcasts über Künstliche Intelligenz zu bewerben."

3. Community-Management mit Chatbots

Deine Community ist das Herzstück deines Podcasts. Aber mit einer wachsenden Zuhörerschaft kann es schwierig werden, auf alle Kommentare, Nachrichten und Fragen zu antworten. Hier kommt der Community-Management-Chatbot ins Spiel – ein KI-Tool, das automatisch mit deinen Zuhörern interagieren kann, um häufig gestellte Fragen zu beantworten oder Diskussionen zu moderieren.

3.1. Wie KI dir beim Community-Management hilft:

KI-basierte Chatbots können in sozialen Netzwerken, E-Mail-Postfächern oder direkt auf deiner Website eingebaut werden, um automatische Antworten auf häufig gestellte Fragen zu geben.

Sie können auch dazu beitragen, Diskussionen zu moderieren und sicherzustellen, dass deine Community freundlich und respektvoll bleibt.

3.2. Beispiel-Tools:

- **ManyChat:** Ein weit verbreitetes Tool für das Erstellen von Chatbots auf Facebook und Instagram. ManyChat ermöglicht es dir, automatisierte Nachrichten zu erstellen, die an deine Zuhörer gesendet werden, sobald sie mit deinem Bot interagieren.

- **Tidio:** Ein weiteres beliebtes Tool für automatisiertes Community-Management. Tidio bietet nicht nur Chatbots, sondern auch eine Live-Chat-Option, sodass du bei Bedarf direkt mit deinen Zuhörern sprechen kannst.

- **MobileMonkey:** Ähnlich wie ManyChat bietet MobileMonkey die Möglichkeit, Chatbots für verschiedene Plattformen zu erstellen und automatisch mit deiner Community zu interagieren.

3.3. So funktioniert's:

1. Erstelle einen Chatbot: Mit einem Tool wie ManyChat kannst du einen Chatbot erstellen, der auf häufige Fragen oder Anfragen reagiert.

2. Automatisiere Interaktionen: Der Bot kann automatisch auf Nachrichten in sozialen Netzwerken oder auf deiner Website antworten und dir helfen, eine starke Beziehung zu deiner Community aufzubauen.

3. Personalisierte Antworten: Du kannst den Bot so programmieren, dass er personalisierte Nachrichten für neue Abonnenten sendet oder automatisch auf spezielle Ereignisse reagiert (z. B. einen Podcast-Release).

4. KI-gestützte Analyse und Verbesserung

Ein weiterer Bereich, in dem KI eine wichtige Rolle spielen kann, ist die Analyse und Verbesserung deiner Podcast-Strategie. Mit Hilfe von KI kannst du die Performance deiner Episoden und Social-Media-Posts analysieren und Optimierungspotenziale erkennen.

4.1. Beispiel-Tools:

- **Podtrac:** Dieses Tool bietet dir detaillierte Analysen über die Performance deines Podcasts, z. B. Zuhörerzahlen, Demografie und Engagement. Mit dieser Information kannst du deinen Content weiter optimieren.

- **Google Analytics:** Wenn du deine Podcast-Website oder einen Blog betreibst, kannst du Google Analytics verwenden, um das Verhalten der Besucher zu analysieren und herauszufinden, welche Inhalte am beliebtesten sind.

- **Social-Media-Analytics:** Tools wie Buffer oder Hootsuite bieten dir detaillierte Social-Media-Statistiken, die dir helfen, deine Post-Strategie zu verfeinern und herauszufinden, welche Art von Inhalten das meiste Engagement erzeugen.

Fazit

Automatisierung ist der Schlüssel, um deinen Podcast effizient und professionell zu betreiben. Mithilfe von KI und Automatisierungstools kannst du viele Aufgaben übernehmen, die dir sonst viel Zeit kosten würden.

Abschließende Worte:

Einen Podcast zu starten und zu betreiben ist mit den richtigen Tools und Strategien einfacher als je zuvor. KI hilft dir bei jedem Schritt: von der Ideenfindung über die Produktion bis hin zur Vermarktung. Egal, ob du Anfänger bist oder schon Erfahrung hast – mit KI kannst du einen professionellen Podcast erstellen, der deine Zuhörer begeistert und dir gleichzeitig Einnahmen bringt.

EINEN MEME-COIN ERSTELLEN – DER LUSTIGE WEG ZU KRYPTO-MÖGLICHKEITEN

Meme-Coins wie Dogecoin und Shiba Inu haben gezeigt, dass auch humorvolle Kryptowährungen zu riesigen Gemeinschaften und potenziellen finanziellen Erfolgen führen können. Dieses Kapitel zeigt dir, wie du mit Unterstützung von KI deinen eigenen Meme-Coin erstellen kannst – von der Idee bis zur Markteinführung.

Was dich in diesem Kapitel erwartet:

Abschnitt 1: Was ist ein Meme-Coin

Abschnitt 2: Die Idee und das Konzept

Abschnitt 3: Technische Umsetzung

Abschnitt 4: Website und Whitepaper

Abschnitt 5: Marketing und Community-Building

Abschnitt 6: Listing und Launch

Abschnitt 7: Risiken und rechtliche Überlegungen

(1) Was ist ein Meme-Coin:

In der Welt der Kryptowährungen gibt es eine riesige Vielfalt von Coins, die unterschiedliche Zwecke erfüllen. Während viele Coins technische Innovationen, Sicherheit oder praktische Anwendungen bieten, gibt es eine besondere Kategorie, die sich durch Humor, Kreativität und eine enge Community auszeichnet: die Meme-Coins.

Wenn du gerade erst in die Welt der Kryptowährungen eintauchst, fragst du dich vielleicht: Was genau ist ein Meme-Coin? Warum gibt es sie überhaupt? Und warum sind sie so populär? In diesem Abschnitt erkläre ich dir alles, was du wissen musst – einfach und leicht verständlich.

1. Was ist ein Meme-Coin?

Meme-Coins sind Kryptowährungen, die nicht primär entwickelt wurden, um komplexe Probleme zu lösen oder technische Innovationen voranzutreiben. Stattdessen basieren sie oft auf humorvollen Ideen, Internet-Memes oder popkulturellen Trends. Sie werden geschaffen, um Spaß zu machen und Menschen zu begeistern – manchmal ohne einen ernsten Hintergrund oder eine tiefere technische Grundlage.

Ein Meme-Coin kann zum Beispiel aus einem bekannten Internet-Meme oder einem lustigen Konzept entstehen, das Menschen bereits kennen und mögen. Diese Coins nutzen die Macht des viralen Marketings, der sozialen Medien und einer engagierten Community, um Aufmerksamkeit zu gewinnen.

1.2. Unterschiede zu anderen Kryptowährungen:

- **Zweck:** Meme-Coins haben selten eine ernsthafte technische Anwendung. Ihr Hauptzweck ist Unterhaltung und Community-Building.

- **Community:** Sie leben von ihrer Community, die den Coin durch Humor und Engagement bekannt macht.

- **Marketing:** Der Erfolg eines Meme-Coins hängt oft von viralen Trends und witzigen Kampagnen ab, nicht von technischen Innovationen.

1.3. Das Ziel von Meme-Coins:

Das Hauptziel eines Meme-Coins ist es, Menschen zu begeistern, Spaß zu verbreiten und vielleicht sogar einen Hype auszulösen, der den Wert des Coins in die Höhe treibt. Manche Meme-Coins werden zu richtigen „Kult-Coins", die riesige Gemeinschaften anziehen und sogar finanzielle Erfolge erzielen.

2. Beispiele berühmter Meme-Coins

Um dir ein besseres Bild davon zu geben, was Meme-Coins sind, schauen wir uns zwei der bekanntesten Beispiele an: Dogecoin und Shiba Inu. Beide Coins haben es geschafft, durch ihre lustige und charmante Herangehensweise Millionen von Menschen zu begeistern.

2.1. Dogecoin: Der Ursprung der Meme-Coins

Dogecoin ist der bekannteste und erste richtige Meme-Coin. Er wurde 2013 von den Softwareentwicklern Billy Markus und Jackson Palmer als Scherz erstellt. Ihre Idee: Sie wollten die damals ernste Krypto-Welt mit einem Coin auflockern, der auf einem beliebten Internet-Meme basiert.

Das Meme zeigt einen Shiba-Inu-Hund, begleitet von witzigen englischen Phrasen in Comic Sans. Was als Scherz begann, entwickelte sich zu einem der beliebtesten Kryptowährungsprojekte. Heute ist Dogecoin mehr als nur ein Meme – er wird tatsächlich für Zahlungen verwendet und hat eine der größten Communities in der Krypto-Welt.

Warum ist Dogecoin so erfolgreich?

> Es hat ein leicht verständliches Konzept.
>
> Die Community ist freundlich, humorvoll und engagiert.
>
> Prominente wie Elon Musk haben den Coin unterstützt, was seinen Erfolg noch verstärkte.

2.2. Shiba Inu: Der „Dogecoin-Killer"

Shiba Inu ist ein Meme-Coin, der 2020 als Antwort auf Dogecoin geschaffen wurde. Sein Ziel war es, Dogecoin humorvoll Konkurrenz zu machen und dessen Erfolg zu übertreffen. Shiba Inu nennt sich selbst den „Dogecoin-Killer" und hat eine riesige Community aufgebaut.

Was Shiba Inu besonders macht, ist sein Fokus auf ein Ökosystem. Neben dem Haupt-Token bietet das Projekt auch andere Produkte wie einen dezentralen Austausch (ShibaSwap) und zusätzliche Tokens wie LEASH und BONE. Damit kombiniert Shiba Inu den Humor eines Meme-Coins mit einigen praktischen Funktionen.

3. Die Eigenschaften von Meme-Coins

Damit du verstehst, was Meme-Coins von anderen Kryptowährungen unterscheidet, schauen wir uns ihre typischen Eigenschaften genauer an:

3.1. Fokus auf Humor und Kreativität

Meme-Coins leben von ihrer Kreativität. Sie basieren auf lustigen Ideen, die Menschen zum Lachen bringen und neugierig machen. Ob es ein Shiba-Inu-Hund ist oder ein anderes witziges Thema – die Coins ziehen Menschen durch ihren Unterhaltungswert an.

3.2. Virales Marketing

Im Gegensatz zu traditionellen Kryptowährungen, die sich oft auf technische Details und Anwendungen konzentrieren, setzen Meme-Coins auf virales Marketing. Sie werden in sozialen Medien wie Twitter, Reddit und TikTok beworben und leben von Memes, die Nutzer teilen.

> **Beispiel:** Ein lustiges Bild oder ein Tweet kann ausreichen, um den Hype um einen Meme-Coin auszulösen.

> **Tipp für dich:** Wenn du einen Meme-Coin erstellen möchtest, solltest du viel Zeit in kreative Marketingideen investieren.

3.3. Community-Driven

Meme-Coins sind stark auf ihre Community angewiesen. Ohne eine engagierte Gemeinschaft, die den Coin teilt und unterstützt, wird es schwer, Aufmerksamkeit zu gewinnen. Eine große und aktive Community kann jedoch dafür sorgen, dass der Coin populär wird und sogar an Wert gewinnt.

3.4. Geringe technische Anforderungen

Im Vergleich zu vielen anderen Kryptowährungen sind Meme-Coins oft technisch simpel. Sie basieren meist auf existierenden Blockchain-Plattformen wie Ethereum oder Binance Smart Chain, was die Erstellung erleichtert.

4. Warum sind Meme-Coins so beliebt?

Meme-Coins sind nicht nur ein Trend, sondern ein Phänomen. Aber warum finden sie so viel Anklang?

4.1. Einfachheit

Die meisten Meme-Coins sind leicht zu verstehen. Es gibt keine komplizierten technischen Begriffe oder schwierigen Konzepte – nur eine lustige Idee, die jeder nachvollziehen kann.

4.2. Spaß und Unterhaltung

Meme-Coins bringen Spaß in die oft ernste Welt der Kryptowährungen. Sie zeigen, dass Krypto nicht nur für Technikexperten oder Investoren ist, sondern auch für Menschen, die Humor und Kreativität schätzen.

4.3. Spekulation und Hype

Viele Menschen investieren in Meme-Coins, weil sie hoffen, dass der Wert steigt und sie schnelle Gewinne erzielen können. Obwohl dies riskant ist, zieht es viele an.

4.4. Gemeinschaftsgefühl

Die Community spielt eine riesige Rolle. Meme-Coins bringen Menschen mit ähnlichem Humor und Interessen zusammen, die den Coin unterstützen und gemeinsam Spaß haben.

5. Risiken von Meme-Coins

Bevor du dich in die Welt der Meme-Coins stürzt, solltest du auch die Risiken kennen:

> **Volatilität:** Meme-Coins sind extrem schwankend. Ihr Wert kann innerhalb weniger Stunden steigen oder fallen.
>
> **Kein echter Nutzen:** Viele Meme-Coins haben keinen praktischen Nutzen. Sie basieren rein auf Hype.
>
> **Betrug:** Da Meme-Coins leicht zu erstellen sind, gibt es viele Projekte, die nur darauf abzielen, Geld von Investoren einzusammeln und dann zu verschwinden.

Fazit

Meme-Coins sind eine aufregende und unterhaltsame Kategorie von Kryptowährungen. Sie zeigen, dass Krypto nicht immer ernst sein muss und dass eine gute Idee, eine starke Community und kreatives Marketing manchmal wichtiger sind als technische Innovationen.

(2) Die Idee und das Konzept

Ein Meme-Coin steht und fällt mit seiner Idee. Anders als bei klassischen Kryptowährungen, bei denen oft die Technologie im Vordergrund steht, dreht sich bei Meme-Coins alles um Humor, Kreativität und den "Wow-Faktor". Aber keine Sorge: Du musst kein Marketing-Genie oder Designer sein, um eine tolle Idee zu entwickeln. In diesem Kapitel zeige ich dir, wie du mithilfe von Künstlicher Intelligenz (KI) ein einzigartiges Konzept für deinen Meme-Coin erschaffen kannst – Schritt für Schritt und so, dass es auch für Anfänger verständlich ist.

1. Ideenfindung mit KI

Die Idee ist der wichtigste Baustein für deinen Meme-Coin. Warum? Weil Meme-Coins keine komplexe Technologie benötigen, sondern vor allem Aufmerksamkeit und Begeisterung erregen müssen. Und genau hier kommt KI ins Spiel.

Künstliche Intelligenz kann dir helfen, originelle und lustige Konzepte zu entwickeln, die perfekt zur Welt der Meme-Coins passen. Ob du dich an einem Tier-Meme orientieren möchtest (wie Dogecoin), an einem popkulturellen Trend oder einfach an einem lustigen Thema – KI ist dein kreativer Partner.

1.1. Wie du eine Idee findest

Beginne mit einer offenen Fragestellung, die KI dazu bringt, kreative Antworten zu liefern. Nutze eine Text-KI wie ChatGPT, um Ideen zu brainstormen. Du kannst sie direkt nach Vorschlägen fragen oder ein bestimmtes Thema vorgeben, das dich interessiert.

Beispiel:

Du möchtest einen Meme-Coin entwickeln, der Katzen und Blockchain kombiniert. Gib der KI folgende Anweisung:

Prompt für die KI:

„Finde 5 lustige Themen für einen neuen Meme-Coin, die auf Katzen und Blockchain basieren."

Mögliche Ergebnisse:

- **CryptoCatnip** – Ein Coin für Katzenliebhaber, inspiriert von der magischen Anziehungskraft von Katzenminze.

- **MeowChain** – Ein Netzwerk von „miaufähigen" Coins. Perfekt für alle, die Katzen lieben und Kryptowährungen nutzen wollen.

- **PurrToken** – Der Coin, der wie das Schnurren einer Katze beruhigend ist.

- **FelineFi** – Finanzielle Freiheit für Katzenliebhaber.

- **ClawCoin** – Ein Coin mit scharfen Zielen und lustigem Branding.

Die KI hilft dir, Themen zu entwickeln, die sich leicht vermarkten lassen und die Menschen sofort verstehen. Sobald du ein Thema gefunden hast, das dir gefällt, kannst du es weiter verfeinern.

1.2. Tipps für eine gute Idee:

1. Einprägsam: Wähle ein Thema, das die Leute sofort verstehen und mit einem Schmunzeln im Gedächtnis behalten.

2. Humorvoll: Humor ist bei Meme-Coins ein wichtiger Erfolgsfaktor. Je lustiger, desto besser!

3. Einfach: Dein Konzept sollte leicht erklärbar sein – ein Satz oder ein kurzes Meme sollten ausreichen, um die Idee zu vermitteln.

2. Branding mit KI

Hast du eine großartige Idee gefunden, geht es ans Branding. Meme-Coins leben von ihrem Aussehen und ihrer Wiedererkennbarkeit. Ein cooles Logo, ein lustiges Maskottchen oder ein ansprechendes Design können den Unterschied zwischen Erfolg und Vergessenheit ausmachen.

Zum Glück gibt es KI-Tools wie MidJourney, DALL·E oder ähnliche Plattformen, die dir dabei helfen können, visuell beeindruckende Designs zu erstellen – ganz ohne Designkenntnisse.

2.1. Ein starkes Logo entwickeln

Dein Logo ist das erste, was die Menschen sehen werden, wenn sie von deinem Meme-Coin hören. Es sollte lustig, ansprechend und sofort verständlich sein. Hier ist ein Beispiel, wie du mithilfe von KI ein Logo gestalten kannst.

Prompt für ein KI-Bild:

„Create a cartoonish logo for a cryptocurrency named 'MeowChain,' featuring a cat holding a blockchain."

Was passiert?

- Die KI wird dir mehrere Entwürfe zeigen, die du als Grundlage nutzen kannst. Vielleicht bekommst du ein niedliches Bild von einer Katze mit einer Blockchain-Kette um den Hals oder eine Katze, die auf einer Münze sitzt.

2.2. Warum das Logo wichtig ist:

- Es macht deinen Coin unverwechselbar.

- Ein gutes Logo erregt Aufmerksamkeit in sozialen Medien.

- Es hilft deiner Community, den Coin visuell zu identifizieren und zu promoten.

2.3. Das Maskottchen deines Coins

Viele Meme-Coins haben ein Maskottchen – eine Figur, die den Coin repräsentiert. Dieses Maskottchen kann z. B. ein Tier, ein lustiges Objekt oder eine menschliche Figur sein. Denk an den Shiba Inu-Hund bei Dogecoin oder die Biene von BeeCoin (fiktiv).

Beispiel-Prompt:

„Generate a cartoon-style mascot for 'PurrToken' – a happy cat wearing sunglasses and sitting on a pile of coins."

Was du bekommst:

-Die KI liefert dir kreative Vorschläge für dein Maskottchen. Du kannst diese dann weiter anpassen oder einfach direkt übernehmen.

2.4. Designideen für deine Website und Social Media

Neben Logo und Maskottchen solltest du auch an das Gesamtbild deines Projekts denken. Deine Website, Social-Media-Profile und sogar die Nutzeroberfläche deines Coins sollten gut aussehen und zur Idee passen.

Beispiel-Prompt:

„Design a homepage layout for a cryptocurrency named 'CryptoCatnip,' with a playful and colorful design featuring cats and blockchain elements."

Tipps für erfolgreiches Branding:

- **Bleib beim Thema:** Dein Design und Branding sollten zur Idee passen. Ein Katzen-Coin braucht ein Design, das Katzenliebhaber anspricht.

- **Mach es bunt:** Farben und auffällige Designs ziehen mehr Aufmerksamkeit auf sich.

- **Teste dein Branding:** Frag Freunde oder die Community nach Feedback, bevor du dich auf ein Design festlegst.

3. Wichtige Tools für Branding und Ideenentwicklung

Hier sind einige hilfreiche Tools, die dir die Arbeit erleichtern können:

- **ChatGPT (oder ähnliche KI-Texter):** Zum Brainstormen von Ideen und Konzepten.

- **MidJourney/DALL·E:** Zum Erstellen von Logos, Maskottchen und Designs.

- **Canva:** Ein benutzerfreundliches Tool, um deine Designs zu verfeinern.

- **Fiverr:** Falls du professionelle Unterstützung benötigst, kannst du Freelancer finden, die dir bei Logos und Branding helfen.

4..Übung: Entwickle dein Konzept mit KI

Um dich auf den Weg zu bringen, probiere die folgende Übung aus:

1.Idee brainstormen: Gib einen Prompt in ChatGPT ein, z. B.:

„Schlage 5 lustige Themen für einen Meme-Coin vor, der auf dem Thema Hunde basiert."

2.Branding entwickeln: Nutze ein KI-Tool wie DALL·E, um ein Logo oder Maskottchen zu erstellen. Beispiel:

„Create a funny logo for 'BarkChain,' featuring a dog wearing sunglasses and a golden chain."

3.Feedback einholen: Teile deine Ergebnisse mit Freunden oder einer Online-Community und lass dir Feedback geben.

4.Finalisieren: Wähle das beste Konzept aus und arbeite daran weiter.

Fazit

Das Konzept und Branding deines Meme-Coins sind entscheidend für den Erfolg. Eine lustige Idee und ein auffälliges Design können dir helfen, die Aufmerksamkeit zu bekommen, die du brauchst. Mit den richtigen KI-Tools hast du alle Werkzeuge, um etwas Einzigartiges zu schaffen – auch ohne Design- oder Marketing-Erfahrung.

(3) Technische Umsetzung

Willkommen beim Herzstück der Erstellung eines Meme-Coins – der technischen Umsetzung. Keine Angst, selbst wenn du kein Entwickler bist, kannst du mit modernen Tools und ein wenig Geduld deinen eigenen Coin erstellen. In diesem Abschnitt erkläre ich dir Schritt für Schritt, wie du deinen Coin programmierst, testest und schließlich veröffentlichst. Wir nutzen KI und einfache Tools, damit du auch als absoluter Anfänger loslegen kannst.

1. Was ist ein Smart Contract?

Ein Smart Contract ist ein Stück Code, das auf einer Blockchain läuft und die Funktionen deines Coins regelt. Es handelt sich dabei um ein digitales Regelwerk, das alle Prozesse deines Coins automatisiert und sicherstellt, dass alles so funktioniert, wie es soll.

1.2. Wie funktioniert ein Smart Contract?

Stell dir vor, du programmierst eine virtuelle Maschine, die sagt:

1. Wie viele Tokens gibt es insgesamt?

2. Wer darf wie viele Coins besitzen?

3. Welche Regeln gelten für Transaktionen?

Alles, was dein Meme-Coin können soll, wird in diesem Smart Contract festgelegt. Einmal erstellt und auf der Blockchain veröffentlicht, kann der Smart Contract nicht mehr geändert werden – das macht ihn so sicher und vertrauenswürdig.

Wichtig zu wissen:

- Die gängigste Blockchain für Smart Contracts ist Ethereum.

- Meme-Coins basieren oft auf dem ERC-20-Standard (ein festgelegtes Format für Ethereum-Token).

1.2. Warum brauchst du einen Smart Contract?

Ohne Smart Contract gibt es keinen Coin. Er ist der Kern, der alle Eigenschaften deines Meme-Coins definiert. Glücklicherweise brauchst du keinen teuren Entwickler – mit KI kannst du einen grundlegenden Smart Contract erstellen.

2. Erstellung eines Meme-Coins mit KI

Hier kommt die spannende Frage: Wie erstellst du den Code für deinen Meme-Coin? Du kannst KI-Tools wie GitHub Copilot oder OpenAI Codex nutzen, um dir beim Schreiben des Codes zu helfen.

2.1. Was brauchst du, um zu starten?

1. Einen Ethereum-kompatiblen Wallet: Du kannst z. B. MetaMask nutzen.

2. Zugriff auf Remix: Remix ist eine Online-Entwicklungsumgebung, mit der du Smart Contracts erstellen und testen kannst (kostenlos).

3. Einen KI-Code-Generator: GitHub Copilot oder OpenAI Codex sind hierfür ideal.

Schritt 1: Einen einfachen ERC-20-Smart-Contract generieren

Öffne ein KI-Tool wie GitHub Copilot oder Codex und gib einen klaren Prompt ein, der beschreibt, was du brauchst.

Beispiel-Prompt für die KI:

„Schreibe einen ERC-20-Token-Smart-Contract für Ethereum. Der Coin heißt MeowChain und hat eine Gesamtausgabe von 1 Milliarde Tokens."

Die KI liefert dir dann einen Code wie diesen:

```solidity
// SPDX-License-Identifier: MIT
pragma solidity ^0.8.0;

import "@openzeppelin/contracts/token/ERC20/ERC20.sol";

contract MeowChain is ERC20 {
    constructor() ERC20("MeowChain", "MEOW") {
        _mint(msg.sender, 1000000000 * 10 ** decimals());
    }
}
```

Was bedeutet der Code?

-----**ERC20:** Das ist der Standard für Tokens auf Ethereum.

-----**"MeowChain" und "MEOW":** Der Name und das Kürzel deines Coins.

-----**1000000000:** Die Gesamtausgabe deines Coins – in diesem Fall 1 Milliarde Tokens.

Schritt 2: Überprüfen und Anpassen

Bevor du diesen Code verwendest, solltest du ihn von einem erfahrenen Entwickler überprüfen lassen oder ihn selbst mit Tools wie Solhint (ein Solidity-Linter) analysieren.

Schritt 3: Dein Code ist bereit? Lade ihn in Remix!

1. Öffne Remix.

2. Kopiere den Code aus deinem KI-Tool in einen neuen Datei-Tab in Remix.

3. Klicke auf „Compile", um sicherzustellen, dass der Code keine Fehler hat.

3. Tokenomics planen

3.1. Was sind Tokenomics?

Tokenomics beschreibt, wie dein Coin verteilt wird und welchen Zweck er erfüllt. Gute Tokenomics sind der Schlüssel, um Investoren und Nutzer zu begeistern.

3.2. Typische Verteilungspläne:

- **Marketing:** 10–20 % des Coins, um Werbung und Community-Aktionen zu finanzieren.

- **Entwicklung:** 10–20 % für zukünftige Updates und Verbesserungen.

- **Community:** 50–70 %, damit die Mehrheit des Coins in den Händen der Nutzer bleibt.

3.3. Wie hilft dir KI dabei?

Du kannst eine KI bitten, dir einen Verteilungsplan zu erstellen.

Beispiel-Prompt:

„Erstelle einen Vorschlag für die Verteilung eines 1-Milliarde-Tokens-Projekts, einschließlich Marketing, Entwicklung und Community."

Mögliche Antwort der KI:

-----1. Community: 700 Millionen Tokens (70 %)

-----2. Marketing: 200 Millionen Tokens (20 %)

-----3. Entwicklung: 100 Millionen Tokens (10 %)

3.4. Übung: Plane deine eigenen Tokenomics

1. Überlege, wie viel Prozent du für Marketing, Entwicklung und Community einplanen möchtest.

2. Nutze die KI, um die genauen Zahlen zu berechnen.

3. Dokumentiere deinen Verteilungsplan in deinem Whitepaper.

4. Testen und Deployen

Jetzt hast du einen funktionierenden Smart Contract und klare Tokenomics – es ist Zeit, deinen Coin zu testen und live zu schalten.

Schritt 1: Den Coin testen

Mit Plattformen wie Remix oder Truffle kannst du deinen Code testen, bevor du ihn veröffentlichst.

So geht's in Remix:

1. Kompiliere deinen Smart Contract.

2. Wechsel zu „Deploy & Run Transactions".

3. Wähle „Injected Provider - MetaMask", um deinen Coin im Testnetzwerk (z. B. Rinkeby oder Goerli) bereitzustellen.

Warum im Testnetzwerk deployen?

Das Testnetzwerk erlaubt dir, deinen Coin risikofrei zu testen, ohne echtes Geld auszugeben. Hier kannst du prüfen, ob alles wie gewünscht funktioniert.

Schritt 2: Fehler beheben

Falls beim Testen etwas nicht funktioniert:

1. Überprüfe den Code in Remix auf Fehlermeldungen.

2. Bitte eine KI um Hilfe:

- **Prompt:**

- „Mein Smart Contract gibt folgenden Fehler aus: [Fehlermeldung]. Wie kann ich das Problem beheben?"

Die KI kann dir mögliche Lösungen vorschlagen.

Schritt 3: Den Coin live deployen

Sobald alles getestet ist, kannst du deinen Coin auf einer echten Blockchain wie Ethereum oder Binance Smart Chain veröffentlichen.

So geht's auf Ethereum:

1. Ändere in Remix den Zielnetzwerk auf „Ethereum Mainnet".

2. Nutze deinen MetaMask-Wallet, um die Deployment-Gebühren zu bezahlen (Gas Fees).

3. Drücke auf „Deploy" – und voilà, dein Meme-Coin ist live!

Wie teuer ist der Deployment-Prozess?

Die Kosten hängen von der Blockchain und den aktuellen Gas Fees ab. Auf Ethereum kann es zwischen 50–500 US-Dollar kosten. Günstigere Alternativen sind Binance Smart Chain oder Polygon.

Fazit

Die technische Umsetzung deines Meme-Coins klingt vielleicht kompliziert, aber mit den richtigen Tools und einem Schritt-für-Schritt-Ansatz ist es absolut machbar – selbst für Anfänger. Dein Smart Contract ist der Kern deines Coins, die Tokenomics bestimmen, wie er genutzt wird, und das Testen stellt sicher, dass alles fehlerfrei läuft. Mit ein wenig Übung und Unterstützung durch KI kannst du deinen eigenen Coin erstellen und veröffentlichen.

(4) Website und Whitepaper

Herzlichen Glückwunsch, du hast bereits die Idee und das Branding für deinen Meme-Coin! Jetzt geht es darum, deinen Coin sichtbar zu machen und ihn professionell zu präsentieren. Zwei wichtige Bausteine dafür sind eine ansprechende Website und ein überzeugendes Whitepaper. Auch wenn dein Coin humorvoll ist, erwarten potenzielle Investoren und Community-Mitglieder ein gewisses Maß an Professionalität. Mit modernen Tools und KI-Unterstützung ist das einfacher, als du vielleicht denkst.

1. Eine Website mit KI erstellen

Eine Website ist das Aushängeschild deines Meme-Coins. Hier erfahren die Leute, worum es bei deinem Coin geht, welche Vision du hast und wie sie mitmachen können. Aber keine Sorge – du brauchst keine Programmierkenntnisse, um eine Website zu erstellen. Tools wie Wix, Squarespace oder WordPress machen den Prozess kinderleicht. Und mit der Unterstützung von KI-Textgeneratoren wie ChatGPT kannst du ansprechende Inhalte erstellen, die genau das Richtige für dein Publikum sind.

1.1. Warum ist eine Website wichtig?

Eine professionelle Website schafft Vertrauen und gibt deinem Coin Legitimität. Sie ist oft der erste Berührungspunkt für neue Nutzer und potenzielle Investoren. Eine gut strukturierte Seite vermittelt den Eindruck, dass du dein Projekt ernst nimmst – auch wenn es ein Meme-Coin ist.

1.2. Inhalte für deine Website

Hier sind die wichtigsten Elemente, die auf deiner Website nicht fehlen dürfen:

1. Beschreibung des Coins:

Erkläre, worum es bei deinem Coin geht, was ihn einzigartig macht und warum die Leute ihn kaufen oder unterstützen sollten.

2. Community-Links:

Verlinke Plattformen wie Telegram, Discord oder Twitter, damit Interessenten Teil deiner Community werden können.

3. Roadmap:

Stelle einen Zeitplan vor, der zeigt, welche Schritte du in Zukunft mit deinem Coin planst. Das könnte z. B. den Launch, Werbekampagnen oder technische Updates umfassen.

4. FAQ-Bereich:

Beantworte häufige Fragen, z. B.:

-----„Wie kann ich den Coin kaufen?"

-----„Wird es in Zukunft mehr Funktionen geben?"

-----„Warum ist dieser Coin besser als andere Meme-Coins?"

5. Kontaktmöglichkeiten:

Gib den Nutzern die Möglichkeit, dich über eine E-Mail-Adresse oder ein Kontaktformular zu erreichen.

1.3. So erstellst du die Inhalte mit KI

KI-Tools wie ChatGPT können dir helfen, ansprechende Texte für deine Website zu schreiben. Hier ist ein Beispiel, wie du die KI nutzen kannst:

Prompt für die KI:

„Schreibe eine Einführung für eine Website über einen Meme-Coin namens 'MeowChain', der Katzenliebhaber und Blockchain-Fans verbindet."

Mögliche Antwort der KI:

„Willkommen bei MeowChain – der ultimativen Kryptowährung für Katzenliebhaber und Blockchain-Enthusiasten! Unser Ziel ist es, die Magie von Katzen mit der Technologie der Blockchain zu verbinden und dabei eine starke, humorvolle Community aufzubauen. Ob du ein Krypto-Profi oder ein Einsteiger bist, MeowChain ist für jeden, der Spaß, Innovation und die Liebe zu Katzen schätzt."

1.4. Tools für die Website-Erstellung

1. Wix:

Ein Drag-and-Drop-Tool, das super einfach zu bedienen ist. Wähle ein Template und passe es an.

2. Squarespace:

Eignet sich hervorragend für moderne und elegante Designs.

3. WordPress:

Etwas komplexer, aber mit einer Vielzahl von Plugins und Themes für jede Art von Projekt.

4. Bilder und Grafiken:

Nutze KI-Tools wie DALL·E oder Canva, um Bilder, Logos und Grafiken zu erstellen.

2. Whitepaper schreiben

Ein Whitepaper ist ein Dokument, das die Idee, Ziele und technischen Aspekte deines Coins erklärt. Auch wenn dein Meme-Coin humorvoll ist, zeigt ein Whitepaper, dass du ernsthaft an deinem Projekt arbeitest. Es dient als Referenz für Investoren und Community-Mitglieder und hilft, Glaubwürdigkeit aufzubauen.

2.1. Was gehört in ein Whitepaper?

Ein gutes Whitepaper sollte die folgenden Punkte abdecken:

- Einleitung:

Beschreibe, worum es bei deinem Coin geht und warum du ihn erstellt hast.

- Problemstellung:

Welches „Problem" löst dein Coin? (Auch wenn es ein lustiges Problem ist, wie z. B. die fehlende Verbindung zwischen Katzen und Blockchain.)

- Lösung:

Erkläre, wie dein Coin dieses Problem löst und warum er einzigartig ist.

- Technische Details:

Falls vorhanden, beschreibe die technische Grundlage deines Coins (z. B. welche Blockchain verwendet wird).

- Roadmap:

Zeige, welche Meilensteine du in den nächsten Monaten oder Jahren erreichen möchtest.

- Community-Building:

Erkläre, wie die Community von deinem Coin profitieren kann.

2.2. Beispiel für ein lustiges Whitepaper mit KI

Nutze eine KI, um ein Whitepaper für deinen Meme-Coin zu schreiben. Hier ist ein Beispiel für einen Prompt:

Prompt für ChatGPT:

„Schreibe ein humorvolles Whitepaper für einen Meme-Coin namens 'MeowChain', der Katzenliebhaber und Blockchain-Fans verbindet. Es soll die Einleitung, das Problem, die Lösung und die Roadmap enthalten."

Mögliche Antwort der KI:

1. Einleitung:

„Willkommen bei MeowChain, der ersten Kryptowährung, die speziell für Katzenliebhaber entwickelt wurde! Unsere Mission: die Blockchain schnurrig zu machen und dabei die Herzen von Krypto-Fans und Katzenfreunden gleichermaßen zu erobern."

2. Problemstellung:

„Trotz des Wachstums der Kryptowährungen fehlt der Branche ein Hauch von Niedlichkeit und Humor. Wo sind die Katzen? Warum gibt es keine Plattform, die Katzen und Blockchain vereint?"

3. Lösung:

„MeowChain bringt die Welt der Kryptowährung und die Liebe zu Katzen zusammen. Mit jedem Kauf von MeowTokens unterstützt du eine Community von Katzenliebhabern und hilfst dabei, die Blockchain pelziger zu machen."

4. Roadmap:

Schritt 1. Launch der Website und Social-Media-Kanäle (Q1 2024).

Schritt 2. Einführung der ersten 1 Million MeowTokens (Q2 2024).

Schritt 3. Aufbau einer Community von 10.000 Katzenliebhabern weltweit (Q3 2024).

Schritt 4. Partnerschaften mit Katzenzubehör-Herstellern (Q4 2024).

2.3. Tipps für ein erfolgreiches Whitepaper

- **Mach es verständlich:** Vermeide zu viele Fachbegriffe. Selbst ein humorvolles Whitepaper sollte klar und einfach sein.

- **Humor einbauen:** Da es ein Meme-Coin ist, darfst du ruhig witzig und kreativ sein.

- **Professionell bleiben:** Auch wenn es lustig ist, sollte das Whitepaper gut strukturiert und fehlerfrei sein.

- **Visuelle Elemente einfügen:** Nutze Grafiken, Diagramme oder Illustrationen, um die Inhalte aufzulockern.

3. Übung: Dein eigenes Whitepaper erstellen

Schritt 1. Einleitung schreiben:

Nutze die KI, um eine witzige Einführung für deinen Coin zu schreiben.

Schritt 2. Problem und Lösung definieren:

Überlege, welches „Problem" dein Coin lösen könnte, und beschreibe es auf humorvolle Weise.

Schritt 3. Roadmap entwickeln:

Liste mindestens 3-5 Meilensteine auf, die du erreichen möchtest.

Schritt 4. Technische Details hinzufügen:

Falls du ein Anfänger bist, kannst du hier allgemeine Informationen zur Blockchain einfügen.

Fazit

Mit einer gut gestalteten Website und einem überzeugenden Whitepaper kannst du deinen Meme-Coin auf das nächste Level bringen. Beide Elemente schaffen Vertrauen und machen dein Projekt professioneller. Dank KI-Tools ist der Prozess nicht nur einfach, sondern auch kreativ und macht Spaß.

(5) Marketing und Community-Building

Herzlichen Glückwunsch! Dein Meme-Coin hat jetzt ein Konzept, ein Branding und vielleicht sogar eine eigene Website. Doch ohne Marketing und eine aktive Community wird dein Coin kaum bekannt werden. Meme-Coins leben von viralen Kampagnen und begeisterten Unterstützern. In diesem Abschnitt lernst du, wie du KI für dein Marketing und Community-Building nutzen kannst, um deinen Coin groß zu machen – auch wenn du noch nie zuvor Marketing gemacht hast.

1. Virales Marketing mit KI

1.1. Was ist virales Marketing?

Virales Marketing bedeutet, dass deine Inhalte so interessant, lustig oder einzigartig sind, dass sie von selbst weiterverbreitet werden.

Für Meme-Coins ist das entscheidend, denn sie basieren oft mehr auf Hype und Community-Unterstützung als auf technischen Features.

1.2. Wie hilft dir KI dabei?

KI-Tools wie ChatGPT, Jasper AI oder Writesonic können dir kreative Inhalte für Social Media liefern – von Tweets über Instagram-Captions bis hin zu kompletten Posts.

1.3. Erstelle witzige Tweets mit KI

Twitter ist eine der wichtigsten Plattformen für Kryptowährungen. Hier kannst du Updates posten, humorvolle Inhalte teilen und neue Anhänger gewinnen. Mit KI kannst du schnell und einfach kreative Tweets generieren.

Beispiel-Prompt:

„Erstelle 5 witzige Tweets über den Start von MeowChain, einem Meme-Coin, der Katzenliebhaber und Blockchain-Fans verbindet."

Mögliche Antworten der KI:

- „Warum in langweilige Coins investieren, wenn du 1 Milliarde MeowChains besitzen und ein CryptoCat werden kannst?"

- „MeowChain: Die einzige Kryptowährung, die so süß ist, dass du schnurren willst!"

- „Vergiss Gold – die Zukunft gehört den Katzen! MeowChain ist hier, um dein Portfolio zu retten."

- „HODL? Bei uns heißt es: CUDL (Cat Up, Don't Let go)!"

- „Jeder hat Bitcoin, aber hast du schon mal 1 Trillion MeowChains gestreichelt?"

1.3. Nutze KI für Instagram und TikTok-Captions

Auf Plattformen wie Instagram und TikTok sind gute Captions genauso wichtig wie visuelle Inhalte. Hier kannst du KI bitten, dir Vorschläge zu machen:

Beispiel-Prompt:

„Schreibe 3 kreative Instagram-Captions für ein Bild, das einen MeowChain-Token in einer Katzenpfote zeigt."

Mögliche Ergebnisse:

- „Katzen + Blockchain = MeowChain! Die süßeste Kryptowährung der Welt 󠀠󠀠"

- „Wer braucht Dogecoin, wenn es MeowChain gibt? 󠀠󠀠 #CryptoCats"

- „Echte Investoren streicheln keine Hunde – sie sammeln MeowChain! 󠀠󠀠"

1.4. Plane Werbekampagnen mit KI

Du kannst KI auch nutzen, um eine komplette Marketingstrategie zu planen. Zum Beispiel:

Prompt:

„Hilf mir, eine Marketingstrategie für den Launch eines Meme-Coins namens MeowChain zu erstellen. Der Coin soll auf Twitter, Instagram und TikTok beworben werden."

Die KI könnte dir dann einen Schritt-für-Schritt-Plan geben, z. B.:

Schritt 1. Twitter: Tägliche witzige Tweets über MeowChain, die zum Teilen anregen.

Schritt 2. Instagram: Memes und Grafiken, die Katzen und Kryptowährungen verbinden.

Schritt 3. TikTok: Kurze Videos über „Warum MeowChain besser ist als Dogecoin" oder lustige Animationen mit Katzen.

2. Memes und Grafiken erstellen

2.1. Warum sind Memes wichtig?

Memes sind das Herzstück von Meme-Coins. Sie verbreiten sich schnell, sind leicht verständlich und machen Spaß. Ein lustiges Meme kann die Aufmerksamkeit auf deinen Coin lenken und Menschen dazu bringen, mehr darüber zu erfahren.

2.2. Memes mit KI-Tools erstellen

Tools wie DALL·E, MidJourney oder Canva machen es einfach, Memes und Grafiken zu erstellen – auch wenn du kein Designer bist.

Beispiel für einen Meme-Prompt für DALL·E:

Prompt:

„Erstelle ein lustiges Bild von einer Katze, die auf einem Stapel Goldmünzen sitzt, mit Blockchain-Symbolen im Hintergrund."

Ergebnis:

- Ein niedliches Bild, das perfekt für Social Media geeignet ist, um die Aufmerksamkeit auf MeowChain zu lenken.

2.3. Nutze Canva für Memes und Grafiken

Wenn du keine KI nutzen möchtest, kannst du mit Canva eigene Memes erstellen. Es gibt zahlreiche Vorlagen, die du anpassen kannst. Du könntest z. B. ein Bild von einer Katze hochladen und einen lustigen Text hinzufügen:

- „MeowChain: Der einzige Coin, der dich zum Schnurren bringt."

- „Vergiss Mondraketen, wir fliegen ins Katzenuniversum!"

2.4. Übung: Erstelle dein eigenes Meme

1. Überlege dir ein Thema (z. B. „Warum MeowChain besser ist als Dogecoin").

2. Nutze DALL·E oder Canva, um ein Bild zu erstellen.

3. Schreibe eine witzige Caption dazu.

4. Poste es auf Social Media und fordere die Community auf, es zu teilen.

3. Community aufbauen

3.1. Warum ist eine Community wichtig?

Meme-Coins leben von einer aktiven und begeisterten Community. Eine starke Community kann deinen Coin bekannt machen, neue Mitglieder anziehen und dafür sorgen, dass die Leute deinen Coin länger halten.

3.2. Plattformen für die Community

- **Discord:**

Ideal für den Aufbau einer aktiven Community. Hier kannst du verschiedene Kanäle für Diskussionen, Ankündigungen und Memes erstellen.

- **Telegram:**

Perfekt für schnelle Kommunikation und den Austausch zwischen Mitgliedern.

- **Twitter:**

Nutze Twitter, um Updates und humorvolle Inhalte zu posten.

- **Reddit:**

Erstelle ein Subreddit für deinen Coin, wo Nutzer Memes teilen und diskutieren können.

3.3. Wie KI bei der Community hilft

1. Automatische Antworten:

- Nutze KI-gestützte Chatbots, um häufig gestellte Fragen (FAQs) zu beantworten. Zum Beispiel:

-----„Wie kaufe ich MeowChain?"

-----„Welche Plattformen unterstützen den Coin?"

2. Moderation:

- KI-Tools wie AutoMod (auf Discord) oder Telegram-Bots können dir helfen, Spam zu vermeiden und Diskussionen zu moderieren.

3. Inhalte erstellen:

- Lass die KI regelmäßige Updates oder Ankündigungen schreiben. Beispiel:

- **Prompt:** „Schreibe eine Ankündigung für eine neue Partnerschaft von MeowChain mit einem Katzenzubehör-Hersteller."

4. Übung: Baue deinen ersten Discord-Server auf

Schritt 1. Erstelle einen Discord-Server und füge Kanäle hinzu, z. B.:

-----„#ankündigungen" für Updates

-----„#diskussionen" für allgemeine Themen

-----„#memes" für lustige Inhalte

Schritt 2. Nutze Bots wie MEE6 oder Dyno, um den Server zu automatisieren.

Schritt 3. Lade Freunde und frühe Unterstützer ein und bitte sie, den Server mit anderen zu teilen.

Fazit

Marketing und Community-Building sind entscheidend für den Erfolg deines Meme-Coins. Mit den richtigen KI-Tools kannst du witzige, kreative Inhalte erstellen und eine engagierte Community aufbauen. Starte mit kleinen Schritten – ein Meme hier, ein Tweet dort – und beobachte, wie dein Coin wächst. Denke daran: Der Schlüssel zu einem erfolgreichen Meme-Coin ist Humor, Kreativität und eine starke Verbindung zu deiner Community.

(6) Listing und Launch

Jetzt hast du deinen Meme-Coin erstellt, getestet und bist bereit, ihn der Welt zu präsentieren. Doch was kommt danach? In diesem Abschnitt erkläre ich dir, wie du deinen Coin auf Plattformen wie Uniswap oder PancakeSwap listen kannst und wie du einen erfolgreichen Launch planst. Keine Sorge – auch wenn das nach viel Arbeit klingt, mit der Hilfe von KI wird dieser Schritt einfach und effizient.

1. Coin auf Plattformen listen

Damit dein Meme-Coin von anderen gekauft und gehandelt werden kann, musst du ihn auf einer Handelsplattform listen. Die beliebtesten Plattformen dafür sind Uniswap (für Ethereum-basierte Coins) und PancakeSwap (für Binance Smart Chain-basierte Coins).

1.1. Was bedeutet "Listen"?

Das Listen eines Coins bedeutet, dass du ihn öffentlich handelbar machst. Jeder, der deinen Coin kaufen oder verkaufen möchte, kann dies über die Plattform tun.

1.2. Wie funktioniert das Listen?

Um deinen Coin auf einer Plattform wie Uniswap oder PancakeSwap verfügbar zu machen, musst du:

- Einen Liquiditätspool (Liquidity Pool) erstellen.

- Einen Handelspaar definieren (z. B. MEOW/ETH oder MEOW/BNB).

- Die Handelsdetails veröffentlichen.

Schritt 1: Die richtige Plattform wählen

Ethereum (z. B. für Uniswap):

Vorteile: Große Community und Bekanntheit.

Nachteile: Höhere Transaktionskosten (Gas Fees).

Binance Smart Chain (z. B. für PancakeSwap):

Vorteile: Geringe Transaktionskosten, schnell.

Nachteile: Etwas kleiner als Ethereum.

Wenn dein Coin auf ERC-20 basiert, wähle Uniswap. Wenn du dich für Binance Smart Chain entschieden hast, nutze PancakeSwap.

Schritt 2: Voraussetzungen für das Listing

Um deinen Coin zu listen, brauchst du:

    1. Deinen veröffentlichten Smart Contract.

    ----Diesen hast du in Abschnitt 3 erstellt.

    2. Einen Web3-Wallet: MetaMask ist eine gängige Wahl.

    3. Liquidität: Ein bestimmter Betrag an deinem Coin und einem Basis-Coin (z. B. ETH, BNB oder USDT).

Schritt 3: Einen Liquiditätspool erstellen

Ein Liquiditätspool sorgt dafür, dass Käufer und Verkäufer deinen Coin handeln können. Hier legst du fest, wie viele deiner Coins im Verhältnis zu einem Basis-Coin (z. B. ETH oder BNB) gehandelt werden.

Beispiel:

- Du möchtest 1.000.000 MEOW-Tokens und 10 ETH in den Pool einfügen.

- Das bedeutet, dass 1 MEOW-Token 0,00001 ETH wert ist.

- Anleitung für Uniswap:

Schritt 1. Besuche die Uniswap-Seite.

Schritt 2. Verbinde deinen MetaMask-Wallet.

Schritt 3. Wähle „Create a Pool" oder „Add Liquidity".

Schritt 4. Gib die Adresse deines Coins (Smart Contract) ein.

Schritt 5. Füge deine Liquidität (MEOW und ETH) hinzu.

Schritt 6. Bestätige die Transaktion in MetaMask.

Anleitung für PancakeSwap:

Schritt 1. Gehe zur PancakeSwap-Seite.

Schritt 2. Verbinde deinen Wallet.

Schritt 3. Wähle „Liquidity" und dann „Add Liquidity".

Schritt 4. Gib die Adresse deines Coins ein und füge Liquidität hinzu.

Schritt 5. Bestätige die Transaktion in deinem Wallet.

Tipp: Nutze KI, um dir die Anleitungen für diese Plattformen genau erklären zu lassen.

Prompt für die KI:

„Erkläre mir Schritt für Schritt, wie ich einen Token auf PancakeSwap liste."

Schritt 4: Den Coin bekannt machen

Sobald dein Coin gelistet ist, musst du die Welt darüber informieren. Erstelle eine einfache Anleitung für deine Community, wie sie den Coin kaufen können.

Beispiel:

1. Besuche Uniswap oder PancakeSwap.

2. Verbinde deinen Wallet.

3. Suche nach „MEOW".

4. Tausche ETH oder BNB gegen MEOW.

5. Verwende KI, um diese Anleitung zu schreiben oder sie in mehrere Sprachen zu übersetzen.

2. Der Launch

Ein gelungener Launch ist entscheidend für den Erfolg deines Meme-Coins. Du möchtest, dass möglichst viele Menschen gleichzeitig von deinem Projekt erfahren und sofort einsteigen.

1.1. Warum ist der Launch wichtig?

Er schafft einen Hype um deinen Coin.

Ein erfolgreicher Start zieht mehr Investoren und Community-Mitglieder an.

1.2. Wie planst du einen erfolgreichen Launch?

Schritt 1: Einen Launch-Termin festlegen

Wähle ein Datum und eine Uhrzeit, die für deine Zielgruppe passend ist.

Schritt 2: Marketingmaterialien erstellen

Nutze KI, um ansprechende Inhalte für Social Media, E-Mails und mehr zu erstellen.

Beispiel-Prompt für die KI:

„Erstelle 2 Tweets, die den Launch von MeowChain ankündigen."

Mögliche Tweets:

„□ MEOWCHAIN is here! The purrfect coin for crypto lovers. Launching this Friday on Uniswap. Don't miss out! □□"

„MeowChain: The token that's purrfectly designed for blockchain fun. Launch party starts this Friday! □□"

Schritt 3: Community aktivieren

Nutze Plattformen wie Discord, Telegram oder Twitter, um deine Community vor dem Launch auf den Hype einzustimmen.

> **Tipp:** Veranstalte ein AMA („Ask Me Anything") auf Discord oder Twitter, um Fragen zu beantworten und das Vertrauen in dein Projekt zu stärken.

Schritt 4: Ein Launch-Event planen

Organisiere ein Online-Event, um den Start deines Coins zu feiern.

> **Livestreams:** Zeige live, wie der Coin auf Uniswap oder PancakeSwap gelistet wird.

> **Giveaways:** Verlose kostenlose MEOW-Tokens, um das Interesse zu steigern.

Schritt 5: Virale Inhalte erstellen

Mit KI kannst du Memes und Grafiken erstellen, die sich in sozialen Netzwerken verbreiten.

> **Beispiel-Prompt für DALL·E oder MidJourney:**

> „Erstelle ein lustiges Bild von einer Katze mit einer Rakete, die einen Coin namens MeowChain startet."

Schritt 6: Pressemitteilungen verfassen

Eine Pressemitteilung kann dir helfen, Aufmerksamkeit außerhalb der sozialen Medien zu generieren. Nutze KI, um eine professionelle Mitteilung zu schreiben.

> **Beispiel-Prompt:**

> „Schreibe eine Pressemitteilung über den Start des Meme-Coins MeowChain, der Katzenliebhaber und Krypto-Enthusiasten anspricht."

1.3. Nach dem Launch: Was kommt danach?

Nach dem Launch ist es wichtig, die Dynamik aufrechtzuerhalten. Hier sind einige Tipps:

1. Engagiere dich aktiv in deiner Community.

2. Veröffentliche regelmäßig Updates über den Fortschritt deines Projekts.

3. Starte neue Marketingkampagnen, um mehr Nutzer zu gewinnen.

Fazit

Das Listing und der Launch deines Meme-Coins sind spannende Meilensteine. Indem du deinen Coin erfolgreich auf Plattformen wie Uniswap oder PancakeSwap listest und ein großes Launch-Event planst, schaffst du die Grundlage für den langfristigen Erfolg. Mit der Unterstützung durch KI kannst du diese Schritte einfach und effizient umsetzen – selbst wenn du keine Vorkenntnisse hast.

(7) Risiken und rechtliche Überlegungen

Bevor du dich voller Begeisterung in die Welt der Meme-Coins stürzt, solltest du dich mit den möglichen Risiken und rechtlichen Überlegungen beschäftigen. Meme-Coins können zwar ein spannendes Projekt sein, bergen aber auch potenzielle Herausforderungen. In diesem Abschnitt erkläre ich dir alles, was du dazu wissen musst, und zeige dir, wie du KI nutzen kannst, um Risiken zu minimieren und rechtliche Probleme zu vermeiden.

1. Risiken bei Meme-Coins

Meme-Coins sind anders als klassische Kryptowährungen wie Bitcoin oder Ethereum. Sie beruhen oft auf Trends, Humor oder einer starken Community. Das macht sie zwar einzigartig, aber auch anfällig für Risiken.

1.1. Spekulation und Volatilität

Meme-Coins sind bekannt für ihre hohe Volatilität.

Der Wert deines Coins kann schnell steigen, aber genauso schnell wieder fallen. Warum?

- Kein fundamentaler Wert: Meme-Coins basieren oft auf Hype, nicht auf realen Anwendungsfällen.

- Emotionale Entscheidungen: Investoren reagieren oft emotional und nicht rational.

Beispiel:

Dogecoin hat in kurzer Zeit riesige Gewinne erzielt – aber auch große Verluste, als der Hype abflaute.

Was kannst du tun?

- Sei ehrlich zu deiner Community über die Risiken.

- Baue Transparenz in dein Projekt ein, z. B. durch regelmäßige Updates und offene Kommunikation.

1.2. Rufschädigung durch Betrugsprojekte (Scams)

Leider gibt es viele Betrugsprojekte in der Kryptowelt. Einige Entwickler erstellen Coins nur, um das Geld der Investoren zu nehmen und zu verschwinden (sogenannte „Rug Pulls").

Wie kannst du das vermeiden?

- Vertrauen aufbauen: Sei transparent und kommuniziere offen über deine Ziele.

- Audits durchführen: Lass deinen Smart Contract von Experten überprüfen.

Nutze KI, um nach vertrauenswürdigen Auditanbietern zu suchen.

Beispiel-Prompt:

„Welche Unternehmen bieten Smart-Contract-Audits für Ethereum an?"

1.3. Technische Risiken

Ein Fehler im Code deines Smart Contracts könnte schwerwiegende Folgen haben. Zum Beispiel könnte jemand den Coin manipulieren oder das gesamte Projekt lahmlegen.

Wie kannst du das verhindern?

- Teste deinen Code gründlich, wie in Abschnitt 3 beschrieben.

- Nutze Plattformen wie Remix oder Truffle, um mögliche Fehler zu erkennen.

- Lass deinen Code von erfahrenen Entwicklern überprüfen.

KI-Tipp: Tools wie GitHub Copilot können dir helfen, potenzielle Schwachstellen zu identifizieren.

1.4. Community-Risiken

Die Community ist das Herz eines Meme-Coins. Aber was passiert, wenn das Interesse schwindet oder negative Gerüchte die Runde machen?

Was kannst du tun?

- **Bleibe aktiv:** Halte deine Community mit neuen Ideen und Updates engagiert.

- **Reagiere schnell:** Nutze KI-gestützte Tools, um Social-Media-Stimmungen zu analysieren.

Beispiel-Prompt:

„Analysiere die Twitter-Stimmung zu ‚MeowChain' und zeige negative Kommentare an."

2. Rechtliche Überlegungen

Kryptowährungen sind in vielen Ländern ein rechtlich komplexes Thema. Meme-Coins bilden da keine Ausnahme. Selbst wenn dein Coin als humorvolles Projekt gedacht ist, solltest du die rechtlichen Rahmenbedingungen nicht ignorieren.

2.1. Rechtliche Klassifikation deines Coins

In einigen Ländern könnten Meme-Coins als Wertpapiere (Securities) eingestuft werden. Das bedeutet, dass du dich an strenge Regulierungen halten musst.

Wie findest du heraus, ob dein Coin ein Wertpapier ist?

Frage dich:

- Investieren Menschen, um Gewinne zu erzielen?

- Basieren diese Gewinne auf deiner Arbeit oder deinem Projekt?

Wenn die Antwort „Ja" lautet, könnte dein Coin rechtlich als Wertpapier gelten.

Tipp: Nutze KI, um rechtliche Informationen für dein Land zu recherchieren.

Beispiel-Prompt:

„Welche Gesetze gelten für Kryptowährungen in Deutschland?"

2.2. Steuerliche Aspekte

Vergiss nicht, dass Einnahmen aus deinem Meme-Coin steuerpflichtig sein könnten.

Gewinne aus dem Verkauf deines Coins.

Einnahmen durch Transaktionsgebühren (falls du solche implementiert hast).

KI-Tipp:

Nutze Steuer-Tools wie CoinTracker oder Koinly, um steuerliche Verpflichtungen zu berechnen.

2.3. Schutz deiner Rechte und Marke

Ein Meme-Coin lebt oft von einer originellen Idee oder einem einzigartigen Branding. Es wäre schade, wenn jemand deine Marke oder Idee kopiert.

Was kannst du tun?

Markenrecht: Sichere dir deinen Namen und dein Logo als Marke.

Urheberrecht: Achte darauf, dass alle Inhalte (z. B. Memes oder Grafiken) rechtlich geschützt sind.

KI-Tipp:

Nutze Tools wie LegalZoom, um Markenschutz-Anträge zu erstellen.

Beispiel-Prompt:

„Wie registriere ich ‚MeowChain' als Marke in Europa?"

2.4. Datenschutz und Nutzerinformationen

Wenn du Informationen von Nutzern sammelst (z. B. E-Mail-Adressen für deine Community), musst du dich an Datenschutzgesetze wie die DSGVO in Europa halten.

Wie kannst du das sicherstellen?

- Nutze KI, um Datenschutzrichtlinien zu erstellen.

- Implementiere sichere Systeme zur Speicherung von Nutzerdaten.

Beispiel-Prompt:

„Erstelle eine Datenschutzrichtlinie für die Website von MeowChain."

3. Wie KI dir bei rechtlichen Fragen helfen kann

KI ist ein großartiges Werkzeug, um dich über rechtliche Anforderungen zu informieren und Risiken zu minimieren. Hier sind einige Möglichkeiten, wie du KI effektiv nutzen kannst:

3.1. Rechtliche Recherche:

- Verwende Tools wie ChatGPT, um grundlegende Informationen zu erhalten.

Beispiel-Prompt:

„Welche rechtlichen Anforderungen gelten für den Start eines Tokens auf der Binance Smart Chain in den USA?"

3.2. Verträge erstellen:

- Nutze KI, um rechtliche Dokumente zu entwerfen, z. B. Nutzungsbedingungen oder Haftungsausschlüsse.

3.3. Überprüfung von Vorschriften:

- Frage KI nach den neuesten Entwicklungen in der Kryptowährungsregulierung.

Abschließende Worte: Kreativität trifft Technologie

Die Welt der Meme-Coins ist faszinierend und voller Möglichkeiten. Sie erlaubt dir, deine Kreativität mit der Blockchain-Technologie zu verbinden und ein einzigartiges Projekt zu starten. Dank KI wird dieser Prozess zugänglicher, effizienter und sogar für Anfänger machbar.

Vergiss jedoch nicht, dass Meme-Coins nicht nur Spaß und Hype sind. Es gibt Risiken und rechtliche Hürden, die du ernst nehmen solltest.

Mein Tipp: Gehe Schritt für Schritt vor, nutze die Macht der KI und lasse dich nicht von Herausforderungen abschrecken. Die Blockchain-Welt entwickelt sich ständig weiter, und mit deinem Meme-Coin kannst du Teil dieser spannenden Zukunft sein. Viel Erfolg!

PROMPTS

In der Welt der Künstlichen Intelligenz sind Prompts das Tor zu einer Vielzahl von Möglichkeiten. Sie sind die Schlüsselworte, mit denen du KI-Modelle wie ChatGPT und andere Tools steuern und gezielt einsetzen kannst, um die gewünschten Ergebnisse zu erzielen. Aber was genau ist ein Prompt, und wie kannst du ihn richtig verwenden, um von der KI das Beste herauszuholen?

Prompts sind im Wesentlichen die Anweisungen oder Eingaben, die du einer KI gibst, um sie auf eine bestimmte Aufgabe oder ein bestimmtes Thema auszurichten. Sie sind die Brücke zwischen deiner Vorstellung und dem, was die KI für dich generiert. Wenn du beispielsweise ein Blogartikel, ein Buchkapitel, ein Design oder sogar ein Musikstück erstellen möchtest, ist der Prompt der Ausgangspunkt. Die Qualität und Präzision deiner Eingabe bestimmen, wie gut die KI deine Anforderungen verstehen und umsetzen kann.

In diesem Kapitel wirst du lernen, wie du Prompts effektiv erstellst und anpasst, um in verschiedenen Bereichen wie Content-Erstellung, Grafikdesign, Musikkomposition und Programmierung erfolgreich zu sein. Wir gehen Schritt für Schritt durch, wie du Prompts für die einzelnen Themen anpassen kannst, von der Erstellung von Blogartikeln bis hin zu komplexeren Aufgaben wie der Programmierung von Software. Dabei wirst du verstehen, wie du die Stärken der KI optimal nutzt und wie du die Eingaben so formulierst, dass du maßgeschneiderte, qualitativ hochwertige Ergebnisse erhältst.

Was dich in diesem Kapitel erwartet:

Abschnitt 1: Einführung – Was sind Prompts, und wie nutzt man sie effektiv?

Abschnitt 2: Grundlagen der Prompt-Erstellung

Abschnitt 3: Prompts für einige Themen dieses Buches

Abschnitt 4: Tipps für die Anpassung von Prompts an individuelle Bedürfnisse

Abschnitt 5: Praktische Anwendung – Prompts in verschiedenen Bereichen

Abschnitt 6: Fehler vermeiden – Häufige Fallstricke beim Prompting

Abschnitt 7: Abschließende Tipps – Prompts meistern

(1) Was sind Prompts, und wie nutzt man sie effektiv?

In der Welt der Künstlichen Intelligenz sind „Prompts" der Schlüssel, um von KI-Modellen wie ChatGPT, DALL-E oder anderen leistungsstarken Tools das gewünschte Ergebnis zu erzielen. Aber was genau sind Prompts? Warum ist ihre Qualität entscheidend, und wie kannst du sie so gestalten, dass sie dir helfen, das bestmögliche Ergebnis zu erzielen? In diesem Abschnitt lernst du alles, was du über Prompts wissen musst, und wie du sie effektiv nutzt, um deine Projekte zu realisieren.

1. Was sind Prompts?

Ein „Prompt" ist im Wesentlichen eine Eingabe, die du einer Künstlichen Intelligenz gibst, um eine bestimmte Reaktion oder ein bestimmtes Ergebnis zu erzeugen. Es ist der Ausgangspunkt für den KI-Algorithmus, um auf deine Anfrage zu antworten. Man kann sich einen Prompt wie eine Frage oder ein Auftrag an die KI vorstellen, der sie dazu bringt, eine bestimmte Aufgabe zu erfüllen. Je genauer und präziser der Prompt ist, desto passender und besser wird die Antwort der KI ausfallen.

Stell dir vor, du möchtest einen Blogartikel über das Thema „Nachhaltigkeit im Alltag" schreiben. Wenn du der KI einfach nur den Befehl gibst, „Schreibe einen Blogartikel über Nachhaltigkeit", wird die Antwort möglicherweise vage und weniger spezifisch sein. Stattdessen, wenn du ihr einen detaillierten Prompt gibst wie: „Schreibe einen 500-Wörter-Blogartikel über nachhaltige Lebensgewohnheiten im Haushalt, insbesondere die Verwendung von umweltfreundlichen Reinigungsmitteln und energieeffizienten Geräten", dann wird die KI viel gezielter und nützlicher antworten.

Zusammenfassung: Ein Prompt ist einfach gesagt die Anweisung, die du der KI gibst, damit sie das gewünschte Ergebnis liefern kann. Je klarer und präziser diese Anweisung ist, desto besser wird die Antwort ausfallen.

2. Die Rolle von Prompts in der KI-Nutzung

Prompts sind der Dreh- und Angelpunkt für die Nutzung von KI-Tools, da sie den Rahmen für die Interaktion mit der KI festlegen. Ohne ein korrekt formuliertes Prompt kann es sein, dass die KI entweder keine sinnvolle Antwort liefert oder eine Antwort, die weit von deinen Erwartungen entfernt ist. Eine gut formulierte Eingabe hilft der KI, deine Wünsche und Anforderungen besser zu verstehen, was in einer präziseren und relevanteren Antwort resultiert.

In der Praxis bedeutet dies, dass du mit Prompts die Richtung für die KI vorgibst. Das kann so einfach sein wie die Anforderung einer kurzen Zusammenfassung oder so komplex wie die Erstellung eines ganzen Softwarecodes oder sogar eines Designs. Ob du ein kreatives Projekt wie die Erstellung von Musik, Texten oder Bildern angehst, oder ob du technische Aufgaben wie die Programmierung von Anwendungen erledigen möchtest, der Erfolg hängt oft davon ab, wie präzise du deinen Prompt formulierst.

Die Qualität eines Prompts beeinflusst daher direkt, wie produktiv und effizient du die KI in verschiedenen Bereichen einsetzen kannst. Ein einfaches, ungenau formuliertes Prompt könnte dazu führen, dass du wertvolle Zeit mit der Bearbeitung von unbrauchbaren oder halbherzigen

Ergebnissen verschwendest. Auf der anderen Seite, wenn du weißt, wie du deine Anforderungen klar und präzise übermitteln kannst, kannst du die KI in vielen Bereichen mit Leichtigkeit und Präzision nutzen.

Zusammenfassung: Prompts sind entscheidend, weil sie die Grundlage für die Kommunikation zwischen dir und der KI bilden. Eine präzise und zielgerichtete Eingabe führt zu besseren Ergebnissen, während ein vager Prompt oft zu weniger brauchbaren Resultaten führt.

3. Warum die Qualität eines Prompts entscheidend ist

Die Qualität eines Prompts ist entscheidend, weil sie bestimmt, wie gut die KI in der Lage ist, deine Anfrage zu verstehen und darauf zu reagieren. Ein allgemeiner oder vager Prompt wird der KI nicht genügend Informationen bieten, um dir eine gezielte, qualitativ hochwertige Antwort zu geben. Du musst die KI so anweisen, dass sie die wesentlichen Informationen versteht und in der Lage ist, dir eine Antwort zu liefern, die deinen Erwartungen entspricht.

Beispiel: Vage vs. präzise Prompts

Stell dir vor, du möchtest mit der KI ein Gedicht schreiben lassen. Ein vager Prompt könnte einfach lauten:

„Schreibe ein Gedicht."

Dies führt wahrscheinlich zu einem allgemeinen Gedicht, das nicht unbedingt deinen Vorstellungen entspricht. Es könnte ein beliebiges Thema behandeln und in einem Stil geschrieben sein, der dir nicht zusagt.

Ein präziser Prompt könnte lauten:

„Schreibe ein Gedicht über die Stille eines Herbstmorgens, in einem melancholischen und nachdenklichen Ton, mit vier Strophen und Reimen am Ende jeder Zeile."

Dieser präzisere Prompt gibt der KI viel mehr Information darüber, was du genau möchtest. Sie weiß nun, dass sie ein Gedicht über den Herbst schreiben soll, dass es melancholisch und nachdenklich sein soll, und dass es eine bestimmte Struktur und Reimform haben soll. Dadurch ist die

Wahrscheinlichkeit höher, dass das Gedicht deinen Erwartungen entspricht.

Zusammenfassung: Je genauer und präziser du in deiner Eingabe bist, desto gezielter und relevanter wird das Ergebnis der KI sein. Vage oder unspezifische Prompts führen zu allgemeineren und möglicherweise weniger zufriedenstellenden Ergebnissen.

4. Die Kunst des Prompting: Klare, präzise und zielorientierte Eingaben

Die Kunst des Prompting liegt darin, zu verstehen, wie man eine präzise, zielgerichtete Eingabe formuliert, die der KI hilft, deine Vorstellungen zu erkennen. Es geht nicht nur darum, deine Anfrage zu stellen, sondern sie auf eine Weise zu gestalten, die der KI genügend Informationen gibt, um ihre Antwort zu optimieren. Dies bedeutet, dass du über den Kontext, den Stil, die Struktur und die Details nachdenken musst.

4.2. Ein effektiver Prompt enthält folgende Elemente:

- **Klarheit:** Deine Anfrage sollte eindeutig und ohne Mehrdeutigkeiten formuliert sein. Vermeide es, zu viele offene Fragen zu stellen oder etwas zu Allgemeines zu verlangen.

- **Zielorientierung:** Überlege dir, was du genau erreichen möchtest. Willst du Informationen? Eine kreative Kreation? Ein technisches Problem lösen? Formuliere deinen Prompt so, dass er das gewünschte Ergebnis in den Mittelpunkt stellt.

- **Präzision:** Gib der KI so viele nützliche Details wie nötig, um das gewünschte Ergebnis zu erzeugen. Details zu Ton, Stil, Format oder Länge helfen der KI, besser auf deine Anforderungen einzugehen.

Beispiel: Präzise Prompts für Content-Erstellung

Wenn du ein Social-Media-Post erstellen möchtest, kannst du einen generischen Prompt verwenden, wie:

„Erstelle einen Post für Instagram."

Dieser ist jedoch nicht sehr effektiv, weil er keine spezifischen

Anforderungen stellt.

Ein besserer, präziserer Prompt könnte lauten:

„Erstelle einen Instagram-Post über nachhaltige Mode, der die Vorteile von Second-Hand-Kleidung hervorhebt. Der Ton soll freundlich und inspirierend sein, und der Text sollte etwa 150 Wörter lang sein. Füge außerdem passende Hashtags hinzu."

Dieser präzisere Prompt gibt der KI deutlichere Anweisungen und führt zu einem spezifischen Ergebnis, das eher deinen Erwartungen entspricht.

Zusammenfassung: Die Kunst des Prompting ist, so präzise wie möglich zu sein. Je klarer du deine Wünsche formulierst, desto besser wird die KI dein gewünschtes Ergebnis liefern.

5. Wie du deine Prompts anpassen kannst, um bessere Ergebnisse zu erzielen

Mit der Zeit wirst du lernen, wie du deine Prompts noch gezielter anpassen kannst, um optimale Ergebnisse zu erhalten. Es ist oft ein Prozess des Ausprobierens und der Feinabstimmung. Du wirst feststellen, dass ein kleiner Unterschied in der Formulierung eines Prompts einen erheblichen Einfluss auf das Ergebnis haben kann.

Beispiel: Anpassung eines Prompts für bessere Ergebnisse

Stell dir vor, du möchtest ein Logo für eine neue Fitnessmarke erstellen.

Dein erster Prompt könnte lauten:

„Erstelle ein Logo für eine Fitnessmarke."

Das ist ein guter Anfang, aber nicht sehr spezifisch.

Wenn du jedoch ein wenig mehr Kontext gibst, kann die KI das Logo viel besser auf deine Marke abstimmen:

„Erstelle ein minimalistisches Logo für eine moderne Fitnessmarke namens 'FitNova'. Das Design sollte Stärke und

Gesundheit vermitteln, mit einer Farbpalette aus Blau und Grün und einem modernen, kantigen Schriftzug."

Dieser angepasste Prompt gibt der KI mehr Informationen zu deiner Marke und dem gewünschten Design, was zu einem präziseren und relevanteren Ergebnis führt.

> **Zusammenfassung:** Du wirst lernen, deine Prompts durch Ausprobieren und Feinabstimmung zu verfeinern. Je mehr du mit der KI arbeitest, desto besser wirst du darin, genau die Ergebnisse zu erzielen, die du dir wünschst.

In diesem Abschnitt haben wir die Grundlagen des Promptings behandelt: Was Prompts sind, warum ihre Qualität entscheidend ist und wie du deine Prompts so anpassen kannst, dass du bessere Ergebnisse erhältst. Die Fähigkeit, präzise und zielgerichtete Prompts zu erstellen, wird dir ermöglichen, das Potenzial der KI voll auszuschöpfen und deine Projekte effizienter und kreativer zu gestalten.

(2) Grundlagen der Prompt-Erstellung

In der Arbeit mit Künstlicher Intelligenz ist die Art und Weise, wie du deine Eingabe formulierst – der „Prompt" – entscheidend. Je klarer und präziser dein Prompt ist, desto besser kann die KI die Aufgabe verstehen und dir ein passendes Ergebnis liefern. In diesem Abschnitt werden wir die Grundlagen der Erstellung von effektiven Prompts ausführlich besprechen. Wir erklären dir Schritt für Schritt, wie du Prompts aufbaust, warum sie so wichtig sind und wie du sie so anpasst, dass du genau das bekommst, was du dir wünschst.

1. Struktur eines effektiven Prompts: Ziel, Kontext, spezifische Details

Ein gut gestalteter Prompt besteht aus drei wesentlichen Teilen: dem Ziel, dem Kontext und den spezifischen Details. Diese drei Elemente sind entscheidend dafür, dass die KI deine Anforderungen versteht und in der Lage ist, das bestmögliche Ergebnis zu liefern. Lassen uns jeden dieser Punkte genauer anschauen:

1.1. Ziel des Prompts

Das Ziel eines Prompts beschreibt genau, was du von der KI erwartest. Hier geht es darum, deine Absicht klar zu definieren. Möchtest du, dass die KI einen Text generiert? Ein Design erstellt? Ein Problem löst? Die klare Angabe des Ziels hilft der KI, den richtigen Ansatz zu wählen.

- **Beispiel:** Angenommen, du möchtest einen Blogartikel über die Vorteile von Meditation schreiben lassen.

    - **Ein unklarer Prompt könnte nur lauten:**

„Schreibe über Meditation."

Dieser Prompt ist zu vage und lässt der KI zu viel Freiraum, um zu verstehen, was du dir wirklich vorstellst.

    - **Ein präziserer Prompt könnte hingegen so lauten:**

„Schreibe einen 500-Wörter-Blogartikel über die psychischen und physischen Vorteile von Meditation, besonders für Anfänger. Verwende einfache Sprache und führe Beispiele an, wie man Meditation in den Alltag integrieren kann."

In diesem verbesserten Prompt ist das Ziel klar: Du möchtest einen Blogartikel mit bestimmten Inhalten und einem bestimmten Stil.

1.2. Kontext des Prompts

Der Kontext gibt der KI wichtige Hintergrundinformationen darüber, worum es geht und welche Aspekte sie berücksichtigen soll. Dies hilft dabei, den Fokus der Antwort festzulegen und sicherzustellen, dass das Ergebnis in deinem gewünschten Rahmen bleibt.

- **Beispiel:** Wenn du einen Artikel über Meditation schreiben lässt, könnte der Kontext so aussehen:

„Schreibe über Meditation aus der Sicht von jemandem, der noch nie meditiert hat, und versuche, den Artikel so zu gestalten, dass er Leser anspricht, die neu auf diesem Gebiet sind."

Der Kontext hilft der KI zu verstehen, aus welcher Perspektive der Text geschrieben werden soll. In diesem Fall geht es darum, Anfänger anzusprechen, was die Art der Sprache und den Inhalt beeinflusst.

1.3. Spezifische Details des Prompts

Spezifische Details sind entscheidend für die Präzision des Ergebnisses. Sie helfen, den Rahmen weiter zu verengen, damit du ein Ergebnis erhältst, das genau deinen Anforderungen entspricht. Diese Details könnten Informationen wie der gewünschte Ton, die Länge des Textes, bestimmte zu vermeidende Wörter, das Format oder andere Nuancen umfassen.

Beispiel: Ein einfacher Prompt, der nur nach „einem Artikel über Meditation" fragt, liefert dir möglicherweise ein Ergebnis, das deine Anforderungen nicht erfüllt.

- **Wenn du jedoch zusätzliche Details hinzufügst, wie:**

„Schreibe einen 500-Wörter-Blogartikel über die Vorteile von Meditation. Verwende eine beruhigende und einladende Sprache und füge ein konkretes Beispiel für eine einfache Meditationsübung hinzu."

Diese Details machen den Unterschied, da sie der KI genau sagen, welche Erwartungen du an den Stil und die Struktur des Textes hast.

Zusammenfassung: Ein effektiver Prompt besteht aus drei wesentlichen Teilen: dem Ziel (was du erreichen möchtest), dem Kontext (welche Informationen oder Perspektiven wichtig sind) und den spezifischen Details (z.B. Ton, Länge, Struktur). Je klarer und präziser diese Elemente sind, desto genauer wird die Antwort der KI sein.

2. Die Bedeutung von Ton und Stil in Prompts

Die Art und Weise, wie du deine Anfrage formulierst, hat einen direkten Einfluss auf den Ton und Stil der Antwort der KI. Der Ton bezieht sich auf die Stimmung oder Haltung des Textes (z.B. freundlich, sachlich, humorvoll), während der Stil die Art und Weise beschreibt, wie der Text präsentiert wird (z.B. formell, informell, kreativ).

2.1. Ton im Prompt

Der Ton eines Textes beeinflusst, wie die Leser den Inhalt wahrnehmen und welche emotionale Reaktion er auslöst. Um den gewünschten Ton zu erzielen, musst du dies explizit im Prompt angeben. Möchtest du, dass die Antwort freundlich, professionell, humorvoll oder sachlich ist? Eine klare Angabe des Tons hilft der KI, ihre Antwort auf die gewünschte Art zu gestalten.

-**Beispiel:** Wenn du einen Text für deine Social-Media-Seite schreibst, ist der Ton möglicherweise lockerer und freundlicher:

> „Schreibe einen lockeren, humorvollen Text über die Vorteile des Lächelns im Alltag. Der Text soll locker und motivierend wirken."

- **Andererseits, wenn du einen formellen Brief oder eine Präsentation** verfassen möchtest, könnte der Ton viel sachlicher sein:

> „Schreibe einen formellen, professionellen Brief an einen Geschäftspartner, in dem du die Ergebnisse einer Besprechung zusammenfasst und die nächsten Schritte skizzierst."

Indem du den Ton in deinem Prompt angibst, erhältst du ein Ergebnis, das der gewünschten Stimmung und Zielgruppe entspricht.

2.2. Stil im Prompt

Der Stil eines Textes beschreibt die Art und Weise, wie die Informationen präsentiert werden. Möchtest du einen kreativen, poetischen Text? Einen sachlichen Bericht? Einen technischen Artikel? Auch der Stil kann durch die Formulierung des Prompts beeinflusst werden. Ein präziser Prompt hilft der KI, die richtige Struktur und Herangehensweise zu wählen.

- **Beispiel:** Wenn du ein kreatives Gedicht über den Herbst schreiben lassen möchtest, könnte der Stil so beschrieben werden:

„Schreibe ein poetisches Gedicht über den Herbst, das eine melancholische Stimmung vermittelt. Nutze metaphorische Sprache und bildhafte Ausdrücke."

- Ein Prompt für einen sachlichen Artikel über den gleichen Zeitraum könnte wie folgt lauten:

„Schreibe einen informativen, sachlichen Artikel über die biologischen Veränderungen, die im Herbst in der Natur stattfinden. Der Text sollte Fakten und wissenschaftliche Informationen beinhalten."

Wie du siehst, führt der Stil, den du im Prompt vorgibst, zu unterschiedlichen Textarten. Die KI wird den Text entsprechend anpassen, um dem gewünschten Stil gerecht zu werden.

2.3. Ton und Stil kombinieren

Es ist auch möglich, Ton und Stil zu kombinieren, um ein noch detaillierteres Ergebnis zu erzielen.

- Wenn du beispielsweise einen Social-Media-Beitrag schreibst, der sowohl freundlich als auch inspirierend sein soll, könntest du den Prompt folgendermaßen formulieren:

„Schreibe einen freundlichen und inspirierenden Social-Media-Beitrag, der Menschen dazu motiviert, gesunde Gewohnheiten in ihren Alltag zu integrieren. Der Stil soll leicht und positiv sein, aber dennoch nützliche Tipps bieten."

Dies gibt der KI klare Hinweise darauf, dass sowohl der Ton (freundlich, inspirierend) als auch der Stil (leicht, positiv) berücksichtigt werden sollen.

Zusammenfassung: Der Ton und Stil eines Textes sind entscheidend dafür, wie der Text wahrgenommen wird und wie gut er bei der Zielgruppe ankommt. Du kannst den Ton und Stil präzise in deinem Prompt angeben, um sicherzustellen, dass die KI deine Anforderungen erfüllt.

3. Beispiel: Anpassung eines Prompts für formelle vs. lockere Texte

Die Anpassung von Prompts für verschiedene Texte ist eine der einfachsten, aber wirkungsvollsten Methoden, um sicherzustellen, dass die KI das gewünschte Ergebnis liefert. Ein und derselbe Text kann völlig unterschiedlich ausfallen, je nachdem, ob du ihn in einem formellen oder lockeren Stil verfasst.

3.1. Beispiel für einen formellen Prompt:

> „Schreibe einen formellen Brief an einen Kunden, in dem du dich für eine Verzögerung bei der Lieferung entschuldigst und eine Entschädigung in Aussicht stellst. Verwende einen professionellen Ton und halte dich an eine klare, sachliche Sprache."

3.2. Beispiel für einen lockeren Prompt:

> „Schreibe eine lockere und freundliche Nachricht an einen Kunden, in der du dich für die verspätete Lieferung entschuldigst und ihm eine kleine Entschädigung anbietest. Der Ton soll entspannt und entgegenkommend sein."

Wie du siehst, gibt der präzise Ton des Prompts der KI klare Anweisungen, wie der Text gestaltet werden soll. Ein formeller Brief wird sachlich, während die lockere Nachricht eine viel freundlichere und informellere Sprache verwendet.

> **-Zusammenfassung:** Die Anpassung von Prompts für formelle und lockere Texte ist eine effektive Methode, um sicherzustellen, dass der generierte Inhalt zu deinem gewünschten Stil und Ton passt.

Fazit

In diesem Abschnitt haben wir die Grundlagen der Prompt-Erstellung behandelt, einschließlich der Struktur eines effektiven Prompts, der Bedeutung von Ton und Stil und wie du deine Prompts anpassen kannst, um präzisere und zielgerichtetere Antworten von der KI zu erhalten. Wenn du diese Prinzipien verstehst und umsetzt, wirst du in der Lage sein, das volle Potenzial der Künstlichen Intelligenz zu nutzen und genau die

Ergebnisse zu erzielen, die du dir wünschst.

(3) Prompts für einige Themen dieses Buches

In diesem Abschnitt werden wir dir spezifische Prompts für die Themen aus einigen der vorherigen Kapiteln vorstellen. Du wirst lernen, wie du effektive Prompts für verschiedene kreative und geschäftliche Bereiche erstellen kannst, sei es für das Schreiben eines Blogs, das Erstellen von E-Books, Grafikdesign, Print-on-Demand-Produkte, YouTube-Content, Musik, Programmieren oder Social-Media-Marketing. Wir zeigen dir nicht nur, wie du die richtigen Prompts formulierst, sondern auch, wie du sie anpasst, um sie für dein individuelles Projekt zu optimieren.

Kapitel 1: Bücher schreiben mit KI

Ein weiteres beliebtes Projekt ist die Erstellung von E-Books, und auch hier kann KI eine große Hilfe sein. Sie kann dir bei der Generierung von Ideen, dem Schreiben von Kapiteln und der Strukturierung des gesamten Buches helfen.

Beispiel-Prompt: „Erstelle ein Kapitel für einen Science-Fiction-Roman mit einem Roboterprotagonisten."

Für ein E-Book in einem bestimmten Genre wie Science-Fiction, in dem ein Roboter die Hauptfigur ist, könnte der folgende Prompt verwendet werden:

- **Ziel:** Du möchtest ein Kapitel für einen Science-Fiction-Roman, in dem ein Roboter als Protagonist fungiert, generieren.

- **Kontext:** Der Roboter ist ein intelligentes, emotionales Wesen, das in einer dystopischen Zukunft lebt.

- **Details:** Der Text sollte eine spannende Handlung und tiefgründige Charakterentwicklung enthalten, mit einem philosophischen Fokus auf den Konflikt zwischen Menschlichkeit und Künstlicher Intelligenz.

Beispiel eines präzisen Prompts: „Erstelle ein Kapitel für einen Science-Fiction-Roman, in dem ein Roboter namens X7 als Protagonist auftritt. Der Roboter hat die Fähigkeit, Emotionen zu erleben, und steht vor einem moralischen Dilemma, als er entdeckt, dass er von Menschen missbraucht wird. Der Kapitelbeginn soll die Welt der Zukunft beschreiben, in der Roboter eine zentrale Rolle spielen."

Kapitel 2: Bloggen mit KI

Das Bloggen ist ein beliebtes und effektives Mittel, um Inhalte zu teilen, eine Zielgruppe anzusprechen und sogar Einnahmen zu generieren. Mit KI kannst du den gesamten Prozess vom Schreiben bis zur SEO-Optimierung verbessern. Im Folgenden zeigen wir dir, wie du ein Blogeinleitungsthema und eine optimierte SEO-Strategie mit Hilfe von Prompts entwickeln kannst.

2.1.

Beispiel-Prompt: „Schreibe eine Blogeinleitung über nachhaltiges Reisen."

Hier ein grundlegendes Beispiel, wie du einen Prompt für ein Blogeinleitungs-Thema formulierst:

- **Ziel:** Du möchtest eine einladende und informative Einleitung zu einem Blogartikel über nachhaltiges Reisen verfassen.

- **Kontext:** Das Thema bezieht sich auf umweltfreundliche und verantwortungsbewusste Reisemethoden.

- **Details:** Du möchtest eine ansprechende Sprache, die sowohl informativ als auch motivierend wirkt. Die Einleitung sollte die Leser dazu anregen, mehr über nachhaltiges Reisen zu erfahren.

Beispiel eines präzisen Prompts: „Schreibe eine einladende Blogeinleitung zum Thema nachhaltiges Reisen. Betone die Vorteile von umweltfreundlichem Reisen und die Bedeutung der Erhaltung von Naturressourcen. Füge einen inspirierenden Gedanken hinzu, der den Leser dazu ermutigt, nachhaltige Entscheidungen bei seiner nächsten Reise zu treffen."

2.2. Optimierung für SEO und Zielgruppen

Ein wichtiger Aspekt beim Bloggen ist die SEO-Optimierung. Hierbei geht es darum, dass dein Blogartikel von Suchmaschinen gefunden wird. Du kannst KI verwenden, um SEO-optimierte Inhalte zu erstellen und sicherzustellen, dass die richtigen Keywords eingebaut werden. Ein guter Prompt könnte lauten:

Beispiel-Prompt: „Erstelle einen SEO-optimierten Blogartikel über nachhaltiges Reisen. Verwende die Schlüsselwörter ‚umweltfreundlich reisen', ‚nachhaltige Reiseziele' und ‚grünes Reisen', und integriere diese Keywords natürlich in den Text."

Kapitel 3: Grafikdesign mit KI

KI-Tools können auch beim Grafikdesign eingesetzt werden, um Logos, Buchcover, Social-Media-Posts und mehr zu erstellen. Mit den richtigen Prompts kannst du Designideen generieren und ein ansprechendes visuelles Konzept entwickeln.

Beispiel-Prompt: „Generiere ein minimalistisches Buchcover für einen Thriller."

Für das Design eines Buchcovers kannst du ein KI-Tool wie MidJourney oder DALL-E nutzen, um Bilder zu generieren. Ein präziser Prompt für das Buchcover könnte lauten:

- **Ziel:** Du möchtest ein minimalistisches und ansprechendes Buchcover für einen Thriller erstellen.

- **Kontext:** Das Cover soll Spannung und Mystik ausstrahlen, dabei aber einfach und auf das Wesentliche reduziert sein.

- **Details:** Der Titel des Buches ist „Der Schatten des Mörders", und das Cover sollte düstere Farben wie Schwarz, Grau und tiefes Rot enthalten, sowie ein geheimnisvolles, symbolisches Bild, das zum Thema des Thrillers passt.

Beispiel eines präzisen Prompts: „Erstelle ein minimalistisches Buchcover für einen Thriller mit dem Titel ‚Der Schatten des Mörders'. Verwende düstere Farben wie Schwarz, Grau und Rot und integriere ein geheimnisvolles Symbol (z.B. eine Schattenfigur oder ein verschwommenes Bild), das Spannung und Gefahr vermittelt."

Kapitel 4: Print-on-Demand mit KI

Das Erstellen von Print-on-Demand-Produkten, wie T-Shirts oder Poster, ist eine weitere Möglichkeit, KI zur Monetarisierung zu nutzen. Mit KI kannst du kreative Designideen entwickeln, die gut ankommen.

Beispiel-Prompt: „Erstelle ein T-Shirt-Slogan im Retro-Stil."

Für ein Print-on-Demand-Produkt wie ein T-Shirt könntest du den folgenden Prompt verwenden, um einen einzigartigen Slogan zu erstellen:

- **Ziel:** Du möchtest einen kreativen T-Shirt-Slogan im Retro-Stil für die Zielgruppe der 80er-Jahre-Fans entwickeln.

- **Kontext:** Der Slogan sollte die Nostalgie der 80er-Jahre ansprechen und auf humorvolle Weise eine Botschaft vermitteln.

- **Details:** Der Slogan sollte kurz, eingängig und modern interpretiert werden, aber trotzdem den Charme der 80er-Jahre bewahren.

Beispiel eines präzisen Prompts: „Erstelle einen kreativen T-Shirt-Slogan im Retro-Stil der 80er-Jahre. Der Slogan soll humorvoll und eingängig sein und Begriffe wie ‚Vintage' oder ‚Retro' enthalten. Verwende einen auffälligen, aber klassischen Schriftzug."

Kapitel 5: YouTube-Content mit KI

Für YouTube-Videos, sei es für Tutorials, Vlogs oder Themenkanäle, ist die Erstellung eines klaren und präzisen Video-Skripts unerlässlich. KI kann dir helfen, kreative Ideen zu entwickeln und die Struktur deines Videos zu organisieren.

Beispiel-Prompt: „Erstelle ein Video-Skript über die Vorteile von KI im

Alltag."

Ein präziser Prompt für ein YouTube-Video könnte folgendermaßen aussehen:

- **Ziel:** Du möchtest ein Video-Skript über die Vorteile von Künstlicher Intelligenz im Alltag erstellen.

- **Kontext:** Das Video soll informativ sein und sowohl technische als auch nicht-technische Zuschauer ansprechen.

- **Details:** Das Skript soll eine Einführung, die wichtigsten Vorteile von KI im Alltag und konkrete Beispiele enthalten. Es soll motivierend und leicht verständlich sein.

Beispiel eines präzisen Prompts: „Erstelle ein Video-Skript über die Vorteile von KI im Alltag. Beginne mit einer Einführung über die Rolle von KI in der modernen Gesellschaft, gefolgt von konkreten Beispielen (z.B. Sprachassistenten, selbstfahrende Autos, personalisierte Werbung). Das Skript sollte einfach und verständlich sein, um eine breite Zielgruppe anzusprechen."

Kapitel 6: Musik mit KI

KI-Tools können auch in der Musikproduktion verwendet werden. Du kannst Kompositionen erstellen, die auf deinen spezifischen Anforderungen basieren, oder du lässt dir ein Musikstück zu einem bestimmten Thema generieren.

Beispiel-Prompt: „Komponiere einen entspannten Ambient-Track mit einer KI-Plattform."

Für die Erstellung eines Musikstücks könnte der Prompt folgendermaßen formuliert sein:

- **Ziel:** Du möchtest einen entspannten Ambient-Track für einen Entspannungs- oder Meditationskanal erstellen.

- **Kontext:** Der Track soll beruhigend und sanft sein, damit er zum

Entspannen oder Meditieren einlädt.

- Details: Die Musik sollte langsame, beruhigende Melodien mit Naturgeräuschen (z.B. Wasserrauschen) kombinieren und eine meditative Atmosphäre schaffen.

Beispiel eines präzisen Prompts: „Komponiere einen entspannten Ambient-Track, der eine beruhigende Atmosphäre für Meditation und Entspannung schafft. Verwende sanfte Melodien, Naturgeräusche wie Wasserrauschen und stelle sicher, dass der Track eine langsame, gleichmäßige Struktur hat."

Kapitel 7: Programmieren mit KI

Beim Programmieren mit KI geht es darum, Code zu schreiben oder bestehende Codes zu verbessern. KI-Tools wie GitHub Copilot oder ChatGPT können dir dabei helfen, Lösungen zu entwickeln.

Beispiel-Prompt: „Schreibe ein Python-Skript, das die Wetterdaten einer API abruft."

Hier ist ein Beispiel, wie du ein spezifisches Programmierprojekt angehen kannst:

- Ziel: Du möchtest ein Python-Skript erstellen, das Wetterdaten von einer API abruft.

- Kontext: Die Wetterdaten sollen für eine Wetter-App verwendet werden.

- Details: Du möchtest, dass das Skript die API aufruft, die Antwort verarbeitet und die Daten in einem benutzerfreundlichen Format darstellt.

Beispiel eines präzisen Prompts: „Schreibe ein Python-Skript, das die Wetterdaten von der OpenWeatherMap API abruft und die aktuellen Wetterdaten für eine angegebene Stadt anzeigt. Das Skript soll die API anfragen, die JSON-Antwort verarbeiten und die wichtigsten Wetterinformationen (Temperatur, Luftfeuchtigkeit, Wetterbedingungen) ausgeben."

Kapitel 8: Social-Media-Person erschaffen

Für Social-Media-Marketing und Branding kannst du KI verwenden, um Content-Strategien zu entwickeln und deinen Social-Media-Account zu gestalten.

Beispiel-Prompt: „Erstelle eine 7-Tage-Content-Strategie für einen Mode-Influencer."

Für Social Media, speziell Instagram, könnte ein Beispiel-Prompt folgendermaßen aussehen:

- **Ziel:** Du möchtest eine Content-Strategie für eine Woche für einen Mode-Influencer entwickeln.

- **Kontext:** Die Strategie soll verschiedene Inhalte wie Outfit-Ideen, Mode-Tipps und Engagement-Posts umfassen.

- **Details:** Die Strategie sollte jeden Tag eine neue Art von Post beinhalten, um die Zielgruppe zu fesseln und die Interaktionen zu steigern.

Beispiel eines präzisen Prompts: „Erstelle eine 7-Tage-Content-Strategie für einen Mode-Influencer. Die Strategie sollte jeden Tag einen unterschiedlichen Posttyp umfassen: Montag: Outfit-Inspiration, Dienstag: Mode-Tipps, Mittwoch: Hinter den Kulissen, Donnerstag: Umfragen/Engagement-Posts, Freitag: Kooperationen/Markenposts, Samstag: Mode-Challenges, Sonntag: Style-Recap der Woche."

Fazit

Dieser Abschnitt hat dir gezeigt, wie du durch präzise Prompts maßgeschneiderte Inhalte für eine Vielzahl von Projekten und Themen erstellen kannst. Egal ob du bloggst, ein E-Book schreibst, Musik komponierst oder eine Social-Media-Strategie entwickelst – die Qualität der Prompts ist entscheidend, um das Beste aus KI herauszuholen.

(4) Tipps für die Anpassung von Prompts an individuelle Bedürfnisse

Die Fähigkeit, Prompts effektiv zu gestalten und an deine individuellen

Anforderungen anzupassen, ist eine Schlüsselkompetenz bei der Nutzung von KI. In diesem Abschnitt wirst du lernen, wie du deine Prompts an deinen eigenen Stil und deine spezifischen Anforderungen anpasst. Wir werden auch auf mehrstufiges Prompting eingehen, eine Technik, mit der du komplexe Aufgaben in einfachere Schritte unterteilen kannst, um präzisere Ergebnisse zu erzielen. Darüber hinaus besprechen wir, wie du Iterationen nutzen kannst, um deine Prompts zu verfeinern und somit immer bessere und genauere Ergebnisse zu erzielen.

1. Wie du Prompts an deinen Stil und deine Anforderungen anpasst

Ein wichtiger Aspekt der Arbeit mit KI ist, dass du deine Eingaben so gestalten kannst, dass sie genau die Art von Ergebnis liefern, die du dir wünschst. Es gibt keine universellen Prompts, die in jedem Kontext funktionieren – du musst die Prompts an deinen spezifischen Bedarf und deinen Stil anpassen.

Beispiel 1: Anpassung an den Schreibstil

Wenn du zum Beispiel eine Geschichte schreiben möchtest und deine Leserschaft eher jung und humorvoll ist, könntest du einen Prompt formulieren, der die KI anweist, mit einem lockeren und humorvollen Ton zu schreiben. Wenn du hingegen einen wissenschaftlichen Artikel schreibst, musst du den Prompt anpassen, damit die KI einen formelleren und präziseren Stil verwendet.

Prompt für eine humorvolle Geschichte: „Schreibe eine humorvolle Kurzgeschichte über einen verrückten Wissenschaftler, der versehentlich einen sprechenden Roboter erschafft, der die Welt erobern will. Die Geschichte soll locker und lustig erzählt werden, mit unerwarteten Wendungen."

Prompt für einen wissenschaftlichen Artikel: „Schreibe einen detaillierten wissenschaftlichen Artikel über die Auswirkungen von Künstlicher Intelligenz auf die Wirtschaft. Der Text soll informativ und sachlich sein und auf empirischen Daten basieren."

Beispiel 2: Anpassung an deine Anforderungen

Manchmal geht es nicht nur um den Stil, sondern auch um spezifische Anforderungen, wie beispielsweise eine bestimmte Wortanzahl, die Verwendung von bestimmten Begriffen oder das Befolgen bestimmter

Strukturen.

1. Anpassung an eine bestimmte Wortanzahl: Wenn du eine Blogeinleitung schreibst und die KI dazu anweisen möchtest, nicht mehr als 200 Wörter zu verwenden, könntest du den folgenden Prompt formulieren:

- „Schreibe eine prägnante Blogeinleitung über nachhaltiges Reisen. Die Einleitung soll nicht länger als 200 Wörter sein und die wichtigsten Vorteile des grünen Reisens kurz zusammenfassen."

2. Verwendung bestimmter Begriffe: Falls du einen Artikel schreibst, der auf einem bestimmten Thema basiert, wie zum Beispiel Fitness, und du sicherstellen möchtest, dass bestimmte Begriffe vorkommen, kannst du die KI entsprechend anweisen:

- „Erstelle einen Blogpost über die Bedeutung von Ausdauertraining für die allgemeine Gesundheit. Verwende die Begriffe ‚Ausdauer', ‚Herz-Kreislauf-Gesundheit' und ‚langfristige Fitnessziele' mehrmals im Text."

2. Mehrstufiges Prompting: Aufteilen komplexer Aufgaben in einfache Eingaben

Komplexe Aufgaben können oft schwierig zu handhaben sein, insbesondere wenn du mit einer KI arbeitest, die auf eine einzelne Eingabe reagiert. In solchen Fällen ist es sinnvoll, das Prompting in mehrere Schritte zu unterteilen. Dies führt nicht nur zu genaueren Ergebnissen, sondern ermöglicht es dir auch, den Prozess zu steuern und die Antwort schrittweise zu optimieren.

2.1. Was ist mehrstufiges Prompting?

Mehrstufiges Prompting bedeutet, dass du eine komplexe Aufgabe in kleinere, einfachere Schritte aufteilst. Statt zu versuchen, das gesamte Ergebnis in einer einzigen Eingabe zu bekommen, bittest du die KI, sich auf einen Teilaspekt des Problems zu konzentrieren. Sobald dieser Teil erledigt ist, baust du auf diesem Schritt auf und führst den nächsten aus.

Beispiel: Erstellen eines Blogartikels in mehreren Schritten

Nehmen wir an, du möchtest einen Blogartikel über nachhaltiges Reisen schreiben, der verschiedene Aspekte des Themas abdeckt. Anstatt die KI zu bitten, den gesamten Artikel auf einmal zu schreiben, kannst du den Prozess in mehrere Schritte unterteilen.

Schritt 1: Thema und Ziel des Artikels definieren

- **Prompt:** „Schreibe einen kurzen Absatz, der das Thema des Artikels ‚Nachhaltiges Reisen' vorstellt und die Bedeutung des Themas für die Zukunft des Reisens erklärt."

Schritt 2: Die Vorteile von nachhaltigem Reisen auflisten

- **Prompt:** „Erstelle eine Liste von fünf Hauptvorteilen des nachhaltigen Reisens. Jeder Vorteil soll mit einer kurzen Erklärung versehen sein."

Schritt 3: Tipps für nachhaltiges Reisen geben

- **Prompt:** „Gib fünf praktische Tipps für nachhaltiges Reisen, die Reisende leicht umsetzen können."

Schritt 4: Den Artikel abschließen

- **Prompt:** „Schreibe eine abschließende Zusammenfassung des Artikels und fordere die Leser zu einem umweltbewussten Reiseverhalten auf."

2.2. Vorteile des mehrstufigen Promptings

Das Aufteilen der Aufgaben hat mehrere Vorteile:

- **Präzision:** Jeder Schritt konzentriert sich auf ein spezifisches Detail, was zu genaueren und relevanteren Ergebnissen führt.

- **Flexibilität:** Du kannst den Prozess nach Bedarf anpassen und ändern, ohne die gesamte Aufgabe erneut zu starten.

- **Kontrolle:** Du hast mehr Kontrolle über den gesamten Schreibprozess und kannst die KI schrittweise durch die einzelnen Abschnitte des Projekts führen.

3. Beispiel: Vom allgemeinen Thema zur spezifischen Aufgabenstellung

Eine häufige Herausforderung bei der Arbeit mit KI ist, dass du oft mit sehr allgemeinen Themen beginnst, aber präzise Ergebnisse benötigst. Wenn du also zu viel auf einmal von der KI verlangst, kann das Ergebnis nicht den gewünschten Anforderungen entsprechen. Der Schlüssel zum Erfolg liegt darin, den Prompt immer spezifischer zu gestalten.

Beispiel 1: Allgemeiner Prompt

Allgemeiner Prompt: „Schreibe einen Artikel über gesundes Essen."

- Das Ergebnis dieses allgemeinen Prompts wird wahrscheinlich sehr oberflächlich sein, weil der Begriff „gesundes Essen" zu breit und vage ist. Die KI könnte dir allgemeine Ratschläge geben, aber ohne tiefere Details oder spezifische Zielgruppenansprache.

Beispiel 2: Präziser Prompt

Präziser Prompt: „Schreibe einen Artikel über gesunde, pflanzliche Rezepte für Berufspendler, die wenig Zeit zum Kochen haben. Gib fünf einfache Rezepte an, die in weniger als 30 Minuten zubereitet werden können."

- Dieser präzise Prompt stellt sicher, dass der Artikel sowohl das Thema als auch die spezifischen Anforderungen (pflanzlich, für Berufspendler, wenig Zeit) anspricht. Das Ergebnis wird relevanter und zielgerichteter sein.

Beispiel 3: Weiterführender, spezifischer Prompt

Noch präziserer Prompt: „Erstelle eine Liste mit fünf pflanzlichen Rezepten für Berufspendler, die jeweils weniger als 500 Kalorien pro Portion haben und keine ausgefallenen Zutaten erfordern. Jede Mahlzeit soll in 30 Minuten zubereitet werden können."

- Dieser Schritt weiter konkretisierte den Artikel, um auf eine spezifische Zielgruppe (Berufspendler) und Ernährungsanforderungen (weniger als 500 Kalorien) einzugehen, was das Ergebnis noch nützlicher macht.

4. Iterationen: Ergebnisse analysieren und Prompts verfeinern

Ein weiterer wesentlicher Aspekt bei der Arbeit mit KI ist der iterative Prozess: Du wirst oft nicht das perfekte Ergebnis beim ersten Versuch erhalten. Stattdessen musst du die Ergebnisse der KI analysieren, verstehen, was verbessert werden kann, und den Prompt dann entsprechend anpassen.

4.1. Was ist eine Iteration?

Eine Iteration ist der wiederholte Prozess der Überprüfung und Anpassung deiner Prompts, um die gewünschten Ergebnisse zu erzielen. Wenn du mit der ersten Antwort der KI nicht zufrieden bist, analysierst du, was fehlt oder was verbessert werden kann, und gibst der KI dann ein aktualisiertes Prompt.

4.2. Beispiel für Iterationen

Angenommen, du hast einen Artikel über nachhaltiges Reisen geschrieben, aber die KI hat zu allgemein geantwortet und du benötigst spezifischere Informationen:

Erste Iteration:

- **Prompt:** „Schreibe einen Artikel über nachhaltiges Reisen."

- **Antwort:** Ein allgemeiner Überblick über nachhaltiges Reisen ohne spezifische Tipps oder Details.

Zweite Iteration:

- **Prompt:** „Schreibe einen detaillierteren Artikel über nachhaltiges Reisen, mit einem Fokus auf umweltfreundliche Verkehrsmittel und Unterkunftsmöglichkeiten."

- **Antwort:** Ein detaillierter Artikel über Verkehrsmittel und Unterkünfte, jedoch ohne konkrete Beispiele oder Quellenangaben.

Dritte Iteration:

- **Prompt:** „Schreibe einen Artikel über nachhaltiges Reisen, der spezifische Beispiele für umweltfreundliche Verkehrsmittel (z. B. Zugreisen) und Unterkünfte (z. B. grüne Hotels) in Europa enthält."

- **Antwort:** Ein präziser Artikel, der auf konkrete Beispiele und geografische Regionen eingeht, was den Artikel deutlich relevanter und hilfreicher macht.

Durch diesen iterativen Prozess hast du das Ergebnis Schritt für Schritt verfeinert und immer spezifischere Antworten erhalten. Dieser Ansatz ermöglicht es dir, die KI kontinuierlich zu „trainieren" und sicherzustellen, dass du genau das bekommst, was du benötigst.

Fazit

Die Anpassung von Prompts an deine Bedürfnisse ist eine Schlüsselkompetenz, um KI effektiv zu nutzen. Durch das Verständnis, wie du Prompts an deinen Stil und deine Anforderungen anpasst, und durch die Anwendung von Techniken wie mehrstufigem Prompting und Iterationen kannst du die KI so steuern, dass du genau die gewünschten Ergebnisse erhältst. Der Prozess erfordert Geduld und Übung, aber mit der Zeit wirst du immer effizienter darin, die KI für deine Projekte zu nutzen.

(5) Praktische Anwendung – Prompts in verschiedenen Bereichen

Prompts sind unglaublich vielseitig und können in einer Vielzahl von Bereichen angewendet werden, von kreativen Projekten bis hin zu geschäftlichen Aufgaben, technischer Entwicklung und sogar musikalischer Komposition. In diesem Abschnitt zeige ich dir, wie du Prompts gezielt für spezifische Anwendungen einsetzen kannst. Egal, ob du ein kreativer Kopf bist, ein Unternehmer, ein Entwickler oder ein Musiker – hier findest du praktische Beispiele, die dir helfen, das volle Potenzial von KI-gestützter Arbeit zu nutzen.

1. Für Kreative

Kreative Menschen wie Autoren, Designer und Künstler können KI nutzen, um ihre Arbeit zu inspirieren, zu verbessern oder schneller fertigzustellen.

Hier sind einige konkrete Beispiele, wie du Prompts effektiv einsetzen kannst.

1.1 Entwerfe ein Buchcover für ein romantisches Drama

Ein Buchcover ist oft das erste, was Leser sehen, und es spielt eine entscheidende Rolle dabei, ihre Aufmerksamkeit zu gewinnen. Mit KI-Tools wie MidJourney oder DALL-E kannst du beeindruckende Designs erstellen.

Beispiel-Prompt:

- „Entwerfe ein Buchcover für ein romantisches Drama. Die Hauptfarben sollen Pastelltöne wie Rosa und Blau sein. Zeige ein Paar, das sich in einer Frühlingslandschaft unter einem blühenden Kirschbaum umarmt. Der Stil soll verträumt und künstlerisch sein."

- **Ergebnis:** Dieser Prompt erzeugt ein visuell ansprechendes Bild, das die Stimmung des Buches einfängt. Du kannst es anschließend mit Tools wie Canva anpassen und mit Text versehen.

1.2 Schreibe ein Gedicht über den Herbst in moderner Sprache

Gedichte sind eine großartige Möglichkeit, Emotionen auszudrücken, aber manchmal braucht man einen kreativen Impuls. KI kann dir helfen, moderne und innovative Verse zu formulieren.

Beispiel-Prompt:

- „Schreibe ein Gedicht über den Herbst in moderner Sprache. Es soll melancholisch, aber hoffnungsvoll klingen, mit bildhaften Beschreibungen von fallenden Blättern und goldenem Licht."

- **Ergebnis:** Die KI liefert dir ein Gedicht, das du als Basis nutzen kannst. Du kannst es anschließend überarbeiten, um deinen persönlichen Stil hinzuzufügen.

1.3 Weitere kreative Anwendungen:

- „Erstelle eine Kurzgeschichte über eine unerwartete Freundschaft zwischen einem Menschen und einem Roboter."

- „Gestalte ein Logo für ein nachhaltiges Modelabel."

- „Erstelle eine Beschreibung für eine Kunstinstallation, die das Thema ‚Verbindung' darstellt."

2. Für Unternehmer

2.1 Erstelle eine Produktbeschreibung für einen kabellosen Staubsauger

Produktbeschreibungen müssen prägnant, informativ und überzeugend sein. Die KI kann dir dabei helfen, diese Balance zu finden.

Beispiel-Prompt:

- „Erstelle eine Produktbeschreibung für einen kabellosen Staubsauger. Hebe die lange Akkulaufzeit, die starke Saugkraft und das leichte Design hervor. Der Text soll informativ und ansprechend für eine Online-Shop-Seite sein."

- **Ergebnis:** Die KI erstellt eine professionelle Beschreibung, die du direkt in deinem Online-Shop verwenden kannst oder als Basis für weitere Anpassungen nutzt.

2.2 Formuliere eine LinkedIn-Werbeanzeige für einen Coaching-Dienst

LinkedIn-Anzeigen müssen präzise und zielgruppenorientiert sein. Hier kann die KI dir helfen, den richtigen Ton zu treffen.

Beispiel-Prompt:

- „Formuliere eine LinkedIn-Werbeanzeige für einen Coaching-Dienst für junge Führungskräfte. Hebe hervor, wie das Coaching dabei hilft, Führungsqualitäten zu entwickeln und Herausforderungen am Arbeitsplatz zu meistern. Die Anzeige soll professionell und motivierend klingen."

- **Ergebnis:** Du erhältst eine strukturierte Anzeige mit einem klaren Call-to-Action (z. B. „Jetzt anmelden und Führungspotenzial entfalten").

2.3 Weitere unternehmerische Anwendungen:

- „Schreibe einen Instagram-Post, der eine Rabattaktion für ein neues Produkt ankündigt."

- „Erstelle einen Newsletter-Text, der Kunden über neue Dienstleistungen informiert."

- „Entwickle eine FAQ-Seite für einen Online-Shop."

3. Für Entwickler

Entwickler können KI nutzen, um Routineaufgaben zu automatisieren, Ideen zu generieren oder sogar komplexe Algorithmen zu erstellen. Hier sind einige Beispiele für Prompts, die dir bei der Programmierung helfen.

3.1 Schreibe ein JavaScript-Skript für eine dynamische Website-Navigation

Webentwickler können mit Hilfe von KI schneller zu Lösungen gelangen, insbesondere bei gängigen Aufgaben wie Navigation.

Beispiel-Prompt:

- „Schreibe ein JavaScript-Skript, das eine dynamische Website-Navigation erstellt. Die Navigation soll beim Scrollen der Seite ihre Hintergrundfarbe ändern und ein Dropdown-Menü enthalten."

- **Ergebnis:** Die KI generiert den benötigten Code, den du direkt in dein Projekt einfügen kannst. Du kannst den Code anpassen, um spezifische Anforderungen wie Farben oder Animationen zu berücksichtigen.

3.2 Debugging von bestehendem Code

Wenn ein Code nicht wie gewünscht funktioniert, kannst du die KI um Hilfe bitten.

Beispiel-Prompt:

- „Debugge den folgenden JavaScript-Code, der eine Liste von Elementen sortieren soll. Der Code führt nicht zu den richtigen Ergebnissen: [Code hier einfügen]. Erkläre die Änderungen, die vorgenommen wurden."

- **Ergebnis:** Die KI identifiziert den Fehler und liefert eine korrigierte Version des Codes, oft mit einer Erklärung, was falsch war.

3.3 Weitere Entwickler-Anwendungen:

- „Schreibe ein Python-Skript, das Daten aus einer CSV-Datei analysiert und ein Balkendiagramm erstellt."

- „Erstelle ein PHP-Skript für ein Kontaktformular mit Validierung."

- „Generiere CSS-Code für ein responsives Layout mit drei Spalten."

4. Für Musiker

Musiker können KI nutzen, um neue Ideen für Songs zu entwickeln, Hintergrundmusik zu komponieren oder bestehende Melodien zu verfeinern. Hier sind einige praktische Beispiele.

4.1 Komponiere einen 60-Sekunden-Pop-Song-Loop

Musikplattformen wie Amper Music oder AIVA ermöglichen es dir, mit KI kreative Loops oder vollständige Tracks zu erstellen.

Beispiel-Prompt:

- „Komponiere einen 60-Sekunden-Loop für einen Pop-Song. Der Loop soll einen eingängigen Beat, eine einfache Melodie und eine warme, positive Stimmung haben. Verwende Synthesizer-Klänge und einen leichten Bass."

- **Ergebnis:** Die KI erstellt eine Audiodatei, die du als Basis für deinen Song verwenden kannst. Du kannst sie in deiner Musiksoftware weiter bearbeiten und anpassen.

4.2 Schreibe Songtexte für ein Liebeslied

Wenn du Schwierigkeiten hast, inspirierende Songtexte zu schreiben, kann dir die KI helfen.

Beispiel-Prompt:

- „Schreibe die Texte für ein Liebeslied. Der Text soll emotional und poetisch sein, mit einer positiven Botschaft über die Kraft der Liebe."

- **Ergebnis:** Du erhältst einen Text, der die Grundstruktur deines Songs bildet. Du kannst die Worte anpassen, um deine persönliche Note hinzuzufügen.

4.3 Weitere musikalische Anwendungen:

- „Generiere einen melancholischen Klaviertrack für eine

Filmhintergrundmusik."

- „Schreibe die Akkordprogression für einen Jazz-Song."

- „Erstelle eine Playlist mit harmonischen Klängen für Meditation."

Fazit

Die praktische Anwendung von Prompts in verschiedenen Bereichen zeigt, wie vielseitig und leistungsfähig KI sein kann. Egal, ob du ein Buchcover entwirfst, eine Produktbeschreibung verfasst, ein JavaScript-Skript entwickelst oder einen Song komponierst – mit den richtigen Prompts kannst du die KI genau auf deine Bedürfnisse abstimmen und beeindruckende Ergebnisse erzielen.

(6) Fehler vermeiden – Häufige Fallstricke beim Prompting

Das Erstellen effektiver Prompts ist eine Kunst, die Übung und Feinabstimmung erfordert. Selbst wenn du bereits Erfahrungen mit KI-Tools gesammelt hast, können sich leicht Fehler einschleichen, die die Qualität der Ergebnisse beeinträchtigen. In diesem Abschnitt zeige ich dir die häufigsten Fallstricke beim Prompting, wie du sie vermeidest und wie du deine Eingaben gezielt optimieren kannst. Dabei gehe ich auf typische Probleme wie vage Formulierungen, fehlenden Kontext und mangelnde Kontrolle ein und biete dir praktische Beispiele zur Verbesserung.

1. Zu vage oder überkomplizierte Prompts

Ein häufiger Fehler beim Arbeiten mit KI-Tools ist die Formulierung von Prompts, die entweder zu allgemein gehalten oder überladen und kompliziert sind. Beides führt oft zu unbrauchbaren oder unerwarteten Ergebnissen.

1.1 Problem: Vage Prompts

Wenn dein Prompt zu ungenau ist, kann die KI die gewünschte Richtung nicht erkennen. Das Resultat sind oft unspezifische oder unpassende Antworten.

Beispiel für einen schlechten Prompt:

„Schreibe etwas über Technologie."

- Dieses Prompt ist viel zu allgemein, da es keine spezifische Richtung oder Zielgruppe vorgibt. Die KI könnte über alles Mögliche schreiben, von der Erfindung des Rads bis zur Quanteninformatik.

Optimierter Prompt:

„Schreibe einen informativen Blogartikel über die Vorteile von KI-gestützten Chatbots für kleine Unternehmen. Der Artikel soll verständlich und überzeugend für Unternehmer ohne technisches Vorwissen sein."

- Hier ist der Kontext klar, das Ziel wird definiert, und der Stil wird vorgegeben. Die KI hat alle notwendigen Informationen, um einen relevanten und gut strukturierten Artikel zu erstellen.

1.2 Problem: Überkomplizierte Prompts

Manchmal führt der Versuch, zu viel in ein einziges Prompt zu packen, zu unklaren oder verwirrenden Ergebnissen. Ein zu komplexer Prompt kann die KI „überladen".

Beispiel für einen schlechten Prompt:

„Schreibe einen Blogartikel, der erklärt, wie Unternehmen KI nutzen können, um effizienter zu arbeiten, die Kosten zu senken, Kundenzufriedenheit zu steigern, neue Märkte zu erschließen und Mitarbeiterzufriedenheit zu erhöhen, aber auch ethische Aspekte behandelt."

- Dieses Prompt versucht, zu viele Themen auf einmal abzudecken, was die KI überfordert und zu einem chaotischen Ergebnis führen kann.

Optimierter Ansatz:

- Teile den Prompt in mehrere Schritte auf, z. B.:

„Schreibe einen Blogartikel über die Vorteile von KI für die Effizienzsteigerung in Unternehmen."

„Erstelle einen zweiten Abschnitt, der beschreibt, wie KI die Kundenzufriedenheit verbessern kann."

„Füge abschließend eine Diskussion über ethische Aspekte der KI-Nutzung hinzu."

- Durch die Aufteilung in mehrere Prompts wird die Aufgabe übersichtlicher, und die Ergebnisse sind klarer und strukturierter.

2. Ignorieren des Kontexts oder der Zielgruppe

Ein häufiges Problem ist, dass Prompts nicht auf den spezifischen Kontext oder die Zielgruppe abgestimmt sind. Dies führt oft zu Inhalten, die entweder irrelevant oder unpassend wirken.

2.1 Problem: Kein Kontext

Ohne Kontext kann die KI den Zweck deines Prompts nicht richtig interpretieren.

Beispiel für einen schlechten Prompt:

„Schreibe eine Einführung über Marketing."

- Die KI weiß nicht, ob der Text für einen Blog, einen Social-Media-Post oder eine wissenschaftliche Abhandlung gedacht ist.

Optimierter Prompt:

„Schreibe eine kurze und ansprechende Einführung über Marketingstrategien für Social-Media-Kanäle. Der Ton sollte locker und motivierend sein, um junge Start-up-Gründer anzusprechen."

- Hier wird der Zweck (Einführung), die Zielgruppe (Start-up-Gründer) und der Ton (locker und motivierend) klar definiert, was die Ergebnisse viel zielgerichteter macht.

2.2 Problem: Nicht zielgruppenorientiert

Ein Text, der die falsche Sprache oder den falschen Ton für die Zielgruppe verwendet, wird wahrscheinlich nicht überzeugen.

Beispiel für einen schlechten Prompt:

„Erkläre die Grundlagen der Blockchain-Technologie."

- Ohne Spezifikation könnte die KI eine akademische Abhandlung schreiben, die für Anfänger schwer verständlich ist.

Optimierter Prompt:

„Erkläre die Grundlagen der Blockchain-Technologie in einfachen Worten für Anfänger, die noch keine technischen Vorkenntnisse haben. Verwende praktische Beispiele, um die Konzepte zu verdeutlichen."

- Mit dieser Anpassung ist der Text zugänglicher und auf die Zielgruppe zugeschnitten.

3. Mangelnde Kontrolle über die Ergebnisse und Feedback-Schleifen

Ein weiteres Problem ist, dass viele Nutzer die generierten Ergebnisse einfach akzeptieren, ohne sie zu überprüfen oder zu optimieren. Dies kann dazu führen, dass ungenaue oder unpassende Inhalte übernommen werden.

3.1 Problem: Fehlende Überprüfung

Die KI produziert zwar Inhalte, aber es liegt an dir, die Qualität zu kontrollieren und sicherzustellen, dass die Ergebnisse deinen Anforderungen entsprechen.

Beispiel für eine schlechte Herangehensweise:

Du gibst den Prompt „Schreibe eine Produktbeschreibung für ein neues Smartphone" ein und verwendest die erste Antwort ohne weitere Anpassungen.

Die Beschreibung könnte technisch korrekt sein, aber vielleicht fehlt ihr der kreative Touch oder eine klare Zielgruppenansprache.

Bessere Herangehensweise:

1. Nutze eine Feedback-Schleife:

„Schreibe eine Produktbeschreibung für ein neues Smartphone, das auf technikaffine Millennials abzielt."

2. Überprüfe das Ergebnis und gib Feedback: „Verwende einen informellen Ton und hebe die Kamerafunktionen stärker hervor."

3. Wiederhole den Prozess, bis das Ergebnis perfekt passt.

3.2 Iterationen und Verfeinerung

Selbst mit einem guten Prompt kann es notwendig sein, den Text durch mehrere Iterationen zu verbessern.

Beispiel für Iterationen:

Erster Prompt: „Schreibe einen Werbetext für einen veganen Energieriegel."

- **Ergebnis:** „Unser veganer Energieriegel ist gesund und lecker – perfekt für unterwegs!"

- **Feedback:** „Beschreibe die Zutaten und betone die Nachhaltigkeit."

Verbesserter Prompt: „Schreibe einen Werbetext für einen veganen Energieriegel, der Bio-Zutaten wie Hafer und Chiasamen enthält. Betone, dass er nachhaltig und plastikfrei verpackt ist."

- **Ergebnis:** „Unser veganer Energieriegel besteht aus 100 % Bio-Zutaten wie Hafer und Chiasamen und kommt in plastikfreier Verpackung. Perfekt für alle, die unterwegs Energie tanken und gleichzeitig die Umwelt schützen wollen!"

Durch diesen Prozess wird der Text präziser und ansprechender.

4. Praktische Beispiele für schlechte Prompts und ihre Optimierung

Hier sind einige zusätzliche Beispiele, die dir helfen sollen, häufige Fehler zu erkennen und zu vermeiden:

1. Schlechter Prompt:

„Schreibe über Umweltschutz."

- **Probleme:** Viel zu allgemein, keine Zielgruppe, keine Struktur.

Optimierter Prompt:

„Schreibe einen Artikel über die Vorteile von Recycling für die Umwelt.

Zielgruppe sind Schüler der Oberstufe, der Ton soll informativ, aber einfach verständlich sein."

- **Warum besser?** Zielgruppe, Zweck und Ton sind klar definiert.

2. Schlechter Prompt:

„Erstelle einen Businessplan."

- **Probleme:** Keine Details, unklare Richtung.

Optimierter Prompt:

„Erstelle einen Businessplan für ein Start-up, das nachhaltige Mode verkauft. Der Plan soll eine Zielgruppenanalyse, Marketingstrategien und eine Finanzprognose enthalten."

- **Warum besser?** Der KI wird ein klarer Rahmen für die Aufgabe gegeben.

3. Schlechter Prompt:

„Schreibe einen Social-Media-Post."

- **Probleme:** Zu vage, keine Plattform, keine Zielgruppe.

Optimierter Prompt:

„Schreibe einen Instagram-Post für ein Fitnessstudio, das eine Rabattaktion für neue Mitglieder bewirbt. Der Ton soll motivierend und freundlich sein. Füge passende Hashtags hinzu."

- **Warum besser?** Der Prompt ist spezifisch und plattformgerecht.

Fazit

Das Vermeiden von Fehlern beim Prompting ist entscheidend, um die besten Ergebnisse aus KI-Tools herauszuholen. Indem du deine Prompts klar, zielgerichtet und spezifisch formulierst, vermeidest du häufige Fallstricke wie Vagheit, fehlenden Kontext oder mangelnde Kontrolle. Nutze Feedback-Schleifen und Iterationen, um die generierten Inhalte zu verbessern, und scheue dich nicht, die KI immer wieder zu korrigieren und anzupassen.

(7) Abschließende Tipps – Prompts meistern

Das Arbeiten mit Prompts ist keine starre Wissenschaft, sondern vielmehr eine dynamische und kreative Fähigkeit, die sich durch Übung und Experimentieren ständig weiterentwickelt. In diesem Abschnitt erhältst du abschließende Tipps, um deine Prompt-Erstellung zu meistern. Ich zeige dir, wie du durch Experimente, Feedback und Flexibilität das Beste aus KI-Tools herausholst und deinen eigenen Stil findest.

1. Experimentieren mit unterschiedlichen Formulierungen

Die Stärke eines guten Prompts liegt nicht nur in seiner Klarheit, sondern auch in der Kreativität und Vielfalt. Du wirst feststellen, dass die gleichen Ideen auf verschiedene Arten formuliert oft zu überraschend unterschiedlichen Ergebnissen führen.

1.1 Warum Experimentieren wichtig ist

Die KI reagiert auf jede Nuance deiner Eingabe. Schon kleine Änderungen in der Wortwahl oder Satzstruktur können große Unterschiede im Ergebnis bewirken. Indem du mit verschiedenen Formulierungen spielst, kannst du herausfinden, welche Ansätze am besten funktionieren.

Beispiel:

„Schreibe einen Blogartikel über gesunde Ernährung."

„Erstelle einen unterhaltsamen Blogartikel über einfache und gesunde Rezepte für Berufstätige."

„Generiere einen Blogartikel mit wissenschaftlich fundierten Tipps für eine ausgewogene Ernährung."

Alle drei Prompts haben das gleiche Grundthema, aber die Ergebnisse werden unterschiedlich ausfallen, da sie jeweils unterschiedliche Schwerpunkte setzen.

1.2 Wie du effektiv experimentierst

1. **Beginne mit einem Basis-Prompt:** Formuliere eine einfache Aufgabe, die dein Ziel beschreibt.

2. **Variiere den Stil:** Ändere den Tonfall (z. B. formell, humorvoll, inspirierend).

3. **Füge Details hinzu:** Ergänze den Prompt mit Zielgruppe, Format oder Kontext.

4. **Teste Grenzen:** Frage die KI nach ungewöhnlichen oder kreativen Perspektiven.

- **Beispiel für ein kreatives Experiment:**

Basis-Prompt: „Schreibe eine Geschichte über einen Hund."

Variation 1: „Schreibe eine humorvolle Geschichte über einen Hund, der in einem Café arbeitet."

Variation 2: „Erstelle eine poetische Geschichte über einen Hund, der sich auf eine Reise begibt, um seinen Besitzer zu finden."

Variation 3: „Verfasse eine gruselige Kurzgeschichte über einen Hund, der in einem alten Spukhaus lebt."

Durch solche Experimente findest du heraus, welche Formulierungen die spannendsten Ergebnisse liefern.

2. Feedback von KI-Ergebnissen nutzen

Die Ergebnisse der KI sind mehr als nur Endprodukte – sie bieten dir wertvolles Feedback, das du nutzen kannst, um deine Prompts zu verbessern.

2.1 Ergebnisse analysieren

Nimm dir die Zeit, die von der KI generierten Inhalte genau zu prüfen. Achte dabei auf folgende Aspekte:

- **Relevanz:** Passt das Ergebnis zur gestellten Aufgabe?
- **Qualität:** Ist der Inhalt klar, verständlich und gut strukturiert?
- **Kreativität:** Bringt die KI interessante oder überraschende Ideen ein?

Wenn ein Ergebnis nicht deinen Erwartungen entspricht, frage dich, warum das so ist. Möglicherweise war der Prompt zu vage oder hat einen Aspekt ausgelassen, der wichtig ist.

Beispiel:

Prompt: „Schreibe einen Werbetext für ein neues Elektroauto."

--- **1.Ergebnis:** „Unser Elektroauto ist schnell, leise und umweltfreundlich."

--- **2.Analyse:** Der Text ist zu allgemein. Es fehlen konkrete Details, die das Auto einzigartig machen.

--- **Feedback:** „Füge Details zur Reichweite, den Ladezeiten und innovativen Features hinzu."

Neuer Prompt: „Schreibe einen Werbetext für ein Elektroauto mit 500 km Reichweite, das in 30 Minuten aufgeladen werden kann und ein modernes Innenraumdesign hat."

2.2 Iterationen für bessere Ergebnisse

Iteration bedeutet, dass du den ursprünglichen Prompt anpasst und erneut eingibst, um schrittweise bessere Ergebnisse zu erzielen. Dieser Prozess ist besonders hilfreich bei komplexen Aufgaben.

Schritt-für-Schritt-Ansatz:

1.Gib einen ersten Prompt ein und erhalte ein Ergebnis.

2.Analysiere das Ergebnis und identifiziere, was fehlt oder verbessert werden könnte.

3.Passe den Prompt an, um die Schwächen des ersten Ergebnisses zu beheben.

4. Wiederhole diesen Prozess, bis du ein perfektes Ergebnis erhältst.

Durch Iteration kannst du die Qualität der Inhalte gezielt steuern und sicherstellen, dass sie genau deinen Anforderungen entsprechen.

3. Die Bedeutung von Kreativität und Flexibilität

Kreativität ist ein wesentlicher Bestandteil der Arbeit mit KI-Tools. Je offener und flexibler du bist, desto vielseitiger kannst du Prompts einsetzen, um innovative und spannende Ergebnisse zu erzielen.

3.1 Kreative Ansätze entwickeln

Lass dich von der KI inspirieren und probiere ungewöhnliche oder spielerische Ideen aus. Nutze Prompts, um neue Perspektiven zu entdecken oder dich aus festgefahrenen Denkweisen zu lösen.

Beispiel für kreative Prompts:

„Beschreibe einen perfekten Tag auf einem Planeten, der komplett aus Wasser besteht."

„Erstelle ein fiktives Interview mit Albert Einstein über die Bedeutung moderner Technologie."

„Schreibe einen Social-Media-Post aus der Sicht eines 100 Jahre alten Baumes."

Solche Prompts können dir helfen, kreative Inhalte zu entwickeln, die auffallen und beeindrucken.

3.2 Flexibel auf Änderungen reagieren

Die Arbeit mit KI ist dynamisch, und nicht immer wirst du das perfekte Ergebnis auf Anhieb erhalten. Sei bereit, deine Prompts anzupassen und neue Ansätze auszuprobieren.

Flexibilität in der Praxis:

Wenn ein Ergebnis nicht deinen Erwartungen entspricht, ändere nicht nur Details im Prompt, sondern denke auch über alternative

Herangehensweisen nach. Vielleicht hilft es, den Stil zu ändern oder das Ziel neu zu definieren.

4. Praktische Beispiele für abschließende Tipps

Hier sind einige abschließende Beispiele, wie du die hier besprochenen Tipps in die Praxis umsetzen kannst:

4.1. Experimentieren:

Prompt 1: „Schreibe eine LinkedIn-Bio für einen Marketingexperten."

Prompt 2: „Formuliere eine humorvolle LinkedIn-Bio für einen Marketingexperten, der sich auf kreative Kampagnen spezialisiert hat."

Prompt 3: „Erstelle eine kurze LinkedIn-Bio für einen Marketingexperten, die sich an potenzielle Arbeitgeber richtet und seine Erfolge betont."

4.2. Feedback nutzen:

Prompt: „Schreibe einen Artikel über die Vorteile von Remote-Arbeit."

------ **Ergebnis:** Der Artikel ist zu allgemein.

------ **Feedback:** „Füge Statistiken hinzu und gib praktische Tipps für Arbeitnehmer."

Neuer Prompt: „Erstelle einen Artikel über die Vorteile von Remote-Arbeit, einschließlich aktueller Statistiken und praktischer Tipps für Arbeitnehmer."

4.3. Flexibilität:

Wenn du mit einem Ergebnis nicht zufrieden bist, probiere eine andere Perspektive:

------ „Erstelle einen Blogartikel über Remote-Arbeit."

------ **Alternativ:** „Schreibe eine Geschichte über eine Person, die durch Remote-Arbeit ihre Work-Life-Balance verbessert hat."

Abschließende Worte

Die Kunst des Prompting ist eine Fähigkeit, die sich ständig weiterentwickelt. Je mehr du experimentierst, analysierst und anpasst, desto besser wirst du darin, die KI präzise und effektiv zu steuern. Denke daran: Jeder Prompt ist eine Möglichkeit, deine Kreativität und Ziele in greifbare Ergebnisse zu verwandeln. Lass dich von der KI inspirieren, aber behalte immer die Kontrolle über die Inhalte.

ERFOLGSSTRATEGIEN UND AUSSICHTEN

In diesem letzten Kapitel erfährst du, wie du mit einer klaren Strategie deine ersten Schritte im Bereich der KI-Monetarisierung machen und langfristig erfolgreich sein kannst. Außerdem werfen wir einen Blick auf spannende Zukunftstrends und teilen Erfolgsgeschichten von Menschen, die bereits mit KI beeindruckende Ergebnisse erzielt haben. Lass dich inspirieren und motivieren, das Gelernte in die Tat umzusetzen!

Was dich in diesem Kapitel erwartet:

Abschnitt 1: Die ersten Schritte – Grundsteine für den Erfolg legen

Abschnitt 2: Langfristige Erfolgsstrategien

Abschnitt 3: Trends und die Zukunft der KI-Monetarisierung

Abschnitt 4: Erfolgsgeschichten von Menschen, die mit KI Geld verdienen

(1) Die ersten Schritte – Grundsteine für den Erfolg legen

Der Beginn deiner Reise in die Welt der KI-basierten Monetarisierung ist entscheidend. Um langfristig erfolgreich zu sein, musst du klare Ziele setzen, mit kleinen Projekten starten und bereit sein, kontinuierlich aus Feedback zu lernen. In diesem Abschnitt führe ich dich Schritt für Schritt durch die Grundlagen, damit du eine solide Basis aufbauen kannst.

1. Ziele definieren und einen Plan erstellen

1.1. Warum klare Ziele wichtig sind

Ohne klare Ziele ist es leicht, den Fokus zu verlieren. Du brauchst eine Richtung, die dir zeigt, wohin du willst, und einen Plan, der dich dorthin bringt. Ziele helfen dir auch, deinen Fortschritt zu messen und motiviert zu bleiben.

1.2. Die SMART-Methode: Dein Kompass für den Erfolg

Um deine Ziele konkret und realistisch zu gestalten, nutze die SMART-Methode. Sie sorgt dafür, dass deine Ziele nicht vage bleiben, sondern erreichbar und messbar sind.

1. Spezifisch: Sei genau und präzise Anstatt zu sagen: „Ich möchte mit KI Geld verdienen", formuliere dein Ziel konkret, z. B.:

> „Ich möchte monatlich 1.000 Euro durch den Verkauf von KI-generierten Designs verdienen."

> Mit einer klaren Zielsetzung weißt du genau, worauf du hinarbeitest.

2. Messbar: Überprüfe deinen Fortschritt Setze dir Kennzahlen, an denen du deinen Erfolg messen kannst. Das könnten z. B. die Anzahl verkaufter Produkte, generierte Leads oder abgeschlossene Projekte sein.

> **- Beispiel:** „Bis Ende des Monats will ich 20 Designs erstellen und auf zwei Plattformen hochladen."

3. Erreichbar: Bleibe realistisch Berücksichtige deine Fähigkeiten und Ressourcen. Wenn du gerade erst anfängst, setze dir erreichbare Ziele. Ein Ziel wie „Ich verdiene 10.000 Euro im ersten Monat" klingt verlockend, ist aber oft unrealistisch und demotivierend.

4. Relevant: Verfolge, was dir wirklich wichtig ist Dein Ziel sollte zu deinen Interessen und Stärken passen. Frage dich:

„Warum will ich dieses Ziel erreichen?" Wenn du z. B. gerne schreibst, könntest du mit KI-generierten E-Books starten.

5. Zeitgebunden: Setze dir Deadlines Ein Ziel ohne zeitlichen Rahmen bleibt oft unerreicht. Lege fest, bis wann du dein Ziel erreichen möchtest.

- **Beispiel:** „Innerhalb von drei Monaten möchte ich mein erstes Einkommen aus KI-generierten Produkten erzielen."

2. Kleine Projekte als Testballons

2.1. Warum mit kleinen Projekten starten?

Große Visionen sind wichtig, aber der Einstieg in die Praxis erfordert überschaubare Projekte. Kleine Schritte geben dir die Möglichkeit, erste Erfahrungen zu sammeln, ohne dich zu überfordern. Sie helfen dir, die Tools zu verstehen und herauszufinden, was bei deiner Zielgruppe gut ankommt.

2.2. Dein erster Testballon

Wähle ein kleines Projekt, das dich interessiert und leicht umzusetzen ist. Wichtig ist, dass du schnell erste Ergebnisse siehst, die dir Motivation geben.

Beispiel: Print-on-Demand-Produkte

Print-on-Demand (PoD) ist eine großartige Möglichkeit, mit minimalem Aufwand zu starten. Hier ein Schritt-für-Schritt-Plan:

1. Wähle ein Tool: Nutze KI-Tools wie DALL·E, MidJourney oder Canva, um kreative Designs zu erstellen. Beginne mit einfachen T-Shirt-, Poster- oder Tassen-Designs.

2. Plattform wählen: Melde dich auf PoD-Plattformen wie Redbubble, Spreadshirt oder Teespring an.

3. Erstelle ein Design: Nutze ein Tool, um ein Design zu entwerfen, das in deiner Nische beliebt ist, z. B. ein minimalistisches Motiv für Fitness-Enthusiasten oder ein lustiges Zitat für Tierliebhaber.

4. Produkte hochladen: Lade dein Design auf die Plattform hoch und wähle die Produkte aus, auf denen es gedruckt werden soll.

5.Ergebnisse beobachten: Schau dir an, welche Designs bei den Kunden gut ankommen.

2.3.Weitere Testballon-Ideen

1.Content-Erstellung: Nutze ChatGPT, um einen Blogartikel zu einem beliebten Thema zu schreiben, und lade ihn auf eine Plattform wie Medium oder deinen eigenen Blog hoch.

2.Social-Media-Content: Erstelle Instagram-Posts oder TikTok-Videos mit KI-generierten Inhalten und analysiere, welche Art von Content gut ankommt.

Was du dabei lernst

Mit diesen ersten Projekten kannst du herausfinden, welche Art von Produkten oder Dienstleistungen dir liegt, welche Zielgruppe du ansprichst und welche Tools für dich am besten funktionieren.

3. Feedback einholen und iterieren

3.1.Warum Feedback so wichtig ist

Kein Produkt und keine Idee ist von Anfang an perfekt. Feedback von echten Nutzern oder Kunden ist entscheidend, um Schwächen zu erkennen und deine Angebote zu verbessern. Es hilft dir auch, herauszufinden, ob du mit deiner Zielgruppe auf dem richtigen Weg bist.

3.2.Feedback einholen – So geht's

1.Freunde und Familie befragen: Bitte Personen in deinem Umfeld, deine Produkte oder Inhalte zu testen. Sie können dir ehrliches Feedback geben und dich auf erste Schwachstellen hinweisen.

2.Social Media nutzen: Lade deine Inhalte oder Produkte auf Plattformen hoch und beobachte die Reaktionen. Likes, Kommentare und Shares sind wertvolle Indikatoren dafür, was gut ankommt.

3. Kunden befragen: Wenn du schon erste Kunden hast, frage sie aktiv nach ihrer Meinung. Erstelle z. B. eine kurze Umfrage oder bitte um Rezensionen.

3.3. Beispiel: Optimierung durch Feedback

Angenommen, du hast ein T-Shirt-Design erstellt und auf einer Plattform hochgeladen, aber es verkauft sich nicht gut. Mithilfe von Feedback kannst du herausfinden, woran es liegt:

- Vielleicht ist das Design zu schlicht.

- Oder der Text spricht die Zielgruppe nicht an.

- Vielleicht stimmt der Preis nicht.

Nutze diese Erkenntnisse, um dein Design oder Angebot zu verbessern und erneut hochzuladen.

3.4. Die Kunst des Iterierens

Iterieren bedeutet, dass du deine Produkte oder Inhalte schrittweise verbesserst. Es ist ein Prozess, bei dem du kontinuierlich lernst und optimierst:

1. Ergebnisse analysieren: Schau dir an, was gut funktioniert hat und was nicht.

2. Änderungen vornehmen: Passe dein Produkt oder deine Strategie basierend auf dem Feedback an.

3. Neu testen: Lade die überarbeitete Version hoch oder probiere eine neue Strategie aus.

Zusammenfassung

Der Einstieg in die KI-Monetarisierung mag überwältigend wirken, aber wenn du klare Ziele setzt, mit kleinen Projekten startest und bereit bist, aus Feedback zu lernen, legst du eine solide Grundlage für deinen Erfolg. Mit der SMART-Methode, einfachen Testballons und einer offenen Haltung gegenüber Verbesserungen bist du bestens gerüstet, um die ersten Schritte zu meistern und langfristig erfolgreich zu sein.

(2) Langfristige Erfolgsstrategien

Um mit KI langfristig erfolgreich zu sein, reicht es nicht aus, nur den ersten Schritt zu machen. Du musst dich kontinuierlich weiterentwickeln, dich in deiner Nische etablieren und mit deiner Arbeit echten Mehrwert schaffen. In diesem Abschnitt zeige ich dir, wie du deine Expertise aufbaust, innovative Lösungen anbietest, wertvolle Netzwerke aufbaust und deine Workflows optimierst, um effizient zu arbeiten.

1. Nische finden und Expertise aufbauen

1.1. Warum eine Nische so wichtig ist

In einer Welt voller Möglichkeiten kannst du nicht überall gleichzeitig erfolgreich sein. Eine Nische gibt dir Fokus und hilft dir, eine spezifische Zielgruppe anzusprechen. Wenn du dich auf ein klar definiertes Thema spezialisierst, baust du Vertrauen und Autorität in deinem Bereich auf – zwei entscheidende Faktoren für langfristigen Erfolg.

1.2. Wie du deine Nische findest

    1. Interessen und Stärken analysieren: Frage dich, woran du Spaß hast und wo deine Fähigkeiten liegen. Liebst du Design, Content-Erstellung oder Programmierung? Deine Begeisterung für ein Thema wird dir helfen, dich von der Konkurrenz abzuheben.

    2. Marktforschung betreiben: Schau dir an, welche Nischen bereits erfolgreich sind, und finde einen Bereich, der Potenzial hat. Nutze KI-Tools wie ChatGPT oder Google Trends, um beliebte Themen zu analysieren.

    3. Einzigartigkeit entwickeln: Überlege, wie du deine Nische mit einer besonderen Note bereichern kannst. Zum Beispiel:

------------- **Bei Print-on-Demand:** Konzentriere dich auf Retro-Designs, personalisierte Geschenke oder saisonale Themen.

------------- **Im Content-Marketing:** Fokussiere dich auf datengetriebene Inhalte oder eine bestimmte Branche wie Gesundheit oder Finanzen.

- Beispiel: Eine Nische im Print-on-Demand

Wenn du im Bereich Print-on-Demand starten möchtest, könntest du dich auf T-Shirts mit humorvollen Tierdesigns spezialisieren.

------------- Erstelle Designs, die auf Tierliebhaber zugeschnitten sind, z. B. lustige Sprüche mit Hundemotiven.

------------- Entwickle eine Kollektion zu einem speziellen Anlass, z. B. „Weihnachten für Haustiere".

- Expertise aufbauen

Wenn du dich für eine Nische entschieden hast, arbeite daran, darin besser zu werden.

1.Lernen und Experimentieren: Nutze Online-Kurse, Tutorials und Blogs, um dein Wissen zu erweitern.

2.Eigene Projekte: Erstelle Musterarbeiten oder Prototypen, die zeigen, was du kannst.

3.Teilen und Feedback einholen: Teile deine Arbeit in sozialen Netzwerken oder Foren und lass dir von anderen helfen, dich zu verbessern.

2. Mehrwert schaffen

2.1. Der Schlüssel zum Erfolg: Probleme lösen

Dein Erfolg hängt davon ab, wie gut du die Bedürfnisse deiner Zielgruppe erfüllst. Frage dich:

- Was bringt meine Zielgruppe dazu, bei mir zu kaufen?

- Welches Problem löse ich für sie?

Wenn du mit deinen Produkten oder Dienstleistungen einen echten Mehrwert schaffst, wird deine Zielgruppe zu treuen Kunden.

2.2. Wie du Mehrwert mit KI schaffst

1. Produkte personalisieren: Menschen lieben es, etwas Einzigartiges zu besitzen. Nutze KI, um personalisierte Designs oder Inhalte zu erstellen, die auf die individuellen Bedürfnisse deiner Kunden zugeschnitten sind.

- **Beispiel:** Biete personalisierte Geburtstagskarten an, die mit KI generierte Illustrationen enthalten.

2. Datenbasiertes Arbeiten: KI kann dir helfen, datengetriebene Entscheidungen zu treffen, die den Erfolg deines Projekts steigern.

- **Beispiel:** Analysiere mithilfe von Google Analytics oder SEMRush, welche Inhalte in deiner Branche gut funktionieren, und nutze diese Erkenntnisse, um bessere Inhalte zu erstellen.

3. Innovative Lösungen: Finde kreative Wege, um KI einzusetzen, die über das Offensichtliche hinausgehen.

- **Beispiel:** Nutze KI, um SEO-optimierte Blogartikel anzubieten, die auch auf den neuesten Suchtrends basieren.

-Beispiel: Mehrwert im Content-Marketing

Statt nur gut geschriebene Blogartikel zu liefern, könntest du deinen Kunden zusätzlich SEO-Analysen, Trenddaten oder passende Social-Media-Texte anbieten. So bietest du ein Rundum-Paket, das mehr Wert bietet als nur den reinen Artikel.

3. Netzwerken und Kooperationen

3.1. Warum Netzwerke so wichtig sind

Niemand wird allein erfolgreich. Beziehungen zu Gleichgesinnten, Kunden und Experten in deinem Bereich öffnen dir Türen, die du allein vielleicht nicht erreichst. Netzwerke helfen dir:

1. Neue Perspektiven zu gewinnen.

2. Kooperationen einzugehen, die deinen Erfolg beschleunigen.

3. Potenzielle Kunden oder Partner zu finden.

3.2. Wie du ein starkes Netzwerk aufbaust

    1. Social Media nutzen: Plattformen wie LinkedIn, Twitter oder spezifische Branchen-Communities sind ideal, um Kontakte zu knüpfen.

    ------- Poste regelmäßig über deine Projekte, Fortschritte und Erfolge.

    ------- Kommentiere Beiträge anderer und biete Mehrwert in Diskussionen.

    2. Gruppen und Foren beitreten: Suche nach Gruppen, die sich mit deinem Thema beschäftigen. Hier kannst du Fragen stellen, deine Arbeit teilen und von anderen lernen.

    3. Branchenveranstaltungen besuchen: Online- und Offline-Events sind großartige Gelegenheiten, um mit anderen ins Gespräch zu kommen und dein Netzwerk zu erweitern.

- Tipp: Kooperationen eingehen

Finde Partner, die deine Stärken ergänzen.

- Wenn du ein Designer bist, arbeite mit einem Content-Ersteller zusammen, um komplette Marketing-Pakete anzubieten.

- Entwickle gemeinsame Projekte, die beiden Seiten Vorteile bringen.

- Beispiel: Netzwerken auf LinkedIn

Poste auf LinkedIn ein Portfolio deiner besten KI-gestützten Designs und erkläre, wie du sie erstellt hast. Dies kann dir helfen, potenzielle Kunden oder Partner auf dich aufmerksam zu machen.

4. Zeitmanagement und Workflows optimieren

4.1. Warum Effizienz wichtig ist

Wenn du langfristig erfolgreich sein willst, musst du deine Zeit und Energie effektiv nutzen. Es geht nicht nur darum, hart zu arbeiten, sondern auch klug. Automatisierung und optimierte Workflows sind der Schlüssel.

4.2. Zeitmanagement für KI-basierte Projekte

1. Prioritäten setzen: Arbeite zuerst an den Aufgaben, die den größten Einfluss auf deinen Erfolg haben.

----- **Beispiel:** Konzentriere dich darauf, Produkte hochzuladen, bevor du Zeit in Marketing investierst.

2. To-do-Listen erstellen: Nutze Tools wie Trello, Asana oder einfache Checklisten, um deine Aufgaben zu organisieren.

4.3. KI-Tools für mehr Effizienz

KI kann dir helfen, Zeit zu sparen, indem sie Aufgaben automatisiert:

1. Content-Erstellung: Nutze Tools wie ChatGPT, um Entwürfe für Artikel, Produktbeschreibungen oder Skripte schnell zu erstellen.

2. Automatisierung: Verwende Plattformen wie Zapier oder IFTTT, um wiederkehrende Aufgaben zu automatisieren, z. B.:

----- Social-Media-Posts planen und automatisch veröffentlichen.

----- Neue Kunden-E-Mails direkt in ein CRM-System einfügen.

- **Beispiel: Workflows für Social Media**

    - Erstelle alle Social-Media-Posts für eine Woche mit ChatGPT.

    - Nutze Canva, um die Grafiken dazu zu erstellen.

    - Plane die Veröffentlichung mit Tools wie Hootsuite oder Buffer.

Zusammenfassung

Langfristiger Erfolg erfordert klare Strategien: Finde deine Nische, baue deine Expertise aus, schaffe echten Mehrwert und nutze Netzwerke, um deine Ziele zu erreichen. Gleichzeitig ist es wichtig, effizient zu arbeiten und KI-Tools nicht nur für die kreative Arbeit, sondern auch zur Optimierung deiner Prozesse einzusetzen. Mit diesen Schritten legst du das Fundament für eine nachhaltige und erfolgreiche Karriere mit KI.

(3) Trends und die Zukunft der KI-Monetarisierung

Die Welt der KI entwickelt sich rasant, und die Möglichkeiten, damit Geld zu verdienen, werden immer vielfältiger. Wenn du die aktuellen Trends erkennst und verstehst, kannst du frühzeitig Strategien entwickeln, die dir langfristig Erfolg sichern.

1. Personalisierung als Schlüsseltrend

1.1. Was bedeutet Personalisierung mit KI?

Personalisierung ist einer der größten Vorteile, den die KI bietet. Sie ermöglicht es, Produkte, Inhalte und Dienstleistungen genau an die Bedürfnisse einzelner Personen anzupassen. Kunden erwarten heutzutage mehr als Standardlösungen – sie wollen individuelle Erlebnisse. KI-Tools wie ChatGPT, DALL·E oder MidJourney machen es einfacher denn je, personalisierte Inhalte zu erstellen.

1.2. Warum ist das eine Chance für dich?

Die Nachfrage nach maßgeschneiderten Produkten und Dienstleistungen wächst. Von individualisierten T-Shirts bis hin zu personalisierten Büchern oder Lernprogrammen – die Möglichkeiten sind nahezu unbegrenzt.

Beispiele für personalisierte Produkte und Dienstleistungen:

1. Print-on-Demand-Produkte:

- Erstelle Designs für T-Shirts, Poster oder Tassen, die auf die Interessen oder Vorlieben deiner Kunden zugeschnitten sind.

> **- Beispiel:** Ein Kunde möchte ein T-Shirt mit dem Bild seines Haustiers. Nutze ein KI-Bildbearbeitungstool, um das Bild in ein künstlerisches Design umzuwandeln.

2. Personalisierte Bücher oder Geschichten:

- Nutze KI, um Geschichten oder Romane zu erstellen, die auf den Vorlieben des Lesers basieren.

> **- Beispiel:** Ein personalisiertes Kinderbuch, in dem das Kind als Hauptfigur vorkommt.

3. Individuelle Trainingsprogramme:

- Entwickle Fitness- oder Lernprogramme, die mit Hilfe von KI auf die spezifischen Bedürfnisse deiner Kunden zugeschnitten sind.

Wie du damit startest:

- Zielgruppe definieren: Überlege, welche Art von Personalisierung für deine Zielgruppe relevant ist.

- Tool auswählen: Nutze KI-Plattformen wie ChatGPT für Texte, DALL·E für Bilder oder Canva für Layouts.

- Testen: Beginne mit einfachen Projekten, um herauszufinden, was bei deinen Kunden ankommt.

2. Interaktive KI und virtuelle Assistenten

2.1. Was ist interaktive KI?

Interaktive KI bezieht sich auf Technologien, die in der Lage sind, mit Nutzern in Echtzeit zu kommunizieren. Beispiele sind Chatbots, virtuelle Assistenten und interaktive Inhalte, die auf die Eingaben der Nutzer reagieren. Diese Technologien werden zunehmend wichtiger, da sie die Kommunikation zwischen Unternehmen und Kunden erleichtern und personalisieren können.

2.2. Warum ist das eine Chance für dich?

Immer mehr Unternehmen suchen nach Lösungen, um ihre Kundenkommunikation zu automatisieren. Wenn du in der Lage bist, interaktive KI-Lösungen zu entwickeln oder anzubieten, kannst du in einem stark wachsenden Markt Fuß fassen.

Beispiele für den Einsatz von interaktiver KI:

1. Chatbots für Unternehmen:

- Erstelle Chatbots, die auf den Websites von Unternehmen eingesetzt werden können, um Kundenfragen zu beantworten oder Produkte zu empfehlen.

- **Beispiel:** Ein Online-Shop möchte einen Chatbot, der Kunden bei der Produktauswahl hilft.

2. Virtuelle Assistenten:

- Entwickle virtuelle Assistenten, die Routineaufgaben übernehmen, z. B. das Planen von Terminen oder das Versenden von E-Mails.

3. Interaktive Lernplattformen:

- Erstelle KI-gestützte Plattformen, die Schülern oder Studenten individuelles Feedback geben können.

Wie du starten kannst:

- **Lerne die Grundlagen:** Mach dich mit Plattformen wie Dialogflow (von Google) oder den KI-API-Funktionen von OpenAI vertraut.

- **Biete einfache Lösungen an:** Entwickle zunächst Chatbots für kleine Unternehmen, um erste Erfahrungen zu sammeln.

- **Skaliere deine Dienstleistungen:** Wenn du erste Kunden gewonnen hast, baue dein Angebot aus und entwickle komplexere Systeme.

3. Künstliche Kreativität

3.1. Wie KI die Kreativität verändert

Künstliche Intelligenz wird immer besser darin, kreative Aufgaben zu übernehmen, z. B. Musik zu komponieren, Geschichten zu schreiben oder Bilder zu erstellen. Das bedeutet nicht, dass KI Kreative ersetzt, sondern dass sie ihnen als Co-Autor oder Co-Designer zur Seite stehen kann.

3.2. Warum ist das eine Chance für dich?

Ob du Inhalte für Social Media, Musik für TikTok oder Designs für ein Unternehmen erstellst – KI kann dir helfen, schneller und effizienter zu arbeiten. Kreative Projekte, die früher Wochen gedauert haben, lassen sich jetzt in Stunden umsetzen.

Beispiele für KI-gestützte Kreativität:

1. Social-Media-Inhalte:

- Nutze KI, um Inhalte für Plattformen wie TikTok, Instagram oder YouTube Shorts zu erstellen.

    - **Beispiel:** Ein Video mit KI-generierten Grafiken und einem Skript, das von ChatGPT erstellt wurde.

2. Musikproduktion:

- Komponiere mit KI-Tools wie Amper Music oder AIVA Soundtracks für Videos, Podcasts oder Spiele.

- **Beispiel:** Ein entspannter Ambient-Track für YouTube-Hintergrundmusik.

3. Grafikdesign:

- Erstelle einzigartige Designs für Logos, Poster oder andere visuelle Medien mit Tools wie MidJourney oder DALL·E.

Wie du starten kannst:

- **Setze dir ein Ziel:** Überlege, welche Art von kreativen Inhalten du erstellen möchtest.

- **Wähle die richtigen Tools:** Teste verschiedene KI-Plattformen, um herauszufinden, welche für deine Projekte am besten geeignet sind.

- **Experimentiere:** Nutze die KI, um verschiedene Stile und Formate auszuprobieren, bis du den richtigen Ansatz für dich gefunden hast.

4. Nachhaltigkeit und KI

4.1. Wie KI zur Nachhaltigkeit beiträgt

KI spielt eine immer größere Rolle bei der Entwicklung nachhaltiger Produkte und Prozesse. Sie kann Unternehmen dabei helfen, Ressourcen effizienter zu nutzen, den Energieverbrauch zu senken und umweltfreundlichere Lösungen zu finden.

4.2. Warum ist das eine Chance für dich?

Immer mehr Menschen achten darauf, wie nachhaltig ein Produkt oder eine Dienstleistung ist. Wenn du KI nutzt, um umweltfreundliche Lösungen anzubieten, kannst du dich in einem wachsenden Markt positionieren.

Beispiele für KI-gestützte Nachhaltigkeitslösungen:

1. Optimierte Produktion:

- Entwickle Produkte, die mit minimalem Materialeinsatz hergestellt werden.

- **Beispiel:** Nutze KI, um den Stoffverbrauch bei der Textilproduktion zu reduzieren.

2. Nachhaltige Energie:

- Erstelle Tools oder Berichte, die Unternehmen helfen, ihren Energieverbrauch zu überwachen und zu optimieren.

3. Recycling-Tools:

- Nutze KI, um Systeme zu entwickeln, die den Recyclingprozess effizienter machen.

Wie du starten kannst:

- **Nachhaltigkeits-Themen recherchieren:** Informiere dich darüber, welche Herausforderungen Unternehmen in diesem Bereich haben.

- **Lösungen entwickeln:** Nutze KI-Tools, um Ansätze zu finden, die Unternehmen helfen können, nachhaltiger zu arbeiten.

- **Deine Ergebnisse teilen:** Zeige, wie deine Ideen einen Unterschied machen, und baue dir eine Reputation als nachhaltiger Innovator auf.

Fazit

Die Trends in der KI-Monetarisierung zeigen, dass die Zukunft voller Möglichkeiten steckt. Ob durch Personalisierung, interaktive KI, künstliche Kreativität oder Nachhaltigkeit – wenn du die richtigen Technologien einsetzt und die Bedürfnisse deiner Zielgruppe verstehst, kannst du

(4) Erfolgsgeschichten von Menschen, die mit KI Geld verdienen

Wenn du dich fragst, wie du mit KI tatsächlich Geld verdienen kannst, helfen dir konkrete Beispiele von Menschen, die das bereits erfolgreich tun. In diesem Abschnitt lernst du vier inspirierende Erfolgsgeschichten kennen. Sie zeigen dir, wie vielseitig die Möglichkeiten sind und wie du diese Strategien selbst anwenden kannst. Egal, ob du als Content-Ersteller, Grafikdesigner, Entwickler oder YouTuber starten möchtest – hier findest du praktische Tipps und Anregungen.

1. Erfolgsgeschichte: Der Content-Ersteller

Ein Freelancer, nennen wir ihn Max, hat sich darauf spezialisiert, Blogartikel für Unternehmen zu schreiben. Früher benötigte er viele Stunden, um einen Artikel zu recherchieren und zu verfassen. Mit dem Einsatz von ChatGPT änderte sich das schlagartig. Max begann, die KI gezielt einzusetzen, um Ideen zu generieren, Texte zu formulieren und Inhalte zu optimieren.

Wie Max seinen Erfolg aufbaute:

- **Einstieg mit klaren Prompts:** Max schrieb präzise Prompts wie: „Erstelle einen 800-Wörter-Blogartikel über nachhaltiges Reisen, inklusive 5 konkreter Tipps und SEO-optimierter Keywords."

- **Plattformen nutzen:** Er bot seine Dienstleistungen auf Plattformen wie Fiverr, Upwork und Textbroker an. Dank schneller Lieferung und hoher Qualität erhielt er viele positive Bewertungen.

- **Spezialisierung:** Max fokussierte sich auf eine Nische – nachhaltigen Tourismus – und wurde dort zum Experten.

- **Ergebnisse:**

Innerhalb von drei Monaten verdoppelte er seinen Umsatz. Die Kombination aus KI-gestütztem Schreiben und seiner kreativen Nachbearbeitung ermöglichte es ihm, mehr Kunden zu bedienen und dennoch genügend Freizeit zu haben.

- **Tipp für dich:**

Spezialisiere dich auf ein Thema oder eine Branche. Unternehmen suchen oft nach Experten, die ihre Sprache sprechen. Nutze KI, um Inhalte effizient zu erstellen, aber passe diese immer an die spezifischen Bedürfnisse deiner Kunden an.

2. Erfolgsgeschichte: Die Grafikdesignerin

Lisa, eine freiberufliche Grafikdesignerin, entdeckte MidJourney, ein KI-Tool zur Erstellung von Illustrationen. Anfangs experimentierte sie damit nur für private Projekte. Doch bald erkannte sie das Potenzial, mit diesen Designs Geld zu verdienen. Sie begann, ihre Werke auf Etsy, Redbubble und anderen Print-on-Demand-Plattformen anzubieten.

Wie Lisa ihren Erfolg aufbaute:

Einzigartige Designs erstellen: Lisa nutzte Prompts wie: „Erstelle eine Retro-Illustration eines Sonnenuntergangs im 80er-Jahre-Stil." Sie probierte verschiedene Stile aus, bis sie eine Nische fand, die bei Kunden besonders beliebt war.

- **Diversifikation:** Sie bot nicht nur Poster an, sondern auch T-Shirts, Tassen, Notizbücher und Handyhüllen mit ihren Designs.

- **Optimierung der Prozesse:** Lisa kombinierte MidJourney mit Tools wie Canva, um ihre Designs anzupassen und zu verfeinern.

- **Ergebnisse:**

Innerhalb von sechs Monaten generierte sie ein passives Einkommen, das ihre monatlichen Fixkosten deckte. Die Print-on-Demand-Plattformen kümmerten sich um Produktion und Versand, sodass Lisa sich auf das Design konzentrieren konnte.

- **Tipp für dich:**

Teste verschiedene Design-Stile und analysiere, was sich gut verkauft. Nutze die KI, um schnelle Prototypen zu erstellen, und verfeinere sie dann, um deine persönliche Note einzubringen. Plattformen wie Redbubble oder Society6 bieten dir die Möglichkeit, ohne Startkapital zu starten.

3. Erfolgsgeschichte: Der App-Entwickler

Tom, ein Programmierer, hatte schon immer den Traum, eigene Apps zu entwickeln. Doch Zeit war ein limitierender Faktor. Mit GitHub Copilot, einem KI-gestützten Tool, das beim Schreiben von Code hilft, schaffte er es, diesen Traum zu verwirklichen.

Wie Tom seinen Erfolg aufbaute:

Identifikation von Problemen: Tom suchte nach alltäglichen Herausforderungen, die durch einfache Apps gelöst werden könnten. Eine seiner ersten Ideen war eine App zur Budgetverwaltung.

- **Effizientes Coding mit KI:** Mithilfe von GitHub Copilot schrieb er in wenigen Tagen den Code für die App, was früher Wochen gedauert hätte.

- **Veröffentlichung:** Er stellte seine App in den App-Stores von Apple und Google zum Verkauf bereit und bot zusätzlich eine Freemium-Version an, um Nutzer zu gewinnen.

- **Ergebnisse:**

Die App wurde innerhalb eines Jahres über 10.000 Mal heruntergeladen. Die Einnahmen aus dem Verkauf und den In-App-Käufen reichten aus, um Toms Lebenshaltungskosten zu decken.

- **Tipp für dich:**

Nutze KI-Tools wie GitHub Copilot, um deine Entwicklungszeit drastisch zu verkürzen. Starte mit kleinen Projekten, die einen klaren Nutzen bieten, und baue darauf auf. Eine einfache, gut gemachte App kann dir stabile Einnahmen bringen.

4. Erfolgsgeschichte: Die YouTuberin

Anna, eine angehende Influencerin, wollte einen YouTube-Kanal starten, hatte aber weder die Zeit noch die Fähigkeiten, professionelle Videos zu erstellen. Durch den Einsatz von KI-Tools wie Pictory, ChatGPT und Murph AI (für Voiceovers) konnte sie hochwertige Inhalte produzieren, ohne viel technisches Know-how.

Wie Anna ihren Erfolg aufbaute:

- **KI-Skripte nutzen: Anna schrieb Prompts wie:** „Erstelle ein 3-Minuten-Skript über die besten Reiseziele in Europa." ChatGPT lieferte ihr gut strukturierte Inhalte.

- **Videoerstellung vereinfachen:** Sie nutzte Tools wie Pictory, um automatisch Videoclips zu generieren, und fügte Voiceovers mit Murph AI hinzu.

- **Konsistenz:** Sie veröffentlichte regelmäßig Inhalte, was ihr half, eine treue Zuschauerschaft aufzubauen.

- **Ergebnisse:**

Innerhalb eines Jahres erreichte ihr Kanal 50.000 Abonnenten. Durch Werbeeinnahmen und bezahlte Kooperationen generierte sie ein stabiles Einkommen – obwohl sie technisch keine erfahrene Videoproduzentin war.

- **Tipp für dich:**

KI-Tools ermöglichen es dir, Videos schnell und effizient zu erstellen. Experimentiere mit Formaten, Themen und Stilen, um herauszufinden, was bei deinem Publikum gut ankommt. Konsistenz ist der Schlüssel – bleib dran!

Abschließende Worte

Diese Erfolgsgeschichten zeigen dir, dass du keine ausgefallene technische Ausbildung oder riesiges Startkapital benötigst, um mit KI Geld zu verdienen. Alles, was du brauchst, ist die Bereitschaft, neue Tools auszuprobieren, kreativ zu denken und deine Ideen umzusetzen. Ob als Content-Ersteller, Grafikdesigner, Entwickler oder YouTuber – die Möglichkeiten sind grenzenlos.

Dein Erfolg hängt davon ab, wie gut du die Stärken der KI mit deinen eigenen Fähigkeiten kombinierst. Nutze die vorgestellten Tipps, experimentiere mit verschiedenen Ansätzen und finde deinen eigenen Weg. Wer weiß – vielleicht wird deine Geschichte die nächste, die andere inspiriert!

SCHLUSSWORT: DEIN WEG IN DIE ZUKUNFT MIT K.I.

Die Reise durch dieses Buch war eine Entdeckungsreise in die grenzenlosen Möglichkeiten, die Künstliche Intelligenz bietet. Du hast gelernt, wie KI die Art und Weise, wie wir arbeiten, kreieren und verdienen, revolutioniert. Die vorgestellten Methoden und Erfolgsgeschichten zeigen: Die Chancen sind real, greifbar und erreichbar – auch für dich.

Doch der wahre Schlüssel zum Erfolg liegt nicht allein in der Technologie, sondern in dir selbst. KI ist ein mächtiges Werkzeug, aber wie du es einsetzt, hängt von deinen Zielen, deiner Kreativität und deiner Bereitschaft ab, neue Wege zu gehen. Die erfolgreichsten Menschen in diesem Bereich sind jene, die die KI nicht als Ersatz, sondern als Erweiterung ihrer Fähigkeiten betrachten. Sie nutzen sie, um innovativ zu denken, effizienter zu arbeiten und ihre Träume zu verwirklichen.

Die Zukunft gestalten – deine Rolle in der Revolution

Die KI-Revolution steckt noch in den Anfängen. Die Technologien, die heute so beeindruckend erscheinen, werden sich weiterentwickeln und neue Möglichkeiten schaffen, die wir uns kaum vorstellen können. Du hast jetzt die Chance, nicht nur Teil dieser Veränderung zu sein, sondern sie aktiv mitzugestalten.

Ob du dich für das Schreiben, Design, Musik, Programmierung oder Unternehmertum entscheidest – die Grundprinzipien bleiben dieselben: Sei mutig, probiere Neues aus und lass dich von kleinen Rückschlägen nicht entmutigen. Die Welt der KI ist dynamisch und voller Potenzial. Jeder, der bereit ist, sich darauf einzulassen, hat die Möglichkeit, Großes zu erreichen.

Ein Schritt in eine neue Ära

Dieses Buch war dein Startpunkt. Es hat dir Werkzeuge, Strategien und Inspirationen gegeben, um die ersten Schritte in der Welt der KI zu machen. Doch die eigentliche Reise beginnt jetzt. Die Welt wartet darauf, zu sehen, wie du diese Technologien nutzt, um deine eigene Erfolgsgeschichte zu schreiben.

Du bist Teil einer neuen Generation, die Arbeit und Kreativität völlig neu definiert. Mit KI hast du nicht nur die Möglichkeit, Geld zu verdienen, sondern auch, das Leben auf deine eigene Weise zu gestalten – unabhängig von Ort und Zeit. Das ist nicht weniger als eine Revolution, und du bist mittendrin.

Abschließende Worte

Wenn du eines aus diesem Buch mitnehmen sollst, dann ist es dieses: Lass dich von der Geschwindigkeit und Komplexität der technologischen Entwicklung nicht einschüchtern. Jede große Veränderung beginnt mit einem kleinen, mutigen Schritt. Du hast alles, was du brauchst, um mit KI nicht nur erfolgreich zu sein, sondern auch Teil einer aufregenden Zukunft zu werden.

Die KI-Revolution hat bereits begonnen – jetzt ist es an der Zeit, dass du deinen Platz darin findest. Geh hinaus, experimentiere und entdecke die Möglichkeiten, die vor dir liegen. Die Zukunft gehört dir.

Herzlichst,

Alex Hunter und sein Team